拉 美 研 究 丛 书
Latin American Studies Series

中国社会科学院
拉丁美洲研究所
INSTITUTO DE AMERICA LATINA
ACADEMIA DE CHINA DE CIENCIAS SOCIALES

面向新时代的
中拉关系

China–Latin America and the Caribbean Relations in a New Era

吴白乙◎主编

中国社会科学出版社

图书在版编目（CIP）数据

面向新时代的中拉关系／吴白乙主编．—北京：中国社会科学出版社，2020.6
ISBN 978 – 7 – 5203 – 5922 – 1

I. ①面… II. ①吴… III. ①中外关系—研究—拉丁美洲 IV. ①D822.373

中国版本图书馆 CIP 数据核字（2020）第 074429 号

出 版 人	赵剑英
责任编辑	张　林
特约编辑	张冬梅
责任校对	周晓东
责任印制	戴　宽

出　　版	中国社会科学出版社
社　　址	北京鼓楼西大街甲 158 号
邮　　编	100720
网　　址	http://www.csspw.cn
发 行 部	010 – 84083685
门 市 部	010 – 84029450
经　　销	新华书店及其他书店

印　　刷	北京明恒达印务有限公司
装　　订	廊坊市广阳区广增装订厂
版　　次	2020 年 6 月第 1 版
印　　次	2020 年 6 月第 1 次印刷

开　　本	710 × 1000　1/16
印　　张	27.5
插　　页	2
字　　数	437 千字
定　　价	148.00 元

《拉美研究丛书》总序

　　拉美和加勒比国家是发展中世界的重要组成部分。拉美地区自然资源丰富，市场广阔，发展潜力巨大，是一个充满生机和有广泛发展前景的地区。

　　拉美是发展中世界较早实现经济起飞的地区。1950—1980 年，拉美地区经历了持续 30 年的增长周期，年均增长率高达 5.3%，国内生产总值增长了 4 倍，一些主要国家如墨西哥、巴西等出现经济增长"奇迹"。多数拉美国家在这一时期相继进入中等收入行列，不少国家提出了向发达国家跃进的目标。进入新世纪后，拉美国家克服了 20 世纪 80 年代的经济危机和 90 年代的经济起伏，迎来经济增长的新一轮"黄金时期"。目前拉美地区人均国内生产总值达到 1 万美元，一些国家已经或有望在近期跨入高收入国家行列。在实现经济增长的同时，拉美国家的发展政策趋于稳定，国际话语权扩大，国际影响力提升。拉美国家注重多元化外交，努力营造于己有利的国际环境和国际秩序，最大限度谋求在世界和全球性事务中的主动权和话语权，已经成为多极世界中的重要一极。无论在未来全球经济增长，还是在世界政治和经济秩序调整，以及全球治理进程中，拉美国家将发挥越来越重要的作用。

　　近年来，中国从战略高度重视拉美，是因为拉美对中国来说越来越不可或缺。

　　首先，拉美国家是延长中国战略机遇期和共筑和谐世界的重要伙伴。中国与拉美国家同属发展中世界，双方有类似的历史遭遇，面临着发展经济、维护政治稳定、促进社会进步的共同历史任务。中拉双方在重大国际问题上相互理解、相互支持、相互配合。中国与该地区主要国家建立了形式多样的战略伙伴关系，中拉间各种对话机制和政治磋商机制日益完善，与主要区域组织的合作取得突破。中拉双方战略共识增多，在全球性问题及与发达国家关系问题上的共同战略利益扩大，在多边机构和国际组织中有了更多合作需求，战略合作的基础更加牢固。无论是延长中国战略机遇期还是共筑和谐世界，拉美都成为我不可或缺的重要伙伴。

其次，中国在拉美地区有着越来越重要的经济利益。随着中国经济快速增长，对外部资源能源的需求越来越大。拉美自然资源丰富，对弥补中国国内资源能源短缺具有无可替代的作用和意义。拉美国家不仅已经成为中国所需能矿资源和农业产品的重要来源地，而且成为中国重要的海外市场和企业"走出去"战略的重要目的地，双方在产能、基础设施、科技、新能源、农业、金融领域等的合作越来越密切，拉美国家与我国重大对外经济利益有了越来越密切的关联性。

第三，拉美地区国家已经成为中国对外经贸合作的重要对象。中拉经济有极大互补性，相互合作需求巨大，双方经贸水平不断提升。继2000年首次超过百亿美元大关后，中拉贸易额连上新台阶，2013年超过2600亿美元。受国际金融危机和全球经济增长放缓影响，中拉贸易在2013年以后增速减缓，但贸易量仍呈现增长势头。与此同时，中国不断加大对拉美地区投资，扩展新的投资领域。目前拉美已成中国对外投资的重要目的地，截至2014年底，中国对拉直接投资存量达到989亿美元。在中拉经贸合作取得新突破的新起点上，习近平主席在2015年1月提出，中拉要共同努力，实现10年内中拉贸易规模达到5000亿美元、中国在拉美直接投资存量达到2500亿美元的目标。

特别值得指出的是，拉美国家现代化进程起步较早、城市化水平较高，提供了许多可供其他国家借鉴的经验教训，特别是在推进经济增长、化解社会矛盾、缓解社会冲突、维护社会稳定方面，对我国的发展具有重要借鉴意义。

拉美的崛起和中拉关系的全面提升，对我们的拉美研究工作提出了新要求和许多新课题，要求我们对拉美地区进行更多和更深入的了解。然而，从略知拉美到深入了解拉美是一项长期的任务和艰苦的工作，既需要国家决策层面的高度重视，也需要相关部门适当的人力、物力和财力投入和支持，更需要决策界、学术界、企业界和社会公众的持续努力并形成合力。在推进此项工作和任务过程中，不仅要培养大批掌握拉美国家语言、通晓相关知识的"拉美通"型人才，也要培养专业研究领域资深的学者，适时推出有深度、有广度和有针对性的研究成果。中国社会科学院拉丁美洲研究所的《拉美研究丛书》即是这一努力的发端。

近年来，中国社会科学拉丁美洲研究所注重对拉美重大理论和现实问题的研究，完成了一批高质量，具有重要影响力的科研成果，为党和国家决策、为政府有关部门、企事业和公众对拉美知识的需求做出了重要贡献。我相信《拉美研究丛书》在增进我国各界对拉美的了解，在促进中拉合作方面会发挥不可替代的作用。希望该丛书能够得到各界有识之士的教正和支持。

李　捷

2015 年 9 月

各章作者

导　言　吴白乙　中国社会科学院欧洲研究所研究员

第一章　谌园庭　中国社会科学院拉丁美洲研究所副研究员
　　　　赵重阳　中国社会科学院拉丁美洲研究所助理研究员

第二章　周志伟　中国社会科学院拉丁美洲研究所研究员
　　　　齐传钧　中国社会科学院社会发展战略研究院副研究员

第三章　杨志敏　中国社会科学院拉丁美洲研究所研究员
　　　　张　勇　中国社会科学院拉丁美洲研究所副研究员
　　　　王　鹏　中国社会科学院拉丁美洲研究所副研究员

第四章　张　凡　中国社会科学院拉丁美洲研究所研究员
　　　　郑　猛　中国社会科学院拉丁美洲研究所助理研究员
　　　　芦思姮　中国社会科学院拉丁美洲研究所助理研究员

第五章　岳云霞　中国社会科学院拉丁美洲研究所研究员
　　　　谢文泽　中国社会科学院拉丁美洲研究所研究员
　　　　张　勇　中国社会科学院拉丁美洲研究所副研究员
　　　　张盈华　中国社会科学院社会发展战略研究院副研究员
　　　　王　飞　中国社会科学院拉丁美洲研究所助理研究员
　　　　史沛然　中国社会科学院拉丁美洲研究所助理研究员

第六章　宋　霞　中国社会科学院拉丁美洲研究所副研究员

第七章　郭存海　中国社会科学院拉丁美洲研究所副研究员
　　　　林　华　中国社会科学院拉丁美洲研究所副研究员
　　　　李　菡　中国社会科学院拉丁美洲研究所助理研究员
　　　　楼　宇　中国社会科学院拉丁美洲研究所助理研究员
　　　　魏　然　中国社会科学院外国文学研究所助理研究员

第八章　袁东振　中国社会科学院拉丁美洲研究所研究员

第九章　贺双荣　中国社会科学院拉丁美洲研究所研究员
　　　　高　波　中国社会科学院拉丁美洲研究所副研究员
　　　　何露杨　中国社会科学院拉丁美洲研究所助理研究员
　　　　王　飞　中国社会科学院拉丁美洲研究所助理研究员

第十章　吴白乙　中国社会科学院欧洲研究所研究员

结　论　张　凡　中国社会科学院拉丁美洲研究所研究员

导　言

2012 年我和同事们开展了一项题为"中国对外战略机遇中拉美的地位和作用"的创新工程课题，从经贸、金融、能源、劳动力供给、社会治理、安全和外交等方面，对拉美国家对华合作的状态、成因和潜力作出评估，最终出版《转型中的机遇：中拉合作前景的多视角分析》（经济管理出版社 2013 年版）。

彼时，中共十八大结束不久，新一届中央领导集体诞生。如同以往，国内研究界对未来国家发展、对外战略的讨论随之展开。作为学习和观察所得到的直觉，该书中写道："尽管其中许多观点、主张不尽一致，但是各种意见、立论的前提确实相同的，都认为'未来 10 年很可能是中国作为一个世界文明古国重新崛起的最重要的 10 年'。在此期间，主导世界的发达国家将经历极为复杂的国内政治经济的调整，而中国也必须确立自己的经济与社会发展定式，还必须完善自己的国际政治伦理、责任和权力体系以及作为新的全球大国的行为准则。"

五年过去了。2017 年 10 月召开的中共十九大，对五年来国家发展、改革和治理的非凡成就作出客观、全面的回顾和总结。对照上述预见，笔者和同事们大有始料未及之感，一是没有想到以习近平同志为核心的党中央面对极为复杂的国内外形势及风险挑战，面对我国经济发展进入新常态的深刻变化，系统性地提出一整套全面治国理政的新理念、新思想、新战略，出台一系列重大方针政策，推出一系列重大举措，推进一系列重大工作，解决了许多长期想解决而没有解决的难题，办成了许多过去想办而没有办成的大事，推动了党和国家事业发生历史性变革，其力度前所未有，其成效令人信服；二是没有想到以习近平同志为核心的党中央全面推进中国特色大国外交以超乎以往的深度、广度和速度展现开来，形成全方位、多层次、立体化的国际战略布局，提出打造新型国际关系，构建人类命运共同体等重要对外关系思想，着力实施共建"一带一路"倡议，促进全球治理体系变革，积极引领新一轮经济全球化进程，中国国际影响力、感召力、塑造力空前提升。

就中国与拉丁美洲和加勒比国家（以下简称"拉美"）关系的发展而言，五年来的变化令人目不暇接。正如我们在《转型中的机遇：中拉合作前景的多视角分析》中所展望的那样，"中拉双方的身份、观念和利益都将处于持续变化和调整之中，并构成彼此关系新的变量"。中国历史性崛起的进程并未因经济增速减缓和全球复苏乏力而失速。相反，随着改革、创新所产生的道路自信、制度自信、理论自信、文化自信，中国对拉开放与合作态势更加主动、有力，更具有包容性、建设性。纵向地看，中国对拉合作结构完成了从双边向整体多边的跃升，中拉关系进入双边与整体合作并行发展新阶段。2015 年 1 月，中国—拉丁美洲和加勒比国家共同体（CELAC）论坛（以下简称"中拉论坛"）首届部长级会议召开，来自中国、拉美 33 个国家和国际及地区组织代表齐聚北京，双方达成建设"1 + 33"新型合作机制的具体共识。横向地看，中国对拉合作面进一步拓宽。习近平主席、李克强总理先后四次往访，足迹遍及 1/3 拉美和加勒比国家，奠定"政治上真诚互信，经贸上互惠共赢，文化上互学互鉴，全球事务上密切协作、双边和整体合作互补互促"的中拉全面合作伙伴关系新目标、新方位，先后出台《中国与拉美和加勒比国家合作规划（2015—2019）》，以贸易、投资、金融三大引擎带动双方能源资源、基础设施建设、农业、制造业、科技创新、信息技术等产业对接的合作倡议，提出中拉产能合作"3 × 3"新模式，确认拉美地区为"一带一路"建设不可或缺的重要参与方。2017 年 6 月，中国同巴拿马实现建交，签署中国同拉美国家首个"一带一路"合作文件。当年，中拉贸易额强劲回升，同比增长 18.3%。中国累计对拉直接投资存量已超过 2000亿美元，占对外投资总量的 15% 以上，拉美已成为仅次于亚洲的中国海外第二大投资目的地。与此同时，中拉相互认知、相互理解、相互借鉴的人文合作新局面空前活跃，不断拉近彼此心理距离并为其他领域合作注入动力，提供强大支撑。2016 "中拉文化交流年"、中拉媒体领袖峰会成功举行，中拉新闻交流中心顺利运行。目前，中方已邀请拉美 800 多位政党领导人、200 多位青年领导人访华，向拉方提供 4000 多个来华培训和 200 个在职硕士名额。双方共建 2 个科学实验室，30 多位拉美科学家来华工作。

作为社会科学工作者，我们不仅亲眼见证、亲身体验了中拉学术和智库交流的频率和热度，还直接受益于党和国家各部门、地方政府、企业界、社会公众对拉美研究的重视、支持和关注。今日中国之拉美研究不再是"偏""冷""孤"的小学科，而是正在成为学术上的前沿学科，政策研究上的新锐之域。短短几年内新成立的拉美国别和地区研究机构达 45 家之多，国内外学术同行网络迅速扩大。在习近平总书记在哲学社会科学工作座谈会上重要讲话精神的引领下，拉美学界奋发进取，争相创新，呈现出"千帆竞发"的喜人景象。

正是在这一重要时间节点和宏大背景之下，我们于 2015 年年初荣幸地获批国家社科基金资助的重大项目，以"中拉关系和对拉战略研究"为主题进行为期 2 年的紧张工作。与以往不同的是，这一研究过程呈现出动态化、主体化和多样化的特点。

首先，世界正处于百年未遇的复杂变局，其解构与再建构的速度明显加快。中国和拉美以及一大批新兴经济体、发展中国家既是这一变局的因变量，也是其自变量，需要同时应对外部的体系性调整所带来的影响和内部治理与改革所产生的多重挑战。此外，中拉双方在持续合作中也需要不断适应其动力诉求、环境条件、运行规律、发展形态和参与主体等多方面的变化，及时认识新常态，把握新矛盾，确立新观念，创设新机遇。因此，必须坚持从辩证唯物主义的观点出发，客观、冷静地观察世界变化中的中国和拉美，以及相互联系、相互作用之下的中国和拉美，将对拉战略思考置于一种动态的失衡与再平衡过程中加以引申和深化。2015 年亚洲基础设施投资银行成立及拉美 7 国先后加入，2016 年英国"脱欧"和美国特朗普胜选、美国退出《跨太平洋伙伴关系协定》（Trans-Pacific Partnership Agreement，TPP）和《巴黎气候变化协定》，并于 2017 年重启《北美自由贸易协定》（NAFTA）的谈判和美国对拉政策调整，中美在全球化问题上的不同政策取向等重大事态发展均为这项研究开启一系列观测、分析和预判的机会之窗，不断激发我们的关联性思考，促使课题组的资料采集、分析和写作活动始终处于更替、完善的状态。

其次，中国改革和发展所释放的外溢效应更加显著，与世界关系正在发生根本性变化。中国经济体量已接近美国的70%，相当于日本、德国和英国三国的总和，占世界经济的15%，近年来对世界经济的贡献率平均为31.6%，也超过美国、欧元区和日本的总和。伴随全面建设小康社会的坚实步伐，中国日益走近世界舞台的中心，其一举一动、一言一行的影响不再局限于固有疆域和周边地区，而是迅速引起全球性的关注和反应，用国际货币基金组织莫里斯·奥布斯特费尔德的话说，"中国的好消息对于全世界都将是好消息"。这一内生—外溢的传导过程，不仅表现为客观事实的变化，更重要之处在于主观意识转换后的人为行动。一方面，外部世界对于中国成就背后的制度力量、社会规范、文化因素和具体叙事的敏感度大幅升高，其中既有现实的震撼和刺激所产生的好奇、困惑，也有基于对自身发展和安全的关切，甚至对原有价值判断体系的质疑等深层次原因。尽管中国对于遍及世界各个角落的普罗大众而言仍未被充分认知，但是她的形象正在更多地通过工业产品、投资项目、网络、报纸和书籍，乃至以各类身份到访的国民变得具体而鲜活起来。另一方面，中国认识和把握对外关系历史性变迁的水平、能力有了很大改观，突出地体现为对于国际趋势、对外合作、力量运用的主动回应、主动调适和主动引导。五年来，面对风云变幻的外部安全和发展环境挑战，中国不仅保持大国的战略定力和灵活的策略手段，而且及时提出一系列涉及全球发展、区域合作、国别关系的新理念、新方案、新举措。从主场外交活动，到参与全球性议题对话，从高层互访，到公共外交、人文交流，众多具有广泛影响的事件所掩映的是中国对外工作指导思想由"沉着应对"转向"主动作为"的战略性变化。在观察当下中拉关系和思考未来对拉战略时，我们必须认识到这一深刻变化是与中国由"大"到"强"的历史过程相伴而生，与中国发展的和平性质及其世界方位相应而成，与中华民族伟大复兴的既定使命相向而行的。因此，研究中拉关系的基点必须落在中国的主体性之上，除对拉美发展过程及其内在机理保持冷静、准确和及时的观察、理解外，应着重从中国的需要和能量出发来考察中拉之间的供求关系变动，从中国的制度创设意愿与对拉合作建设性方案来思考双方发展战略对接的可行性及对策，从大国责任和全球发展与治理的必然逻辑出发来建构中拉命运共同体的理论价值及其实现路径。

最后，中拉关系在多个层次和维度上加速发展，使拉美地区在中国外交中的分量加重，也提出如何以更加丰富和细腻的视角、手法处理未来双方合作的新命题。在中国与东盟、非盟合作取得实质进展增多的压力下，如何让中拉"33＋1"整体合作的共同发展效应更快、更好地显现成为一个紧迫而现实的挑战。而进一步推动中国—拉共体之间对话、协调的机制化、实务化，则不仅需要拉共体加快其内部整合、协作的步伐，更需要拉美地区大国和具有广泛影响力的国家确立稳定而积极的引领战略，勇于担当，舍得投入。同时，中国可以在与相关国家合作框架内增加涉及拉共体建设的专门对话，利用双边关系助推拉美地区的团结和一体化，发挥积极的建设性作用。作为新兴的全球大国，中国对这类交叉运作和主动建构，在观念和实践上仍处于起步阶段，既需要保持谦虚谨慎的战略耐心，同时也必须客观地把握世界和拉美的变化及发展需要，有效地利用和营造现实、潜在的战略机遇。随着日益"走进拉美"，中国在该地区利益的内涵更加丰富，人们对中拉关系外延面积、新生事物的认识和回应则更显相对滞后。为了补上"短板"，建立中拉政党对话、中拉新闻中心等无疑是国家、社会层面的有益之举，然而更基础的是双方在人文思想领域的密切交流和平等沟通。若没有深入的文明互通和辨识，所谓治国理政的对话可能会停留在时政层面上自说自话，难以打通双方的心理隔膜，产生真诚的互信；若缺乏对彼此历史发展规律和特性的准确理解，建立"命运共同体"不免会被曲解为人类大同理想的简单翻版，而难以为建立双方新的共同身份起到实际作用。因此，观察变动中的中拉关系和制定未来的对拉战略，需要提高思考的科学性、前瞻性，特别需要借鉴多方面学理和实证研究的启发、支持。正如恩格斯所说，"即使只是在一个单独的历史事例上发展唯物主义的观点，也是一项要求多年冷静钻研的科学工作，因为很明显，在这里只说空话是无济于事的，只有靠大量的、批判地审查过的、充分地掌握了的历史资料，才能解决这样的任务"。[1] 在过去两年中，我们一直坚持认为，基于上述三观之下的

---

① 中共中央马恩列斯著作编译局译：《马克思恩格斯选集》第 2 版第 2 卷，人民出版社 1995 年版，第 39 页。

中拉关系研究必须具有前沿意义和创新性思维，要做到这一点，就必须尽力贴近实践的发展，营造宽松的研究环境，包容同一取向但不尽一致的学术思考和分析视角，通过反复、比较，形成各尽所言，互为映照的逻辑框架。

本书所呈现的是我和同事们学习研究习近平新时代中国特色大国外交思想，特别是他有关全面构建与发展中国家和拉美合作伙伴关系的系列论述，对深化中拉关系，继而扎实推进中拉命运共同体建设的初步思考和心得。全书第一章基于过去五年来中国外交战略整体调整过程中双方复杂互动、利益交融所形成的"新常态"，认为中拉关系已超越既往的"自然生长"方式，进入以双方主动构建为主要特点的新发展阶段。作者提出这一论点的依据是"冷"思考之后的"热"判断，即随着中拉合作广度和深度的持续发展，双方政治、经济关系均需要从战略的高度进行再次整合，不仅涉及政府间在发展理念、发展方向和实现路径上进行有效沟通与规划，更需要建立双方社会和民众之间相互认知的信息渠道、知识体系，毕竟"构建和塑造同属中拉人民的价值观和认知理念则将是中拉关系在未来能够持续、健康、全面深入发展的根基所在"。应该说这是全书的"书眼"，是经过课题组全体成员多次集体学习、讨论后所达成的共识，也是将后续各章串联起来的逻辑主线。

第二章主要讨论和回答构建新阶段中拉关系的一个重要问题，即双方为何及如何提升彼此在共同发展和全球合作中的战略定位。对此，必须采用辩证唯物主义的观点加以分析和判断。恩格斯说过，"我们只能在我们时代的条件下进行认识，而且这些条件达到什么程度，我们便认识到什么程度"。① 中拉关系的发展从来都是在内外两个条件下生成、演进的，这两个条件既是时代的产物，也促进了时代的变迁。今天中拉关系的内外条件正在发生一种"分水岭"式的变化。一方面，由于以地缘政治和意识形态划定的旧的国际关系格局已被打破，中拉合作关系获得前所未有的自由空间，更多地展现出自主而非从属性发展特征，第三者判断和偏好所带来的干扰显著下降。另一方面，中拉各自发展都取得坚实

---

① 中共中央马恩列斯著作编译局译：《马克思恩格斯选集》第 1 版第 3 卷，人民出版社 1972 年版，第 562 页。

的基础，展现出强劲勃兴的长期势头，反过来促使双方社会和人民对彼此合作利益认知的大幅改进，对新型"南南合作"前景的信心倍增。我们不仅要对已经达到的新条件作出清醒和客观的判断，同时还要根据中拉双方的潜在诉求、创设下一步条件的能力和方法进行科学的分析和预测。应该说这一问题是全书的难点，当然也是看点。

第三章试图解答的问题同样具有很强的难度。对于中拉合作由双边跃升到整体（多边）的必要性和可能性，课题组成员最初是缺乏足够认识和信心的。其中的主要原因是我们对中国经济转型和对外开放战略的深刻变革未能深入理解并有所预见。尽管在《转型中的机遇：中拉合作前景的多视角分析》一书中，我们提出过中拉务实合作应在贸易和投资结构、国别对象等方面作出重大调整，以实现多元化、全覆盖的意见，但远未设想"1+33"中拉整体合作机制和"一带一路"国际合作倡议能在后来的短短几年内呱呱坠地，风生水起。因此，在本章讨论和研究中，我们力求将目光放宽，从历史发展的规律、国际关系的演变趋势以及中拉整体与双边合作的辩证逻辑等多重维度作出思考，提出克服现实困难的路径选择以及重点对策。当然，事物的发展并非总如人愿，旧的矛盾孕育着新的机遇，而新的机遇变为现实的过程，同样存在诸多的不确定性，既可能来自合作双方，也可能来自外部的影响和冲击。

外部世界观察和解读拉美的习惯视角往往聚集在具体表象和个别或少数国家，由此推导有关拉美地区发展共性的某些结论。实际上，这片广袤区域内的众多独立国家之间存在的各方面差异多于其共性，内部联合与共同市场建设起步虽早，但一直缺乏成熟的理论和制度安排，参与者众多而未能形成坚强的凝聚力，甚至相互掣肘、彼此排斥，造成各类区域组织流于空谈，行动迟缓，一体化进程难有重大的实质性突破。在第四章中对此有所述及，其出发点却不再是对拉美地区一体化理论和实践的一般性综述，而是将研究的重心放在经贸、社会发展、基础设施等具体议题上，强调进入新阶段之后中拉通过创立政策联动的合作模式，对区内长期存在的发展需求作出有效回应的可能性。目前，这些分析、论证主要来自对已有文献资料进行"过滤"的学术理性，而非基于大量有深度的实地调研，但是它们终究属于一种有益的开创性智力活动，并且是被置于中拉双方长期发展战略高度契合的前提之下，因而是基本可靠之言。

在设计本书结构时，我们认为第五章应该成为全书的"窍门"所在，因为新阶段中拉双边或整体合作关系的具体展开仍须以经济发展为纲。中国经济提质升级，着力技术创新并向全球制造产业链中高端迈进，力图从"中国制造"转变为"中国智造"。这一变化必将对中拉合作产生两大新动能，一是传统的贸易主导模式已风光不再，中国对拉经济合作的重心转向资金、技术、产能的输出，这一调整将为拉美相关国家腾让全球低端工业品市场，令中拉同质性竞争大为减少；二是拉美国家可以利用对华产能合作，引入东亚地区产业化模式，推进自身全面工业化，摆脱长期以来过度依赖初级产品参与世界经济循环的困境。因此，我们将中拉产能合作单辟一章，从全球价值链、比较优势等原理出发，对双方合作意义、基础、条件、潜力及重点排序、实施策略等作出系统评估。总之，无论"窍门"，或曰"机关"，中拉产能合作无疑是构建新型中拉合作关系这一系统工程中的关键一环。

科技是第一生产力。经济全球化纵深推进所造成的直接后果之一是加速产业链在全球范围内的不断延伸，同时也带来基于竞争力比较优势的国际分工逐渐固化。发达经济体仍然在高技术产业和重大原创性专利方面占据垄断地位，并试图通过不平等的技术转让条件持续操控全球技术扩散进程，使广大发展中国家长期处于研发基础、制度竞争、人才资源和专利合作的弱势境地，难以实现科技赶超和平等分享等理想目标。"二战"结束后，拉美地区的科技、教育、成果转化与区域合作都曾一度处于全球较为先进的水平，特别是相较于长期遭受西方技术封锁的中国而言，并不存在绝对闭合与排斥的国际体系压力。然而，恰是因为一些国家随后采取激进民族主义发展战略，关上合作大门，放弃通过紧密追随全球科技前沿实现赶超的路径依赖，在20世纪60—70年代的第三次工业革命中错失将自身科技能力做大做强的重要时机，也未能促成区域科技合作的实质化建设。第六章选择科技合作视角来审视和展望新时代中拉关系，可谓全书的一个亮点。首先，它将对这一非传统合作的累进式发展历史作出有益的回顾和评估，补全专业工作者和普通读者的知识；其次，它应该对拉美地区科技一体化的来由、现状和所需动力条件作出客观的评述和分析，以增进人们对拉美发展潜力与中拉科技合作重要意义的准确理解；最后，从全球发展的先验性视角出发，它需要为未来中拉之间超越一般贸易、投资形态的新型"南南合作"提出有力的逻辑和建设性图景。其实，某些代表未来趋势的事件已然发生，只是尚未为人所知。①

　　中国的发展中大国属性，及其持续国际化、市场化和产业中高端化的巨大动能，势必带动国际产能合作和科技合作"两翼齐飞"。毫无疑问，这两类合作的主要对象是发展中国家，并意味着一个超大型新兴经济体更多地承担起带动其他发展中经济体的历史使命。无论是加速中国产能、资金、技术向这些国家和地区的有效转移，还是进一步提高需求一方的自主发展能力，达成不同市场条件下有效供需的平衡，都将是新时代中国特色大国外交和对外合作格局的成败所系。"一带一路"合作倡议获得广泛的国际反响和实际展开，初步佐证了外部产能合作需求与中国供给之间的有力互动。然而，中外产能、科技合作之两翼能否长久振飞不衰，仍然需要复杂和细致的设计、落实工作。目前所见，一些优质合作项目在具体推进过程中不乏波折与反复，恰可说明真正实现有效的供需平衡以及双方利益、认知的平衡相当不易。中国坚持互利共赢的开放战略，积极践行正确义利观，愿将中国发展同广大发展中国家共同发展紧密结合起来。与全球各大国合作政策相比，中国的原则、主张无疑是最具道义吸引力的。然而，由于中外之间相互了解和认知不足，也由于中国文化"软实力"发展的不充分、不平衡，外界对中国的合作动机、含义及可能产生的结果仍不尽理解或确信。另外，正在迅速走进拉美地区的中国官方、企业和其他实践者，在为现实目标所驱动的同时，尚未充分掌握必要的历史和文化常识，以致屡犯急躁冒进或粗放式决策、经营的错误，更招致外方的误解或嘲讽。在构建新时代中拉合作关系的重要时刻，我们应该对诸如文化互动和经验借鉴之类的"软合作"更为重视，倾注更多的热情和资源。为此，我们在本书研究过程中对构建互动

---

　　① 笔者于2017年10月到访华为厄瓜多尔公司时，曾对该公司开展当地通信人才的专业化、职业化培训项目留有深刻印象。实际上，类似做法已在华为公司遍布其他发展中国家和新兴市场的分支机构中普遍采用。除华为之外，其他以企业为主体的对外科技成果转化、转让与本土化研发等活动，正在构成中外科技互动与合作关系的主流。

型、共建型中拉文化交流模式的意义、内涵、目标、条件和手段等给予特别关注，并尝试由第七章作出理论阐述，提出改进中国形象的具体对策建议。

第八章和第九章分别讨论中拉合作的制度性约束以及双方以互动方式参与全球治理两大问题。前一章的视角集中在拉美国家政治制度、思想基础、治理能力等方面，意在对其对华合作可能出现的反应滞后、接续不畅的现象作出深入分析与解释。毋庸讳言，中拉发展差距不断拉大以及合作失调与短板的增多，最终根源是制度差异，而推进未来全面合作可能出现的变数、风险，也主要来自双方制度的非对称性，对此作出系统论述和交代，是专业研究者必须显示的一份学术冷静和担当心。后一章则将中拉合作的领域扩展至全球治理这一当代重大国际议题。它与前一章不同的是将论点放在改善中拉合作的外部条件上，但在学理上却应该与前一章密切相关和相通。无论是气候变化、网络安全、国际金融和贸易体系等治理议题，还是增进中拉合作政治基础、互动机制的建设等条件创设，关键的是双方要在观念和行动能力上实现协调和匹配。有效参与全球治理进程并真正发挥建设性作用，除了道义的力量，还需要实际作为。面对全球发展失衡，中国和拉美国家不应一味地抱怨他人，而应在审视他人历史责任和现实不公的同时，切实加强彼此合作并由此改善各自内部治理，从而更加有效地护卫、扩大共同的发展权益。

从本质上说，全球治理是世界范围内生产力和生产关系不断调整，进行再平衡的过程。当旧的制度、体制失去充分激发、促进、保护生产力，其合法性和实用性就会被扬弃，就会被新的思想、新的制度、新的政策选项所取代。实施"一带一路"国际合作，通过政策、贸易、资金、基础设施、人文领域的互联互通，促进区域经济融合和市场机制接轨，改进所有参与国家的发展条件，实现互利共赢，是中国针对全球治理的最新需要所提供的创新性倡议。全书最后一章关注的是如何在新的历史条件下切实构建中拉新型合作关系的路径选择问题。该章通过对中拉双方参与全球治理，实现共同发展的必然逻辑，以及有效对接双方发展战略的条件、困难的分析，论证建立多层级、多部门、多议题的综合性或专业性对话，构建新型政策沟通平台，在更高水平上为扩大双方务实合作提供机制化保障，从而进一步释放合作效能，实现彼此经济社会发展目标与政策联通、兼容、共济的必要性和可能性。也是中国与广大发展中国家和其他参与方共同构建发展与合作的命运共同体之最有力的行动载体。在全书写作过程中，中拉关系仍在这一趋势背景下发生快速变动。其一，在2017年召开的"一带一路"国际高峰论坛期间，拉美地区两个重要经济体的国家元首和相关地区组织负责人受邀参会，更有部分拉美国家加入亚洲基础设施投资银行，中国政府正式确认拉美地区可作为"21世纪海上丝绸之路"的自然延伸，中拉合作与"一带一路"国际多边合作并行不悖。其二，2018年1月，中国—拉共体论坛第二届部长级会议召开，双方对"一带一路"国际合作倡议形成政治共识，并在专门发表的特别声明中予以高度确认。①　其三，在2017年6月到2018年5月不到一年左右的时间内，巴拿马、多米尼加共和国先后与中国正式建交，标志着中拉关系的政治地理结构将继续发生正向和积极的变化。作为全书结尾，第十章对此予以充分关注，试图就新的历史条件下构建中拉新型合作关系的历史逻辑和现实路径选择等问题作出回应，具体分析有效对接双方发展战略的条件、困难，论证建立多层级、多部门、多议题的综合性或专业性对话，构建新型政策沟通平台，在更高水平上为扩大双方务实合作提供机制化保障的必要性和可能性。

　　未来两年，中国将全面建成小康社会，实现第一个百年奋斗目标，同时将乘势而上开启全面建设社会主义现代化国家的新征程，向第二个百年奋斗目标进军。我们确信，一个更加锐意改革进取、更加主动积极对外开放、更加自信从容地走向世界舞台中心的中国，也必将在与国际社会成员的深入互动中，创造更多宏大而生动的历史叙事，更加鲜明地展示新时代中国特色大国外交的引领作用，体现其为人类进步事业而奋斗的先进本质，并通过自己的使命意识、责任担当和奋发有为，对世界的和平发展做出新的更大的贡献，而进入全面构建阶段的中拉合作关系也必将以其实际业绩为此作出有力的佐证。

---

　　①　赵本堂：《努力推动中拉关系在更高水平上向前发展》，载《拉丁美洲研究》2018年第1期，第6页。

目　　录

第 一 章

中拉关系的“构建发展”阶段

自 1949 年中华人民共和国成立以来，中国外交已历经近 70 年的变迁和演进。中国与拉美地区的外交关系作为中国对外关系的重要组成部分，也在近 70 年的风风雨雨中“走过了非凡历程”，[①] 从最初的一片空白到跨越式发展，并迈入到当前构建中拉命运共同体的新高度和新阶段。

自 2012 年年底中共召开十八大以来，“新阶段论”成为国内外研究中拉关系的一个新的重要的视角。有中国学者认为，2014 年 7 月，习近平主席访问拉美四国，标志着中拉关系进入“全面发展新阶段”。因为，此次访问不是一般意义上的首脑外交，而带有中国对拉美政策宣誓的意义。习近平主席在此次访问中提出的一系列合作倡议及合作框架，不仅提升了中拉关系的目标定位，而且制定了实现这一目标的详尽路线图。[②] 也有学者认为，中拉论坛首届部长级会议的召开，说明中拉关系正在“升级换代”。[③] 以中拉论坛为起点，中拉双方将突破原有的国与国之间的合作模式，在区域性、整体性、全面性的新水平上展开各自资源优势的互补与互助。中拉整体合作标志着中国完成与各发展中国家和地区整体性合作的全方位覆盖。[④] 还有学者将 2016 年习近平主席第三次访问拉美，

---

① 赵本堂：《努力推动中拉关系在更高水平上向前发展》，载《拉丁美洲研究》2018 年第 1 期，第 6 页。

② 贺双荣主编：《中国与拉丁美洲和加勒比国家关系史》，中国社会科学出版社 2016 年版，第 419 页。

③ 吴洪英：《中拉关系正在“升级换代”》，载《现代国际关系》2015 年第 5 期，第 19 页。

④ 吴白乙：《中拉整体合作的三重解读》，载《中国投资》2015 年第 2 期，第 60 页。

中国政府发布第二份对拉政策文件视为中拉关系进入"升级换代季"。[1]

国外学者不像国内学者将某一事件的发生作为中拉关系进入"新阶段"的标志,但也同样敏感地捕捉到双方关系已经进入一个新的发展阶段。墨西哥国立自治大学中墨中心主任恩里克·杜塞尔(Enrique Dussel Peters)教授认为,进入21世纪后,中拉关系分成两个阶段,第一个阶段是贸易和投资繁荣阶段;当前已经进入第二个阶段,表现为文化交流不断增加,中国向拉美移民的增长,旅游的兴起,以及中拉跨区域对话机制的建立等,但这些新的发展趋势并没有引起足够的重视。[2] 经济合作与发展组织(OECD)、拉丁美洲开发银行(CAF)和联合国拉丁美洲和加勒比经济委员会(以下简称"拉美经委会")也联合发布报告,认为由于中国主导的财富转移现象即将进入一个新的阶段,并影响全球经济,拉美和中国必须共同努力,在一个共同议程的基础上深化动态且长期的战略合作关系。[3] 美国学者认为,中国与很多发展中国家的关系都已过了蜜月期,一些原料出口国尤为担忧中国经济的放缓。现在,中国应该与这些地区建立起更为成熟、更为复杂的关系。[4]

尽管关注重点不尽一致,但对于中拉关系已经迈入一个新的发展阶段,国内外学者是有共识的。进入新阶段的中拉关系是一种什么性质的关系?面临着什么样的问题和挑战,以及未来发展前景如何?如果从中拉双方外交战略转型的视角来考察中拉关系的发展,可以看出,自1949年中华人民共和国成立以来,中国和拉美国家关系从一片空白发展到现在,在经历了自发兴起发展、自主发展两个阶段之后,当前已经进入一

---

① 沈丁立:《中拉关系进入升级换代季》,载《人民日报》(海外版)2016年11月18日第1版,http://theory.people.com.cn/n1/2016/1118/c136457 - 28878104.html。[2017 - 03 - 23]。

② Enrique Dussel Peters, Ariel C. Armony (coord.), *Beyond Raw Materials*: *Who are the Actors in the Latin America and Caribbean-China Relationship*? Buenos Aires: Nueva Sociedad; Buenos Aires: Friedrich-Ebert-Stiftung; México DF: Red Académica de América Latina y el Caribe sobre China; Pittsburgh: University of Pittsburgh, Center of Latin American Studies, December 2015, p. 9.

③ *Latin American Economic Outlook* 2016: *Towards a New Partnership with China*, http://www.oecd-ilibrary.org/deliver/4115081e.pdf? itemId =/content/book/9789264246218 - en&mimeType = application/pdf. [2017 - 07 - 10].

④ 陈懋修 (Matt Ferchen):《开放了三十年中国对非洲拉美还几乎一无所知》,http://blog.caijing.com.cn/mattferchen。[2017 - 07 - 10]。

个"构建发展"的新阶段。"构建发展"阶段的中拉关系有其特殊的内涵，并取得了显著成效，但也面临着一些深层次的矛盾和挑战。

第一节　"构建发展"阶段的内涵

一　中拉关系回顾：从自发发展到自主发展

在新中国成立以来中拉关系近 70 年的发展历程中，受国际形势变化和中拉双方对外战略转变的影响，双方关系发展的驱动力、发展方向和发展成就也有所改变，形成了中拉关系史上不同的发展阶段。

从 1949 年新中国成立到 20 世纪 80 年代末的 40 年中，中拉关系处于自发兴起的阶段。首先，在冷战初期，中国与拉美地区国家总体而言分属两个敌对的阵营，双方的对外关系都受到强烈的意识形态影响和体系性制约，导致双方初始关系的驱动力不强。尽管双方都意识到战后世界变化及发展彼此关系的必要性，但当时的国际大背景和各自国内政局等因素却制约了双方走近的步伐，一些拉美国家政府出于意识形态等方面的原因甚至敌视中国政府。其次，由于相距遥远、经济社会发展水平不高，中国与拉美国家发展关系的渠道和能力也十分有限。再次，在冷战结束前的大部分时间里，中国和拉美国家的战略规划能力仍处于发轫和探索阶段，不具备较强的全局性博弈的外交资源，只能分别将苏联和美国尊为对外关系的主导者，中拉关系在双方对外战略中处于边缘和从属地位。如中国与古巴关系基本追随中苏关系的起伏而变化；中国与拉美其他大部分国家关系也同中美关系的发展轨迹大致一致。总体来看，这一时期中拉关系发展的进程和节奏可说是双方对苏、对美关系的自发性延伸，其自主性、创新性明显缺位。最后，这一时期的中拉关系发展缓慢，主要成就是实现了双方外交关系的正常化，而经济、社会、文化维度的交往水平十分低下。

从 20 世纪 80 年代末到 21 世纪的第一个十年，中拉关系进入了自主发展的阶段。在这一时期，"冷战"终结，世界政治多极化和经济全球化加速，新兴国家群体性崛起。中国和拉美国家都将发展作为第一要务，致力于建立国际政治经济新秩序。为了服务于国家发展战略，中拉双方都更加强调多元化外交，寻求加强与发展中国家的关系和合作。在此背景下，中拉之间对彼此战略地位重要性的认知不断提高，合作意愿更加强烈，推进中拉关系发展的驱动力增多、增大。这些驱动力既来自双方应对国际体系巨变后确保自身安全和国际地位的政治需要，也来自实现各自快速发展的经济需要。其次，中拉关系发展的自主性和独立性增强。中国积极加强与拉美地区的政治经济关系，拉美国家在对华关系上也不再唯美国马首是瞻。如20世纪80年代末90年代初中国面临美国等西方国家的经济制裁和外交孤立时，主动将外交工作重心转向包括拉美在内的发展中国家；拉美大部分国家也没有跟随美国制裁中国，而是对中国表示理解，先后有5个国家邀请中国国家主席前往访问。进入21世纪后，随着中国经济的快速腾飞，拉美国家左、右翼政府均重视对华务实合作，积极主动地加大对华关系力度。从2000年到2012年，拉美国家领导人以年均超过4人次的频率到访中国，其中2010年共有8位拉美国家领导人访问中国。① 最后，正因为双方合作意愿、自主性和独立性的增大，经济快速发展和国际地位的不断提高，中拉关系在这一时期实现全面、快速和深入发展，为建立中拉全面合作伙伴关系奠定了坚实基础。

经过之前两个阶段的发展，中拉关系已经建立了比较全面的联系网络，并具备良好的发展态势。鉴于中拉关系在各自对外关系中的全局性和战略性日益突出，中拉双方都深感应将彼此关系提升到更高的水平和层次，以确保其能够在未来持续良好发展，并助推各自发展战略的实现。在这一背景下，中拉关系进入了"构建发展"的新阶段。

"构建"一词的中文直观含义包括"构成、建立、设置"等，多用于通过主观能动性营造一个良好的氛围乃至合作机能。在本章中，"构建发展"是指中拉关系发展到一定阶段，双方领导人统揽全局，有意识地从战略高度设计和规划彼此关系的发展，包括战略目标、战略路径和合作原则等方面内容，以推动双方关系稳定健康发展。"构建发展"这个创新性概念，不仅有助于解释当前中拉关系的特点，也有助于理解在国际关系转型的大背景下，中拉双方共同的战略诉求，以及未来的合作前景。

---

① 贺双荣主编：《中国与拉丁美洲和加勒比国家关系史》，中国社会科学出版社2016年版，第310—312页。

二　"构建发展"逐渐成为中拉双方的战略共识

中拉关系具有显著的"后起发展"特征。这里的"后起发展"是指相较于中国与大国关系、与周边国家关系，甚至与非洲国家关系，中国和拉美国家的政治、经济、人文等领域的关系发展相对滞后，还有很多空间需要填补。但"后起发展"恰恰为中拉关系进入"构建发展"新阶段提供了有益的条件。首先，中拉关系的"后起发展"在很大程度上是由于地理阻隔造成的。遥远的地理距离虽然导致双方在历史上大部分时间里缺少联系，但也使双方较少积累道德恩怨和现实包袱，能够在平和、平等的基础上发展中拉关系。其次，当双方关系发展到一个新的阶段，需要"升级换代"之时，中拉更便于发现大量发展空间和相关合作经验、路径，更容易按照共同的意愿规划和构建未来关系，正所谓"一张白纸，可绘最新、最美的图画"。

中国是中拉关系"构建发展"的主要推动力量。经过改革开放以来持续三十多年的高速增长，中国已成为世界第一贸易大国和第二大经济体，在国际事务中发挥着越来越重要的影响力。中国国力的提升带来国家利益的拓展及国际地位的变化，需要重塑自己的角色和对外关系。2012 年年底以来，以习近平总书记为核心的中国新一届领导集体提出"实现中华民族伟大复兴"的中国梦，中国外交开启了"中国特色大国外交新征程"。[1] 相比之下，中国特色大国外交的特别之处主要体现在以下几个方面：一是变"消极反应式"外交为"主动筹划型"外交，[2] 从战略高度规划和统筹中国外交。二是提出构建以"合作共赢"为核心的新型国际关系，打造"人类命运共同体"等战略性理念。三是实行全方位外交，地缘上更注重全球平衡，具体议题上更注重多领域的交流与合作。此外，中国还提出"政经并举和利义兼顾，有时甚至要义先于利"的新义利观，[3] 以指导中国与发展中国家的关系。四是更加注重人文外交，以

---

① 中共中央宣传部：《习近平总书记系列重要讲话读本》，学习出版社、人民出版社 2016 年版，第 260 页。

② 杨洁勉：《站在新起点的中国外交战略调整》，载《国际展望》2014 年第 1 期，第 6 页。

③ 同上书，第 10 页。

向世界传递中国的价值追求，使"中国梦"与世界各国人民的美好梦想相联通。

中国视拉美地区为构建新型国际关系的建设性力量。其一，拉美地区是中国伙伴外交战略的重要基础，1993年中国与巴西战略伙伴关系的建立，开创了中国"伙伴外交"的先河。此后，中国相继与拉美国家建立了从"合作伙伴"到"战略伙伴"再到"全面的战略伙伴"等不同水平的伙伴关系，取得积极成效。其二，拉美地区是中国推动"南南合作"的关键因素。作为世界最大的发展中地区之一，拉美在中国全球外交布局中的地位不断上升。中国对拉战略不是要占领、霸占、主导，而是平等相待，超越互补，寻找中国和拉美各国利益契合点，以共谋发展。其三，拉美地区是中国走和平发展道路的同路人，建立和平、发展、合作、共赢的新型国际关系，是中拉共同的理念和愿望。基于以上判断，中国在推动新型国际关系的过程中，拉美成为中国"构建发展"战略的优先对象之一。

拉美国家在"被动接受"的过程中，逐渐认可这种模式。目前，加强与中国的关系已经成为拉美的地区性共识，但在发展对华关系中，拉美国家面临以下问题：其一，拉美地区无论是单个国家，还是整个地区，都缺乏清晰的对华战略。其二，不同的拉美国家在发展对华关系尤其是经贸关系中，受益程度不同，因而发展对华关系的意愿出现差异。由于与中国贸易存在竞争性和不平衡性等问题，墨西哥国内利益集团对发展对华关系意愿不足，但现任培尼亚·涅托政府充分认识到对华关系的重要性，致力于推动两国的务实合作。阿根廷、巴西等国在出现政权更迭后，一度出现对外政策的微调，但最终选择加强与中国的全面合作。而智利、秘鲁等与中国签订自由贸易协定的国家，发展对华关系的意愿更为强烈。其三，拉美国家推动本国对外发展战略的能力不足。随着国际大宗商品价格下降、国际贸易陷入低迷，拉美经济遭受重创，2015年和2016年甚至出现负增长。与此同时，政治动荡加剧了经济萎靡的态势。拉美国家希望通过多元化的对外战略来推动国内经济转型和复苏，但美欧传统经贸伙伴自顾不暇，作为世界第二大经济体的中国则积极主动推进对拉关系，自然成为拉美国家重要的战略选择。拉美地区对华关系的现状决定了在新阶段中国成为推动双方关系发展的主动方和主导方。

三　"构建发展"关系的内涵

在之前的两个发展阶段，中拉关系多是顺应历史的潮流和各自发展利益的需求向前推进，并没有十分明确的发展规划和目标，因此也可以说是一种"反应式"的关系模式。进入"构建发展"阶段后，中国与拉美对双方关系发展将不仅仅满足于顺势而为，而是要积极有所作为，从战略和全局的高度对其未来发展加以规划和构建，即通过主动筹划转向"构建发展"模式。

战略目标：规划未来中拉关系新格局，打造中拉命运共同体。进入"构建发展"阶段后，双方有了明确的战略目标。2014 年，中国国家主席习近平在访问拉美时提出，中拉在未来应努力构建政治上真诚互信、经贸上合作共赢、人文上互学互鉴、国际事务中密切协作、整体合作和双边关系相互促进的"五位一体"新关系格局，打造双方携手共进的命运共同体。这一倡议得到拉美国家的认同，标志着中拉关系进入"构建发展"的新阶段。乌拉圭时任总统穆希卡表示，这是中拉合作的纲领性文件。①

战略路径：构建新的中拉合作框架。为了实现打造中拉命运共同体的战略目标，中国与拉美国家在 2015 年 1 月举行的中拉论坛首届部长级会议上通过了《中国与拉美和加勒比国家合作规划（2015—2019）》。"合作规划"确定了此后 5 年的中拉合作领域和合作路径。制订阶段性合作规划应会成为未来中拉合作的重要举措，为其提供指导和依据。

经贸合作是推进中拉关系发展的主要驱动力。为了巩固中拉经贸合作的增长态势，双方需要寻找和拓展新的发展空间，创建新的合作框架和行动路径。2014 年，习近平主席访问拉美期间，提出中拉共同构建"1 + 3 + 6"务实合作设想，即以实现包容性增长和可持续发展为目标；以贸易、投资、金融合作"三大引擎"为动力，推动中拉务实合作的全面发展；以能源资源、基础设施建设、农业、制造业、科技创新、信息技术"六大领域"为合作重点，推进中拉产业对接。这一新合作框架得

---

① 《新的"中拉时间"开始了——记习近平主席访问拉美四国并出席中拉领导人会晤》，载《人民日报》2014 年 7 月 28 日第 2 版。

到拉美国家的一致支持。厄瓜多尔时任总统科雷亚表示，"1＋3＋6"是尊重拉美的务实举措。2015 年，李克强总理访问拉美期间，提出中拉合作"3×3"新模式，即共建拉美物流、电力、信息三大通道，实现企业、社会、政府三者良性互动，拓宽基金、信贷、保险三条融资渠道。这些新的合作框架和模式将推动中拉合作加快提质升级。

合作原则：协商共赢，不针对第三方。中国与拉美国家都是发展中国家，"独立""自主""和平""多元化"是双方共同遵循的外交政策原则。在当前阶段，实现国家发展、建立更加公平合理的国际政治经济新秩序是双方的共同诉求。中拉无论在发展阶段、发展理念和方式，以及资源禀赋、产业结构、市场需求等方面都有很强的互补性和相互借鉴之处。因此，中拉合作是"以平等互利为基础，以共同发展为目标，不针对、不排斥任何第三方"。① 《中国与拉美和加勒比国家合作规划（2015—2019）》中第十四条也明确规定，规划"所述合作领域为提示性且不具排他性"，"将根据各自国内政策和法规，按照灵活和自愿参与原则予以实施，并且不影响任何已经达成一致的双边合作项目，也不替代各方已经达成一致的双边协定、决定或承诺"。正如中国外交部长王毅所阐述的，② 中国同拉美和加勒比国家间的合作是南南合作，是发展中国家间的相互支持，不会影响也不会取代各自与其他国家、其他地区间已有的交往与合作；中拉合作基于相互需求和共同利益，不针对第三方；中拉合作秉持开放、包容和平衡理念，不排斥第三方。

第二节　"构建发展"阶段的初步成效

进入"构建发展"阶段后，中拉关系已在政治、经济、人文交流和多边合作等领域有了长足的发展，取得显著成效。

一　政治领域

一是首脑外交成为新时期中拉政治关系的新亮点。中共十八大以来

---

① 《中国对拉美和加勒比文件》，载《人民日报》2016 年 11 月 25 日第 10 版。
② 王毅：《中拉合作不针对、不排斥第三方》，新华网，http：//news. xinhuanet. com/world/2015 –01/09/c_1113944290. htm. ［2017 –07 –01］。

四年多的时间里，习近平主席已经三次访问拉美（2013 年、2014 年、2016 年），李克强总理也于 2015 年访问拉美。中国国家元首或政府首脑频繁访问拉美，凸显对中拉关系的高度重视。拉美各国领导人也纷纷来华访问，无论是左翼或是右翼政府执政，都将发展对华关系作为其对外关系的重点。如自 2013 年至今，阿根廷两任总统先后 3 次到访中国。其中左翼时任总统克里斯蒂娜于 2015 年访华，右翼现任总统毛里西奥·马克里则分别于 2016 年和 2017 年访华，并参加由中国主办的二十国集团领导人峰会和"一带一路"国际合作高峰论坛。这充分说明，加强中拉关系已经成为拉美社会各界、各政治派别的共识。中拉领导人还在联合国、亚太经合组织、金砖国家机制、二十国集团、核安全峰会等各种多边场合频繁会面，加强相互沟通和了解，不断累积合作共识。

二是双边高层会晤开创规模、参与范围的新特点。2013 年习近平主席访问拉美时，与加勒比 8 国领导人集体会晤；2014 年习近平主席再次访问拉美时，与拉共体"四驾马车"和其他 12 个拉美国家的元首和政府首脑或特别代表举行集体会晤，并发表《中国—拉美和加勒比国家领导人巴西利亚会晤联合声明》。集体会见方式展现高度的平等性、多元性和广泛性，助推中国基本实现对拉美元首外交的全覆盖，获得拉美各国，特别是小国政府和社会各界的高度评价。外方认为，习近平主席 2013 年对加勒比国家特立尼达和多巴哥的访问是历史性的，是中国全方位外交的具体展示。巴哈马、多米尼克等国总理表示，中国对加勒比地区的重视是"非常有建设性的"，是加勒比地区的一个积极伙伴。

三是中国与拉美国家的伙伴外交也继续得到推进。伙伴关系已经成为中国外交的一个重要标志。[①] 中国与拉美国家的伙伴关系也得到大幅提升。自 2013 年以来，中国先后更新与秘鲁、墨西哥、阿根廷、委内瑞拉、厄瓜多尔和智利的关系，确立建立"全面战略伙伴关系"。中国还与哥斯达黎加和乌拉圭等国建立了战略伙伴关系。在五年的时间内，中国与 8 个拉美国家（包括 2012 年建立全面战略伙伴关系的巴西）的关系层级得到提升，基本涵盖了中国在这一地区主要的交往国家和经贸伙伴，对中拉关系的稳固和深化发展起到积极推进作用。这些拉美国家也高度评论

---

① 王毅：《共建伙伴关系 共谋和平发展》，载《学习时报》2017 年 3 月 29 日第 1 版。

与中国建立的伙伴关系。墨西哥总统培尼亚曾表示，中墨关系提升为全面战略伙伴关系为双方经贸合作开辟了广阔前景；双方完全可以寻求合作新领域、新方式，变相互竞争为优势互补，促进双边贸易平衡增长，实现互利共赢。

二 经济领域

经贸合作更加多元化。虽然中拉贸易额增长放缓，但中国对拉美的投资快速增长。2015 年和 2016 年，中国对拉美非金融类直接投资分别为 214.6 亿美元和 298 亿美元，涨幅为 67% 和 39%。中国对拉美投资方式和投资主体日趋多元，投资领域也更加宽广，从传统的能源矿产、基础设施领域开始向金融、农业、制造业、信息产业、服务业、电子商务、航空运输等诸多领域扩展。中国在拉美的工程承包业务在总体平稳的基础上不断创新合作方式。2015 年和 2016 年，中国企业在拉美新签署承包工程合同额分别为 181.6 亿美元和 191.2 亿美元，同比分别增长 10.3% 和 5.3%。中国与拉美国家在基础设施建设领域的合作模式除传统的工程总承包（EPC）模式外，也开始尝试建造运营转让（BOT）等方式。此外，中国近年来宣布实施的系列金融合作举措也取得积极进展。至 2016 年，中拉合作基金、优惠性质贷款、中拉基础设施专项贷款项下有多个项目在有序推进，中拉产能合作基金项下中国企业已成功中标巴西两座水电站的特许经营权。这些项目的落实和推进工作，促进了中拉双方在基础设施建设、资源能源开发、电力、农业合作、制造业、海工装备、生物技术等领域的合作。[1] 经过长期的贸易往来和更为密切的关系，许多拉美国家第二次有了拥抱中国的想法。[2]

设立或实施新的合作机制和举措。习近平主席在 2014 年访拉期间提出，中国将实施 100 亿美元中拉基础设施专项贷款，并在此基础上将专项贷款额度增至 200 亿美元；向拉美和加勒比国家提供 100 亿美元的优惠性

---

① 商务部网站，http：//www.mofcom.gov.cn/article/ae/ai/201702/20170202513555.shtml。[2017 - 07 - 02]。

② A golden opportunity：China's president ventures into Donald Trump's backyard，https：//www.economist.com/news/americas/21710307 - chinas-president-ventures-donald-trumps-backyard-golden-opportunity. [2017 - 07 - 02].

质贷款，全面启动中拉合作基金并承诺出资 50 亿美元；实施 5000 万美元的中拉农业合作专项资金，设立"中拉科技伙伴计划"和"中拉青年科学家交流计划"，适时举办首届中拉科技创新论坛。李克强总理 2015 年访问拉美时也提出，中方将设立 300 亿美元中拉产能合作基金。这些合作机制和举措为中拉未来进行更加深化、全面的经贸合作，落实各合作项目提供了坚实有力的保障。此外，中拉自贸区建设合作也取得很大进展。目前，中国已与智利、秘鲁、哥斯达黎加分别签署了自贸协定，实施情况良好。中国、智利还于 2016 年 11 月宣布启动开展中智自贸协定升级谈判和中秘自贸协定升级联合研究工作。此外，中国与哥伦比亚的自贸协定可行性联合调研工作也在积极推进中，乌拉圭也提出与中国开展自贸区合作。

三　人文交流领域

中国与拉美不仅远隔重洋，相距遥远，而且在政治制度、文化传统、思维方式和语言等方面存在着巨大差异。美国等西方国家媒体对中国的不实报道在拉美也有很大的影响。因此，缺乏相互了解成为阻碍中拉关系进一步深化发展的重要因素。在中国不断崛起和中拉关系日趋紧密的情形下，"中国威胁论""新殖民主义"等论调以及恐惧中国的心态在拉美仍有较大"市场"。

为此，中国加大了与拉美国家进行人文领域交流与合作的力度，以增进中拉相互认知和了解，推动文明互鉴和交流，完整地塑造中国形象。2014 年 7 月 16 日，习近平主席在巴西国会演讲时表示，实现中华民族伟大复兴的中国梦与实现团结协作、发展振兴的拉美梦息息相通。7 月 17 日，习近平主席在中国—拉美和加勒比国家领导人会晤时提出，要加强中拉在教育、文化、体育、新闻、旅游等领域的交流合作，并提出中方将在未来 5 年内向拉美国家提供 6000 个政府奖学金名额、6000 个赴华培训名额以及 400 个在职硕士名额，邀请 1000 名拉美和加勒比国家政党领导人赴华访问交流。中拉还于 2015 年启动为期 10 年的"未来之桥"中拉青年领导人千人培训计划，在 2016 年举行"中拉文化交流年"。2016 年 11 月，中国政府发布第二份《中国对拉美和加勒比政策文件》，其中将人文合作单独列为一个中拉未来需要加强的合作领域，而并非如第一份"政策文件"那样将人文与社会视为一个合作领域，足见中国政府对加强中拉人文领域合作的重视程度。

需要指出的是，人文领域的交流离不开思想的沟通与碰撞。作为思想领域的前沿探索者和社会思想风潮的引领者，学者、智库间的交流对于推进中拉文明互鉴有着不可替代的重要作用。自2013年以来，中国—拉美和加勒比智库交流论坛（中拉智库交流论坛）、拉共体—中国高级别学术论坛、中拉学术高层论坛等高级别学术论坛多次在中国和拉美国家举行，来自中国和拉美国家主要智库的学者就中拉关系等问题进行了广泛的交流和研讨。除官方学术机构外，民间学术交流也得到极大推进。如中拉青年学术共同体（CECLA）就是一个由中拉青年共同倡议建立的民间学术交流公益平台，自2015年成立以来多次举行中拉青年学者对话，并建立了中国首个致力于促进中拉青年交流的公益基金。此外，中拉学者间的往来互动也十分频繁。如中国社会科学院拉丁美洲研究所作为中国成立时间最长、规模最大的综合性拉美研究机构，2015—2017年平均每年接待来访的拉美学者就达到245人次。这些学者、智库间的交流活动对于中拉学术界共同构建和塑造中拉合作新共识、新理念起到积极的推进作用。

四 多边合作领域

随着中国对国际体系的融入程度越来越深，中国开始更加积极地践行多边主义，认为多边主义是维护和平、促进发展的有效路径。[①] 拉美一直努力寻求在全球事务中取得领导地位，更不用说区域凝聚力了。[②] 在这一背景下，中拉多边合作也取得重大成就。

中拉开启整体合作。自20世纪90年代以来，中国与拉美地区的多边合作虽然取得了很大进展，但大都是与拉美不同属性的地区或次地区组织进行往来，并没有针对整个拉美地区的整体合作机制。2011年年底成

---

① 习近平：《共同构建人类命运共同体——在联合国日内瓦总部的演讲》，载《人民日报》2017年1月20日第2版，http://politics.people.com.cn/n1/2017/0119/c1001 – 29033860.html。[2017 – 11 – 09]。

② Benjamin Creutzfeldt, "China and the U. S. in Latin America", *Revista Científica General José María Córdova*, Bogotá, Colombia, enero-junio, 2016, Estudiosmilitares, Vol. 14, No. 17, pp. 23 – 40.

立的拉共体为中拉整体合作创造了条件。拉共体刚成立不久，中国就提出建立中拉合作论坛的倡议，得到拉美国家的积极响应。2014 年 1 月，拉共体第二届峰会通过《关于支持建立中国—拉共体论坛的特别声明》，对论坛的成立表示支持。2014 年 7 月习近平主席访问拉美期间，与拉美国家领导人共同宣布成立中拉论坛。2015 年 1 月，中国—拉共体首届部长级会议在北京举行。其衍生出的一系列中拉经贸合作新机制将使中拉在政治、经贸、人文和国际事务等领域展开全方位的整体合作，使中拉合作形成一个立体的网络格局，推动中拉共同构建"携手共进的命运共同体"。拉美国家高度认可中拉论坛的重要意义。时任拉共体轮值主席国的哥斯达黎加总统索利斯表示，中拉论坛是一个拉近拉美和中国距离的纽带，它将为中国与拉共体之间新型的、有效的战略关系发挥积极作用；中拉论坛的建立表明拉共体自 2011 年成立以来取得了很多丰硕的成果。①2018 年 1 月举行的中国—拉共体第二届部长级会议上，中拉双方就"一带一路"倡议达成政治共识。拉共体国家一致认为"该倡议可以成为深化中国与拉美国家经济、贸易、投资、文化、旅游等领域合作的重要途径"。② 会议通过的《圣地亚哥宣言》《中国与拉共体成员国优先领域合作共同行动计划（2019—2021）》和《关于"一带一路"倡议的特别声明》三份成果文件中，集中体现了未来中拉双方深化合作、同谋发展的明确意愿和合作领域。此次会议的成功举行开启了中拉整体合作的新篇章。中拉在国际多边机制领域的合作也迈上新台阶，双方不仅加强了在多边机制内的合作，还共同参与创建新的多边合作机制。2013 年以来，中国陆续提出并创建"一带一路"倡议、金砖国家新开发银行，以及亚洲基础设施投资银行等多边合作机制，对现有国际经济秩序产生有益补充和完善的作用。拉美国家对此作出积极响应和参与。巴西先后参与金砖银行、亚投行的创始进程，是其重要角色之一。目前，已有 7 个拉美国家成为亚投行的成员国。此外，拉美国家对中国提出的"一带一路"

----

① 《哥斯达黎加总统：中拉论坛将助力拉美基建融资》，http：//news. china. com. cn/2015 - 01/08/content_34511668. htm。［2017 - 07 - 11］。

② 《中国—拉共体论坛第二届部长级会议关于"一带一路"倡议的特别声明》，中国外交部网站：http：//www. fmprc. gov. cn/web/zyxw/t1531470. shtml。［2018 - 05 - 01］。

倡议十分关注，秘鲁、智利、厄瓜多尔和阿根廷等太平洋国家公开表达出对"一带一路"倡议的坚定支持和加入意愿。2017 年 5 月，阿根廷和智利总统参加了在中国举行的"一带一路"国际合作高峰论坛。

第三节 "构建发展"阶段的挑战

新阶段也意味着新挑战，在某种程度上说，中拉关系已经涉入"深水区"。有学者认为中拉关系的发展不会一帆风顺。① 事实上，进入"构建发展"阶段的中国和拉美不仅需要直面双方关系面临的显性和深层次矛盾，还需要对此给予主动回应，并在双方主动筹划中给出解题思路和方案。

一 世界的不确定性

不确定性是当前以及未来相当长时期内国际形势的一个基本特点。最近一段时期以来，国际政治中黑天鹅事件频频发生，"不确定性"成为当今国际关系的重要特征。英国脱欧、特朗普主政、欧洲此起彼伏的恐怖主义袭击，是这一特征的有力例证。与此同时，国际事务旧账未消又添新账：在国际和平、地区安全、领土纠纷以及经济增长、自由贸易、投资便利化等国际政治的传统议题尚未找到有效解决方案的同时，包括恐怖主义袭击、气候变化、生态环境恶化等问题在内的新型国际问题和国际热点问题却不断涌现、层出不穷。这些现象表明，世界正处在百年以来重大变革和调整的新时期。一系列现实而窘迫的困境迫切需要人类摆脱旧的观念和思维窠臼，拿出切实可行的破题思路和解决方案。②

中拉关系的发展不能游离于世界之外，而努力减少这种不确定性的影响则是目前中国对拉政策的基本取向。2016 年 5 月 19 日，外交部长王毅与来访的阿根廷时任外长马尔科拉会谈后，用三个"没有变"之说对

---

① 江时学：《中拉关系发展不会一帆风顺》，载《世界知识》2015 年第 1 期，第 27—28 页。

② 谌园庭、冯峰：《以中国智慧贡献思想产品》，载《中国社会科学报》2017 年 7 月 13 日第 4 版。

媒体表达中国对拉关系的基调,即对拉美发展前景的信心没有变,中拉互为机遇的格局没有变,中国加强同拉美国家合作的政策没有变。①

二　中拉各自转型的复杂性

在应对不确定世界变化的同时,中国将办好自己的事作为突破点,既立足于当前,解决经济社会发展转型过程中的突出矛盾及问题,又立足于长远,形成完善的机制体制助推国家、社会和个人迈向全面现代化。其中,持续的经济结构、动能和增长模式的转型必然对传统的中拉经贸关系产生部分影响。一方面,中国经济进入中高速、质量和效率型增长阶段后,铁矿石、能源等大宗原材料的进口需求也将转入下调期,一些长期依赖原材料对华出口的拉美经济体难免受此冲击,同时也对后者带来产业和贸易结构调整的压力;另一方面,中国正在成为全球主要资本输出国之一,并更加主动和持续地将拉美地区作为其最大的潜在市场。然而,由于需求方和接收国投资政策不稳定、法律制度和市场秩序不尽完善、金融基础设施欠发达、全要素生产率水平不高、内部有效需求不足等因素的影响,双方在短期内开展成规模的基础设施、产能、科技、服务业合作,推动拉美国家经济转型和腾飞的收效将十分有限。

作为主动构建一方,中国对拉美转型艰难性的认识有待于加深。优越的资源禀赋既造就了拉美国家生存和安全的相对优势,也造成其参与世界经济竞争的意识惰性。20世纪90年代起全球价值链发生资本与技术密集型产业占据高端,不断推进加工、贸易和投资体系的快速、频繁重组,而作为大宗商品供应者,拉美地区在这一体系中的地位越发边缘和脆弱,其主要贸易对象只能更多地转向新兴经济体和发展中国家。然而,由于地理、历史、文化等原因,拉美国家对于外部世界的认知相对滞后,对外合作的重心及观念的更新不足,加之"外向型"经济一再面临发展失速的挑战,社会矛盾多发,政府治理能力下降,较易发生国家政策乃至制度的摇摆;反过来又导致投资环境和政府信誉的跌宕起伏,落入螺旋式恶性循环的"怪圈"。根本而言,政治文明的主体性始终没有解决、

---

① 《王毅谈中拉关系:三个"没有变"》,http://www.fmprc.gov.cn/web/wjbzhd/t1364828.shtml。[2017-07-12]。

先天不足的民主制度、域外霸权的长期控制干涉以及传统生存文化流失但新的发展观没有形成，是拉美"危机频发"的深层原因。① 打破这一恶性循环之链，关键不仅在国家、社会和民众之间建立"持续转型"的包容性共识，也在于发展和争取同域外大国平等对话的能力。

必须看到，拉美国家对发展道路的不同选择将继续体现在其外交战略取向及政策的次序安排上。因此，未来拉美国家对外关系的多样性、多向性、多重性特征依然相当突出。是跟着大国走还是坚持独立自主的原则，是注重经济发展还是强调意识形态，是坚持贸易保护还是着眼于自由贸易，在这些问题上存在巨大差异的事实背后是各民族性格和历史命运的结合。这些差异在进步中共振互促，在挫折中相互渗透与影响，也会在外部环境的压力下产生新的变量。中国在对拉美地区求同存异、共同发展存有美好期待的同时，还应更加深入地理解和包容其显性或隐性的政策差异以及其背后的政治文化逻辑，非此则难以客观和耐心地把握这个地区大家庭所发生的诸多变化。

三 中拉亟须解决的几对主要矛盾

中国与拉美要顺利推动转型时代的战略关系，有几对主要矛盾需要解决：其一是合作机制的逐步完善与预期成果之间的差距。其二是中国持续的战略投入与拉美国家承接能力之间的矛盾。其三是双方对发展关系的迫切需要与相互认知的显著欠缺。

需要指出的是，中国国际影响力的迅速发展已经远远超出中国政府和智库对于世界的认知程度，尤其是对中国疆土之外的国家和地区层面。尽管关系发展迅速，但中拉之间缺乏的依然是了解，你不知我真正所想，我亦不知你真正所需，由此才有疑虑、猜忌，乃至有分歧。中国与拉美国家在历史、文化、制度和传统等方面存在着明显差异。因此，在一些问题上双方的看法不可避免地存在着一些差异，甚至会有一定的分歧。必须强调的是，由于中国对拉美国家的影响并非都是积极的，拉美地区仍然存在对中国政策与做法的担忧与疑虑。在中拉合作不断深化的过程

---

① 吴白乙：《拉丁美洲"转型"艰难的深层原因》，载《人民论坛》2016 年第 16 期，第 31 页。

中，拉美社会，特别是媒体的涉华负面舆论也时常兴起，其主要原因一是拉美方面对中国期望过高，对现有的合作成果不满。二是对中国存有疑虑，以为中拉贸易结构与以往拉美与美欧之间的中心—外围结构相似，简单得出中拉非"南南合作"，已转变成"南北关系"的结论。三是对华缺乏理解和信任，拉美公众中存在的"资源民族主义"思维与"中国威胁论"相结合所产生的排斥、抵制情绪。2016 年 7 月，在美国爱达荷州太阳谷会议上，阿根廷总统马克里坦言，外国投资是一种"来自世界各地的投资。但如果一切投资都来自中国，将造成不平衡。中国一直很积极，已经准备好我们需要投资的所有资金来购买我们的公司。但我需要在国内保持一种平衡，包括打理好与美国、欧盟的关系。我们主要是欧洲人的后裔，与欧洲打交道比亚洲更容易"。① 由此，我们不难发现在一般的利益竞争之上，更重大的挑战来自中拉双方如何回应与平衡认知世界、认知彼此、认知权宜之策和战略预期之间的矛盾，解决好强本与外学、改革与引入的观念更新，建立新型的合作文化，开辟发展中国家间文明有效对话的成功先例。

　　总之，自中共十八大以来，在中国外交战略整体调整和中拉关系稳定快速发展的大背景下，中拉关系转为构建式发展模式。在此前的六十余年间，中拉关系从以发展政治外交关系为主，到经济关系成为主要驱动力，都是顺应了国际形势和各自发展的需要，也可以说是应对式的发展模式。随着世界政治多极化和经济全球化的不断发展，中国与拉美国家进入经济、社会转型的重要时期。相应地，中拉关系也进入转型阶段，一些问题和挑战日益突出。除中拉贸易结构等长期存在的问题外，中拉在世界观、价值观和相互认知等方面的差异乃至冲突越发凸显。这种差异产生于中拉在历史文化传统、思维方式、社会制度和发展态势等方面的不同，并随着双方政治、经济关系的日益密切和利益的不断交融而越来越突出，将会对未来中拉合作的广度和深度产生重要影响。在这样的情况下，中拉关系转向构建式发展模式势在必行。双方不仅要从战略高

---

　　① "Sun Valley Conference：Argentine President Macri Explains Economic Turnaround"，http：//www.cnbc.com/2016/07/07/sun-valley-conference-argentine-president-macri-explains-economic-turnaround.html.［2017 - 07 - 12］.

度对中拉关系未来的发展理念、发展方向和合作路径进行构建和规划，还需要对双方社会和民众对对方的认知和常识体系进行构建。毕竟政治互信和务实合作是中拉关系未来发展的保障和驱动力，而构建和塑造同属中拉人民的价值观和认知理念则将是中拉关系在未来能够持续、健康、全面深入发展的根基所在。

　　本章回顾了中拉关系的发展历程，提出中拉关系发展经历了的自发、自主和构建发展三个历史阶段，并阐述了当前已进入"构建发展"阶段的中拉关系所具有的内涵、取得的成效和面临的挑战。上述认知涉及中国与拉美关系的各个方面，其中首要的问题是双边关系的战略定位，第二章将对此展开讨论。

第 二 章

中拉关系的战略定位

第一节　中国战略调整中对拉美的战略定位

一　世界政治经济格局的历史回顾与展望

2007 年和 2009 年相继爆发的美国金融危机和欧债危机，不仅对全球经济危害巨大也对现有世界政治经济格局产生严重冲击。时隔 10 年，世界尚未完全走出危机阴影，地区冲突、恐怖袭击、移民问题、贸易纠纷和保护主义卷土重来等交织出现，国际社会对于发展、安全、合作的争议不断，全球政治伴随西方国家保守化趋势抬头再度陷入消极互动的发展周期，孤立主义、民族主义、民粹主义思潮大行其道，经济全球化进程的不确定性明显增加，全球政治经济格局正处于艰难转换之中。探讨中拉关系新的战略定位，不仅无法离开对这一变动的时代背景的准确理解，也需要深入把握近代以来世界政治经济格局演变及其内在规律。

从大的周期来说，近代以来世界政治经济格局经历如下三个阶段，目前正在朝第四个阶段演进。

第一阶段，从 1492 年到"二战"结束的"列强争霸"时代。在 15 世纪以前，因为地理阻隔和技术落后，相距遥远的国家与国家之间经济往来不多，彼此政治影响有限，即使有所交往，也大部分集中在邻近的地理区域之内，因此世界政治经济格局长期处于超级稳定状态。但是，自从 1492 年哥伦布发现美洲新大陆后，人类史无前例地进入到全球化时代，西欧国家抢占先机，纷纷开拓海外殖民地，各国也逐渐从彼此隔绝、自我封闭的状态中走出来。最初，西班牙和葡萄牙凭借其优越的军事实力和残酷的战争手段，率先在开拓海外殖民地上取得优势。随后，英国相继爆发资产阶级革命和工业革命，经济、技术和制度竞争力得到长足发展，获得拓展海外殖民地的综合实力，逐步取代西班牙和葡萄牙，于18世纪中期确立其全球经济霸权，成为世界政治经济的领袖。英国的经验表明，一个国家的发展和崛起，制度的创新和领先是首要的；另外是技术进步，如果英国率先发生第一次工业革命，也很难在列强中取得霸主地位。在第二次工业革命中，大量采用新技术的德国和美国实现赶超，仍然离不开各自在制度、技术等方面的奋力探索和艰苦实践，其中不乏对既定战略的持续追求（尽管威廉二世后的德国内外政策发生过重大失误）。这一时期，其他国家则大部分沦为殖民地和各种形式的附属国，基本丧失经济甚至是政治主权，在生产和贸易全球化的利益链条上，处于被掠夺和奴役的地位，也丧失了在全球重大问题上的话语权。客观上来说，这些列强通过在全球范围内的野蛮的、血腥的侵略扩张，确实拓展和提高了世界生产社会化和国际化的范围和程度，但也导致资本主义全球体系各种矛盾的加速积累，催生世界政治经济格局大调整：一是列强之间的矛盾，导致两次世界大战的爆发；二是列强国家内部资产阶级和无产阶级之间的矛盾，导致马克思主义诞生进而第一个社会主义国家苏联建立；三是列强和被奴役国家之间的矛盾，导致"二战"后殖民地国家的独立运动。

第二阶段，从第二次世界大战结束到苏联解体的"美苏争霸"时代。经过两次世界大战，一方面，西方列强绝大部分已遍体鳞伤、自顾不暇，而美国从战争中大发横财，依托已有的制度和技术优势以及前期打下的经济基础，在战后资本主义世界迅速确立了霸主地位；另一方面，苏联从战败的德国获得了大量先进技术，通过经济指令性计划把社会化大生产发挥到极致，经济实力迅速崛起，成了工业产值居欧洲第一、世界第二（仅次于美国）的工业大国，在社会主义阵营确立了领袖地位。由此，世界政治经济格局进入"美苏争霸"时代。事后看来，"美苏争霸"的出现并非偶然，而是克服前期世界政治经济格局矛盾的必然结果。首先，苏联依靠经济的国有化和集体化，克服了资产阶级和无产阶级之间的矛盾，使生产社会化水平达到了空前程度，成就了苏联经济的持续繁荣以及科学技术的显著进步。其次，与同期陷入大危机衰败的西方世界形成鲜明对比，社会主义体制一时成为各资本主义国家左派向往的对象，也给西方右派政治家带来诸多启示。美国政府被迫长期奉行积极干预和引导社会经济生活的"凯恩斯主义"理论，建设公共工程，扩大就业，调节收入分配，国内的阶级矛盾有所缓解。应该说，苏联最初化解生产社会化和生产资料私人占有之间矛盾的做法更为彻底和迅速，因此在"美苏争霸"初期占据上风，展现出超强的制度活力和技术竞争力。问题在于苏联的制度实践缺乏后续创新而陷入僵化，未能实现"社会主义也有市场"的观念和政策转变。苏联解体的教训同样表明，世界政治经济格局始终处于矛盾运动之中，任何国家要想在世界政治经济格局中占据有利地位，制度更新能力仍然是第一位的竞争力。在这一历史阶段，包括中国在内的新兴民族国家在政治上获得较之以往的独立自主性，但由于经济、社会发展水平低下，制度和科学技术的创新能力严重不足，起初不得不分别转向以美、苏为代表的发展模式，部分地参与到两极体系内的生产和贸易循环，并有限地开始对符合自身发展的制度、理论、道路、文化进行艰苦的改造和重构。拉美国家曾选择进口替代战略作为经济自强的出路，而东亚国家则选择出口导向战略，均意在积极获取在世界政治经济新秩序中的有利位置，其成败得失为新兴经济体实现赶超目标提供了有益的经验与参考。

第三阶段，从苏联解体到欧债危机爆发的"全球竞争"时代。随着苏联解体和美国实力相对削弱，世界范围内争霸与反霸的斗争已经居于次要地位，"和平与发展成为时代主题"表现得越来越明显，各国的矛盾日益从政治、经济、军事、外交等局部抗争转化为以经济、科技为基础的综合国力竞争，经济发展与科技进步成为世界每一个国家头等重要的大事，世界政治经济格局也因此开启了大变局，进入"全球竞争"时代。顺应时代的发展，东亚经济持续崛起，中国加入世贸组织后，这一人口大国全面进入经济高速增长时段，在全球产业链占据越来越重要的地位，成为世界经济增长的引擎和加速器。为了适应日趋激烈的全球经济竞争，20世纪90年代，一些区域性组织相继形成或在已有基础上进一步强化了合作机制。在欧洲，欧盟和欧元区相继成立，一体化进程加速，不仅促进了欧洲各国之间经济贸易的发展，更重要的是提升了欧盟整体的综合竞争力，成为多极世界秩序的主要促进者之一；在亚洲，东盟几度扩容并建立自由贸易区，还先后与韩国、中国、日本等东亚主要经济体达成自由贸易协定，极大地促进了地区贸易与投资便利化水平，使东亚成为21世纪全球经济最富增长活力的地区；在美洲，北有北美自由贸易区，南有南方共同市场，各种一体化组织不一而足，形成了比较复杂的合作与竞争相互交织的格局。因此，这一时期世界政治经济格局主要围绕经济全球化与区域一体化而展开。需要强调的是，这一阶段以大国为主导的"经济圈"是各国应对"全球竞争"的必然选择，今后还会存在并有所发展。但是，这种高度层级化的一体化形态过度依赖大国公共产品供给的意愿与能力，不仅存在内部平等性和共同责任上的天然缺陷，而且在遭遇经济下行或体系性危机时容易产生离散效应。无论是欧债危机发生后成员国之间的政策分歧，及至英国最终选择脱欧，还是美国主导跨太平洋伙伴关系协议谈判进程，却因政府更迭最终退出，都揭示出全球经济多极化压力下传统多边合作模式被迫退潮的重大迹象，同时也造成某种显性的逆全球化负面导向，是当下世界政治经济再建构过程中的主要矛盾方面之一。与此相对应的矛盾，另外体现在这种"全球竞争"的结果是世界经济发展越来越不平衡，各国人均收入差距在不断拉大，这种差距不仅体现在发达国家和发展中国家之间，而且在发达国家、发展中国家和地区内部也有明显表现。其结果是，因为种种原因在"全球竞争"中受益不多甚至遭遇挫折，或者根本就没有搭上便车的国家、社会群体以各种形式抵抗和反对全球化及现有政治经济格局。一方面，在部分发展中国家甚至发达国家内部排外主义、民粹主义思潮兴起，保护而非开放政策纷纷出笼；另一方面，极度贫困和失落人群的持续无望、不满情绪为保守的宗教复兴提供精神土壤，部分激进势力以各类教派极端组织为载体恢复威权统治，挑战来自外部的渗透和干预，甚至不择手段主动发起对全球化主导国家的暴力恐怖袭击。从2001年"9·11"事件，到近年来频繁发生在西欧、南欧各国的危及公共安全的恶性案件，无不说明全球秩序复杂多变的表象之下涌动的多股趋强的暗流，由上而下渗入百姓生活，脆弱的国际安全体系进入更加明显的"多事之秋"。经济全球化不会一往直前地发展，时代迫切呼唤与之并行不悖的、有效而公平的新全球治理机制应运而生。在这一阶段的先期，拉美地区实施了以市场开放、私有化为主要内容的经济改革，在理顺债务危机后的市场环境过程中，社会公正问题并未得到妥善解决，社会矛盾呈加剧趋势。在这种局面下，拉美左翼迅速崛起，开启了长达十余年的主政周期。在左翼力量主政阶段，拉美经济受初级产品繁荣的驱动实现了较快增长，贫困压力由此得到了一定程度的释放，地区一体化也出现了新的探索与尝试，南南合作也成为这一阶段拉美对外政策的优先选择。全球金融危机以及欧债危机爆发后，拉美经济结构的脆弱性再次凸显，大宗产品价格和国际需求的急剧萎缩形成对经济增长的严重制约，以社会分配为核心支撑的国家治理模式缺乏可持续性发展的基础，拉美政治再次面临"左右钟摆"的局面，经济发展模式探索与改革再一次成为当前拉美需要解决的现实课题。

第四阶段，即将开启的"全球合作"时代。人类社会发展到今天，始终伴随着竞争与合作。从资本主义发展的几个阶段来看，一个时段合作多于竞争，而另一个时段则合作多于竞争的历史起伏相当明显。在资本主义早期，一个国家内部竞争大于合作，虽然经济取得显著发展，但社会矛盾急剧恶化，甚至影响到社会化大生产的顺利进行，导致资本主义国家被迫进行制度改良，垄断资产阶级向其他阶级让出部分利益和权利空间，产生当代资本主义多种社会合作范式，以延续和顺应社会化大生产的根本要求。其基本启示在于，当代资本主义经过百余年的发展和数次重大危机的撞击，一直沿着过度竞争—利益分配失衡和矛盾激化—妥协、调整为基调的合作的基本轨迹演进，并通过开启"经济全球化"进程，使社会化大生产超出一般国界、洲界，各国、地区之间相互依赖和协作程度越来越高，进而为当代资本主义调整内部分配关系提供新的空间。这一历史逻辑是由垄断资产阶级寄生性、逐利性本质所决定的，因而无关乎参与经济全球化各国政体、意识形态、文化特性的差异与偏好，哪个国家能顺应这一逻辑，善于在发展战略上审时度势，趋利避害，采取及时、正确的战术和策略，才会在未来世界政治经济格局中占据有利位置。

那么，在新的历史阶段影响世界政治经济格局变动的因素有哪些呢？笔者认为至少应包括以下三点：

第一，全球化进程并未结束或终止。对于英国脱欧和美国特朗普当选等一系列国际重大事件，要意识到这并不意味着全球化进程终止，而是居于经济全球化顶层力量力图在新的高度和范围内争夺生产关系主导权的集中体现。对于新兴经济体和广大发展中国家而言，面对发展环境的暂时紧张和贸易条件的恶化，不应止步不前，消极应对，而要抓住全球化政治经济格局大调整的难得机会，利用外部压力，练好内功。具体而言，在国内，应该继续推进市场化改革，在维持社会底线安全的前提下，加快推进自身的制度创新，促进内生动力与外部规范的有机平衡和统一，提升防范危机和参与新一轮全球化竞争的综合实力。历史一再证明，制度对保障经济长远发展是不可替代的。发达国家巨大成就是制度更替和准确选择的结果，而中国在改革开放 40 年里也经历过数次重大体制和制度变革并从中受益匪浅。比较而言，那些落入中等收入陷阱的国家虽曾有过历史的辉煌，然而不能长久延续和振兴，其根本失误在于未能在发展思想上灵活和包容的理念，通过自主选择、兼收并蓄的开放政策积累制度力量和社会共识，从而获得更高层次上的"道路自信、理论自信、制度自信、文化自信"，进而接近民族复兴的伟大目标。

第二，第四次工业革命即将开启。纵观历史，每一次工业革命都带来了世界政治经济格局的大调整，这一次也必然不会例外。首先，人工智能、新材料、新能源、环保与健康产业所产生的引领性变化预示着，技术进步不仅将改变现有的经济增长方式，而且将造成旧的产业和地缘政治格局的大洗牌。对于大国而言，传统化石能源输出国作为战略博弈重要地位或将下降，涉及中东和南美诸多国家在未来全球竞争中比较优势的流失。其次，大数据和智能化制造不仅使工业产品的定制化或差异化成为现实，满足人们多样化和个性化的需要，而且也将推动生产模式由集中向分散方式转变，全球产业链重组势在必行，未来国际分工也将更趋精细化和网络化，可能导致国际经济合作最大限度地摆脱地理局限，甚至将导致区域一体化和国家之间的合作发生巨大变化，即逐渐脱离传统"区域"概念，实现全球范围纵横交错，点状布局。既为地处不同区位的发展中国家提供参与新的国际分工的更多机遇，获得实现跨越式发展的更广阔空间，同样也意味着摆脱传统合作定式所必然蕴含的挑战和风险将相应增多。

第三，全球发展的不确定性成为新常态。正是因为前两个因素，未来世界不确定性将大大提高，未来世界政治经济格局变数很多，发展过程也可能很曲折。随着中国的崛起，中国在经济实力增长、海外利益扩展、地区影响力提升、全球事务介入、国际决策参与等方面都呈现出快速推进的态势。在这个进程中，国际力量格局从单极向多极演进渐成现实。正因为如此，中美分别作为崛起大国和守成大国，两国之间自然存在结构性的矛盾，而矛盾体现是多维度的，其中，地区权力和影响力的消长关系就是分析中美结构性矛盾呈现的一种重要剖面。奥巴马时期的"亚太再平衡"战略和特朗普的"印太战略"构想不仅反映了当前美国全球战略的调整，而且也被广泛认为是中美两国结构性矛盾在亚太地区演进的现实体现。按照中美当前综合实力对比变化趋势，中美在亚太地区显现出的结构性矛盾同样将在其他地区呈现出来，而呈现的时间节点则取决于中美两国在各地区的核心利益、政策手段、权力和影响力对比情况等多种因素。事实上，最近美国政府频繁对中拉关系的表态就体现出美国已捕捉到在拉美地区正呈现出中美结构性矛盾的某些特征。尽管从目前来看，中美两国在拉美地区的权力和影响力远未达到竞争均势，但中美两国在与拉美合作中分别体现出来的增量优势和存量优势实际上就是现阶段两国结构性矛盾的核心内容。得因于中国经济增速优势、中拉经济互补性、中拉政策开放的一致性，中拉合作呈现出加速推进的态势，合作领域也不断拓展。但是，从影响力存量来看，美国在拉美地区的优势依然稳固。尽管如此，在传统安全威胁并非核心关切的拉美地区，发展主题自然成为当前拉美国家的优先议题。在这种局面下，中美两国对拉美经济的拉动效力差异、政策选项的多寡很有可能就会转化为拉美国家开展国际合作时的优先考量要素。至少从目前来看，从合作手段的多样化和合作效力来看，中国还是体现出了一定的优势。如果中国能够有效地运用多样化的政策工具，为拉美地区经济社会发展提供更多有效力的公共产品，那么中国在拉美地区影响力的增势会继续形成对美国的空间挤压。

为了克服不确定性，各方决策者除提高辨识、应对能力外，最根本的发展理性不是减少合作选项，而是尽可能地增加合作对象、内容，纵横捭阖，绝不将"鸡蛋放在同一个篮子里"。进一步来说，具有较强发展潜力的国家，更需要及早为应对各种不确定性妥善地作出对外合作的战略定位、布局，而不是局限于眼前的短期利益。中拉之间发展合作要着眼新的历史变局顺势而为，前提无疑是对双方未来的战略角色达成新的定位。

二　中国外交战略调整中的拉丁美洲

进入 21 世纪以来，伴随着全球力量格局的调整，中国的国家身份逐渐从一个处在国际社会边缘地带的"体制外革命者"转变为一个居于国际社会中心地带的"体制内参与者"。[①] 在这个过程中，中国外交呈现出"从作为体制内新成员的追随外交向体制内老成员的领导外交转型"的清晰轨迹。[②] 尤其是随着国家身份的变化，中国对世界的观察维度较之前有了较大的差异，在全球政治、经济、安全事务中的参与路径趋于多样化，主动构建国际关系的能力有了明显提升，政策手段也日渐丰富。和平崛起的中国逐渐成为国际格局转型最主要的推动力量，以及主导国际战略态势变化趋向的重要要素。"中国倡议""中国方案""中国行为"已在当今国际关系范畴内备受瞩目，从实际效果来看，它们为国际关系民主化及全球治理进程注入了新的动力，为广大发展中国家提供了不同以往的制度和政策选项，体现出中国主动适应其负责任新兴大国角色的意识、能力有了长足的提高。最近几年，中国推动设立金砖国家新开发银行和亚洲基础设施开发投行，推进以"一带一路"为核心的亚欧经济合作圈，在亚非拉等全球各地区倡导内涵丰富的多边合作框架，提出与不同对象共建发展命运共同体等倡议，均获得较大的国际影响，标志中国对外塑造力已然发生深刻的转变。

中共十八大以来，基于国际政治经济新形势以及中国发展面临的新机遇和新挑战，中方及时提出、推进并发展了一系列对外关系新理念、新倡议、新举措，标志着中国外交战略的转型升级和新的布局，其主要特征为：第一，参与全球发展与治理的姿态更加积极主动。伴随着中国综合实力及其全球影响力的上升，国际社会提高了对中国在全球重大议题中角色和作用的期待，与此同时，中国外交的责任担当意识也得到了

---

① Mark Beeson and Fujian Li, "Charmed or Alarmed? Reading China's Regional Relations", *Journal of Contemporary China*, Vol. 21, No. 73, 2012, pp. 35 – 52; James Reilly, "A Norm-taker or a Norm-maker? China's ODA in Southeast Asia", *Journal of Contemporary China*, Vol. 21, No. 73, 2012, pp. 71 – 92.

② 赵可金：《建设性领导与中国外交转型》，载《世界经济与政治》2012 年第 5 期，第 53 页。

明显的强化。习近平主席在 2016 年新年贺词中明确提出："世界那么大，问题那么多，国际社会期待听到中国声音、看到中国方案，中国不能缺席。"① 王毅外长也多次强调，"在外交上不断采取新举措，推出新理念，展示新气象，新时期的中国外交更有全球视野，更有进取意识，更有开创精神，积极探索走出一条有中国特色的大国外交之路"。② 中国外交的积极性和主动性具体体现为"以更加积极的姿态参与国际事务，发挥负责任大国作用，共同应对全球性挑战""在追求本国利益时兼顾他国合理关切，在谋求本国发展中促进各国共同发展，建立更加平等均衡的新型全球发展伙伴关系，同舟共济，权责共担，增进人类共同利益""不附加条件地提供全球公共产品"等诸多方面。中国外交的重心更多地由注重服务发展、促进发展，营造良好的外部环境和条件，向引导地区和全球发展趋势，发挥负责任大国作用，缓解国际社会对中国崛起的担忧和不适，推动国际秩序和全球治理体系变革的方向转变。③ 第二，谋求广泛、坚实的合作关系，强化"命运共同体"意识。近年来，中国更加注重建立平等均衡的新型全球发展伙伴关系，特别重视构建与发展中国家的"命运共同体"，倡导新型义利观，强调同发展中国家交往中坚持义利并举、义重于利，对贫穷国家给予力所能及的帮助，增加对发展中国家特别是最不发达国家不附加任何条件的援助，帮助他们实现自主发展和可持续发展，做广大发展中国家的"可靠朋友"和"真诚伙伴"。第三，强调基于市场原则的国际合作。随着中国经济结构的调整，中国对外合作政策更加注重以市场为主导的原则，通过强化跨地区合作，寻找新市场，谋求互利共赢的合作模式。第四，加强与发展中国家在全球治理领域的合作。在全球治理方面，中国展现出了越来越积极的参与态度。伴随着发展中国家整体力量提升，南南合作必将在推动发展中国家崛起和促进世界经济强劲、持久、平衡、包容增长中发挥更大作用。④ 因此，中国视

① 《国家主席习近平发表二〇一六年新年贺词》，新华网，http://news.xinhuanet.com/politics/2015 - 12/31/c_1117643074.htm。[2017 - 07 - 31]。

② 王毅：《探索中国特色大国外交之路》，载《国际问题研究》2013 年第 4 期，第 2 页。

③ 谢方：《十八大后的中国外交将更加积极主动》，载《中国社会科学报》2012 年 11 月 21 日 A01 版。

④ 参见《习近平提出新时期南南合作四大建议》，载《人民日报》2015 年 9 月 28 日第 1 版。

加强与发展中国家的协同合作为自己深度参与全球治理的重要路径。

发展中国家是中国外交的基石，是中国在全球重要事务中寻求协作的重要群体，同广大发展中国家团结合作，是中国对外关系不可动摇的传统理念与指导方针。拉美是一个发展中国家集中的地区，并且在全球性相关事务中发挥着积极的作用。进入 21 世纪以来，中国对拉美合作升至战略高度。在短短 8 年里，中国先后发表两份对拉美政策文件，对拉美定位及双方政策途径作出明确界定和规制，比较清晰地标明拉美在中国外交中所处的位置以及中拉关系的着力点。首先，中拉在经济发展、全球治理层面具备迈向"命运共同体"的现实动力。2008 年 11 月发表的首份《中国对拉丁美洲和加勒比政策文件》明确提出："拉丁美洲和加勒比是发展中国家的重要组成部分，是当今国际舞台上的一支重要力量……拉美各国积极探索符合本国国情的发展道路，政局保持稳定，经济持续增长，人民生活不断改善。各国有着联合自强的强烈愿望，致力于促进本地区和平、稳定、发展，整体实力不断壮大，国际影响力不断增强。各国积极参与国际事务，为维护世界和平、促进共同发展做出了积极贡献，在国际和地区事务中发挥着日益重要的作用。"① 2016 年 11 月发表的第二份《中国对拉美和加勒比政策文件》对世界格局和拉美角色的研判更为精细，文件指出："拉美是新兴经济体和发展中国家的重要组成部分，是维护世界和平与发展的重要力量……拉美和加勒比作为一个整体，拥有巨大发展潜力和良好发展前景，是国际格局中不断崛起的一支重要力量。"② 两份政策文件充分体现了中拉不仅具有实现经济社会发展、延续崛起趋势的共同利益，而且在维护多极化、全球化，并且维护发展中国家的应有权利方面具有"命运共同体"的一致追求，即双方对维护"和平与发展"两大时代主题承担同样责任和使命。其次，拉美是中国拓展国际合作关系的重要组成部分。2008 年中国发布的首份对拉政策文件提出"建立平等互利、共同发展的中拉全面合作伙伴关系"的政

---

① 《中国对拉丁美洲和加勒比政策文件》，外交部网站，http：//www. fmprc. gov. cn/web/ziliao_674904/tytj_674911/zcwj_674915/t521016. shtml。［2017 - 06 - 21］。

② 《中国对拉美和加勒比政策文件》，外交部网站，http：//www. fmprc. gov. cn/web/zyxw/t1418250. shtml。［2017 - 06 - 21］。

策目标，2016 年的对拉政策新版文件不仅再次明确"中拉全面合作伙伴关系以平等互利为基础，以共同发展为目标"，而且进一步细化了实现"携手发展的命运共同体"的合作路径。这些政策新内容进一步贴近拉美国家的发展需求，体现了中国践行"与拉美实现发展战略对接"承诺的意愿与设想，在客观上有助于提高拉美国家对该政策文件的"接受度"，增加落实中拉合作的效率。

除中拉双边层面坚实的合作基础和日益强烈的向心力以外，中国与拉美国家在全球治理维度上的利益相关性也有了明显强化，特别是在中国外交转型所强调的"大国责任担当"意识中，拉美与其他发展中国家仍将是中国对外战略的重要伙伴选择，通过基于共同利益诉求的团结协作，推动联合国改革、2030 年可持续发展议程的落实、全球气候治理的探索、国际金融体系的改革、全球贸易规则的维护，等等。另外，在涉及中国核心关切的国家统一问题上，拉美依然是至关重要的一个地区，尽管在过去的几年间，台湾在拉美地区的所谓"外交"空间持续萎缩，但是从台湾在全球的"邦交国"现有的 19 国存量[1]来看，拉美地区占到了 10 个国家。由此也可以看出，拉美地区在支持中国国家统一，防止"台独"分裂事务上依然具有特殊的战略位置。

总体来看，随着中国综合实力的提升以及国际影响力的扩大，中国海外利益边界已呈现出快速延伸的势头，作为具有巨大发展潜力和国际影响力上升的重要区域，拉美无疑是中国海外利益布局的重要支点。尽管中拉并非传统的合作伙伴，在中国原有外交格局中，拉美一直处在次要位置。但是，随着中国海外利益布局的最新变动，拉美有望成为中国外交中最显性的"增量"。

三　中国经济转型下的对拉战略选择

新中国成立以来，大致经历了三个发展阶段：第一阶段为 1949 年到 1978 年的计划经济时期（准确地说，1956 年三大改造完成后才确立了计划经济体制），中国优先发展重工业和军事工业，再加上国际上两大阵营的对立，中国对外战略以中苏关系恶化为界，前期采取了向苏联领导的

----

① 截至 2018 年 5 月 1 日多米尼加与中国建立外交关系。

社会主义阵营"一边倒"的对外策略，后期转向团结亚非拉国家，反帝、反殖和反霸策略，并与拉美国家的关系取得了突破性进展，20 世纪 70 年代迎来中拉建交的高潮，中拉之间虽然也有一些贸易活动，但总量较为有限，因此这一阶段双方的经济联系程度不高。第二阶段为 1978 年到 2001 年的市场经济探索阶段（又可细分为 1978 年到 1992 年"以计划经济为主、市场经济为辅"和 1992 年到 2001 年"市场经济为主、计划经济为辅"两个阶段）。这一时期，社会主义市场经济体制全面确立，计划经济手段逐渐退出历史舞台。伴随国有企业改革，引进外资、扩大开放的渐次推进，中国经济繁荣壮大，对外战略更加务实。在和平与发展的主旋律下，中国坚持奉行独立自主、多向并进的外交政策，韬光养晦，广交朋友，为中国经济发展营造良好的外部环境，取得不菲的业绩。拉美国家开始重视中国市场潜力，中拉贸易合作进入快速增长阶段。第三阶段为 2001 年至今，中国加入世贸组织后全方位参与全球生产和贸易进程，要素优势和增长潜力得到充分释放，在十多年中先后赢取全球第一制造大国、贸易大国、专利大国的桂冠，并且实现了从产品输出大国向资本输出大国的华丽转身。在此期间，拉美国家凭借其矿产、能源和农产品的巨大优势，成为中国深度参与全球价值链竞争与合作中的重要一环，并从中国强劲需求中获得巨大利益，自身实力得到极大增强。2008年全球金融危机爆发之后，双方合作维度急剧增多，宏观层面的政策沟通更加密切，中方更加从战略高度重视包括拉美地区在内新兴市场的发展潜力，及其维护全球发展与治理进程的积极作用，因而将推动对拉全面合作，共同实现中拉关系跨越式发展列为外交要务之一。

由此可见，在迄今二十多年中国和平崛起的过程中，拉美国家的地位和作用日益凸显。一方面，拉美国家不仅为高速发展的中国提供丰富的资源和能源，而且为中国制造业产品的出口提供重要的市场。另一方面，在中国应对来自国际体系顶层压力，特别是西方国家政治围攻时，众多拉美国家都给予宝贵的理解、同情和支持，显示出发展中国家共同利益与团结一致的重要性。当然，中国经济持续高速发展给自己，同时也给他国带来了诸多问题。这些问题曾一度困扰中拉关系。

首先，随着中国经济进入中高速增长的"新常态"，原有经济结构、增长路径难以为继，要素驱动型发展模式疲态毕现，产能过剩，生态环境持续恶化,对外贸易结构失衡严重,贸易摩擦增多,外汇储备居高不下,倒逼人民币汇率改革与国际化进程加快。

2013 年以来,中国经济转型的两大突破口,一是放在国内供给侧改革,通过推进资源最佳配置的体制、机制,提高经济动能的升级换代,实现向创新驱动型发展模式的转变;二是改进对外开放的层次和布局,通过创设以"一带一路"为先导的全球经济合作补充机制,面向新兴市场和发展中国家迫切之需和治理困境,培育新型合作模式,助推中国富余产能、资金、技术、人才资源乃至欠开放的西部地区深度参与国际经济循环。此外,当中国迈入中高等收入国家之列后,内需市场潜力将进一步释放,"广大人民群众对美好生活的向往"必然会逐一落在其多元化、个性化、健康化的具体指标之上,国民对高品质、来源多样化商品、服务的消费将大幅增加。尽管自然资源总量可观,但中国对部分重要资源的人均拥有量相对不足,加大对外资源合作已成为实现更高层次对外开放的题中之意。从理论上讲,任何国家对外直接投资的动因无外乎包括寻求海外市场、资源、技术和效率等要素的最佳配置。寻求海外市场就是指本国资本直接或间接进入投资目的地市场,目的在于避开各种贸易保护壁垒,从而达到巩固和扩大现有市场,甚至继续开辟新的投资领域。寻求资源是指本国资本直接或间接进入投资目的地从事资源的开采或初加工,目的在于获得资源并运回本国,从而解决国内生产的资源约束问题。寻求技术是指国内资本直接或间接进入到技术先进和管理领先的国家,目的在于获得贸易或技术转让协议及其他方式不易得到的高级技术、管理等知识性资产,从而增强本国的技术储备和实力。寻求效率是指国内资本出于布局全球产业链,从而获得水平一体化和垂直一体化的好处。拉美地区集中众多发展中国家,发展水平虽不高,但整体上具有较强的发展潜力和丰富的对接资源,产业空白点较多,是未来全球人口结构、消费能力的增长极之一。未来中国资本、产能、技术、人才走向拉美的目的主要集中于扩大海外市场,密切资源对接以及实现产业转移。2017 年 5 月,中国政府已明确表示,拉美地区将成为"一带一路"国际合作倡议的对象区域,是"21 世纪海上丝绸之路"的自然延伸。

第二节 拉美转型中对中国的战略定位

进入 21 世纪以来的近 20 年时间，拉美政治经济环境发生了显著变化。从政治层面来看，左翼政党在部分国家曾持续十余年获选连任主政，形成新自由主义思想在该地区退去后的"橘红潮"现象。左翼力量的兴起与当时世界经济增长周期相吻合，各国政府充分利用资源禀赋优势，采取积极的财政和对外合作政策，实现长达十年的初级产品出口繁荣，甚至在 2008 年后也一度保持经济逆势增长。国内外研究者普遍认为，这段时间里中国作为新兴的外部市场，对拉美经济产生巨大的拉动作用，中国超越美、欧等一跃成为巴西、智利、秘鲁等一些拉美国家最大贸易伙伴，对区内其他国家而言也大多成为第二大贸易伙伴。拉美经济自 2014 年开始呈现出衰退态势，除全球大宗产品价格原因外，中国进口下降是另一主要成因，中国经济调结构、转方式的外部效应开始显现，中拉发展联动性、同频性更加突出。正因如此，中拉关系的内在动力较前已经发生了根本性的改变，中国已经成为当前处在经济社会复苏与转型中的拉美国家调整对外关系以及全球合作布局中的核心变量。

一 中国是拉美外交"太平洋战略"的优先目标

随着世界政治、经济向扁平化发展，以及东亚、南亚地区的整体性崛起，全球增长重心向亚太地区倾斜，"亚洲世纪"由远而近，亚太地区受到拉美国家的日益关注。尤其随着中国综合国力和国际影响力的整体提升，以及中拉经贸密切度的加强，与中国优先发展战略关系已成为拉美国家的共识，"中国机遇"和"太平洋意识"成为多数拉美国家对外战略的重要考量。拉美地区对外合作的转向，一方面，旨在强化与亚太地区的经贸联系，通过融入亚太地区生产链，促进自身"再工业化"进程，从而实现本国产业结构升级。另一方面，借助与亚太地区（尤其与中国）的合作来强化外交的"多元化"，增强其外交自主权，平抑美国在该地区的霸权。近年来，在拉美地区的舆论场，"中国威胁论"明显消退，"中国伙伴论"和"中国机遇论"已上升为主流。① 拉美学者普遍认为，2004年11月，胡锦涛主席对拉美的访问开启了中国与拉美跨太平洋合作关系的新篇章，中拉关系进入了良性互动、快速发展的通道。②

对拉美国家而言，中国的重要性不仅表现在对初级产品和原材料的巨大需求上，也体现在中国作为全球性资本输出大国的新定位和作用。无论是在产业结构调整的资金获取，还是获得应急性的优惠贷款，许多拉美国家都将中国视作重要的融资来源。③ 此外，加强与中国的伙伴关系也符合诸多拉美国家推进其外交多元化，增强外交独立性，乃至"对冲美国在该地区主导权"等新的地缘政治利益考量。④ 正是基于上述原因，近年来，多数拉美国家开始重新筹划对华政策，进一步厘清对华政策的目标及政策路径。2009 年，智利政府推出了"中国政策计划"。2010 年 9 月，智利外国投资委员会（CIE）专门设立了"中国事务部"。2008 年 6 月，巴西政府多个部门联合发布"中国议程"，⑤ 旨在进一步挖掘中巴经贸的潜力，促进对华出口并吸引中国投资，实现平衡和可持续的双边经贸关系。为进一步明确对华政策的着眼点及利益诉求，巴西智库呼吁政府"制定系统和具体的对华政策"。⑥ 2013 年 6 月，习近平主席访问墨西哥前夕，墨西哥总统培尼亚撰文强调，希望中墨"两国能够建立起一种可以开启经济互补新时代大门的经济关系……作为巨大历史财富和千年文明的继承者，中国和墨西哥有责任为了共同的未来而

---

① 周志伟：《中巴关系"伙伴论"与"竞争论"：巴西的分析视角》，载《拉丁美洲研究》2014 年第 2 期，第 17—23 页。

② Jörn Dosch and David S. G. Goodman, "China and Latin America: Complementarity, Competition, and Globalisation", *Journal of Current Chinese Affairs*, Vol. 41, No. 1, 2012, p. 3.

③ Agustín Lewit, "Una Nueva Geopolítica: China-América Latina", *Centro Estratégico Latinoamericano de Geopolítica*, enero 7 de 2015, http://www.celag.org/una-nueva-geopolitica-china-america-latina/. [2017 – 02 – 22].

④ Shannon Tiezzi, "China's Push into 'America's Backyard'", *The Diplomat*, February 8, 2014, http://thediplomat.com/2014/02/chinas-push-into-americas-backyard/. [2017 – 03 – 12].

⑤ 包括发展、工业和服务部、外交部、农牧及垦荒部、巴中企业家委员会、全国工业联合会，http://www.cebc.org.br/pt-br/projetos-e-pesquisas/projetos-realizados/agenda-china/agenda-china-acoes-positivas-para-relacoes。[2017 – 03 – 10]。

⑥ Roberto Abdenur, "Quem precisa da China", *Cebri Textos*, 2011, http://www.cebri.org/midia/documentos/texto06.pdf. [2017 – 03 – 10].

联手"。① 哥伦比亚前驻华大使巴勃罗·埃查瓦里亚（Pablo Echavarría）也曾表示，"总体来说，中国与哥伦比亚关系是友好的、非冲突的，但是还不能说是真正意义上的紧密且深入的。鉴于中国在全球所发挥的重要角色，哥伦比亚应该调整其对外政策，将中国设定为外交优先目标"。② 哥斯达黎加总统索利斯在接受中国媒体采访时曾强调，"我们的传统外交政策是忽视亚洲的，将美国和欧盟视为最重要伙伴……在我的任内，将努力矫正这种思维。当前，增长点在太平洋地区，从某种意义上讲，哥斯达黎加也是太平洋国家。因此，我们将包括中国在内的太平洋地区视为最重要的主体以及强化外交的地区"。③ 厄瓜多尔学者也认为，通过贸易、投资和发展援助，中国对厄瓜多尔及其他拉美国家的政策可以看成是对 OECD 世界的一种"软平衡"。④ 有拉美学者提出，与"华盛顿共识"的刚性约束相比较，中国在拉美和非洲的存在为南方国家提供了新的选择，这些国家的政策回旋余地更大。比如，与国际货币基金组织和世界银行等国际金融机构的融资方式不同的是，中国对其投资和援助不设任何政治条件。⑤ 而近年中国外交着力倡导"开放包容"的合作观、义利观以及打造与广大发展中国家"命运共同体"等新型国际发展理念，恰与拉美国家对外战略的"东向"调整过程相向而行，其道德感召力极大地增强了拉美国家深化与中国合作的决心和信心。正因如此，2012 年中国政府提出建立中拉合作论坛的倡议得到了拉美国家的积极响应。2014 年 1 月，在古巴举行的第二届拉共体首脑会议上，中国与拉共体合作机制被正式写入本届会议成果《哈瓦那宣言》。2015 年 2 月，在哥斯达

---

　　① 付志刚：《墨西哥总统培尼亚撰文称赞墨中关系：面向共同未来的千年古国》，载《光明日报》2013 年 6 月 5 日第 8 版，http：//epaper. gmw. cn/gmrb/html/2013 – 06/05/nw. D110000gmrb_20130605_1 – 08. htm？div = – 1。［2013 – 06 – 05］。

　　② Rubén Sánchez David, *La Política Exterior de Colombia Con China*：¿Cuáles Son los Retos？ *Tesis de maestría en Estudios de Políticos e Internacionales delas Facultades de Ciencia Política y Gobierno y de Relaciones Internacionales*, Universidad del Rosario, Diciembre de 2014, p. 67.

　　③ Luis Guillermo Solis, "Latin America Shifts toward Pacific Possibilities", *Global Times*, January 13, 2015.

　　④ Ana Lucía Salinas de Dosch, "China's Emerging Role in Ecuador", *Análisis*, Año 15, núm. 43/enero-abril de 2012, p. 59.

　　⑤ Javier Vadell, "A China na América do Sul e as Implicações Geopolíticas do Consenso do Pacífico", *Revista de Socciologia e Política*, v. 19, n. suplementar, Nov. 2011, p. 72.

黎加召开的第三届拉共体首脑峰会通过的《拉共体 2015 年行动计划》中，最后一部分是关于加强"与区域外合作伙伴的联系"，其中第一条便是："将中拉论坛首届部长级会议的成果文件付诸行动，尤其是在本地区感兴趣的领域。"① 峰会另外公布的《贝伦政治声明》中再次强调"尽快启动中拉论坛首届部长级会议所达成的协定"。② 中国"一带一路"倡议提出后，中拉双方都表示将基础设施作为实现发展战略对接优先领域的强烈意愿，中拉论坛第二届部长级会议发表的《关于"一带一路"倡议的特别声明》便充分说明了这一点。中拉在基础设施领域的对接合作有可能直接提高拉美地区"互联互通"水平，促进地区市场的整合，推动地区产业链的优化布局，为该地区形成完整生产链创造条件，从而实现真正意义上的拉美经济一体化，从而降低对美国的经济和战略依赖关系。

　　进入 21 世纪后的十余年时间里，由于亚洲和拉美均处在经济上升阶段，加之两个地区之间存在天然的经济互补关系，亚洲与拉美的贸易经历了快速增长的周期。2000—2015 年，亚洲与拉美贸易增长了 10 倍，亚洲占拉美外贸的比重在 2013 年便达到了 25%，超过美国成为拉美商品最重要的海外市场。其中，中国在拉近亚洲与拉美经贸关系中发挥着"火车头"的作用。根据国际货币基金组织统计，2000—2015 年，中国占拉美地区总出口额的比重从 2% 增至 10%，占拉美总进口额的比重则从 2% 提高到了 17%，中拉贸易占到亚洲与拉美贸易的一半以上，中国已成为拉美多数国家不可或缺的贸易伙伴。与此同时，以中国、日本为代表的亚洲国家在拉美地区的投资呈现出快速增长的趋势。不同来源的统计数据表明，截至 2016 年年底，中国对拉美直接投资存量为 1573.7 亿美元，尤其在 2015 年和 2016 年分别达到了 214.6 亿美元和 298 亿美元，分别增长 67% 和 39%。③ 拉美不仅是中国海外投资的第二大地区，中国也成为

---

① CELAC, "Plan de Acción de la CELAC 2015", 29 de enero de 2015, p. 8, http: //walk. sela. org/attach/258/default/PLAN_DE_ACCION_DE_LA_CELAC_2015. pdf. ［2017 – 03 – 21］.

② CELAC, "Declaración Política de Belén", 29 de enero de 2015, p. 18, http: //www. sela. org/attach/258/default/DECLARACION_POLITICA_DE_BELEN, _COSTA_RICA_III_Cumbre_CELAC_2015. doc. pdf. ［2017 – 03 – 21］.

③ 中华人民共和国商务部、国家统计局、国家外汇管理局：《2016 年度中国对外直接投资统计公报》，2017 年 9 月。

拉美地区重要的投资来源国。2005—2014 年，日本在拉美的直接投资超过了 1100 亿美元，2003—2012 年，韩国在拉美的投资从 40 亿美元增至 270 亿美元。①

最近两年来，中右翼成为拉美政治生态的主导力量。中右翼执政的国家都对此前左翼主政时期的内政外交政策作出了调整：一方面主推市场开放，融入全球价值链；另一方面淡化"南南合作"的外交色彩，主张"南北平衡"的外交思路。从外交层面看，拉美右翼政府均希望强化与美国的合作。然而，特朗普的胜选及其提出的制造业回归、重新评估自由贸易协定、限制移民等主张与拉美对美国的利益诉求存在明显错位，美拉在利益衔接上面临障碍，拉美国家（尤其是右翼政府）被迫作出对外合作取向的"再调整"。在这一背景下，"一带一路"国际合作倡议贴近拉美地区市场开放的政策需求，显现出超越主导、"共商共建共享"的聚合效应。智利、阿根廷两国首脑参加首届"一带一路"国际合作高峰论坛，体现他们对全球市场环境变化的敏锐判断，带动了拉美地区的参与积极性。总体来看，当前拉美国家对"一带一路"倡议的着眼点主要体现在以下两个方面：第一，强化与亚太的经贸纽带，融入亚太生产链。为应对"特朗普冲击"，开拓亚洲市场、吸引亚洲投资成为拉美国家重要的政策选项。亚太地区通过贸易、投资两大传导渠道成为影响拉美经济的重要外部变量，"一带一路"为拉美国家提供了连接亚太市场的重要媒介，它不仅能刺激亚太市场对拉美原材料的需求，而且也能创造中拉产能合作的机遇，提升拉美国家在全球价值链中的竞争力。第二，"搭便车"实现本地区的"互联互通"。拉美地区（尤其是南美）有着比较成型的基础设施一体化规划，但由于拉美国家自身投资能力不足和融资渠道有限等因素，地区"互联互通"规划落实情况不佳，寻求外部资金成为拉美国家普遍的诉求。然而，在国际资本流动性依然萎靡的环境下，拉美国家面临美元加息以及特朗普提出的"美国资本回归"等多重压力，相反，中国海外投资的快速推进则符合拉美国家当前的政策导向，尤其是以基础设施为核心的"一带一路"倡议不仅可能补充该地区资金缺口，

---

① ECLAC, *Economic Relations between Latin America and the Caribbean and the Republic of Korea: Advances and Opportunities*, April 2015, p. 73.

而且有可能直接带动该地区"互联互通"的推进节奏。

总之，以近年来先后形成的中拉整体合作机制、中拉产能合作方案、"一带一路"合作延至拉美地区等政策互动为主要驱动力，中拉合作正在着力推进宏观政策、地域、国别、产业、基础设施等全方位覆盖，由此产生的收效是中国占据拉美地区外交与国际合作的榜首之列，并开创中拉论坛"1＋33"协商机制和运行规则，建立包括双方部长级会议、中国—拉共体"四驾马车"定期对话和中拉国家协调员会议等定期对话机制，中国与拉美各国之间双边、多边和整体合作三个层次立体合作新格局已然形成。这一结果不仅是中方积极营造，奋发有为所致，也与拉美国家审时度势，调整转变相关。

二　拉美经济调整下的对华战略诉求

历史上，拉美对中国有过战略诉求。早在20世纪70年代，随着国际力量对比的重大变化，拉美国家对外政策也出现相应调整，一方面对内联合自强进一步强化，另一方面对外寻求对外关系多元化。具体到经济领域而言，虽然各国政体不同，有的国家军人执政，有的国家是民主体制，但基本上都积极发展对外贸易，鼓励吸引外资，力求经济关系多元化。中国作为一个还比较落后的大国，虽然在经济上不能满足拉美这些诉求，但拉美国家的政治诉求，比如200海里海洋权、建立拉美无核区和巴拿马收回运河主权等，中国曾给予有力的支持。进入20世纪80年代，拉美经济出现负增长，加上债务危机和政治转型的动荡，大规模的资本外流，经济基本失控。此后，拉美国家在政治、经济和一些重大危机（如阿根廷与英国爆发马岛战争、美国入侵巴拿马和武装干涉尼加拉瓜等）上，更加寻求与外部世界的多样化联系，中拉交往增多。90年代后，世界政治经济格局发生历史性转折，拉美国家为摆脱经济停滞和衰退，开始推行新自由主义改革，转向开放市场战略，在全球范围内拓展经济合作空间。此时，中拉贸易开始进入快速发展通道，但因为中国多从拉美进口初级产品，出口制成品，而中国出口的劳动密集型产品与拉美本地产品同质化程度较高，形成在地区以及美国市场的排斥性竞争，双方贸易摩擦开始出现。

进入21世纪，特别是加入世界贸易组织后，中国经济进入高速增长阶段，也带动了拉美经济的快速增长。但是，中拉贸易不平衡问题却日益严重，贸易逆差继续扩大，双方贸易摩擦和争端继续上演。其悖论在于，尽管拉美国家从中国对初级产品的强劲需求中获益良多，但长期依赖这一贸易结构却可能加大其外向型经济的脆弱性。因此，拉美方面新的战略诉求必然体现在通过对华贸易再平衡转向自身再工业化。大多数拉美国家实行西方民主政体，选民对政治影响较大，政治家自然看重就业问题，视国家经济"再初级产品化"为最大挑战。

上节所讨论的中国经济转型以及如前所述中拉经贸关系面临的问题，从两个角度溢出压力，推导中拉务实合作由简单商品交换加有限的资源投资模式迈向更高层次的政治安全、贸易、投资、金融、基础设施建设、能源资源、工业、农业、科技创新、人文等诸多领域的全面发展，不仅有效回应拉美方面的担忧和关切，从长远来看也是顺应时代发展的，符合中国成长为新兴全球大国的对外战略目标。总之，无论从中拉贸易面临的困境上来讲，还是从当前时局变化上来看，中拉关系要想进一步跨越式发展，就需要取得质的突破，即在加深政治互信、加强宏观政策沟通和衔接，遵循全球化和市场化导向与规则等条件下实现全方位合作。

毫无疑问，如石油、森林、铁矿、铜矿、橡胶等，这已经成为过去中国投资海外特别是拉美的主要目的之一，而且中国对于这些大宗商品的需求还会继续。但是，正如前文所述，由于技术进步和国内经济转型，中国对于这些大宗商品的需求必然会相对减弱，而且在经济发展过程中，过多的进口这种初级产品，不仅造成地区间的贸易失衡，给对象国带来不满情绪。因此，对于投资拉美，中国应该在战略上有所调整，即继续保持对资源产品关注的基础上，应该引导和促进本国资本对拉美进行寻求市场型投资。而且，拉美地区历史上长期实行进口替代战略，贸易保护意识犹存，对进口商品仍然持有谨慎态度，因此中国投资拉美市场必须做出战略性安排，而不是战术性的对策。不仅如此，中国投资寻求拉美市场，还可以带动出口，中国的一些行业，如轻工、纺织、服装、机械、电子等行业，已具有一定的优势，由于国内生产能力超过需求，这些行业的对外投资，可以利用其设备进行投资，在解决国内生产能力过剩的同时，带动了设备零部件、技术和劳务的出口。此外，更为重要的是，对中国这样一个大国来说，投资拉美，相对于投资美国，不仅有一定的区位优势，而且可以平衡中国在全球的战略布局，防止中美之间的战略冲突。

但是，投资拉美也面临着一个现实约束，即基础设施较差和一些国家政府的低效运作。因此，中国投资拉美一个前提是加快推进该地区的基础设施建设，这应该也必须是中国"一带一路"国家战略的覆盖范围，即通过政府间合作，完善拉美地区的基础设施，这总体上来说应该是共赢的，但由于受到拉美地区传统或地方势力的阻碍，这又不是一蹴而就的，需要开展富有成效的官方和民间交往活动，消除偏见和价值观冲突，让拉美地区融入全球化过程中，嵌入到中国国家战略和现代化进程中。当然，中国的主流社会也应该清醒地认识到，国际交往中，要遵守一些基本的价值理念，而不能故步自封，自我意识过强。另外，中国在投资拉美过程中，为了保证自己的投资安全，初期就必须选择一些国家治理较好，具有市场化传统的国家开展合作，形成在拉美投资的样板效应，从而影响那些民粹主义盛行而长期对市场抱有排斥的国家。因此，这也要求我们在外交战略上做出前瞻性调整，即从基于意识形态和能源安全导向向投资安全导向的战略调整。

投资拉美其一面临着产业战略选择问题，要根据双方的实际情况，进行有针对性的投资合作，当然在积极探索的同时，也要量力而行。我们知道，中国在劳动密集型产业在全球范围内具有比较优势，虽然这种优势暂时无法被替代，但随着人口老龄化和城镇化成本的上升，中国劳动密集型产业外迁已经在一定范围内形成苗头。从人工成本的角度上来说，东南亚和非洲可能是首选，而拉美地区的劳动力成本较高，比较优势欠缺，但从战略平衡的角度上讲，中国劳动力密集型产业部分向拉美转移，有利于消除地缘政治的不确定性影响，继而应该成为中国全球"平衡"战略。其二，对于技术性密集产业，一般是在发达国家和发展中国家之间展开合作。中国与拉美主要国家同属于发展中国家，但是在一些技术领域，特别是在信息化技术上，可以有针对性地展开合作，这种合作主要在于打破发达国家可能给我们设置的技术壁垒，在某些领域结成利益联盟，在层出不穷的技术创新带来的各种标准之争中，争取更多的支持。其三，对待资本密集型产业，因为有机构成较高，资本投入较多，海外投资需要较高的国际资本应收能力，这对外汇储备不足且历史上多次爆发外债危机的拉美国家而言，需要慎之又慎。总之，中国的海外投资战略应该是多元化的，在拉美应该是以劳动力密集型产业为主，而在有条件的情况下展开技术型产业合作。但是必须清楚的是，拉美地区民粹主义严重，劳工保护和社会运动突出，在投资拉美国家需要与当地工会和民间组织搞好关系；另外，中国投资拉美虽然应该以劳动密集型产业为主，但不能以牺牲中国制造业为代价，避免重蹈美国今天制造业空心化的覆辙。因此，投资拉美也要考虑对本国产业的影响，以及国内就业的影响。对于拉美的战略可能给企业带来的成本劣势，必要时需要政府通过外汇和财税等手段予以支持。

三 拉美地缘政治格局下的中国角色

自 20 世纪 90 年代末以来，拉美地区局势总体进入较为稳定阶段。在这一阶段，由于美国全球战略重心相继向中东和亚太地区转移，加之拉美政治格局在进入 21 世纪后呈现出整体"左转"态势，美拉之间各层次的纽带关系有所弱化。与此同时，受拉美国家外交多元化的利益驱动，经济全球化和跨区域合作的加速推进，域外大国（尤其是新兴经济体）全球利益的地域延伸，影响拉美地区地缘政治经济环境的变量不是在减少，反而呈增加趋势。其中，中国在拉美快速上升的存在成为最引人关注的变量之一。

一直以来，美国在拉美地区政治、经济、社会和外交生态中都发挥着关键作用。在过去十多年时间里，受经济危机后国力下降以及调整对美国"中东战略"和"亚太战略"的影响，美国在拉美地区的投入明显减少，影响力下挫。与此同时，拉美经济对美依赖度减弱，各国与域外大国互动的加强，本地区联合自强意识上升。面对这一态势，美国政界和学术界的危机感有所增加。对于快速推进的中拉关系，不乏"如同进军非洲一样，中国在拉美的利益远不仅仅在于原材料的获取"的解读，[①]美国前国务卿甚至将中国在拉美的存在定性为"新帝国主义"。这些判断也迫使美国从原则到政策手段调整对拉美的战略，以稳固自身在该地区

---

① Shannon Tiezzi, "China's Push into 'America's Backyard'", *The Diplomat*, February 8, 2014, http：//thediplomat. com/2014/02/chinas-push-into-americas-backyard/. ［2017 – 03 – 12］.

的权力空间。从美拉关系的历史来看，"门罗主义"一直是美国对拉美政策的核心思维，而具体体现会因"大棒"和"胡萝卜"政策手段之间切换而有所区别，但是，"门罗主义"所包含的西半球地区秩序观包含一个核心目标和两个政策手段，核心目标就是建立、巩固、维持美国在拉美地区的霸权主导，而两个政策手段则分别是遏制域外力量在拉美影响力空间的延伸以及限制拉美地区内部的整合。前一个政策手段能够从拉美独立初期美国所宣示的"美洲体系"立场、"二战"时期美国对德国在拉美渗入的限制、冷战时期美苏在拉美的对抗、当前警惕中国在拉美的存在等过程中都能得到充分的体现。后一个政策手段则体现在美拉双方在地区秩序建设思路上的差异上，"门罗主义"思维与拉美联合自强之间的较量一直贯穿着整个美拉关系史。

事实上，美国在拉美地区的影响力依然处于绝对的优势。根据联合国拉美经委会的统计，截至2013年，美国在拉美的投资存量（不含"税收天堂"国家）达3500亿美元，约占拉美地区外资总量的1/6，远高于同期中国在拉美的投资存量（1000亿美元）。^① 很明显，中拉关系上升并未改变以美国为主导的美洲经济和地缘政治结构。^② 在2016年美国大选结果出来前，拉美地区政治局面的"回摆"式发展已相当贴近美国在该地区的利益取向：左翼出现明显退潮，中右翼力量逐步掌握政治实权，巴西、阿根廷对美态度转好，改善对美关系成为拉美大、中国家政策主流；在"左右轮替"及经济下行的双重压力下，区域一体化进程暂时陷入停顿，"联合抗美"的意识形态明显弱化；美古复交，有力地舒缓了美拉关系最敏感的"神经"，美国处于"收复"在南美大陆影响力的有利局面。然而，特朗普的胜选及其提出的制造业回归、重新评估自由贸易协定、限制移民等主张与拉美国家对美国的利益诉求出现明显错位，美拉

---

① Economic Commission for Latin America and the Caribbean（ECLAC），*Foreign Direct Investment in Latin America and the Caribbean*，2013，Santiago，Chile，2014；and U. S. Department of Commerce Bureau of Economic Analysis，"U. S. Direct Investment Abroad-Latin America and Other Western Hemisphere"．

② Philips，Nicola，"China and Latin America：Development Challenges and Geopolitical Dilemmas"，in Lowell Dittmer and George T. Yu（eds.），*China，the Developing World，and the New Global Dynamic*，Boulder and London：Lynne Rienner，2010，pp. 196 – 197.

关系全面收紧。在这种局面下，部分拉美国家不得不对其外交政策进行"再调整"，着手制定应对策略，以对冲美国政策调整对经济造成的负面影响，一方面重新强化拉美内部经济的整合，另一方面积极向亚洲寻找市场和资金。与特朗普的保护主义政策不同的是，亚洲国家在贸易和投资领域都表现出了积极的开放态度，尤其是中国提出的"一带一路"、"亚太自贸区"等倡议显示出了中国对于跨区域合作和经济全球化的开明态度，而针对拉美地区的"第二份政策白皮书"以及设立的多项双边和多边合作基金也表明了中方深化中拉合作的意愿。由此可以看出，从政策导向来看，拉美与亚洲具有节奏上的一致。美国因素是影响中拉关系的重要变量，但不只是唯一变量，因此，在分析未来的中拉关系时，还需要进一步把握拉美国家对外政策调整轨迹，同时还得分析美国政策调整下其他变量可能出现的联动，尤其是国际主要行为体（包括欧盟等区域组织）与拉美之间的关系走向。

近年来，域外大国成为拉美地区地缘政治中的新增变量。随着新兴大国群体性崛起以及全球南南合作趋势的加强，域外大国与拉美地区的互动趋于频繁。在过去十余年间，印度与拉美关系增长明显，尤其是与巴西互动强劲，两国在"金砖国家""基础四国""印度—巴西—南非三国论坛""四国集团"[①] 以及贸易与金融领域的"二十国集团"等多边机制的战略协作涵盖了全球治理的诸多议题。2004 年 1 月，印度与拉美地区最大的一体化组织南方共同市场签署贸易优惠协定。2012 年 8 月，印度先于中国与拉共体"三驾马车"国家举行了首届外长会议，意在攻克其外交的"最后的边疆"，将拉美大陆变为新的合作伙伴。[②] 该对话机制还将印度与拉美之间的交流从纯经济议题扩展到政治及全球治理维度。[③] 当前，印度占拉美外贸总额的比重仅为 2.2%，[④] 尽管份额有限，但增长

---

① 此处的"四国集团"指的是由日本、德国、巴西、印度四国组成的以"入常"为目标的临时性集团。

② Ashok B. Sharma，"India to Host India-CELAC Dialogue"，*The Indian Awaaz*，July 11，2012，http：//theindianawaaz. com/index. php? option = com_content&id = 8338. ［2017 - 03 - 20］.

③ Jorge Heine，"Why We Need an India-LAC Dialogue"，*Gateway House*，August 6，2012，http：//www. gatewayhouse. in/why-we-need-india-lac-dialogue/. ［2017 - 03 - 27］.

④ Latin America Receives 2.7% of India's Exports（Half going to Brazil and Mexico）and Supplies 1.8% of Its Imports，Source：Indian Department of Commerce，http：//commerce. nic. in/.

速度显著。2013 年，印度提出"五年内与拉美贸易翻番"的目标。此外，俄罗斯在拉美的存在提速显著。2008 年 11 月，俄罗斯高调宣布"重返拉美"。2013 年 5 月，俄罗斯与拉共体"三驾马车"召开外长会议，提议将之建成"常设性的政治对话与合作机制"。俄罗斯媒体指出，此举意在强化其全球影响力，尤其是在其影响力下降的拉美等地区寻求外交强势的回归。① 除新兴大国外，欧盟和日本同样加大对拉接触力度。欧盟与拉共体已经举行三届首脑峰会，实现将该机制与欧盟—拉美国家首脑会议（1999 年成立）的整合，确立双方战略伙伴关系。2016 年 10 月，欧盟与拉共体在多米尼加共和国举行外长会议，着手制订拉共体—欧盟行动计划（CELAC-EU Action Plan），创建欧盟—拉共体基金会（EU-LAC Foundation），旨在促进两地区之间的相互认知、伙伴进程（尤其加强公民社会的参与）以及透明度。② 与此同时，日本也表现出走近拉美的热情。2013 年 9 月，时任日本外相岸田文雄（Fumio Kishida）在参加第 68 届联合国大会期间与拉共体"三驾马车"举行会谈，表达与拉共体建立对话机制，加强双方在诸多领域的协调，建立双赢的关系模式的明确意向。2014 年 11 月 6 日，举行了第四届日本—加共体部长级会议。同年 7 月，日本首相安倍晋三访问墨西哥、巴西、特立尼达和多巴哥、哥伦比亚、智利五国，这也是十年来日本首相首次对拉美地区进行访问，日方同东道主国家签署一系列经贸协定，强化与上述国家的经济纽带。早在 2000 年，日本便与加勒比共同体建立了部长级会议机制。截至 2013 年 7 月，日本已举办了 16 届日本—中美洲对话与合作论坛。可以说，日本已"大踏步地"进入拉美，寻求与拉美国家更广泛深入的经济与政治合作。③

相较而言，中国进入拉美地区的时间普遍晚于主要发达国家。但是，中拉互动的内在动力及合作成效却呈现出其他主体尚不具备的"加速

---

① Ivan Nechepurenko, "Russia Seeks to Restore Influence in Latin America", in *The Moscow Times*, May 30, 2013, http: //in. rbth. com/world/2013/05/30/russia_seeks_to_restore_influence_in_latin_america_25591. html. ［2017 - 03 - 16］.

② 参阅欧盟委员会网站的相关介绍，http: //www. consilium. europa. eu/en/press/press-releases/2016/10/26 - celac-santo-domingo-declaration/。［2017 - 03 - 27］。

③ Margaret Myers and Mikio Kuwayama, "A New Phase in Japan-Latin America and the Caribbean Relations", *Japan-Latin America Report*, February 2016, p. 1.

度"。从这个层面来看，中国虽是"后来者"，但赶超的速度和力度令人侧目。随着拉美地区跨区域合作战略的深化，影响拉美地缘政治经济格局的要素有可能更趋于复杂化，在这种局面下，中国因素既可能成为拉美国家平衡其他大国影响力，实现自身利益最大化的重要选项，同时，也不能排除其他大国行为体联手排挤并拖累中拉合作的可能。对中国而言，可以在特朗普采取背离拉美国家利益的政策所提供的"窗口期"，运用自身在政策工具上的多样优势，借助拉美强烈的务实合作意愿，甚至利用美拉结构性矛盾逐渐凸显的时机，进一步扩大在拉美地区的增量优势。

第三节　中拉"双调整"背景下合作思路

如上所述，随着中拉双方在外交与经济政策的"双调整"，中拉关系内在动能发生重要的变化：一方面，随着综合国力的大幅提升，中国在拉美的利益布局有了很大的延展，中国对拉政策规划得到强化，对拉政策措施更趋务实和多样化；另一方面，拉美对华诉求达到前所未有的高点，合作的主动性明显增强。由此可见，中拉合作实际上进入了一个双向促进的新阶段，多领域合作动能均面临转换、提质的历史机遇，从而为中拉发展战略对接提供了更好的条件。

一　整体与双边合作的相互补充

当前，中拉关系形成了双边、多边和整体多渠道相互补充、共同推进的局面。中国与拉美国家的双边关系、中国与拉美地区组织和次区域组织之间的关系是中拉整体合作中的重要基础和核心内容。没有良好和巩固的关系基础，中拉整体合作不可能实现有效的发展。在中拉整体合作机制的起步阶段，中国与拉美国家的双边关系、中国与拉美地区组织和次区域组织之间的关系更是支撑该机制的重要支柱。而晚近诞生的中拉论坛所代表的整体合作机制，形成中拉合作金字塔结构的"塔基"部分，它"体积"最大，承载宏观政策的沟通与广义合作框架的构建等基础性功能，为中国与拉美地区的次区域合作组织和国别合作提供强大的支撑，而中国与具体国别的合作关系犹如"塔顶"，既起到"地标"作用，也时常需要借助"塔身""塔基"传导其温度和压力。

当然，整体合作的工作机能更显复杂。在此框架下，相关参与国可能会在某些具体合作项目中发生直接的竞争，中国作为合作一方可能需要同时与竞争各方进行协商和沟通，还可能需要与关键国家（"三驾马车"）协调在合作过程中难以避免的利益冲突，推动整体合作机制顺畅运行。当然，中国通过双边渠道开展事先工作，促进各参与国对整体合作项目达成共同意向，以便使中拉双方在正式会商中取得务实性成果。此外，中国可利用已与拉美、加勒比地区各类一体化组织建立的对话机制（1990 年与里约集团建立对话机制，1997 年与南共市建立对话机制，1999 年与安第斯共同体建立磋商机制，2005 年与加勒比共同体设立中加论坛等），根据次区域的发展诉求、水平、能力特性，有区别地制定合理、细致的中国与次区域合作安排，促进该层次（"塔身"）为其他两部分提供辐射力，实现小与大、点与面的相互衔接、相互促进。

二 经济合作为优先目标

总体来看，经贸合作是中拉关系的基轴，也是双方利益匹配度较高的领域。中国是全球第二大经济体和最大的新兴市场国家，拉美地区具备成为全球未来增长一极的多重潜力，二者之间的结构性互补关系将长期存在。因此，与其他领域相比，经贸合作的起点相对较高，同时也是中拉双方深化合作意愿的核心所在。近几年来，中拉双方普遍面临经济下行的压力，深化合作助力经济恢复成为中拉双方的政策共识。在全球经济治理层面，随着逆全球化和部分欧美国家保护主义政策的冲击，中拉从各自的层面加快市场改革和经济开放的节奏，成为捍卫全球自由贸易环境的重要力量。拉美国家强烈希望中国在引领全球化方面发挥更大作用和影响力，积极回应中国提出的"一带一路"、亚太自贸区等区域合作倡议，对华合作意愿达到前所未有的高度。中国对此予以积极回应，相继提出中拉整体合作"1 + 3 + 6"合作倡议及配套举措和中拉产能合作"3×3"方案与配套资金。与以往不同的是，投资将成为中拉经贸关系的新增长点，贸易和投资并重的格局有望形成，并有效推动双方本币结算、联合融资等金融业务的开展，金融合作的深化不仅将便利中拉贸易和投资活动，减少中间成本和风险，而且也将促进全球货币体系的改革。从经贸领域来看，能源资源、基础设施和农业一直是近年来中拉经济合作的三大领域。下一步，双方将更多地在基础设施领域扩大合作。2014 年 7 月，《中国—拉美和加勒比国家领导人巴西利亚会晤联合声明》也明确指出，重视基础设施对畅通物流、便利贸易、拉动经济增长的促进作用，强调铁路、公路、港口、机场、电信等基础设施建设和改造以及用好中拉基础设施专项贷款的重要性，以便增进拉美和加勒比国家之间以及同中国间的互联互通。随着更多拉美国家加入亚洲基础设施投资银行，2017 年中国倡导的"21 世纪海上丝绸之路"国际合作的地理范畴必将延展到这一发展中地区，拉美地区内部互联互通局面将大为改观，拉美与隔洋相望的东亚地区在交通、人员、资源、信息、制度上更加便利，自由流通的夙愿也将有望变成现实。

三 重点国家、重要领域的战略布局

不管是在政治制度、经济规模、对外政策方面，还是在对华合作的具体利益诉求方面，拉美国家之间都存在较大的差异，特别是在当前拉美政治生态的转型过程中，这种差异体现得更为明显。具体到中国与拉美各国之间的关系上，虽然中国与将近 10 个拉美国家建立起了战略伙伴关系，但各组伙伴关系的战略内涵以及合作的维度也不尽一致，尤其从中国与拉美具体国家之间的双边合作机制来看，差异性表现得相当明显。中国与拉美地区开放度最高的经济体智利、秘鲁、哥斯达黎加先后签署了自由贸易协定。中国与巴西在 2006 年便启动了"中国—巴西高层协调与合作委员会（以下简称'中巴高委会'）"，并在该机制下针对不同领域的合作逐步建立了多个双边分委会，两国政府分别在 2010 年签署《2010—2014 年共同行动计划》，2012 年签署《十年合作规划》，2015 年签署《2015—2021 年共同行动计划》，两国关系进入了规划推进的局面。相比之下，墨西哥、阿根廷不仅是拉美地区大型经济体，也是中国在拉美地区的最重要的贸易伙伴。但中墨之间仅有 2004 年建立常设委员会保持不定期合作事务磋商；中阿常设委员会迟至 2013 年成立，2014 年制订《共同行动计划》。总之，拉美各国在中拉关系中所处的地位及其作用存在较大差异，中方应当投入更多的外交资源，积极弥补对话机制中的空白点和"短板"处，既突出重点，又顾及一般。在规划和发展与拉美地

区整体关系的同时，精细地做好各相关国别合作的战略布局。

总体而言，中国近期针对下一步与拉美合作作出"五位一体"的远景设计，明确重点领域和配套举措，已经是相当显著的成绩。但从政策实施的周期及其效果考虑，中方还需要进一步厘清短期、中期和长期合作领域的优先次序，有针对性地设定落实中短期任务的步骤安排，积极同拉美有关参与方商妥具体政策对接和行动路线图，从而促进双方合作基础相对扎实、利益匹配度更高的项目尽早落地并取得早期收获，进而提升中拉务实合作的扩散效应和可持续动力。

本章梳理了中国对外战略调整中的对拉战略定位，以及拉美转型中的对华战略定位，并就中拉战略对接路径安排所涉及的问题作出思考，其中中拉整体合作与双边合作相互补充、协同推进是近年来各方讨论最多的话题之一，本章仅做略述，以便引出后面一章的专题分析。

第三章

中拉整体合作与双边合作

第一节　中拉整体合作的演进逻辑

虽然距 2008 年金融危机爆发已历时 10 年，但是，世界经济仍未走出低迷状态。引人注意的是，新兴市场经济体成为这一时期全球增长的主要贡献者，南南合作成为改善全球经济治理体系的重要力量。作为新兴经济体集中的两大区域，亚洲和拉美之间的合作引人注目。尤其是，2016 年 11 月，习近平主席第三次拉美之行以及中国政府第二份对拉美和加勒比政策文件的发布，为打造中拉命运共同体开启了历史新起点，为推进中拉全面合作伙伴关系作出"顶层设计"。在新的形势下，中拉整体合作面临新的机遇与挑战。

一　整体合作的历史必然和现实逻辑

1960 年中国与古巴建立外交关系开启序幕，之后中国与拉美国家掀起建交高潮至今，中拉关系在政治互信不断加深、互利合作不断提升中取得了长足进步。特别是进入 21 世纪，对于中国而言，三个具有里程碑意义的事件成功助推了中拉关系的飞速发展。一是在历经 15 年漫长而艰难的谈判后，中国终于在 2001 年 12 月 11 日加入了世界贸易组织（WTO）。这为开启新时代的中拉经贸关系奠定了坚实基础。二是 2008 年中国政府首次发表《中国对拉丁美洲和加勒比政策文件》，这是中国政府继 2003 年发布《中国对欧盟政策文件》、2006 年发布《中国对非洲政策文件》后的第三份对外区域政策文件。① 该文件不仅明确了对拉美地区的政策目标，而且提出了新时期中拉各领域合作的指导原则。三是 2015 年 1 月中拉论坛首届部长级会议在北京召开。这次会议是落实 2014 年 7 月习近平主席同拉美国家领导人历史性会晤所达成共识的重大举措，标志着中拉整体合作迈向机制化的新阶段。

（一）中拉整体合作发展历程

回顾中拉整体合作发展过程，简单地可以划分为三个阶段。整体合作设想酝酿阶段（2008—2012 年），以首份《中国对拉丁美洲和加勒比政策文件》发布为标志，首次表明中国愿与拉美进行整体合作的意愿。文件提出，"中国政府从战略高度看待对拉关系，致力于同拉丁美洲和加勒比国家建立和发展平等互利、共同发展的全面合作伙伴关系"，"中国政府赞赏拉美区域及次区域组织在维护地区和平稳定、促进该地区团结和发展以及一体化等方面发挥的重要作用，支持其在地区和国际事务中发挥积极影响"。②

整体合作准备阶段（2012—2014 年），以 2014 年 7 月习近平主席访问拉美四国、中拉领导人在巴西利亚举行历史性的首次集体会晤并宣布成立中拉论坛为标志。2012 年 6 月时任国务院总理温家宝在联合国拉美经委会（CEPAL）发表的《永远做相互信赖的好朋友》演讲中提出，"中方倡议成立中拉合作论坛，为加强中拉整体合作搭建更高平台。中国是支持拉美国家联合自强的坚定力量。我们愿同拉共体'三驾马车'建立外长定期对话机制，并于年内举行首次对话，也愿适时探讨建立中国与拉共体领导人会晤机制"。③ 2014 年 7 月 17 日，国家主席习近平出席中国—拉美和加勒比国家领导人会晤，阐述了新形势下中国对拉政策主张，提出构建政治上真诚互信，经贸上合作共赢，人文上互学互鉴，国际事

① 2014 年 4 月习近平主席访问比利时、欧盟总部后，中国发布第二份对欧盟政策文件。2015 年 12 月中国发表第二份对非洲政策文件。2016 年 11 月中国发表第二份对拉美和加勒比政策文件。

② 新华社：《中国对拉丁美洲和加勒比政策文件》，中国政府网，http：//www. gov. cn/jrzg/2008 - 11/05/content_1140303. htm.［2008 - 11 - 05］。

③ 温家宝：《永远做相互信赖的好朋友——在联合国拉丁美洲和加勒比经济委员会的演讲》，2012 年 6 月 26 日，http：//epaper. gmw. cn/gmrb/html/2012 - 06/28/nw. D110000gmrb_20120628_5 - 02. htm？div = -1。

务中密切协作、整体合作和双边关系相互促进的中拉关系"五位一体"新格局，打造"1+3+6"务实合作新框架。会晤发表《中国—拉美和加勒比国家领导人巴西利亚会晤联合声明》，宣布建立中拉论坛并尽早在北京召开论坛首届部长级会议。

整体合作启动阶段（2015年至今），以2015年中拉论坛召开为标志。通过了《中拉论坛首届部长级会议北京宣言》、《中国与拉美和加勒比国家合作规划（2015—2019）》和《中拉论坛机制设置和运行规则》三个具有里程碑意义的成果文件，使"倡议"最终变为"现实"，并走向机制化新阶段。2016年中国发布的第二份对拉政策文件明确将"整体合作"作为深入推进中拉合作的八大领域之一，且强调"不断完善中拉论坛机制建设，在条件成熟时举行由中国和拉共体成员国领导人共同出席的峰会"。① 2018年1月22日，中国—拉共体论坛第二届部长级会议在智利圣地亚哥举行。会议通过了《圣地亚哥宣言》、《中国与拉美和加勒比国家合作（优先领域）共同行动计划（2019—2021）》和《"一带一路"特别声明》三份成果文件，集中反映了下阶段双方深化合作、同谋发展的明确意愿，制定了重点领域合作的具体举措。

简言之，中拉整体合作从酝酿、准备到正式启动并机制化发展，其速度和影响力都让正在经历经济深度调整的世界印象深刻。实际上，中拉整体合作的发展有其历史必然和现实逻辑，正是基于此也被中拉双方寄予厚望。

（二）中拉整体合作的历史必然

第一，经济利益是整体合作发展的原动力。中拉双方经贸合作的跨越式发展成为整体合作的原动力。就贸易而言，2000年以前中拉贸易规模十分有限。进入21世纪后，中拉贸易总额实现跨越增长，2000年突破100亿美元（126亿美元），2011年突破2000亿美元（2415亿美元）。2001—2011年双方贸易额年均增长30%以上。就投资而言，在2008—2009年国际金融危机之后，中国对拉美的投资迅速增加。其中，2010年中国对拉美投资增长最快，从流量看，达到105.4亿美元，同比增长

---

① 《中国对拉美和加勒比政策文件》，外交部，http://www.fmprc.gov.cn/web/zyxw/t1418250.shtml。[2016-11-24]。

43.8％，占当年中国对外直接投资总流量的 15.3％；从存量看，达到 438.8 亿美元，占当年中国对外直接投资总存量的 13.8％。① 拉美已成为仅次于亚洲的中国对外直接投资存量最为集中的第二大地区。随着中拉贸易和投资的快速增长，双方对金融合作的需求也"水到渠成"，而国际金融危机的爆发在客观上也促使中拉加快金融合作。例如，2009 年 1 月 12 日中国正式成为美洲开发银行第 48 个成员国；中国和阿根廷签署双边货币互换协议；中国与巴西、委内瑞拉和厄瓜多尔签署"贷款换石油"协议；中国与委内瑞拉设立联合融资基金等。

第二，整体合作符合中国外交战略的新格局。在中国对外战略体系中，南南合作一直处在优先位置。其一，中国已经倡议建立了中非合作论坛、中国—阿拉伯国家合作论坛、中国与东南亚国家联盟的"10 + 1"对话机制、中国—中亚合作对话会、上海合作组织等集体合作与对话机制。适时于 2015 年年初启动中拉论坛，则实现了中国与全球各发展中地区整体合作的全面覆盖。其二，中拉关系"五位一体"② 新格局以及中拉"1 + 3 + 6"务实合作新框架③与"一带一路"倡议的精神要义完全一致。"一带一路"倡议和中拉整体合作的新平台可为中国乃至亚洲对拉合作提供互补、协作的机能，犹如鸟之两翼，带动全球经济制造业、资源业两大板块比翼齐飞。

第三，拉共体的发展提供整体合作的对接机制。拉共体成立于 2011 年 12 月，是目前唯一涵盖所有 33 个拉美国家的地区组织。其宗旨是，在加强团结和兼顾多样性的基础上，深化地区政治、经济、社会和文化一体化建设，实现本地区可持续发展；继续推动现有区域和次区域一体化组织在经贸、生产、社会、文化等领域的对话与合作，制定地区发展的统一议程；在涉拉共体重大问题上进行协调并表明成员国共同立场，对外发出"拉美声音"。2013—2017 年，拉共体已召开了五届峰会，特别是 2014 年的第二届峰会通过了《关于支持建立中国—拉共体论坛的特别声

---

①　笔者根据 CEIC 数据库计算而得。

②　即指政治上真诚互信，经贸上合作共赢，人文上互学互鉴，国际事务中密切协作、整体合作和双边关系相互促进。

③　即以《中国与拉美和加勒比国家合作规划（2015—2019）》为指引，以贸易、投资、金融合作为动力，以能源资源、基础设施建设、农业、制造业、科技创新、信息技术为合作重点。

明》，不仅意味着拉共体在世界经济发展和促进地区一体化中的地位越来越重要，而且充分表明拉美各国对加强中拉整体合作的愿望也越来越强烈。

第四，全球治理变化成为整体合作的催化剂。一方面，21 世纪以来，新兴市场群体性崛起改变了发达国家和发展中国家相对实力的对比，从而产生对全球治理制度层面代表性的主观需求。另一方面，国际收支以及储蓄与投资失衡所导致的全球经济失衡，导致各国，特别是广大发展中国家对改进全球治理体系，制定符合时代变化的国际规则的客观需求。两者共同构成促进国际关系民主化和推动全球治理规则合理化的内生动力。事实上，全球金融危机前后发展起来的"20 国集团"在协调各国宏观政策、共同应对治理难题中脱颖而出，全面取代过往的西方 7 国集团作用，标志着 21 世纪全球力量结构已经发生深刻变化，全球治理体系必然面临重大改革，从"霸权治理"向"合作共治"演进。中国和拉美各国既是这一过程中积极的自变量和贡献者，也是其重要的因变量和改革方。换言之，中国和拉美国家在与全球治理的互动过程中，一方面通过优化经贸合作提升自身的实力，获取更多的规则制定权；另一方面则因时而动，秉持"南南合作"精神推进整体合作迈向实质化，为完善全球经济治理体系做出建设性贡献。

（三）中拉整体合作的现实逻辑

从逻辑上讲，中拉整体合作的基础是发挥比较优势带来的互利共赢，其实现途径是通过合作制度与规范，降低交易成本，发展方向是为全球治理提供公共产品。

第一，充分发挥比较优势是合作共赢的基础。这主要体现在以下三个方面：就资源禀赋而言，拉美是一个资源富集地区，不仅资源储量大，而且种类繁多、品种齐全。石油、天然气、黑色与有色金属矿，以及农林牧渔资源应有尽有。而中国的城镇化、工业化快速发展正面临着资源与环境的约束，而要突破这些"瓶颈"，除在节能减排上做足"节流"功夫外，中国可能还需要从国外市场寻求"开源"渠道。从这个意义上讲，拉美是中国工业原料的重要供应地，也是中国能源供给来源多元化的现实选择。

产业竞争力的传导。中国现代工业从无到有，历经 70 年已成为全球唯一具有完备制造业体系的国家，其产业比较优势和国际竞争力不断提升。反观拉美，20 世纪 80 年代初债务危机引发拉美地区"去工业化"过程，导致区内各国制造业竞争力普遍下降，产业链不全，水平不高，现有设备和工艺改造缺口较大。工业现代化是发展中国家实现经济腾飞的基本路径，拉美各国可利用各自区位、资源特点，制定区内协同发展的产业政策，进而形成分工合理的、具有本地特色和国际竞争力的新型价值链。中国的经验可以借鉴，而中国的优质产能和优势装备理应对接拉美国家"再工业化"的现实需求，提高其自主发展能力。在实施"一带一路"国际合作中，中国正在将高铁、核电、航天等技术与装备打造为布局互联互通网络的优势产品，如用于中拉整体合作规划中，同样可帮助拉美地区实现生产和基础设施一体化的目标。由于中国已经成为其亚洲邻国向发达国家间接出口的平台（它们是中国制造业所需的资本品和中间投入品的供应商），拉美国家下一步可通过中拉整体合作渠道积极参与亚洲供应链和价值链，并二次推动中拉贸易结构进一步优化，形成中拉经贸结构性互补性"升级版"。

资本供给的来源。一方面，凭借庞大的经济规模、充裕的外汇储备、较高的金融盈利能力和在国际金融领域日益增多的话语权，中国能帮助拉美国家积极应对贸易融资萎缩、金融机构流动性短缺、基础设施建设资金不足等困难。另一方面，不断创新的金融合作模式不仅有利于中国外汇储备管理多元化，而且有助于中国克服资源"瓶颈"，保持经济可持续增长。

第二，降低交易成本是提高合作效率的源泉。主要体现在三个层次上：其一，无论是政治高层交往、治国理政经验交流，还是人文交流，都有利于促进民心相通、加强相互认知，显著降低因不信任、不了解等引发的额外交易成本。其二，磋商和对话机制的常态化是合作的制度保障。高层协调与合作委员会、高级混委会、政府间常设委员会、战略对话、经贸混委会、政治磋商等机制都发挥了重要作用。2015 年和 2018 年中拉论坛的两届部长级会议，以及待条件成熟时领导人有望共同出席峰会的预期将合作机制化水平推向更高阶段。其三，促进贸易投资便利化是关键举措。例如，中秘、中智分别启动自贸协定升级可行性联合研究和升级谈判，将为双边经贸合作注入新动力。

第三，应对外部性问题是合作发展的共同诉求。全球治理因为具有正的外部性而具有准公共品的特征，从而容易形成需求强烈而供给不足的长期矛盾。中拉双方在落实《2030 年可持续发展议程》、应对气候变化、网络安全以及各种危机（金融危机、石油危机、粮食危机）等方面具有共同利益，因此可为全球公共产品供给做出应有的贡献（见图3—1）。例如，中拉将从三个方面进行全球经济治理的合作：加强在 G20、APEC、IMF 等国际经济金融组织和机制中的协调配合，推动以世界贸易组织为核心的多边贸易体制发展；推动 IMF、世界银行治理结构改革，增加新兴市场国家和发展中国家的代表性；推动全球金融安全网建设，提升全球应对系统性冲击的能力。因此，中拉深化国际协调和整体合作具有重要意义，它将为经济全球化时代中的南南合作树立典范。

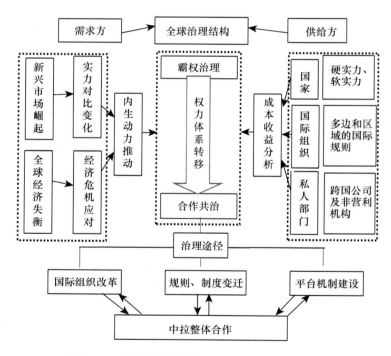

图3—1 中拉整体合作与全球治理框架演变逻辑

二 整体合作实施现状及效果评估

以中拉论坛为起点，中拉双方突破原有的国与国之间的合作模式，在区域性、整体性和全面性上推动中拉全面合作伙伴关系再上新台阶。鉴于目前整体合作实施的时间较短，尚不足以对其成效进行全面评估，但是，从已开展的工作和早期收获看，整体合作具有互利共赢、灵活务实、开放包容等特征，未来发展具有很大潜力。

（一）以中拉论坛为主要平台的机制性建设逐步展开

首先，在 2014 年 7 月《中拉领导人巴西利亚会晤联合声明》发布后的短短半年时间内，中拉双方就完成了中拉论坛首届部长级会议筹备工作。从政治设计、务实合作、机制建设等方面为整体合作打下良好基础。其次，根据中拉论坛首届部长级会议发布的三个文件的相关精神和主要目标，论坛陆续在建章立制方面取得初步进展：建立了包括部长级会议、国家协调员会议、中国—拉共体"四驾马车"外长对话会、中拉论坛司局级磋商在内的四个协调合作机制，为落实政治共识和合作规划提供制度保障。与此同时，还设立或纳入政党、法律、青年政治家、智库交流、基础设施、科技创新、企业家高峰会、农业、民间和地方友好 9 个专业领域分论坛。再次，根据论坛首届部长级会议通过的合作规划，双方积极推进政治与安全、贸易投资金融等 13 个重点领域合作。中拉政治互信深入发展，中国在地区建交国增至 23 个，全面战略伙伴和战略伙伴增至 9 个。最后，2018 年 1 月中拉论坛第二届部长级会议是中共十九大后中拉双方共同构建新时代关系的首场重大外交活动，也是中拉整体合作从机制化向常态化、长效化跃升的重要体现。

（二）灵活务实和开放包容为整体合作注入活力

整体合作外交是中国在全球化时代践行大国外交的有益尝试，经过努力已初步形成较为完整的全球布局体系，也在不同地区的实践中积累了大量宝贵经验。其中，灵活务实和开放包容两大特征凸显了整体合作的生命力。合作方式上灵活务实，意味着中拉整体合作同双边合作并行不悖，两者相互补充、相互促进。各方在中拉论坛及相关领域分论坛框架内，共同商定重点合作领域和合作项目，通过双边和多边渠道开展形式多样的合作，实现优势互补。事实表明，在整体合作外交建立后，中国与伙伴国家双边合作均进入了发展的快车道，合作机制化程度大大增强。①

---

① 《中国对拉美和加勒比政策文件》，2016 年 11 月 24 日，http：//www.fmprc.gov.cn/web/zyxw/t1418250.shtml。［2017 - 04 - 10］。

（三）整体合作立足经贸跨越式发展又面向规模经济

21世纪以来，中拉经贸合作跨越式发展成为整体合作的原动力。这一点即使在与中非合作、中国东盟整体合作相比也较为突出。2001—2016年，中拉贸易总额从149.4亿美元增至2165.6亿美元，年均增长19.5%；中非贸易总额从108亿美元增至1491.2亿美元，年均增长19.1%；中国与东盟的贸易额从416.1亿美元增至4522.1亿美元，年均增长17.2%。从投资看，截止到2015年年底，中国对拉美、非洲和东盟的直接投资存量分别达到1263.2亿美元、346.9亿美元和627.2亿美元（见表3—1）。因此，相对于与非洲、与东盟的贸易和投资，拉美地区更具有活力。

表3—1　　　　　　　中拉、中非和中国与东盟贸易投资比较　　（单位：亿美元、%）

年份	贸易						投资存量		
	中国与拉美		中国与非洲		中国与东盟		对拉美	对非洲	对东盟
	金额	同比	金额	同比	金额	同比	金额	金额	金额
2001	149.4	18.6	108.0	1.9	416.1	5.3	—	—	—
2002	178.3	19.3	123.9	14.7	547.7	31.7	—	—	—
2003	268.1	50.4	185.5	49.7	782.5	42.8	46.2	4.9	—
2004	400.3	49.3	294.6	58.9	1058.8	35.3	82.7	9.0	—
2005	504.6	26.1	397.5	34.9	1303.7	23.1	114.7	16.0	12.6
2006	702.2	39.1	554.6	39.6	1608.4	23.4	196.9	25.6	17.6
2007	1026.1	46.1	735.7	32.7	2025.5	25.9	247.0	44.6	39.5
2008	1433.9	39.7	1068.4	45.1	2311.2	13.9	322.4	78.0	64.9
2009	1215.4	−15.2	910.7	−15.1	2130.1	−7.9	306.0	93.3	95.7
2010	1830.7	50.2	1269.1	39.4	2927.8	37.5	438.8	130.4	143.5
2011	2414.8	31.5	1663.2	30.9	3628.5	23.9	551.7	162.4	214.6
2012	2612.4	8.2	1984.9	19.3	4000.9	10.2	682.1	217.3	282.4
2013	2615.7	0.1	2102.4	5.9	4436.1	10.9	861.0	261.9	356.7
2014	2634.6	0.8	2218.8	5.5	4803.9	8.3	1061.1	323.5	476.3
2015	2365.4	−10.2	1790.3	−19.2	4721.6	−1.7	1263.2	346.9	627.2
2016	2165.6	−8.2	1491.2	−16.6	4522.1	−4.1	—	—	—

资料来源：Wind资讯数据库。

除此之外，整体合作外交能够把中小国家合作伙伴原有分散、零碎、相互分割的市场结合为整体，发挥规模经济效应。

三　整体合作面临的机遇与挑战

（一）历史机遇

第一，"一带一路"倡议成为中拉整体合作的新平台。"一带一路"倡议是引领中国新一轮对外开放和经济外交的重大举措。中拉就推进"一带一路"倡议与拉美发展战略对接进行了多层次、多领域的积极尝试。目前，巴西等拉美7国成为亚投行成员，包括巴拿马在内的拉美多国与中国签署了共建"一带一路"合作协议和产业对接协议。在"一带一路"框架下，中拉整体合作将实现战略对接、优势互补和成果共享。2018年1月，在中拉论坛第二届部长级会议上，与会外长们还就支持和参与"一带一路"专门发表了特别声明。以共建"一带一路"为新契机深化中拉"1+3+6"合作框架，推动中拉合作优化升级、创新发展。

第二，结构改革将促进中拉双方合作提质增效。一般而言，经济增长会受周期因素和结构因素的双重影响。当一国经济结构符合其发展阶段的比较优势时，经济周期波动的影响可通过反周期的宏观政策去熨平。但是，一旦发生宏观政策应对周期波动的边际效果下降，则预示结构因素已经超越周期因素成为阻碍该国经济增长的主要因素，结构性改革便呼之欲出。中拉经济正面临这种情况。一方面，中国进入经济中高速增长的"新常态"，正在通过"供给侧"改革提高潜在增长率。另一方面，拉美国家正在实施结构性改革以促进包容性增长。显然，结构因素不仅是中拉各自经济发展的关键性调整，而且也成为影响中拉经贸合作深化的主要问题。

从需求角度看，中国和拉美经济增长方式互为镜像，都存在消费、投资和净出口不协调的方面。中国被迫从投资驱动型向内需主导型经济转变，更加注重释放有效需求，强调提高消费率、适当降低投资率，而拉美则需要适当降低消费率，提高投资率，更加注重产业政策和吸引外资的作用。2009年以来，中国消费率和投资率大致保持在年均50%和47%的水平，而拉美则分别为80%和21%，双方合作存在较大的转换空间。而从产业角度看，自2012年以来中国服务业产值超过工业，产业结构升级加速推进，而拉美经过 20 世纪 80 年代、90 年代的"去工业化"，服务业保持约 65% 的比重，工业占比则低于 30%，存在经济"空虚"的忧患。①

中国结构性改革的步伐快于拉美国家。当前，"中国居民消费和服务业成为经济增长的主要动力，2016 年前三季度第三产业增加值占国内生产总值的比重为 52.8%，国内消费对经济增长的贡献率达 71%"。② 相对而言，21 世纪以来拉美地区"出口原材料、进口资本品"的特征较为突出，进出口结构的单一性意味着拉美结构升级较为缓慢。因此，随着中国结构改革外溢效应逐渐发挥，中拉整体合作在经贸领域将催生新的机遇。其一，中国消费作用提升以及消费模式转型，将增加对拉美国家高附加值消费品的进口需求，进而有利于其出口结构多元化。其二，中国对海外投资的政策激励，将促进中拉产能合作，有利于弥补拉美制造业竞争力的缺失，从而促进拉美再工业化进程。其三，随着中国服务业地位提升，服务贸易将逐渐弥补货物贸易失速的缺口，成为中拉贸易的新增长点。

第三，多边主义停滞赋予区域内和跨区域一体化新契机。当前，英国"脱欧"即将进入正式谈判程序以及美国特朗普政府表现出"美国优先"的保护主义倾向，给经济全球化造成负面影响。这种形势客观上给区域内和跨区域一体化提供了契机。其一，拉美是世界上区域内贸易比例最低的地区之一。拉美区域内贸易占其对外贸易额的比重为 18%，而在欧盟该比例为 63%，北美、东亚及东南亚均为 50%。③ 经验显示，相比于区域外贸易，区域内贸易更具有多元化的特征，高附加值产品出口也集中，而且有更多的中小企业参与，有利于创造就业。因此，联合国拉美经委会一直提倡加快区域内一体化以实现"以平等为目标的结构变革战略"，即通过贸易一体化加强区内总需求，以弥补发达国家留下的需

---

① 根据 CEIC 数据库数据计算得出（2017 年 1 月 20 日登录）。

② 习近平：《共担时代责任、共促全球发展——在世界经济论坛 2017 年年会开幕式上的主旨演讲》（2017 年 1 月 17 日，达沃斯），http://finance.sina.com.cn/world/gjcj/2017 – 01 – 18/doc-ifxzqnva3903301.shtml。[2017 – 01 – 20]。

③ CEPAL, *Horizons* 2030: *Equality at the Centre of Sustainable Development*, May 2016, p. 155.

求缺口；通过生产一体化（重组价值链以及共享基础设施）增强生产率和竞争力；通过金融一体化，增强区域抵御外部冲击的能力。

其二，拉美国家参与亚洲价值链的热情和机会增加。特朗普政府贸易政策的实质"是要从以规则为基础的多边主义向以实力为基础的双边主义转变"，① 这将挫伤实力较弱的拉美国家与其贸易的积极性。从目前趋势看，美国政府将更加关注贸易执法而不是推动贸易自由化，由此可能导致美国与其他国家的贸易摩擦增加。而中国一直倡导建设开放型世界经济，将增加对拉美国家参与面向亚太区域一体化的吸引力。从2016年G20杭州峰会到2016年秘鲁利马APEC领导人非正式会议，中国一直在发出时代的最强音，即经济全球化是大势所趋，封闭和排他性安排不是正确选择，强调要促进贸易和投资自由化、便利化，反对一切形式的保护主义。同时，习近平主席提出实现亚太长远繁荣的"中国方案"，倡导"促进经济一体化，建设开放型经济""促进互联互通，实现联动发展""促进改革创新，增强内生动力""促进合作共赢，深化伙伴关系"等新时代合作方针，受到亚太和拉美国家的重视。可以预见，中国将在巩固原有优势基础上，通过双边自贸协定签订和跨区域自贸区谈判，加大与拉美区域一体化的融合力度。

第四，金融合作和创新将为改善全球经济治理积累经验。目前，中国已经成为全球经济金融体系的重要参与者和改革者。由中国发起设立的金砖国家开发银行，开创了发展中国家组建多边开发机构、开展金融合作的先例。亚投行的成立为全球金融治理与合作提供了新模式。积极推动IMF和世界银行份额改革、人民币加入IMF特别提款权"货币篮子"以及建立丝路基金等也是中国在国际经济治理中的重要突破。对于拉美而言，由于大部分拉美国家属于中等收入国家，它们较难获得优惠性的外部融资，为反周期财政政策融资，更需要积极调动国内外资源。基于上述背景，在巩固双边金融合作的基础上，中拉整体合作框架下的融资合作机制为中拉合作、"南南合作"开创新的天地，同时也为改善全球经济金融治理提供宝贵的经验。

---

① 宋泓：《特朗普上台后美国贸易及相关政策的变化和影响》，载《国际经济评论》2017年第1期。

（二）现实挑战

第一，世界经济仍处于深度调整和变革之中。主要体现在如下几个方面：其一，地缘政治因素错综交织，地区冲突和动荡此起彼伏，使原本疲弱的复苏环境变得更加脆弱。其二，世界各区域经济增长分化加剧、保护主义抬头，"贸易战"和"汇率战"的风险正在凝聚。其三，全球宏观经济政策难现2009—2012年"共克时艰"联合应对危机的协调。欧盟、日本的宽松货币政策与美国紧缩货币政策形成鲜明对比，新兴市场经济体因美国自2017年以来加息步伐加快而面临资本大规模撤离的压力。其四，涵盖贸易、货币、投资体系等的全球治理体系因为新兴市场集体崛起正在酝酿新的变革。其五，以人工智能、生命科学、新能源、大数据、互联网等为代表的新一轮科技和产业革命孕育兴起，无论是发达国家还是发展中国家都在积极寻找开启下一轮增长周期的发力点。这种"危"与"机"交织的复杂性容易引发不确定性。

第二，实现"双十目标"存在一定压力。《中国与拉美和加勒比国家合作规划（2015—2019）》中曾明确提出，"共同努力促进双向贸易增长和平衡互利发展，力争10年内双方贸易额达到5000亿美元，双方投资存量达到至少2500亿美元"。然而，就目前实际情况看，贸易目标比投资目标更具有压力。据联合国贸发会议（UNCTAD）的统计，2012年、2013年、2014年和2015年全球贸易增长率分别为0.86%、2.44%、0.25%和 – 13.23%，低于同期全球经济增长率，打破了过去几十年来贸易增长一直高于GDP增长的发展格局。在这种背景下，中拉贸易高速增长的"黄金时代"也趋于在2012年结束。经有关计算，2012年、2013年和2014年中拉贸易增速分别放缓至8.2%、0.1%和0.8%，而2015年和2016年贸易则分别下降10.2%和8.2%（见表3—1）。未来十年达到5000亿美元的目标，中拉贸易年均应保持在增速为7.8%的水平上，以当前国际国内经济形势衡量，实现这一目标压力较大。

第三，国际市场竞争和国际关系博弈将增加"第三方"因素的干扰。在中国已超过欧盟成为拉美地区第二大贸易伙伴的同时，与拉美第一大贸易伙伴美国的差距将大幅缩小。正是因为这种此消彼长的变化引起了欧、美、日等"第三方"的关注。历来把拉美视为"后院"的美国开始对中国在拉美的影响保持警惕；欧洲更多的是从商业角度把进入拉美的中国视为强劲的竞争对手；而日本则通过签署经济协定、实施官方发展援助等方式努力恢复在拉美的影响力。在国际关系博弈方面，除美国的传统影响外，印度、俄罗斯、欧盟、日本都加强了与拉美关系的密切程度。在这种情况下，中国与拉美开展整体合作不仅将面临更复杂的市场竞争，而且极有可能面临拉美在大国之间采取"平衡战略"、提高合作"要价"的局面。

第二节　中拉整体与双边合作的辩证关系

近年来，中拉双方在战略上相互重视，在政治上相互支持，经贸合作等成果丰硕，为整体合作奠定了坚实基础。展望未来，中拉关系有望在整体合作和双边合作"双引擎"的驱动下稳步迈进，双方能够超越双边关系的局限性，在整体合作框架下就区域范围、全球范围的重大问题、共性问题进行深入讨论和达成广泛共识；同时能够通过双边合作，落实在整体合作框架下设定的任务和目标，从而在国际事务、经贸往来、人文互鉴等多个领域把双边关系推向新高。

一　中拉整体合作的优势与劣势

整体合作作为一种复合型外交，是中国与相关伙伴国家及国际组织一道，适应区域国际关系一体化、集团化发展的新趋势而深入开展国际多边合作的一种重要形式，[①] 是中国构建具有中国特色大国外交的必然选择。它顺应了国际关系中区域主义和多边主义的发展趋势，为中国在区域或次区域层面形成一种双边外交和多边外交相结合的新型外交模式。整体合作的建立是中国的大国地位的具体体现，是中国实现外交全面布局的重要支柱，是实践人类命运共同体理念的具体表现。

中拉整体合作作为中国整体合作外交的重要组成部分，它的建立是中拉关系持续快速发展、双方利益加速融合的结果。进入 21 世纪以来，一方面，中国大力提升对拉关系，各领域合作持续升温。另一方面，发

---

①　扈大威：《中国整体合作外交评析——兼谈中国—中东欧国家合作》，载《国际问题研究》2015 年第 6 期。

展对华关系逐渐成为拉美国家的普遍共识。拓展和深化中拉合作已超越拉美国家党派轮替和政府更迭，成为社会各界的战略共识。① 正是因为"双方利益广泛交融的关系格局逐渐形成，为探索中拉关系新的发展模式创造了更好条件，打下了良好基础"。② 与此同时，整体合作不仅符合中拉双方根本利益，为世界树立南南合作的新典范，而其自身具有独特的优势。

（一）有助于解决中拉之间的不对称性问题

整体合作能够使双方有效地进行长远规划、共同推动重大合作目标的实现。就单个国家而言，中国经济规模巨大，非任何拉美国家可以相比。根据世界银行的统计，2015 年中国 GDP 达到 108664 亿美元，相当于拉美第一大经济体巴西 GDP（17747 亿美元）的 6 倍。③ 2014 年，尽管中拉双边贸易额创新高，但也仅占中国对外贸易额的 6% 左右。这种状况客观需要拉美国家尽可能地作为一个整体开展对华合作。

（二）有助于加强拉美国家集体行动的协调

整体合作便于拉美形成对华合作的共同主张，既可为中拉关系注入新动力，也将使中拉关系的发展更为均衡。拉美各国国情差异巨大，而这种差异势必导致它们的对华合作诉求存在相应的巨大差异。例如，巴西人口高达 2 亿，圣基茨和尼维斯人口仅几万；前者的国土面积达到 851 万平方千米，后者仅为 287 平方千米；前者的 GDP 高达 2.4 万亿美元，后者仅不足 8 亿美元。④ 由于地区小国长期面对经济、社会和生态的脆弱性，更多考虑的是如何在现实世界生存下去；而地区大国具有一定发展基础，更多考虑的是如何实现可持续发展。现实需求的差异势必导致拉美国家对华合作意愿的巨大差异。因此，整体合作将有效弥合这种差异性。

---

① 王毅：《在世界变局中坚定推进中国特色大国外交》，载《求是》2017 年第 1 期。

② 外交部：《王毅部长在中国—拉共体论坛首届部长级会议上的主旨发言》，2015 年 1 月 13 日，http：//www. fmprc. gov. cn/ce/cept/chn/zgyw/t1227808. htm. ［2017 - 02 - 18］。

③ World Bank，"GDP（current US $ ）"，http：//data. worldbank. org/indicator/NY. GDP. MKTP. CD. ［2017 - 03 - 30］。

④ ECLAC，*Statistical Yearbook for Latin America and the Caribbean* 2015，http：//repositorio. ce-pal. org/bitstream/handle/11362/39867/1/S1500739_mu. pdf. ［2017 - 03 - 20］。

（三）促进中国对拉外交实现国别和次区域的全覆盖

中拉论坛的成员国包括中国以及拉共体全部 33 个成员国。这意味着中国在拉美地区的 10 个未建交国均为论坛成员。这些未建交国集中分布于中美洲和加勒比地区，主要为小国、岛国和穷国。如何使中国的对拉关系不留"死角"？如何在没有建立外交关系的情况下提升与未建交国的经济社会事务合作？如何争取这些国家支持中国维护国家主权和领土完整的艰苦斗争？如何向落后地区和国家彰显中国作为全球最大发展中国家的责任担当及积极构建与其合作共赢的"命运共同体"，改进中国形象，提升中国"软实力"？整体合作将是中国解决上述问题的有力"抓手"。

（四）中国对拉关系获得新的方向指引和动力

在过去十几年间，中国经济的高速增长为拉美国家提供了巨大发展机遇和经济红利，持续的外交努力也使这些国家认识到中国发展对拉关系的热情和决心。有鉴于此，拉美国家才能够克服内部分歧，决意响应中国的呼吁，携手建立面向未来的整体合作。在整体合作框架下，中国与拉美国家有望就双方共同关心、具有重大意义的发展问题进行讨论和协商，从而使双边合作更加具有针对性和时效性。

（五）中国的全方位外交布局得到完善和深化

2013 年以来，习近平主席共出访 24 次，访问了 48 个国家，推动我国形成全方位、多层次、立体化的外交布局。[①] 在这一进程中，整体合作发挥了重要作用，帮助中国外交布局实现全球性、综合性和平衡性，有力地推动了与发展中国家合作水平的提质升级。中拉整体合作机制的建立使中国对发展中国家和地区的合作扩展到西半球获得立脚点，符合 21 世纪发展中经济体群体性崛起的大趋势，意味着中国特色大国外交理念得到良好的践行，并获得拉美地区各国高度认同。

二　中拉双边合作取得的成就

中拉关系在近年迎来跨越式的发展。其发展速度、广度、深度前所未有，呈现出全方位、多层次、宽领域的局面。

---

① 杨洁篪：《在习近平总书记外交思想指引下不断开创对外工作新局面》，载《人民日报》2017 年 1 月 14 日第 7 版。

（一）中国已与拉美所有主要国家建立外交关系

拉美地区是发展中世界和新兴经济体的重要组成部分。在外交领域，中国已经与33个拉美国家中的23个建立外交关系。1960年，古巴成为第一个与中国建交的拉美国家；20世纪70年代，中拉关系迎来建交高潮，11个拉美国家与中国建交；① 2017年，巴拿马与中国建交；2018年5月，多米尼加成为与中国建交的新锐。目前，尚有10个拉美国家与"台湾当局"保持"邦交"。就经济规模、人口规模和领土规模而言，这些国家对地区事务的影响有限。但在中拉关系蓬勃向上势头的带动下，它们普遍表现出发展对华关系的强烈意愿。

可以讲，经过半个世纪的开拓，中国与拉美国家的双边关系已达到前所未有的高度。1993年，巴西成为世界上第一个与中国建立战略伙伴关系的国家。此后，中国相继与委内瑞拉（2001年）、墨西哥（2003年）、阿根廷（2004年）、秘鲁（2008年）、乌拉圭（2016年）建立"战略伙伴关系"，与智利（2004年）建立"全面合作伙伴关系"，与牙买加（2005年）建立"共同发展的友好伙伴关系"，与特立尼达和多巴哥建立"互利发展的友好合作关系"。进入21世纪，中国和巴西关系（2012年）、中国和秘鲁关系（2013年）、中国和墨西哥关系（2013年）、中国和阿根廷关系（2014年）、中国和委内瑞拉关系（2014年）、中国和智利关系（2016年）相继提升为全面战略伙伴关系。2016年，中国和厄瓜多尔建立全面战略伙伴关系。在这些伙伴关系的框架下，中国与拉美合作伙伴国的全方位合作渐次展开，伙伴关系的内涵不断得到充实和发展。

为加强双边关系的协调，中国和拉美国家建立了多种形式的政府间协调机制。中国先后与巴西、智利、阿根廷、墨西哥、哥伦比亚、秘鲁、乌拉圭和厄瓜多尔等国建立外交部间政治磋商机制；与包括牙买加、特立尼达和多巴哥、苏里南在内的加勒比建交国进行集体磋商；与智利、厄瓜多尔、哥伦比亚、秘鲁、圭亚那、乌拉圭等国建立经贸混委会；与墨西哥、阿根廷等国设立政府间常设委员会机制；与巴西成立中巴高层

---

① 11个拉美国家分别为：智利（1970年）、秘鲁（1971年）、墨西哥（1972年）、阿根廷（1972年）、圭亚那（1972年）、牙买加（1972年）、特立尼达和多巴哥（1974年）、委内瑞拉（1974年）、巴西（1974年）、苏里南（1976年）和巴巴多斯（1977年）。

协调与合作委员会；与巴西、墨西哥、秘鲁等国启动战略对话机制；与委内瑞拉设立高级混合委员会，分别由中国国家发展和改革委员会与委内瑞拉计划发展部牵头，协调规划两国在政治、经贸、人文等领域合作。

中国积极参与拉美的地区合作组织和多边金融机构，或是成为其成员国，或是成为其观察员，或是与其成为对话伙伴。中国在 1998 年加入加勒比开发银行，在 2009 年加入美洲开发银行。2004 年，中国成为美洲国家组织第 60 个观察员国。2012 年，中国和拉共体"三驾马车"外长对话机制启动。2013 年，中国成为太平洋联盟的观察员国。中国和南方共同市场建立对话机制，在 1997 年举行首次对话。这些合作关系为中国编织一张更为紧密结实的对拉外交关系和经贸关系合作网络。

（二）21 世纪以来中拉关系尤其经贸关系实现跨越式发展

进入 21 世纪以来，中拉经贸关系迎来跨越式发展。中国对拉美产品，尤其是资源类产品的需求有力地推动一批拉美国家实现持续的经济增长。与中国"西进"步伐相伴而生的是拉美国家的"东进"大潮。加速融入亚太地区、搭乘中国经济发展的"快车"已经成为该地区国家的共同选择。它们依托自身的比较优势，大力发展对华贸易。中国在 2003 年取代日本成为拉美在亚太地区的最大贸易伙伴。目前，中国已经成为仅次于美国的拉美第二大贸易伙伴。具体而言，中国是巴西、秘鲁、智利、乌拉圭的第一大贸易伙伴，是墨西哥、阿根廷、哥伦比亚、哥斯达黎加和古巴的第二大贸易伙伴，是厄瓜多尔的第三大贸易伙伴。巴西是中国的全球第十大贸易伙伴和最大的拉美地区贸易伙伴。

（三）中国积极呼应拉美地区经济社会发展需求

近年来，中国企业积极参与拉美的基础设施建设，大规模兴建铁路、公路、发电站、炼油厂和港口，为拉美国家的经济社会发展进程做出显著贡献。中国港湾在牙买加承建的南北高速路项目是中国企业在海外首个采用"建设—经营—转让"（BOT）模式建设的交通基础设施项目。它的建成使牙买加南北两大区域拥有了最便捷的交通管道。2016 年中国水电承建的厄瓜多尔最大水电站——辛克雷水电站建成并使厄瓜多尔发电量增加 1/3，彻底扭转该国依赖进口补充用电缺口的被动状况。国家电网公司在巴西电力领域进行成功的开拓，为保障该国经济的平稳运行发挥重大作用。

为推动拉美国家的经济社会发展，中国向加勒比岛国和玻利维亚、厄瓜多尔等国提供力所能及的援助。其中，主要用于民生建设如为有关国家援建体育场、农业园区、住房等，受到当地人民的欢迎。例如，中国政府多次向玻利维亚政府提供经济技术援助，帮助建成水井、小水电站、文化中心等多个成套项目。在哥斯达黎加，中国援建一座大型体育馆；在安提瓜和巴布达、格林纳达，中国分别援建一座大型板球场；在特立尼达和多巴哥，中国援建国家表演艺术中心。

中国与拉美国家大力发展各类合作机制，以便密切企业间的交流、对话与合作。2007 年，中国贸促会倡导成立中国—拉美企业家高峰会。这是中国首个促进对拉美经贸合作的机制性平台。高峰会每年在中国和拉美国家轮流举办。2017 年，第 11 届中国—拉美企业家高峰会在乌拉圭举行。中国和加勒比建交国成立中国—加勒比经贸合作论坛，以促进双边经贸合作。这些合作机制为中拉企业界增进了解、推动务实合作提供了良好平台。

中国和拉美的社会联系日益丰富和多元，人文交流不断取得新进展。自 2006 年在墨西哥城设立拉美的第一所孔子学院以来，几十所孔子学院和孔子学堂已在多个拉美国家成立。中拉双方留学生正在迅速增加。2015 年至 2020 年，中国将向拉美国家提供 6000 个政府奖学金名额。"未来之桥"中拉青年领导人千人培训计划有序开展，"中拉科技伙伴计划"和"中拉青年科学家交流计划"已正式启动。2016 年"中拉文化交流年"在中国和拉美成功举行。这是中国政府第一次在拉美地区举办覆盖范围广、持续时间长、层次水平高的多边文化交流活动。中国与古巴、墨西哥和巴拿马等国开通或新增直航，填补与有关国家航线的空白。互免签证协议的签订或签证便利化的推进，则使拉美成为中国游客新的旅游目的地。

三 中拉整体合作与双边合作齐头并进

整体合作是一种兼具双边性质和多边性质的外交形态。① 其双边性质

---

① 扈大威：《中国整体合作外交评析——兼谈中国—中东欧国家合作》，载《国际问题研究》2015 年第 6 期。

主要表现为，一方面，合作目标地区的国家作为一个整体与中国进行对话与协商，形成一种"大双边"外交。另一方面，整体合作同中国与这些国家之间的双边合作并行不悖，两者相互补充、相互促进，形成一种稳定的"小双边"外交。其多边性质主要表现为，合作目标地区的国家（有时还有该地区的地区性国际组织）通过内部多边机制进行对话与协商，以便形成共同的立场。

从外交实践看，基于共同利益的政治共识是开展整体合作的核心推动力。中国倡导的整体合作机制强调培育合作共识和共同行动，而非订立具有法律性质的合作条约或成立正式的国际组织。在合作过程中，各方平等协商，依靠达成一致的方式做出有关集体行动的决策，而不采取投票表决机制。这种合作就需要各方进行持续不断的集体对话，建立各类型、多层次的磋商机制，以便消弭分歧和达成共识。

从合作机制看，整体合作不具有排他性。中国经济体量巨大，有更多的政治资源和经济资源，对于整体合作的前景方向和发展进程具有更大的影响力。但是，中国不谋求通过整体合作把任何国家纳入自己的利益轨道，不试图利用整体合作进行大国竞争，不谋求输出自己的政治体制或经济模式。合作目标地区的国家不会因为参与对华整体合作而承担义务或受到限制，仍然能够以充分的自主权继续开展与其他国家的各类形式合作。《中国与拉美和加勒比国家合作规划（2015—2019）》专门指出，"本规划将根据成员国的国内政策和法规，按照灵活和自愿参与原则予以实施，并且不影响任何已经达成一致的双边合作项目，也不替代各方已经达成一致的双边协定、决定或承诺"。①

中国已有的整体合作实践表明，整体合作和双边合作能够齐头并进、互为补充。建立整体合作外交的基础是中国与合作目标地区的大多数国家建立良好的外交关系和广泛的经贸联系。双边关系的增强将使整体合作具有可行性。反过来，整体合作的建立和发展又为推动双边关系开辟空间。合作各方在整体框架之下的高层政治论坛及相关领域分论坛共同商定重点合作领域和合作项目，然后通过双边和多边渠道开展形式多样

---

① 新华网：《中国与拉美和加勒比国家合作规划（2015—2019）》（全文），http：／／news. xinhuanet. com／world／2015－01／09／c_1113944648. htm。［2017－03－21］。

的合作，以便落实既定目标。

中拉论坛是中拉整体合作的主要载体。但中拉论坛及其下设分论坛就双方的经济社会合作提出一系列的设想和倡议，仍然有待中国和拉美国家通过一系列的双边合作达成落实。尽管中拉论坛正在逐步显现旺盛的生命力，论坛两届部长级会议先后发布的一系列合作规划文件为整体合作设定了阶段性目标，但其实现依然面临挑战。其中，拉美国家的经济风险在近年呈现上升之势；拉美国家的政治风险在近年同样趋于放大；中拉贸易出现萎缩也引发拉美国家的担忧和不满等。在此背景下，中拉整体合作应当成为中拉关系的"强心剂"，带动中拉双方有效化解政治经济风险、发掘经贸合作潜力和优化合作机制。目前，中拉整体合作仍然处于初创阶段，需要在摸索中前行。作为一种合作框架，它有助于中拉利益诉求的协调和融合。例如，许多重大项目尤其是跨境基础设施项目必须依托整体合作机制才能具备实施的可行性。与此同时，中拉整体合作的范围、机制也可以借鉴中国与其他地区整体合作的经验。

当前，"一带一路"倡议是统领中拉整体合作的最重要"抓手"。中拉也就此形成政治共识。中拉整体合作有望在推进"一带一路"实施过程中实现优化升级、创新发展，打造出领域更宽、结构更优、动力更强、质量更好的中拉合作新格局。

中国需要在中拉整体合作的框架下，制定有针对性的次地区合作战略，提升中拉整体合作的可参与性。以往的合作显示，中国注重在拉美获得资源和占有市场。这就意味着中拉整体合作的优势国家将是大国和能矿资源富集国，优势区域将是此类国家集中的南美洲，而人口规模、领土规模和经济规模都较小的加勒比国家和中美洲国家可能陷入边缘化的境地。因此，如何为加勒比小国，特别是小岛国找到参与整体合作的路径等成为推动中拉整体合作的当务之急。《中国与拉美和加勒比国家合作规划（2015—2019）》强调，"在落实本合作规划过程中，将适当考虑拉共体成员国中最不发达国家、内陆发展中国家和小岛屿发展中国家面临的挑战和需求。《中国对拉美和加勒比政策文件（2016）》也对此进行专门论述"。简言之，中拉整体合作不会变成一个"大国俱乐部"。

第三节 中拉整体合作实现途径和未来发展

　　坚定发展对拉关系是中国从战略高度做出的选择，开启中拉整体合作又是中拉关系发展到一定历史阶段的必然结果。推进中拉整体合作，应当抓住经贸合作这条主线，循序渐进展开全面合作。更为重要的是，中拉合作与我国国家重要对外战略形成相互支撑的局面的同时，应以开放的态度与有关各方合作，实现共同发展、互利共赢。

一　打造以经贸合作为主线的全方位整体合作

　　中拉整体合作致力于构建政治上真诚互信、经贸上合作共赢，人文上互学互鉴，国际事务中密切协作、整体合作和双边关系相互促进的中拉关系"五位一体"新格局。当前，中拉合作应当将经贸合作打造双方合作的主线。形成以"一带一路"倡议为统领、以中拉"1＋3＋6"务实合作框架为基础、以中拉产能合作"3×3"新模式为重点的合作思路。

　　（一）经贸合作是整体合作的主线

　　自全球金融危机爆发以来，拉美地区是全球经济下滑最为明显的区域之一。2015 年和 2016 年，不仅出现连续两年的负增长，而且自 2014 年以来，连续三年为经济表现在新兴和发展中地区最差的地区。[①] 2017 年，整体而言，拉美地区经济触底反弹，当年平均增速达到 1.3%。但是，如何恢复增长、促进发展、改善民生仍将是当前和今后拉美各国的首要任务（见图3—2）。

　　与此同时，作为拉美第二大贸易伙伴国和重要投资来源地，中国已经成为拉美经济增长的重要贡献者。据联合国拉美经委会 2013 年报告统计，中国经济每增长 1 个百分点，将拉动拉美经济增长 0.5 个百分点。"中国因素"成为拉美发展的重要支撑力量。但自 2014 年以来，中拉经贸合作也出现了一些困难和挑战。其中，双边贸易额呈现了连续 3 年的下滑态势。这似乎对 2025 年左右实现中拉双边贸易额达到 5000 亿美元的

---

① ECLAC, *The Preliminary Overview of the Economies of Latin America and the Caribbean* 2016, Santiago, Chile, December 2016.

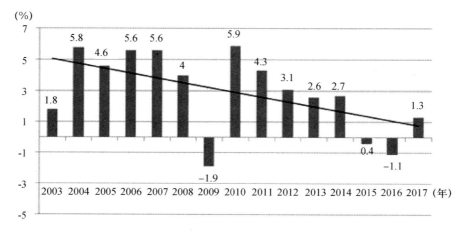

图3—2 2003—2017 年拉美和加勒比地区经济增长率

资料来源：ECLAC，*The Preliminary Overview of the Economies of Latin America and the Caribbean* 2016，Santiago，Chile，December 2016。

目标带来一定难度（见图3—3）。

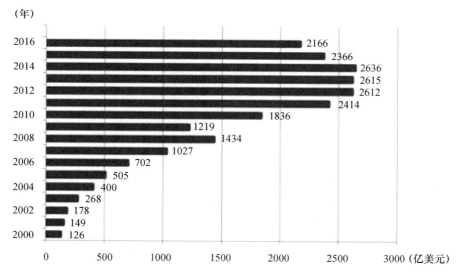

图3—3 2000—2016 年中拉双边贸易额

资料来源：CEIC 数据库。

中拉经贸合作可谓挑战与机遇并存，但机遇远胜过挑战，而且发展势头将会动力十足。其原因在于：一方面，进入"新常态"后尽管中国经济面临转型换挡的挑战，但依然保持了中高速增长，并且增速位居主要经济体前列。当前，中国依然是世界经济增长的重要贡献者。据统计，近年来，中国对全球经济增长的贡献率超过30%。另一方面，与贸易一道作为驱动中拉整体合作的"三大引擎"的投资和金融在持续发力。据统计，截至2016年，中国对拉美直接投资额已超过1500亿美元。① 拉美与中国的经济联系更加紧密。有研究表明，若中国经济每年实际增长约7%，则拉美对中国的出口（以2005年价格计算）预计在2014—2019年年均增长约10%；如果未来中国经济年均增长4.5%，那么拉美出口将每年增长约7%。② 由此可见，中拉经济如此紧密的联系，让中拉命运共同体建设的重大意义更加凸显。

（二）通过整体合作和双边合作双轮驱动

2015年，在中拉整体合作开启之际，中方主张，中拉整体合作同中国与拉共体成员国之间的双边合作并行不悖，两者相互补充、相互促进。各方可以在中拉论坛及相关领域分论坛框架内，共同商定重点合作领域和合作项目，通过双边和多边渠道开展形式多样的合作，实现优势互补。同时，欢迎拉美和加勒比其他地区组织和多边机构积极参与中拉整体合作。③

进而2016年，《中国对拉美和加勒比政策文件》全面阐述新时期中国对拉政策的新理念、新主张、新举措，以推动中拉各领域的全面合作，实现更大发展。其中，再次强调了坚持整体合作与双边关系相互促进是中拉关系发展的战略路径。提出以中拉论坛为主要平台推进中国与拉美和加勒比整体合作，并加强同拉美地区有关次区域组织和多边金融机构的对话合作，打造全面均衡的中拉整体合作网络。④ 事实上，考虑整体合

---

① 习近平：《同舟共济、扬帆远航，共创中拉关系美好未来——在秘鲁国会的演讲》，http://www.fmprc.gov.cn/web/ziliao_674904/zyjh_674906/t1417468.shtml。［2016－11－21］。

② Daniel E. Perrotti, "*The People's Republic of China and Latin America: The Impact of Chinese Economic Growth on Latin American Exports*", *CEPAL Review* 116, Aug. 2015, p. 47.

③ 习近平：《共同谱写中拉全面合作伙伴关系新篇章——在中国—拉共体论坛首届部长级会议开幕式上的致辞》，新华网，http://news.xinhuanet.com/2015－01/08/c_1113929589.htm。［2015－01－08］。

④ 中国外交部：《中国对拉美和加勒比政策文件》，http://www.chinacelacforum.org/chn/zywj/t1418582.htm。［2016－11－25］。

作与双边合作的双轮驱动的战略还在于拉美地区存在不同国家多样性的现实。其中，《中国与拉美和加勒比国家合作规划（2015—2019）》明确指出，在落实本合作规划过程中，将适当考虑拉共体成员国中最不发达国家、内陆发展中国家和小岛屿发展中国家面临的挑战和需求。

整体合作需要通过更紧密的双边合作来支撑和维系。近年来，在中拉整体合作全面推进的同时，中国与拉美国家的双边经贸合作也在加速升级。其中，2016年，中国分别与智利和秘鲁签署协议，启动了中国智利自由贸易协定升级谈判①和中国秘鲁自由贸易协定升级联合研究，② 以此进一步提升双方的合作层次和合作水平。而中国与有关拉美国家双边自由贸易协定的可行性研究也在进行当中。与此同时，拉美国家积极加入中方主导的重要国际机构。其中，继2016年巴西成为第一个来自拉美地区的亚洲基础设施投资银行创始成员后，迄今共有7个拉美国家成为亚投行成员。通过上述举措，进一步夯实了拉美有关国家与中国的各自双边经贸合作关系，同时为这些国家的自身发展注入了新的动力。因此，这些拉美国家必将成为推动和提升中拉整体合作的重要支撑力量。

（三）整体合作需用好用足已有的平台、机制和措施

充分利用中拉"1+3+6"务实合作新框架、中拉"3×3"产能合作新模式下以及中国与拉美国家双边框架性已出台的各种政策、机制和措施，尤其是中拉合作基金、中拉产能合作基金和各种优惠贷款等（见图3—4），以形成"叠加效应"。

作为中拉合作的重要行为体之一和实施"走出去"战略的主力军，中国企业受益于中拉合作的顶层设计，已获得政策指引、措施鼓励和资金支持等。其中，2015年，由中国国家外汇管理局和中国国家开发银行发起设立，由外汇储备、国开行共同出资的总规模300亿美元、首期资本金100亿美元的中拉产能合作投资基金有限责任公司注册成立并正式开始

---

① 中国商务部：《中国—智利自贸区升级谈判正式启动》，http://www.mofcom.gov.cn/article/ae/ai/201611/20161101886561.shtml。[2016-11-23]。

② 中国商务部：《中国与秘鲁宣布启动自由贸易协定升级联合研究》，http://www.mofcom.gov.cn/article/ae/ai/201611/20161101865293.shtml。[2016-11-22]。

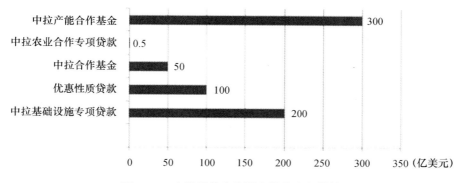

图3—4　中拉整体合作设立的基金和贷款

运行。^① 2016 年，由中国进出口银行与中国国家外汇管理局共同出资，总规模为 100 亿美元的中拉合作基金也正式投入运营。^② 迄今，上述两个基金公司已先后成功为国内企业进军拉美提供了投融资服务。其中，2015年 10 月，中国三峡集团通过中拉产能合作基金等融资渠道贷款，以 138亿雷亚尔（约合 37 亿美元）的价格成功中标巴西两座水电站特许经营权。^③

当前和今后，中拉整体合作更应借"一带一路"的东风，积极利用该倡议下的两个重要融资平台——亚洲基础设施投资银行和丝路基金。同时，加强和深化与金砖国家新开发银行和美洲开发银行、加勒比开发银行等多边金融机构的合作。

二　打造与国家重大对外战略相互支撑的中拉整体合作

2013 年中国提出的"一带一路"倡议是新时期中国发展对外合作的重要战略。它是中国站在人类命运共同体的高度提出的一项重大战略，是一个敢于担当的、负责任的大国向全球发出的重要倡议。它的实施不仅使中国自身受益，更将使所有参与方合作共赢。中国欢迎其他国家和

① 中国人民银行：《中拉产能合作投资基金起步运行》，http：//www. gov. cn/xinwen/2015 – 09/02/content_2923779. htm。［2017 – 01 – 29］。

② 中国进出口银行：《中拉合作基金正式投入运营》，http：//www. eximbank. gov. cn/tm/ Newlist/index_343_27975. html。［2017 – 03 – 22］。

③ 《三峡集团在巴西完成最大规模海外并购，中拉基金举足轻重》，《人民日报》，http：// news. xinhuanet. com/fortune/2016 – 01/10/c_128612391. htm。［2016 – 01 – 10］。

地区搭乘中国经济发展的"快车"。而中拉整体合作又是中方从战略高度上为双方关系的发展与合作做出的长远谋划，它与"一带一路"倡议可谓并行不悖。因此，应当将中拉整体合作的推进与国家总体对外战略的布局协同考虑，使之形成相互融合、相互补充、相互支撑的局面。2017年，中方明确表示，拉美国家是海上丝绸之路的自然延伸和"一带一路"国际合作不可或缺的参与方。2018年，中拉论坛第二届部长级会议的召开标志着"一带一路"对拉美形成全面覆盖。因此，"一带一路"倡议不仅中拉整体合作拓宽了新的渠道，而且将进一步统领和夯实中拉整体合作。

（一）"一带一路"与中拉经贸合作的历史和未来紧密相连

中国与拉美交往的历史源远流长，其中双方经贸往来的历史就超越了4个多世纪。2013年6月，习近平主席访问墨西哥时，在墨西哥参议院演讲的开头就提到，"……中墨两国有着悠久的交往历史。这次前来墨西哥途中，当我透过飞机舷窗俯瞰浩瀚的太平洋时，仿佛看见几个世纪前那些满载丝绸、瓷器的'中国之船'正向阿卡普尔科（墨西哥港口城市）破浪前行；当我踏上贵国的土地时，又仿佛看见那位传说中的乐善好施的美丽'中国姑娘'正在普埃布拉传授纺织、刺绣技艺……"①

习近平主席回顾的这段中墨、中拉之间的经贸交往史，正是始于450余年前那条闻名于世的"太平洋丝路"。这个跨越两洋（太平洋和大西洋）、连接三大洲（亚洲、美洲和欧洲）的贸易网络，促进了当时三大洲经济、贸易和文化的交流。从1565年至1865年，"中国之船"开启了中国福建月港——马尼拉——阿卡普尔科的"太平洋航线"。将产自中国的丝绸、瓷器、茶叶运往马尼拉，与来自亚洲其他国家的漆器、香料等一起，装载驶往墨西哥阿卡普尔科的大帆船。并在抵达墨西哥港口后，或转运西班牙或转运南美国家，而返航时则从美洲运回当地的白银等商品。②"太平洋丝路"创造了中拉经贸往来的辉煌，成为中拉经贸交往的历史纽带。

---

① 习近平：《促进共同发展、共创美好未来——在墨西哥参议院的演讲》，http：//news. xinhuanet. com/world/2013－06/06/c_116058743. htm。［2017－01－10］。

② 卢国正：《海上丝绸之路：助推中拉经贸、文化合作与发展》，载《今日中国·中国—拉共体论坛首届部长级会议专刊》2015年第1期，http：//news. china. com. cn/txt/2015－01/08/content_34508733. htm。［2017－01－10］。

今天，对拉美地区已形成全覆盖的"一带一路"倡议不仅续写了中拉经贸合作的新篇章，并将开启中拉关系和中拉合作的新时代。2018 年，习近平主席在给"中拉论坛第二届部长级会议"的贺信中写道，"历史上，我们的先辈劈波斩浪，远涉重洋，开辟了中拉'太平洋海上丝绸之路'。今天，我们要描绘共建'一带一路'新蓝图，打造一条跨越太平洋的合作之路，把中国和拉美两块富饶的土地更加紧密地联通起来，开启中拉关系崭新时代"。①

（二）"一带一路"倡议与中拉合作的理念相辅相成

"一带一路"秉持"和平合作、开放包容、互学互鉴、互利共赢"的理念，全方位推进务实合作，打造政治互信、经济融合、文化包容的利益共同体、命运共同体和责任共同体。② 而中拉合作与之具有一致的理念。2014 年 7 月，中国国家主席习近平访问拉美四国，与拉美和加勒比国家领导人会晤时，提出了构建中拉关系"五位一体"新格局，打造中拉携手共进的命运共同体。③

与此同时，"一带一路"秉持开放的区域合作精神，致力于维护全球自由贸易体系和开放型世界经济。通过促进经济要素有序自由流动、资源高效配置和市场深度融合，推动沿线各国实现经济政策协调，开展更大范围、更高水平、更深层次的区域合作，共同打造开放、包容、均衡、普惠的区域经济合作架构。对于中拉整体合作的方向，中方也提出了相同倡议。2016 年 11 月，中国国家主席习近平对拉美三国进行访问。他在秘鲁国会的演讲中提出，"要推动中国发展规划同拉美和加勒比国家发展战略衔接，将中拉关系发展同国际和区域发展对接，积极参与亚太地区

---

① 新华网：《习近平信贺中拉论坛第二届部长级会议开幕》，http：//www.xinhuanet.com/mrdx/2018－01/23/c_136916474.htm。［2018－01－25］。

② 中国国家发展和改革委员会等：《推动共建丝绸之路经济带和 21 世纪海上丝绸之路的愿景与行动》，2015 年 3 月 28 日，http：//www.gov.cn/xinwen/2015－03/28/content_2839723.htm。［2017－01－10］。

③ 习近平：《努力构建携手共进的命运共同体——在中国—拉美和加勒比国家领导人会晤上的主旨讲话》，2014 年 7 月 17 日，http：//www.fmprc.gov.cn/web/ziliao_674904/zyjh_674906/t1175807.shtml。［2017－02－11］。

贸易投资安排和创新发展，融入更加广阔的互利合作网络"。①

迄今为止，"一带一路"倡议得到了全球 100 多个国家和国际组织②共同参与，迄今已有 80 多个国家和国际组织同中方签署了共建"一带一路"合作协议，一大批合作项目正在全面推进。2017 年 5 月，来自全球多个地区的国家领导人齐聚北京参加"'一带一路'国际合作高峰论坛"。其中，来自拉美国家的领导人的加入无疑格外抢眼。这既是拉美国家对"亚太世纪"长期看好的体现，也是在当前全球经济增长乏力、逆全球化思潮涌动、贸易保护主义滋生、发展不确定性增多的背景下，拉美国家"向东看"战略的一个表现。最重要的还在于"一带一路"与拉美自身所坚持的开放地区主义、支持亚太自由贸易区建设、主张自由贸易等战略高度一致，并且与中拉合作的愿景高度契合。

（三）"一带一路"倡议与中拉合作的重点高度契合

"一带一路"合作的重点在于"五通"，即以"政策沟通、设施联通、贸易畅通、资金融通、民心相通"为主要内容。其中，基础设施互联互通、经贸合作、产业投资、能源资源、金融支撑等是合作重点领域。③ 而中拉整体合作下中拉务实合作新框架、中拉产能合作新模式所规划的领域、目标等与之高度吻合。

2015 年以来，中拉关系发展进入了一个新的历史阶段，迈入了整体合作的新时期。在中方提出的合作构想下，中拉对双方整体合作做出了"顶层设计"——"1 + 3 + 6"务实合作新框架，即"1 个合作规划"（未来 5 年）；以贸易、投资、金融合作为"3 大引擎"；以能源资源、基础设施建设、农业、制造业、科技创新、信息技术"6 大领域"为合作重点。更为重要的是，中方推出了具体的、可操作的合作机制和措施。其

---

① 习近平：《同舟共济、扬帆远航，共创中拉关系美好未来——在秘鲁国会的演讲》，2016 年 11 月 21 日，http：//www.fmprc.gov.cn/web/ziliao_674904/zyjh_674906/t1417468.shtml。［2017 - 02 - 10］。

② 杨洁篪：《加强国际合作　共建"一带一路"》，载《人民日报》2017 年 2 月 3 日，http：//www.scio.gov.cn/31773/35507/35510/35524/Document/1541297/1541297.htm。［2017 - 02 - 11］。

③ 中国国家发展和改革委员会等：《推动共建丝绸之路经济带和 21 世纪海上丝绸之路的愿景与行动》，2015 年 3 月 28 日，http：//www.gov.cn/xinwen/2015 - 03/28/content_2839723.htm。［2017 - 03 - 23］。

中，200 亿美元的中拉基础设施专项贷款、100 亿美元的优惠性质贷款和 50 亿美元的中拉合作基金已经开始实质运行，5000 万美元的中拉农业合作专项资金已开始向双方合作项目提供资金支持。[①] 此后，中方进一步提出了中拉"3×3"产能合作新模式，即"建设物流、电力、信息三大通道；实现企业、社会、政府三者良性互动；拓展基金、信贷、保险三条融资渠道。为此，中方设立了 300 亿美元融资中拉产能合作专项基金，以支持中拉在产能和装备制造领域的项目合作。[②]

基础设施建设和互联互通是"一带一路"建设的重点，并能够与中拉基础设施合作的发展战略高度对接。目前，拉美地区基础设施一体化项目主要有南美基础设施一体化项目（IIRSA），中美洲交通、能源和通信设施项目（Mesoamerica）和安第斯电力联网系统（Andean Electrical Power Interconnection System）。据拉美经委会预计，2006—2020 年，拉美地区应该每年拿出占 GDP 的 5.2% 的投资用于满足经济增长所引发的基础设施需求。如果到 2020 年要实现消除人均基础设施存量与东亚高增长经济体之间的差距，拉美地区在 2006—2020 年要使年均投资额占 GDP 的比例达到 7.9%，即为 2007—2008 年平均支出的四倍。[③] 中国必将在促进拉美基础设施互联互通上大有作为。

三　打造多方合作共赢的中拉整体合作

加强中拉合作，不仅为中拉双方提供了发展机遇，也为其他有关合作方提供了参与和合作的可能，而这与中国的整体对外合作战略和发展愿景是一致的。

（一）中拉整体合作不排斥任何第三方

2016 年，中国政府在其发布的第二份《中国对拉美和加勒比政策文

---

① 习近平：《共同谱写中拉全面合作伙伴关系新篇章——在中国—拉共体论坛首届部长级会议开幕式上的致辞》，2015 年 1 月 8 日，http://news.xinhuanet.com/politics/2015-01/08/c_1113929589.htm。［2017-03-20］。

② 李克强：《共创中拉全面合作伙伴关系新未来——在联合国拉丁美洲和加勒比经济委员会的演讲》，2015 年 5 月 25 日，http://news.xinhuanet.com/2015-05/27/c_127845179.htm。［2017-04-19］。

③ See CEPAL, *Regional Integration: Towards an Inclusive Value Chain Strategy*, May 2014, p. 80.

件》中指出，中拉全面合作伙伴关系以平等互利为基础，以共同发展为目标，不针对、不排斥任何第三方。中方愿在拉方提出、同意和主导的原则下同相关域外国家和国际组织在拉美和加勒比国家开展三方发展合作。而且，中方鼓励中国企业与相关方基于商业原则在拉美和加勒比国家开展经济、社会、人文等领域的三方合作。

近二十余年来，中拉之间在包括经济合作在内的各方面的交往都在深化，但相互认知尤其中国企业"走出去"时对拉美的了解尚显不足。中企对拉投资取得了巨大的成绩是事实，但失败的教训也为数不少。所以，若能有效发挥"第三方"渠道的作用来开展对拉经贸的"三方"合作，不但可以有效规避风险、少走弯路，还能实现几方多赢的局面。与此同时，中国当前力推的重要对外发展战略——"一带一路"倡议，也为中拉合作中的三方合作提供了机遇。

（二）中拉三方合作拥有潜在的重要伙伴

在"一带一路"联通了亚欧大陆之间紧密合作的同时，也让沿线节点国家的重要性凸显。它们不仅成为中欧合作的重要"桥头堡"，也因自身与世界其他区域国家的特殊历史渊源而发挥出独特作用。在这方面，由于历史、语言、文化、血缘等因素，欧洲的西班牙和葡萄牙与拉美形成了紧密的政治、经济和文化联系。因此，具有能够成为中拉合作的重要桥梁，并与中拉在拉美展开"三方"合作。

近年来，西班牙与拉美的经济关系快速发展，已成为拉美最大的外国直接投资来源地之一。与此同时，中拉整体合作的大幕已经开启。因此，中西两国可以在产能合作、基础设施建设等方面在拉美展开有效合作。双方携手在拉美进行经济合作前景广阔，西班牙可以成为中拉合作的新纽带。而其前提正是因为"一带一路"让西班牙具备了这样的条件。一方面，中西两国各自发展战略高度对接。中国的"一带一路"倡议与西班牙的"经济国际化战略""亚太计划"等高度契合。[①] 同时，中国的发展计划与"投资欧洲"计划也高度一致。中西"一带一路"合作已开启，"义新欧"班列（自中国义乌到西班牙马德里）与"郑欧"班列

---

① 杜昕：《西班牙外交战略：重拾昔日荣光》，2015 年 7 月 10 日，http：//opinion. china. com. cn/opinion_54_133254. html。[2017 - 03 - 22]。

（自中国郑州至德国汉堡）一道实现了常态化运行，成为连接中国、中亚和欧洲的经贸合作大通道。另一方面，西班牙对中国的"一带一路"倡议充满热情。2015 年，由中西两国的智库等共同主办的"丝路国际论坛2015 年年会"在马德里举行。① 与此同时，西班牙还有意愿在中拉合作中发挥自身的独特作用，将自身打造成中欧合作和中拉合作的桥梁和纽带。

（三）中拉及三方合作具有成功的案例可循

西班牙成为中拉合作的重要第三方。2016 年，在中国东方航空公司开通上海——马德里航线的同时，西班牙伊比利亚航空公司也开通了首条中国航线。② 此举，不仅对于沟通中西、中欧客流和物流，而且为中转中拉之间的客流和物流开辟了便捷的通道。2018 年 3 月，中国联通与西班牙电信（Telefónica）签署物联网领域的合作协议，便利两家运营商的客户在西欧、拉美和中国无缝部署物联网产品和服务，并在统一的物联网连接管理平台来管理其全部的物联网业务。③

与此同时，中企通过与拉美尤其巴西具有深厚历史渊源的葡萄牙企业的合作，不仅成功开拓了葡萄牙和欧美市场，而且借道该"第三方"成功开拓了巴西市场、站稳了脚跟。这一被国外有关智库称赞的国际化的经验和路线图，不乏为其他中国企业带来有益的启示和借鉴。如 2011年 12 月，中国三峡集团成功中标葡萄牙电力（EDP）21.35% 股权，成为这家以经营清洁能源为主的跨国能源集团的第一大股东，是中国大型国有企业在竞标国际大型上市公司第一大股权中取得成功的第一例。④ 除了葡萄牙本土的发电、配电业务外，葡萄牙独立业务范围还覆盖了美国、欧洲、巴西等十几个国家和地区，年收入约占葡萄牙国民生产总值的

---

① 中国国务院发展研究中心：《丝路国际论坛 2015 年年会在马德里举行》，2015 年 11 月 6日，http：//en. drc. gov. cn/2015 – 11/06/content_22390237. htm。［2017 – 05 – 20］。

② 新华社：《西班牙伊比利亚航空公司开通马德里至上海直飞航线》，2016 年 6 月 28 日，http：//world. huanqiu. com/hot/2016 – 06/9093729. html。［2017 – 03 – 11］。

③ 中国产业信息网：《中国联通与西班牙电信合力打造物联网全球连接统一部署解决方案》，2018 年 3 月 5 日，http：//www. cnii. com. cn/telecom/2018 – 03/05/content _2041220. htm。［2018 – 03 – 20］。

④ 新华社：《中国三峡集团成功中标葡萄牙电力公司 21. 35% 股权》，2011 年 12 月 23 日，http：//www. gov. cn/jrzg/2011 – 12/23/content_2027109. htm。［2017 – 06 – 02］。

9%。2013年10月，中国三峡集团在巴西设立了三峡巴西公司，并与葡萄牙电力和巴西国电等企业合作，成功投资开发了多个重要的水电和风电项目。至此，三峡集团通过葡电跻身欧美及巴西市场。[①]

全球金融危机爆发以来，拉美地区一度低迷的经济形势以及一些国家政局波动，对其自身发展和对外关系带来一定的挑战，并引起了一些人士的担忧。对此，中国外长王毅曾用"中拉关系三个'没有变'"给予了有力的回答："我们对拉美发展前景的信心没有变；中拉互为机遇的格局没有变；中国加强同拉美国家合作的政策没有变"。[②] 其实，中国的信心就在于，作为利益高度融合、彼此相互依存的命运共同体，中国与拉美互为需要，各自的发展离不开相互的支持与合作。

本章主要考察了中拉合作的"整体"和"双边"维度，归纳和分析了中拉整体合作的演进逻辑、整体与双边合作的辩证关系以及整体合作的实现路径和未来发展，其中中拉整体合作的先决条件之一是拉美国家区域合作和一体化的发展和相对成熟，第四章将就拉美区域整合与中拉合作问题分专题展开探讨。

---

① 王正润、苟伟：《三峡何以成为巴西第二大私人供电企业》，2016年5月19日，http：//silkroad. news. cn/Cases/1057. shtml。［2017－03－09］。

② 中国外交部：《王毅谈中拉关系：三个"没有变"》，2016年5月19日，http：//www. fmprc. gov. cn/web/wjbzhd/t1364828. shtml。［2017－07－03］。

第 四 章

拉美一体化与中拉整体合作

中拉整体合作的基本含义是以中国为一方，与拉共体为代表的 33 个拉美（作为一个整体）为另一方，双方展开的各个领域的互动和合作。2015 年 1 月成立的中拉论坛为这一合作形式的主要载体，论坛下设多个以问题领域为基础的分论坛，这是目前中拉整体合作的主要运作机制。很明显，中拉整体合作的一个前提条件是拉美国家在政治和专门领域相互协调，形成相对统一的愿景和方案，也即拉美国家相互之间的合作和一体化取得一定进展，能够以一个"整体"的身份与中国开展合作。

就中拉"整体合作"而言，本章集中探讨的主题是拉美区域整合态势何以影响这一合作最基本的内容和形式。自 2015 年中拉整体合作正式出台以来，其进展和困难无一不取决于拉美国家之间关系的发展状况。理解这一进程，既要把握中拉整体合作的总体演进，也要认识构成总体合作基本内容的各个问题领域的具体条件及其变化。而这种总体和各个问题领域的关系也正与拉美地区整合的总体状况和专门领域合作与一体化的发展相对应。应该注意到，中拉合作包括整体合作的基础是经贸合作，而经济合作和一体化是拉美地区主义的重要内容，但拉美地区主义所涵盖的内容远远超出经济整合的范围。中拉整体合作研究的进一步深入，可以从拉美区域合作和一体化的总体态势和不同问题领域的在区域层次上的整合进程中寻求突破口。

为了对上述问题有一个相对清晰的认识，本章首先从拉美地区主义的发展动态出发，勾画中拉整体合作的总体背景，阐述中拉整体合作形成过程中最基本的两条线索，即中拉关系演变和拉美一体化进程之间产生交集，并通过拉美地区主义视角指出和分析中拉整体合作的动力、路径和挑战，列出影响这种合作形式的最基本的因素。这是对中拉整体合作的一个基本的总体的认识，它的落脚点是拉美地区主义，涉及经济利益格局、地缘政治考虑以及多边和区域合作机制的创新和建设，并体认到拉美国家共性与特殊性的关系、中国发展的阶段性特点和地区主义逻辑的差异等因素对这一合作的制约与影响，提供认识中拉整体合作的一个初步框架。

然而，中拉整体合作还涉及各个具体领域的交流和互动，包括中拉合作"五位一体"设想中的政治、经济、人文和国际关系等方面的务实合作，而这些具体领域合作的基础同样取决于拉美国家之间的整合程度，即中拉整体合作的具体内容有赖于拉美国家在各专门领域的区域合作和一体化状况。在拉美区域合作和一体化研究，包括专门领域地区整合研究的基础上，探讨这些专门领域的整体合作现状和未来发展，构成中拉整体合作研究最具实质性内容的部分，目前实际进程还刚刚起步，相关研究还处于早期探索阶段。因篇幅所限，本章将选取拉美经济一体化和基础设施整合两个专门领域，探讨拉美国家是否在"区域层次"或"次区域"上形成了某种协调、合作和一体化局面，从而在具体问题领域的研究中寻求和引申出拉方是否具备对华整体合作的客观条件和主观诉求，或指出中拉整体合作所面临的挑战和困境。综合拉美地区主义和具体问题领域的分析，上述探讨可以为中拉论坛及其分论坛的运作提供具体的实证材料，有助于从宏观和中观的层次上认识和把握中拉整体合作的现实处境和发展前景。

第一节　拉美地区主义与中拉整体合作

地区主义可以理解为国家主导的特定地区空间的重组方案、进程或状态，它是人类集体行动不断建构的事业，涵盖政治、经济、社会、文化等多种维度。[①] 这里所讨论的拉美地区主义，主要是指 20 世纪中叶以

---

① See Andrew Gamble and Andrew Payne, eds., *Regionalism and World Order*, Macmillan, 1996; and Mary Farrell, Björn Hettne and Luk Van Langenhove, eds., *Global Politics of Regionalism*, Pluto Press, 2005.

来屡次出现的区域合作与整合浪潮，包括 60 年代伴随进口替代工业化的地区一体化运动和 80—90 年代的"开放的地区主义"带来的地区主义再次勃兴，以及进入 21 世纪以后所谓"后自由主义"的地区主义政策实验。目前拉美地区主义的一个新的动向是"中国因素"开始介入拉美地区建设进程。随着近年来中国的迅猛发展，中拉关系在经济高度互补互需的推动下实现了全面的跨越式发展。中拉政治关系、经贸合作、各领域交往互动全方位跃上新的台阶，中国与拉美国家和拉美地区组织之间的合作机制也日趋丰富，双方关系的发展初步具备了规划和实现整体合作的基础和条件。本节通过拉美地区主义视角剖析和阐释中拉合作与拉美地区进程正在形成的关系，在概括拉美地区主义的思想、实践和特点，以及中拉关系演变及其动力分析的基础上，指出拉美地区主义与中拉合作的交集，并归纳影响中拉合作的若干因素。

一　拉美地区主义思想与实践

拉丁美洲的一体化思想和运动可以追溯到 19 世纪上半叶独立战争以后西属美洲团结和合作的思想与实践。20 世纪 30 年代以后，特别是第二次世界大战结束以后，拉美主要国家陆续实施了以进口替代工业化为中心的发展战略，地区"经济一体化"成为这一战略的重要目标。20 世纪中叶的拉美一体化是全球范围地区整合运动的一部分，但进入 70 年代以后，各区域的一体化运动大多陷入困境。直到 20 世纪 90 年代，地区主义运动再次勃兴。与此前的一体化运动不同，所谓"新地区主义"的浪潮追求的是促进出口而非进口替代，并在自由贸易的环境中提高竞争力，而不是采用保护主义方式将各自地区封闭起来。新型区域一体化组织和机制开始涌现，标志着拉美地区主义的一次重大转向。

进入 21 世纪以后，伴随着拉美政治版图的演变，以南美国家联盟和美洲玻利瓦尔联盟为代表的新型一体化组织开始出现，地区主义的层次和地理范围正在重新界定。21 世纪初期的区域合作和一体化倾向明显超越了市场导向地区主义的疆界，反映了地区发展中新一轮的理念、政策和制度安排。拉美目前地区主义发展呈现出复杂多样的图景，既有推崇自由贸易的太平洋联盟，也有注重政治和社会发展但已陷入困境的美洲玻利瓦尔联盟（以及定位尚不清晰且前景未卜的南美国家联盟），以及介于两者之间的众多其他形式的次区域集团。

长期以来，除经济合作和一体化安排外，拉美国家还十分重视国际组织和规范在维持国际秩序、保障中小国家利益方面的作用，并且充分利用国际变局创造的空间组建自己的合作组织和机制。20 世纪 80 年代，拉美国家成立了孔塔多拉集团，并最终建立了包括南美洲国家、墨西哥、中美洲代表和加勒比代表共同构成的里约集团。这是冷战末期拉美国家自我组织的最重要的政治合作机制，集中体现了拉美国家的多边主义诉求。2010 年，拉共体宣告成立，里约集团的功能遂为新的组织所取代。在从里约集团到拉共体的演变过程中，拉美地区组织与域外地区组织或域外大国展开了频繁的互动。例如 20 世纪 90 年代初建立的伊比利亚美洲峰会机制，即西班牙和葡萄牙与其前殖民地国家首脑定期会晤机制；90 年代以来形成的欧拉对话机制，即欧洲联盟与拉美国家的对话机制；南方共同市场成立后不久也与欧盟展开机构间的合作等。几乎与此同时发生的是拉美与东亚国家建立了东亚—拉美合作论坛，环太平洋的拉美一些国家也加入了亚太经合组织而成为跨太平洋合作机制的重要成员。至于美国与拉美国家的相互关系则可以追溯泛美体系的悠久历史，并有美洲国家组织作为制度保障。

2015 年年初，中国—拉共同体论坛正式成立，标志着中国与代表拉美所有 33 个国家的区域组织间合作机制的出台，中国因素全面介入拉美地区主义的发展进程。作为全球第二大经济体和最大发展中国家，中国在拉美经济社会发展和国际关系格局中的影响愈益无法忽视，而中国政府在对拉政策中强调整体合作的新取向也不可避免地影响拉美地区主义的走向。

二 地区主义视角下的中拉整体合作

（一）中拉关系及其利益格局

自 20 世纪 90 年代起，中国对于拉美经济的重要性迅速扩大。由于生产、投资和进出口贸易的快速增长，中国被称为"世界工厂"。中国开始从拉美进口大量农矿产品，如巴西的大豆、铁矿砂、石油、蔗糖，阿根廷的大豆及大豆油和石油产品，智利和秘鲁的铜等。中国对原料、能源和其他初级产品的需求使双边贸易额急剧扩大，拉美盛产农矿产品的国家受益匪浅，包括世界市场价格上升带来的利益。20 世纪 80 年代的 10 年间，中拉贸易额不足 200 亿美元，90 年代的 10 年间已超过 500 亿美元。2000 年当年中拉贸易额突破 100 亿美元，2007 年一跃突破 1000 亿美元，至 2011 年已超过 2000 亿美元，2012—2014 年连续三年超过 2600 亿美元（由于需求下降，2015 年以后开始回落）。中国现在已超过欧盟成为拉美第二大贸易伙伴。拉美与中国贸易关系最密切的国家为巴西、智利、委内瑞拉、秘鲁、墨西哥、哥伦比亚和阿根廷等地区主要国家。

　　与此同时，中国在拉美的投资也迅速增加。根据联合国拉美经委会的估算，1990—2009 年，中国在拉美投资存量总额约为 70 亿美元。2010 年，主要由于中国国企在巴西和阿根廷石油部门的两项并购，中国当年在拉美的投资猛增至 140 亿美元，其后中国在拉美投资数额每年保持在 90 亿—100 亿美元左右，占拉美吸收外国直接投资总额的 5%—6%。[1] 中国投资主要集中于自然资源部门，中国是阿根廷、委内瑞拉、巴西、哥伦比亚、厄瓜多尔和秘鲁石油、天然气开采的主要外国投资者之一，中国在矿业部门的投资则主要集中于秘鲁和巴西。就中国在拉美的经济利益而言，拉美已成为中国工业原料的重要供应基地，也是中国能源来源地多元化的现实选择，同时也是中国企业布局海外的战略性支点。[2]

　　拉美与中国经贸关系长期保持了强劲的发展势头，并且极大地促进了政治、外交、多边场合和跨区域交流的步伐。拉美多数国家与中国的外交关系迅速改善，拉美地区的区域组织也与中国建立了正式关系。自 1990 年起，中国开始参加里约集团外长年会，与拉美国家协调国际事务立场；1990 年，中国成为美洲开发银行和拉美一体化协会的观察员，中国人民银行成为加勒比开发银行成员；中国还与南方共同市场、安第斯集团、加勒比共同体和共同市场建立了对话机制；进入 21 世纪以后，中国先后成为美洲国家组织、联合国拉美经委会和拉丁美洲议会的观察员。亚太经合组织成立后，拉美的环太平洋国家利用这一平台与中国展开了跨区域合作，拉美国家还与东亚国家包括中国共同建立了东亚—拉美合

---

　　① ECLAC 2015，p. 59.

　　② 郑秉文、孙洪波、岳云霞：《中国与拉美关系 60 年：总结与思考》，载苏振兴主编，宋晓平、高川副主编《中拉关系 60 年：回顾与思考》，当代世界出版社 2010 年版。

作论坛。

事实上，"冷战"结束以后特别是 21 世纪以来，拉美国家明显感受到了国际格局变迁的深刻影响，其中中国的迅猛发展是这种国际地缘政治、经济变局的一个重要方面。除中国效应外，对拉美国家而言，国际变局还体现在美国力量消长和战略及政策调整、世界经济走向尤其是大宗商品价格的剧烈波动、全球发展轴心重组特别是新兴经济体的兴起与困境、贸易和投资流向变动及跨区域交流趋势等。中拉论坛的正式成立，就是在中国发展特别是贸易投资机遇的吸引力和国际变局诸因素的助推下，拉美 33 个国家与中国共同完成的双边关系发展包括合作机制建设中的一个重大突破。

（二）拉美国家战略考虑：以中国平衡对美国的过度依赖

随着世纪之交中国的迅猛发展，拉美国家与中国的经济、政治交往跃上新的台阶，中国的市场、投资对拉美的影响已显而易见。与此同时，拉美主要国家与中国在政治和多边场合的互动无疑具有平衡美国的考虑。拉美一些激进左翼国家领导人甚至在推进对华关系时有明确的反美主义表述。事实上，就拉美国家而言，与任何域外大国加强联系，客观上都是一种牵制美国的举措。当然拉美国家在对美立场上存在巨大差异，不同时期或不同条件下的政策取向也会有所不同。在与中国加强联系的同时，拉美与其他域外国家的联系也在加强，其中让美国紧张的国家包括俄罗斯、伊朗等。

从具体的地区主义理论和实践视角来看，拉美的区域合作与一体化实际进程受到两种相互竞争的范式的影响，或者可称为两种不同路径的碰撞与交织。① 第一种路径是泛美运动旗下所谓"西半球理念"影响下的大陆整合。其特征是美国主导的整个西半球区域的合作，旨在确保美国的政治权力和经济利益，而拉美国家的自主权和权益则受到限制甚至损害。第二种路径则是拉美国家对第一种路径的抵制和抗衡，强调拉美国家之间的政治联合和经济合作，其中联合国拉美经委会的发展主义理念

---

① Gordon Mace and Louis Bélanger, "Hemispheric Regionalism in Perspective", in G. Mace and L. Bélanger, eds., *The Americas in Transition：The Contours of Regionalism*, Lynne Rienner Publishers, 1999, pp. 1 – 36; Diana Tussie, "Latin America：Contrasting Motivations for Regional Projects", *Review of International Studies*, Vol. 35, Supplement S1, February 2009, pp. 169 – 188.

曾发挥过十分重要的作用。

在美国提供的机会和施加的压力面前，拉美国家由于经济、贸易结构以及政治取向差异而面临抉择，地区主义在进入 21 世纪以后呈现出带有范式转折色彩的新局面，其中最突出的特征是对"开放地区主义"的反拨，以及对域外大国压力的抵制和区域内国家间关系不平等的矫正。在推动区域、次区域国家集体行动抵制美国的同时，拉美国家及其区域组织开始与欧洲、亚太特别是中国以及南方国家展开跨区域合作与交流，其核心意图在于限制美国的影响力，减少、延迟或弥补本区域国家调整的代价，即在一定程度的贸易自由化无可避免的条件下，通过各种多边场合谈判中的协调行动和反建议，缓解拉美国家所受冲击的力度。在这一点上，中国因素的介入对于拉美国家"防御性"的抗衡战略具有重要的价值。

（三）拉美地区主义与中拉整体合作

21 世纪第二个十年，拉共体与中国整体合作机制的启动，意味着拉美地区主义的发展与中拉合作进程两条线索已经密切地产生关联。拉美与中国之间的"整体合作"，不属于两个区域集团间的交往类型，而是一个区域性集团与一个大国之间的对话，可以视为广义的"区域间"关系中的一种形式。中拉整体合作的独特之处在于，这是最大的发展中国家与另一发展中国家区域性集团建立的机制性联系，它延续和拓展了历史上南南合作的传统和空间，并且有助于在全球化进程以及世界经济"新常态"和国际政治变局中，共同塑造体现发展中国家诉求的跨区域合作和全球治理架构，为中国和拉美各国均提供了全新的历史机遇。

从拉美地区主义的发展现状出发，有必要对中拉整体合作的定位、路径和基础加以澄清。与中拉整体合作机制相关的研究（主要为中国学者的归纳和分析）一般会涉及中国国际战略选项和拉美对外关系优先目标、中拉关系演变进程、跨区域合作、南南合作、地缘政治、经济转型与对接、合作原则与实施路径以及国别差异等方面的问题。[①] 这些问题概括了中拉"全面合作"各个方面的机遇和挑战，其中与"整体合作"关系

---

① 参阅周志伟、岳云霞《中拉整体合作：发展逻辑、现实动力与未来发展》，载吴白乙主编、刘维广副主编《拉丁美洲和加勒比发展报告》，社会科学文献出版社 2015 年版，第 1—34 页。

最为密切的当属"跨区域"合作和拉美国别、次区域和区域层次统一和协调问题，即如何以一个"整体"的形式与中国建立有效的合作关系。针对这种情况，"整体合作"较为合适的定位毋宁是"全面合作"的一个层次和方面。在拉美国家发展进程和地区主义演变日益多元和多样的大背景下，将"整体合作"定位为"全面合作"的有机组成部分而非中拉关系的全部内容，在很大程度上可以避免分析上的陷阱和实践中的困境。

三 影响中拉整体合作的因素

（一）拉美区域、次区域组织与国别差异

在有关中国因素介入拉美特别是对于地区主义发展的影响的文献中，具体的国别差异及其细节描述构成了相关分析中最有参考价值的部分。中拉合作规划的实施需要拉美国家在政治上和各专门领域进行必要的协调，而这却是拉美国家面临的一项严峻挑战。拉共体尚处于初创阶段，与中方平行互动还需时日。而拉美主要国家更重视双边合作的倾向则直接反映着不同国家间利益竞争关系。区域和次区域一体化组织在理念和模式上的分化趋势，使整体合作预期的不确定性陡然加大。

以拉美最大国家巴西为例。冷战结束后，巴西对外政策主线之一便是通过地区领导地位谋求进入大国俱乐部的门票，其间南方共同市场、南美国家联盟和拉共体无一不是在巴西的积极推动下得以成立并成为地区和国际舞台上的重要角色。但巴西历来规避主权的任何让渡或分享，这是拉美区域和次区域组织制度建设滞后的重要原因。巴西在自身利益需要或方便时也会破坏或忽视区域和次区域组织的规则和标准。21世纪以来巴西与邻国若即若离的关系完全符合巴西外交史的常态，区域安排被视作"为全球参与创造更好的条件"，巴西人自己称为"务实的制度主义"。① 区域安排在这里仅具有工具性的意义，它是巴西谋求更主要的国家利益和政策目标的手段。历届巴西政府追求地区整合"低强

---

① Letícia Pinheiro, *Política externa brasileira*, 1889 - 2002, Rio de Janeiro: Jorge Zahar, 2004. Quoted from Tullo Vigevani and Haroldo Ramanzini Júnior, "The Impact of Domestic Politics and International Changes on the Brazilian Perception of Regional Integration", *Latin American Politics and Society*, Vol. 53, No. 1, 2011, pp. 125 - 155.

度连续性"① 的立场不仅与巴西政府内外的各界精英的期待吻合，而且与其他拉美邻国政府和社会的主流态度大同小异。

南美的阿根廷和北美的墨西哥与巴西同为 20 国集团成员国，是拉美两个在幅员、人口、经济体量和资源以及国际影响和追求等方面能够挑战巴西领导地位的国家。而这两个国家的外交目标之一是阻止任何单一国家"代表"整个地区，因而成为巴西入常最有力的反对者。巴西将地区整合理念涵盖范围由"拉美"调整为"南美"，意图是将墨西哥排除在外。作为邻国的阿根廷虽被视为区域整合最重要的伙伴，但巴阿两国类似的政治雄心使巴西对领导地位的追求大打折扣，而经常性的贸易摩擦也阻碍了整合进程的进一步发展。阿根廷在推进地区整合的同时与美国（20 世纪 90 年代）和委内瑞拉（21 世纪最初 10 年）也建立了紧密的关系，反映了防范强邻的矛盾心理。鉴于巴西卢拉政府和委内瑞拉查韦斯政府同属拉美左翼，其官方政策是力图避免在南美相互竞争地区性的领导权，但查韦斯政府高调且与巴西不同的国际作为至少在地区层次上冲淡了巴西的地区整合努力及其影响力。同为南方共同市场内小国的巴拉圭和乌拉圭，在与区域组织内大国的交往中，均对经贸关系和组织运作素有不满，希望借助域外国家或制度建设规制区域大国的行为。21 世纪初拉美另外两个左翼执政的国家玻利维亚和厄瓜多尔，都在处理巴西公司在本国经营的问题上引起了外交纠纷，对区域整合的基础和气氛均产生了负面影响。在南美洲范围内，只有秘鲁、哥伦比亚和智利与地区主导国家的关系较为融洽，但这些国家经贸联系和外交活动更多面向域外，区域整合很难成为这些国家的最优先选项。② 因此，无论是区域大国还是小国，从自身利益和诉求出发，抱团以区域整体姿态与域外国家交往还有待相互之间进一步磨合，与域外国家的双边关系往往会成为整体合作

① Marcelo Mariano, "A Política Externa Brasileira, o Itamaraty e o Mercosul", Doctoral thesis, Sociology, Universidade Estadual Paulista. Quoted from Tullo Vigevani and Haroldo Ramanzini Júnior, "The Impact of Domestic Politics and International Changes on the Brazilian Perception of Regional Integration", *Latin American Politics and Society*, Vol. 53, No. 1, 2011, pp. 125 – 155.

② Andrés Malamud, "A Leader Without Followers? The Growing Divergence Between the Regional and Global Performance of Brazilian Foreign Policy", *Latin American Politics and Society*, Vol. 53, No. 3, Fall 2011, pp. 1 – 24.

最具可行性的路径。

（二）中国新常态下的挑战：拉美国家的利益诉求及其面临的挑战

2008 年经济危机特别是世界经济进入"新常态"以后，拉美国家经济发展和政府经济政策都面临着重要的选择。大宗商品需求和价格的下降对拉美出口和贸易条件产生的影响十分明显，出口、增长、经常账户、外部融资、财政、币值等状况均呈恶化趋势，产业部门竞争力虚弱的特点暴露无遗，说明拉美国家尚未克服历史形成的经济发展约束，即经济增长缺乏内原动力，仍严重依赖外部经济周期，国际贸易和金融环境恶化仍决定着拉美国家经济增长水平的波动状况。

在拉美，应对世界经济环境变化的路径向来就有多项选择。联合国拉美经委会于 2014 年 5 月发表专题报告，力主围绕生产领域构筑区域经济空间，反思拉美国际经济地位的变化和区域整合的作用。鉴于拉美经济较之以往的开放度和成熟度，特别是其增长前景、自然资源禀赋、宏观经济管理成就以及特定产业部门的技术进步，新的区域整合应更趋高端、精致，但其基础及其未来取向仍无法摆脱"传统"诉求，即提高生产率、追求规模经济效应、扩大经济互补空间以及提供区域性公共物品等，并关注减少内部冲突、提高抵御外部冲击能力以及共同利用全球经济提供的机遇，包括纳入全球价值链。①

在从世纪初的经济高速发展到"新常态"的转折过程中，拉美的结构缺陷和现实需求决定了发展对华关系的新的关注点：初级产品贸易高潮已告一段落，在尽力维持贸易水平的同时，投资、信贷和金融合作作为双边关系发展引擎被提上日程。根据联合国拉美经委会的研究报告，中国在拉美投资目前面临着三个方面的挑战：一是投资量仍十分有限，虽然中国已成为拉美重要外资来源，但远远落后于其他国际投资者；二是中国投资仍集中于资源部门，而拉美的制造业、服务业，尤其是基础设施建设的资金缺口巨大；三是中国投资在社会和环境方面的可持续性仍有待改善。②

事实上，针对中拉关系发展现状，2015 年 1 月中拉论坛通过的中

---

① ECLAC May 2014, Introduction.
② ECLAC May 2015, p. 64.

国—拉共体合作规划已经确定了 13 个领域的务实合作内容，其中 8 个领域为经贸合作，在贸易和投资方面，双方确定的目标是在 10 年内将贸易额扩大到 5000 亿美元，投资额扩大到 2500 亿美元。2015 年 5 月中国总理访拉时又提出了"3×3"的中拉经贸合作新模式。鉴于规划和愿景目标仍十分宽泛，还需要落实到具体的项目之中并具有可行性，这意味着拉美国家在政治和专门领域都面临着巨大的如何相互协调、平衡的挑战。换言之，拉美国家与中国的合作关系与拉美国家区域合作和整合已经相互关联起来。

（三）地区主义逻辑的差异

作为中拉整体合作一方的拉共体，是在 2010 年 2 月墨西哥坎昆举行的里约集团峰会和拉美与加勒比一体化和发展峰会上，由墨西哥、巴西和委内瑞拉动议而成立的。拉共体是拉美国家协调一体化、合作和发展的对话机制，由于包括经济利益和政治取向不同的所有 33 个拉美国家，并且各个国家均在组建这一共同体的过程中有着十分复杂的针对美国如何定位的考量，因而被视为拉美地缘政治重组的重要事件。委内瑞拉、玻利维亚、厄瓜多尔和尼加拉瓜等国领导人在拉共体启动和首次峰会等场合反复表达了排除美国和加拿大的参与对于终结美国霸权、促进地区整合的重要意义，并且明确号召以拉共体取代美洲国家组织。其他拉美国家的领导人则更加关注全球经济危机对本地区的影响，倾向于探讨地区贸易、经济发展和进一步的经济合作，因此主张拉共体应该成为解决区内国家分歧、巩固民主体制的工具，而不是美洲国家组织的替代物。

从"功能"的角度考虑，拉共体是在里约集团和拉美与加勒比一体化和发展峰会基础上，将两个次区域组织议程整合并简化，形成了拉美各国领导人之间单一的政治对话和交流平台，地区性峰会数目以及不同区域组织重叠的功能将有所减少，即实现一定程度的"合理化"。然而，迄今为止拉共体尚未建立常设机构，实行轮值主席国和"四驾马车"（现任、上任、下任轮值主席国和加勒比共同体轮值主席国）制，决策和议事规则为协商一致原则，各成员国对于是否将共同体视为"国际组织"存有不同意见。显而易见，拉共体的局限在于缺乏明确的体制框架和组织结构，而这会严重影响共同体与其他国际组织和域外国家交往的有效对接，后续行动有序展开及有效性的管理和监督。① 因此，拉美国家区域合作和一体化进程中面临的首要问题，即推出弥合分歧、持续有效和富有竞争力的外交和专门领域的合作政策和规划，也恰恰是中拉整体合作所无法回避的重大挑战。

第二节　拉美区域经济一体化面临的挑战与中拉合作

自20世纪50年代以来，经济全球一体化快速发展，现已成为当今世界经济发展的主要趋势之一。作为全球一体化最显著的表现形式之一——区域经济一体化带动了商品、技术、信息以及服务等生产要素跨国流动的规模不断扩大和程度日益深化，通过国际、区际分工，在世界市场和区域市场范围内优化资源配置，提高资源配置效率，正成为当今世界经济发展的重要趋势。区域经济一体化与多边贸易体制并行，各国通过选择合适贸易伙伴来建立经济一体化组织，以期获得贸易投资及促进经济发展的机会。

一　区域经济一体化理论分析

区域经济一体化始于"二战"后的欧洲，为了达到欧洲统一的目标，必须先行实现经济的统一（或者说进行经济整合或一体化），进而实现政治统一，于是将应用于微观领域的一体化开始被用来描述宏观经济现象。随后，经济学家将"区域经济一体化"的概念对经济一体化的内涵重新定义：将不同经济实体结合成较大经济区的一种事务状态或者一种过程，并认为其能够消除参与国之间的所有贸易障碍，并建立一定的合作和协调机制（依赖于一体化采取的具体措施）（El-Agraa A. M.，1984）。②

---

① Daniela Segovia，"Latin America and the Caribbean：Between the OAS and CELAC"，*European Review of Latin American and Caribbean Studies*，No. 95，November 2013，pp. 103－104.

② El-Agraa A. M.，*International Economic Integration*，Springer Press，1984.

（一）区域经济一体化定义及分类

1. 区域经济一体化定义

对于区域经济一体化的定义汗牛充栋，不同经济学家从各个不同侧面给予不同的阐述：

巴拉萨（Balassa）在1965年《经济一体化的理论》中指出，经济一体化一方面体现为一种过程，即包括采取种种措施消除各国经济单位之间的歧视；另一方面体现为一种状态，即消除各国间不同形式的差别。[①] 维多利亚·柯森（Victoria Curson）则从生产要素配置的视角将经济一体化解释为全面一体化的成员国之间的生产要素配置不断优化的过程并趋向最佳配置状态。[②] 林德特（Lindert）认为经济一体化是通过共同的商品市场、共同的生产要素市场（或两者结合），达到生产要素价格的均等化，同时也可理解为宏观经济政策的一体化和生产要素的自由移动以及成员国之间的自由贸易。[③] 彼得·罗伯逊（Peter Robson）强调经济一体化是一种手段而非目的，主要表现在：在某种条件下，各成员国凭借自身相对优势消除之间歧视；维持对非成员的歧视；成员国之间在企图拥有持久的共同特征和限制经济政策工具的单边使用上有广泛一致的结论。[④] 丁伯根（Tinbergen）认为经济一体化就是将有关阻碍经济最有效运行的人为因素加以消除，通过相互协作与统一，创造最适宜的国际经济结构。[⑤] 金德尔伯格（Kindleberger）认为经济一体化指宏观经济政策的一体化和生产要素的移动以及成员国经济体之间的自由贸易，通过共同的商品市场、生产要素市场进而实现要素和商品的均等。[⑥] 米德（Meade）、利普塞（Lipsey）、库普尔（Cooper）和马塞尔（Massell）将一体化视为达到一种联盟状态的过程，不仅要消除各成员国经济单位之间的歧视，而且要形成和实施共同政策，其范围应足以保证实现主要的

---

① Balassa, B., *The Theory of Economic Integration*, Routledge Press, 2013.

② Curson, V., "The Essentials of Economic Integration", *Intereconomics*, Vol. 9, No. 4, 1974, pp. 102 – 104.

③ 彼得·林德特等：《国际经济学》，上海译文出版社1978年版。

④ Robson, P., *The Economics of International Integration*, Routledge Press, 1998.

⑤ 丁伯根：《国际经济一体化》，上海人民出版社1999年版。

⑥ Kindleberger, C. P., *European Integration and the International Corporation*, United Nations Library on Transnational Corporations and Regional Economic Integration, 1993, 9；pp. 87 – 98.

经济与福利目标。①

2. 区域经济一体化分类

自 20 世纪 50 年代初至今，区域经济一体化已历经半个多世纪，其组织形式多种多样，总体来看划分标准主要分为两类：区域经济一体化发展水平和参加区域经济一体化国家的经济发展水平。

理查德·利普塞（Richard Lipsey）和萨尔瓦多（Salvador）均根据区域经济一体化发展层次将其划分为以下六类：特惠关税区（或称优惠贸易安排，Preferential Trade Arrangements）、自由贸易区（Free Trade Zone）、关税同盟（Customs Unions）、共同市场（Common Market）、经济同盟（或称经济共同体，Economic Union）以及完全经济一体化（Perfectly Economic Integration）。② 若按照参与国经济发展水平划分，可分为北—北型（发达国家之间）、南—北型（发达国家与发展中国家之间）与南—南型（发展中国家之间）三类。详见表4—1。

表4—1　　　　　　　　　区域经济一体化标准、形式与特点

划分标准	一体化形式	具体特征
一体化发展水平（由低级向高级）	特惠关税区（或称优惠贸易安排）	成员国对相互进口的产品所征收的关税低于从世界其他地区进口产品的关税。是区域经济一体化最低级、最松散的组织形式，具有非互惠、贸易政策非一致、发达国家给予发展中国家的优惠三个特点
	自由贸易区	成员国之间相互免除关税，但自由贸易区对于成员国以外的国家，并无共同关税，参加自由贸易区的国家可以自行确定对区外国家的税率。具有互惠性、无共同对外政策、严格实施原产地规则三个特点

---

① Meade, J., *The Theory of Customs Union*, Amsterdam Press, 1955; Lipsey, R. G., "The Theory of Customs Unions: Trade Diversion and Welfare", *Economica*, Vol. 24, No. 93, 1957, pp. 40 – 46; Cooper, C. A., Massell, B. F., "A New Look at Customs Union Theory", *The Economic Journal*, Vol. 75, No. 300, 1965, pp. 742 – 747.

② Lipsey, R., *Economic Unions*, International Encyclopedia of the Social Sciences, Macmillan Company the Free Press, 1972.

续表

划分标准	一体化形式	具体特征
一体化发展水平（由低级向高级）	关税同盟	在自由贸易协定的基础上，所有成员国对非成员国实行统一的进口关税或其他贸易政策措施。对外贸易政策让渡于关税同盟，实施统一的对外关税和贸易政策、无须实施原产地规则、限制成员国与其他国家签订自由贸易协定、"边境后"政策可能带来新贸易壁垒四个特点
	共同市场	不仅商品可以自由流动，而且资本、人员、劳务等其他生产要素也可以在成员国之间自由流动。与此同时，还建立统一的对外关税政策和通商政策。具有不适用原产地规则，对劳动力、法律、技术标准等方面统一，权利让渡多于关税同盟（削弱政府干预，增强一体化组织权利）三个特点
	经济同盟（或称经济共同体）	共同市场加上一些共同的财政政策、货币政策以及发行统一的货币，逐步废除政策差距，一体化程度由商品扩大至生产、分配乃至整体国民经济。具有经济政策统一、让渡更多权利、经济同盟过渡至货币同盟三个特点
	完全经济一体化	实现经济同盟目标的基础上，全体成员国接受单一的经济政策，区域经济一体化最终阶段。具有邦联制和联邦制两种形式
参与国经济发展水平	北—北型	发达国家或工业化国家之间建立的区域经济一体化组织，如1958年正式生效的欧洲经济共同体、1993年由欧洲共同体更名的欧盟
	南—北型	发达国家与发展中国家之间建立的区域经济一体化组织，如1994年建立的北美自由贸易区（NAFTA）
	南—南型	发展中国家之间建立的区域经济一体化组织，如拉美一体化协会、安第斯集团、南共市、阿拉伯共同市场等

资料来源：张彬等：《国际区域经济一体化比较研究》，人民出版社2010年版；陈建军：《要素流动、产业转移和区域经济一体化》，浙江大学出版社2009年版。

通过上述回顾可以看出，各国众多经济学家对区域经济一体化定义多种多样，各有侧重。尽管其内容丰富、形式多样，但仍存共性：静态来看，具有某种组织或市场形式，有制度性一体化和非制度性一体化之分，表4—1中按一体化发展水平划分的六种形式更加符合前者；动态来看，区域经济一体化呈现的是一个向最终状态不断发展的过程，按照国际分工的要求，采取包括商品、要素自由流动等协调政策和消除差别人为措施，实现相互协作与统一，最终创造最适宜的国际区域经济结构。

（二）区域经济一体化效应

第二次世界大战以后，美国经济学家雅各布·维纳（Jacob Viner）在1950年出版的《关税同盟问题》一书中结合西欧区域经济一体化实践特点，提出关税同盟理论。随后，经过米德（Meade，1955）、约翰森（Johnson，1965）、库珀和马塞尔（Cooper & Massel，1965）等对维纳提出的关税同盟理论不断完善，使其成为经济一体化理论中较为成熟的理论，故对区域经济一体化效应分析基本建立在关税同盟的基础上，主要分为静态效应和动态效应。

1. 区域经济一体化的静态效应

贸易创造效应是指关税同盟内部实行自由贸易后，由于成员间取消内部关税，使同盟国国内生产成本较低商品替代同盟内某一成员国国内生产成本较高的商品，由此产生需求转移。上述转移一方面减少或取消与国外商品同类的国内商品生产，国内所需商品转向从伙伴国进口，进而降低国内生产成本，产生"生产效应"（Production effect）；另一方面增加消费伙伴国的商品以替代本国高成本商品生产，进一步增加本国消费者剩余，产生"消费效应"（Consumption effect）。通过成员国间新的贸易"创造"出来以及各成员国内部生产资源的重新优化配置，增加了世界净福利。

贸易转移是指由于关税同盟成员的商品受到同盟统一对外关税的保护，非成员国同类商品则受到统一对外关税歧视，使成员国对某种商品的需求从非同盟国向生产成本较高的同盟国转移，由此造成成员国利益损失，降低生产资源配置，减少了世界净福利。

区域经济一体化静态效应就是"贸易创造"产生的收益减去"贸易转移"的损失所取得的最终实际利益，而上述两种效应则取决于本国、成员国以及非成员国之间生产商品的成本差异或本国相关商品的需求和供给弹性（见表4—2）。

表4—2　　　　　　　区域经济一体化静态效应及净效应影响因素

	本国商品需求或 供给弹性	本国与成员国 商品成本差异	成员国与非成员国 商品成本差异
贸易创造	弹性越大， 贸易创造效应越大	差异越大， 贸易创造效应越大	差异越小， 贸易创造效应越大
贸易转移	弹性越小， 贸易转移效应越大	差异越小， 贸易转移效应越大	差异越大， 贸易转移效应越大
净效应	弹性越大， 净效应越大	弹性越大， 净效应越大	弹性越小， 净效应越大

资料来源：笔者汇总。

2. 区域经济一体化的动态效应

上述效应反映出当关税同盟建立后对成员国的福利影响，但却忽视了关税同盟对成员国贸易以及经济增长的动态效应，主要表现在：A. 成员国间的市场竞争加剧，专业化分工向广度和深度拓展，使生产要素和资源配置更加优化；B. 成员国国内市场向统一的大市场转换，自由市场扩大，从而使成员国获取转移与规模经济效益；C. 市场的扩大、投资环境的大大改善，会吸引成员国厂商扩大投资，也能吸引非成员国的资本向同盟成员国转移；D. 由于生产要素可在成员国间自由移动，市场趋于统一并且竞争加剧，投资规模扩大，促进了研究与开发的扩大，技术进步提高，加速了各成员国经济的发展。由此可以分为以下四点动态效应：

（1）竞争增长效应。区域经济一体化组织成员国间取消了内部关税，故导致成员国内部企业失去原有的关税保护，商品可自由流动于各成员国之间。随着市场不断扩大，竞争由此更加激烈，这将迫使各国企业通过加快产业结构调整与优化，完善经营管理能力，力图创新，推动技术进步，降低成本，提高市场竞争力。上述竞争将有利于整体一体化区域的经济发展。

（2）规模经济效应。市场规模的扩大将直接改变企业生产规模，加之多数商品的生产具有规模经济的特点，因此，单位生产要素的投入产出效率将提高（或单位产出成本降低）。各成员国建立关税同盟后，分散的小市场合为统一的大市场，按照比较优势原则，各成员国将通过商品专业化的分工，优化资源配置，提高各投入要素的生产效率。

（3）投资刺激效应。区域经济一体化在扩大市场规模的同时，改变了投资回报率的相对价格信号，从而影响成员国与非成员国的国外直接投资。一方面，通过各国企业对生产成本的比较，实现了成员国内部间的定向转移；另一方面，非成员国由于担心关税同盟贸易转移效应带来的对非成员国的歧视，将鼓励本国企业向成员国转移，规避区域经济一体化组织的关税壁垒。上述两种形式的投资效应也将进一步加深成员国间的生产分工及专业化程度。与此同时，金德尔伯格（Kindleberger）将投资效应分为投资创造与投资转移，用以描述企业直接投资对区域经济一体化贸易流向的反应。总之，按照上述划分，可将投资刺激效应具体细分为成员国之间的投资创造、转移和成员国与非成员国之间的投资创造和转移四类。

（4）产业集聚效应。区域经济一体化建立后，要素自由流动形成了要素空间分布的不均衡，进而将增强"中心"的虹吸效应，由此对不同经济的产业分布产生影响。产业集聚来自产业向心力和离心力的综合作用。马歇尔（Marshall）将知识溢出、劳动力积聚以及供需关联等概括为向心力，而离心力主要包括交通拥挤、污染以及高额租金等负外部性。[1]克鲁格曼（Krugman）根据新经济地理学中的核心—边缘模型将本地市场效应和价格效应视为向心力，而市场竞争则为离心力的主要来源。[2] 其中，本地市场效应主要表现为生产分布的改变与市场规模同向变化间的相互促进，价格效应表现为生产活动的集中使相对价格存在差异，由此进一步提高地区吸引力；市场竞争则由于积聚导致企业承受竞争压力加剧，限制企业活力。

随着新增长理论的发展，对区域经济一体化的研究也不断深化和扩展，不同学者结合各理论，在既有研究的基础上，对区域经济一体化效应进行了系统分析并分为分配效应、积累效应以及区位效应等。其中分配效应包括完全竞争下的不变收益和不完全竞争下的规模经济；积累效

---

[1]　Marshall, A., *Principles of Economics*: *Unabridged Eighth Edition*, Cosimo, Inc., 2009.

[2]　Krugman, P., "Increasing Returns and Economic Geography", *Journal of Political Economy*, Vol. 99, No. 3, 1991, pp. 483–499.

应包括直接投资效应和增长效应;① 区位效应包括产业布局、厂商位置选择、制造业中心形成等。

二　拉美区域经济一体化的发展演变及成立目标

拉美是发展中国家中最早推行区域经济一体化实践的地区，其一体化思想起源于 19 世纪独立战争领导人西蒙·玻利瓦尔提出的"美洲主义"思想，旨在建立"美洲联邦"或"美洲联盟"来维护美洲国家独立。直到 20 世纪 50 年代后，拉美受欧洲经济一体化运动的影响，以普雷维什（Prebish）为代表的联合国拉美经委提出了结构主义学派的一体化理论，也由此开始将玻利瓦尔的理想付诸实践。随后的半个多世纪中，尽管拉美地区一体化经历了"设立—发展—全面深化"的不同阶段，但其长期而曲折的发展过程并未走上内涵逐步深化、外延持续扩大的单一区域组织为核心的一体化道路，而是呈现出明显多层次发展特性。②

（一）拉美区域经济一体化的发展演变

20 世纪 50 年代到 80 年代是拉美一体化初创阶段，在此期间不断涌现出各类次地区、地区等一体化组织。其中，次地区一体化组织尽管使成员国间贸易合作等经济一体化等方面初见成效，但由于深陷危机而处于停滞状态，并未实现像欧洲一样的目标；地区性一体化组织绝大多数由西、葡语国家组成，旨在推动经济和贸易一体化，但由于组织内部松散，组织机制建立不完善，使其并不具备欧盟组织的特征，无法称为实质性的地区一体化组织。伴随 90 年代"冷战"结束，美国在拉美地区的影响与日俱减，加之经济全球化和区域集中化趋势明显，拉美地区在对过去一体化实践重新审视和评估后，决定推行新自由主义改革，由此诞生了"开放的地区主义"理论，拉美一体化发展壮大阶段由此开始。在此期间，一系列覆盖面更广、议程更加多元化、内外合作交流更加积极

---

① 　直接投资效应即前文所述的投资刺激效应，而增长效应则针对区域经济一体化对同质国家的经济增长影响，具体分为长期效应（增长路径变得更加陡峭）和短期效应（增长路径平行上移）。

② 　蒲傅：《拉美一体化的多层次发展及其效应》，载《拉丁美洲研究》2016 年第 3 期，第 70—81 页。

主动的一体化组织秉持多元开放的理念相继成立。具体见表4—3。

表4—3 　　　　　　　　　　拉美区域一体化组织发展演变

	成立时间	一体化组织	成员国及观察国
初创阶段	1951 年	中美洲国家组织	洪都拉斯、哥斯达黎加、尼加拉瓜、萨尔瓦多、危地马拉
	1952 年	南太平洋常设委员会	智利、秘鲁、厄瓜多尔、哥伦比亚
	1962 年	中美洲共同市场	洪都拉斯、哥斯达黎加、尼加拉瓜、萨尔瓦多、危地马拉 + 巴拿马
	1968 年	加勒比共同体和共同市场	13 个加勒比英语国家 + 海地、多米尼加、苏里南
	1969 年	安第斯集团	哥伦比亚、秘鲁、智利、玻利维亚、厄瓜多尔 + 委内瑞拉，后来智力、委内瑞拉退出
	1969 年	拉普拉塔河流域组织	该河流域 5 国
	1980 年	亚马孙合作条约组织	巴西、秘鲁、玻利维亚、厄瓜多尔、哥伦比亚、圭亚那、苏里南、委内瑞拉
	1989 年	三国集团	哥伦比亚、墨西哥、委内瑞拉
	1960 年	拉美自由贸易协会	阿根廷等 11 国，1980 年解散
	1975 年	拉美及加勒比经济体系	涵盖巴西、阿根廷等 28 个拉美国家
	1980 年	拉美一体化协会	原拉美自由贸易协会 + 古巴，包括中国在内 14 个观察国
壮大阶段	1990 年	里约集团	哥伦比亚、墨西哥、委内瑞拉、巴拿马、巴西、阿根廷、乌拉圭、秘鲁
	1993 年	中美洲一体化体系（前身为中美洲国家组织）	萨尔瓦多、洪都拉斯、尼加拉瓜、危地马拉、哥斯达黎加、巴拿马、伯里兹
	1991 年	南方共同市场（前身为拉普拉塔河流域组织）	阿根廷、巴西、巴拉圭、乌拉圭、委内瑞拉，智利（1996 年）、玻利维亚（1997 年）、南非（2000 年）、秘鲁（2003 年）、哥伦比亚和厄瓜多尔（2004 年）先后成为联系国

续表

成立时间	一体化组织	成员国及观察国
2007 年	南美洲国家联盟	玻利维亚、哥伦比亚、厄瓜多尔、秘鲁（安第斯共同体成员国）；阿根廷、巴西、乌拉圭、巴拉圭和委内瑞拉（南方共同市场成员国），以及智利、圭亚那和苏里南
1994 年	加勒比国家联盟	安提瓜和巴布达、巴哈马、巴巴多斯、伯利兹、哥伦比亚、哥斯达黎加、古巴、多米尼克、多米尼加、萨尔瓦多、墨西哥、格林纳达、危地马拉、圭亚那、海地、洪都拉斯、牙买加、尼加拉瓜、巴拿马、圣基茨和尼维斯、圣文森特和格林纳丁斯、圣卢西亚、苏里南、特立尼达和多巴哥、委内瑞拉
2001 年	美洲玻利瓦尔联盟	安提瓜和巴布达、玻利维亚、古巴、多米尼克、厄瓜多尔、尼加拉瓜、圣文森特和格林纳丁斯、委内瑞拉
1996 年	安第斯国家共同体（前身为安第斯集团）	秘鲁、玻利维亚、厄瓜多尔、哥伦比亚，智利、阿根廷、巴西、巴拉圭和乌拉圭为联系国
2011 年	拉美和加勒比国家共同体	拉美及加勒比地区的 33 个国家
2012 年	太平洋联盟	智利、哥伦比亚、墨西哥、秘鲁

（"壮大阶段" 跨越 2007、1994、2001、1996 年各行；"深化阶段" 跨越 2011、2012 年各行）

资料来源：笔者根据相关资料整理汇总。

（二）拉美区域经济一体化的动因——以南共市为例

通过表 4—3 不难发现，自"二战"结束后，拉美地区经济一体化如雨后春笋般涌现出一系列各层次、各类型的一体化组织，呈现出碎片化分布、交叉重叠的发展格局。总体来看，上述一体化组织建立的动因，一方面为了满足各成员国的不同利益诉求，为整体拉美地区创造更多的贸易和投资机遇，进而促进民族经济，推动本地区工业化发展进程，带动整个区域经济的增长；另一方面通过建立一体化组织，拉美也在一定程度摆脱对美国的经济依附和政治从属，对推动自身独立自主和多元化发展对外关系也起到积极作用。

南方共同市场是南美地区最大的经济一体化组织，也是世界上第一个完全由发展中国家组成的共同市场。南共市是仅次于欧盟、北美自由贸易区的世界第三大机制化的区域经济一体化组织，也是拉美地区最为活跃的区域经济集团之一。

尽管南共市的成员国均为发展中国家，但其发展目标类似欧盟，计划建立政治经济一体化组织，推进自由贸易、完善贸易政策和向法制化和制度化方向发展；加强同欧盟在促进、增加和开展多种贸易交往和投资方面的谈判，目的是在地区主义开放格局中，通过加强和完善关税联盟来深化一体化，最终目标是建成包括南美洲所有国家的自由贸易集团。具体而言主要实行对外统一关税，实现商品、劳务、要素自由流动的共同市场，并实现政治经济一体化；长期目标是实现建立美洲自由贸易区，推动美洲经济一体化发展；发展与欧盟的关系，建立跨地区的自由贸易集团三方面目标，以及就业和社会保障、实行民主制度、加强经济合作、建立由关税同盟向统一货币的共同市场并最终建立政治联盟等不同内容。

三 拉美区域经济一体化表现——来自南共市的实证研究

南共市是拉美最大和世界第四大区域经济集团。南共市自成立以来，在促进成员国之间经济贸易一体化及其他领域的合作方面取得了显著的成绩。其一，是南美大国从相互争霸走向团结合作的重要转折性标志；其二，经过近三十年发展，南共市为南美和整个拉美地区的政治经济一体化进程的发展铺平了道路，为南美洲国家联盟及拉美和加勒比国家共同体的诞生做了准备。

（一）研究现状

作为典型的"南—南"型区域经济一体化组织，南共市相比于其他形式的一体化组织，自成立以来取得了令人瞩目的成绩。根据联合国统计署国家账户主要总体数据库统计，南共市 5 个成员国 2015 年 GDP 总量约为 28304 亿美元，[①] 占整个拉美地区的 GDP 总量一半以上，约52.38%。各个国家的经济增长情况见图4—1。

――――――――――

① 2017 年 8 月，南共市创始国阿根廷、巴西、巴拉圭和乌拉圭在巴西圣保罗召开紧急会议，发表决议称因委内瑞拉触犯南共市有关成员国和联系国民主承诺条款，决定中止委内瑞拉成员国资格。

（亿美元）

图 4—1　各国 GDP 增长趋势

注：阿根廷、巴西、委内瑞拉数据参考主坐标轴，巴拉圭、乌拉圭数据参考次坐标轴。南共市 1991 年成立，考虑到一体化效应可能存在时滞，因此以 1995 年的数据为始（下同）。

资料来源：世界银行；委内瑞拉 2014 年、2015 年数据来源于联合国统计署国家账户主要总体数据库。

图 4—1 显示，自南共市建立后，尤其是度过 20 世纪末的金融危机进入 21 世纪的前 10 年，经济增长呈现快速发展态势，其中巴西、乌拉圭、巴拉圭增速显著，而阿根廷和委内瑞拉相对缓慢，但依旧明显。

除了各国经济总量上的改变，区域经济一体化建立还会直接促进区内贸易的增加。具体见图 4—2。

（二）模型与方法

为了研究南共市对经济增长的影响，首先引入国民收入恒等式：

$$Y = C + I + G + X - M \qquad (1)$$

上式 Y 为 GDP，C 为消费，I 为投资，G 为政府支出，X 为出口额，M 为进口额。考虑到本节关注一体化经济效应，因此在式（1）的基础上引入一体化变量（Integrated Index，II），剔除式中的消费变量。同时考虑到参数估计可能存在异方差性，因此将最终实证模型设定为：

$$\ln GDP_{it} = \alpha + \beta_1 \ln II_{it} + \beta_2 \ln FDI_{it} + \beta_3 \ln SAV_{it} + \beta_4 \ln EX_{it} + \mu_{it} \qquad (2)$$

式（2）中 II 是衡量南共市各成员国经济一体化进程指数。考虑到一国开放受全球化和经济一体化两方面的影响，而若要准确衡量一体化程

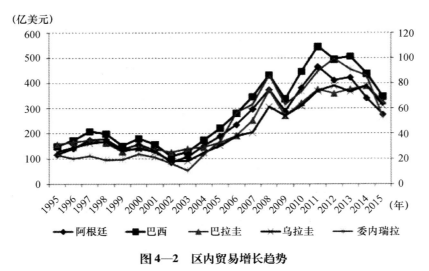

图4—2 区内贸易增长趋势

注：阿根廷、巴西数据参考主坐标轴，巴拉圭、乌拉圭、委内瑞拉数据参考次坐标轴。

资料来源：联合国贸易和发展会议数据库（UNCTAD）。

度，需排除经济全球化因素，选择能够科学衡量区内开放程度的指标。因此，本节选取南共市内部贸易额占总贸易的比重作为衡量一国经济一体化的指标，相对既有研究选取虚拟变量的做法更加科学合理（各国一体化进程指数如图4—3所示）。

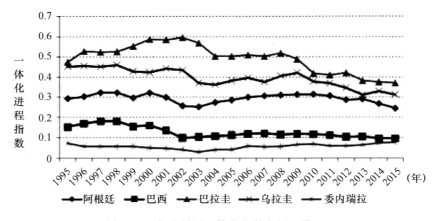

图4—3 各成员国一体化指数发展趋势

资料来源：根据联合国贸易和发展会议数据库（UNCTAD）计算而得。

　　GDP 表示南共市各成员国经济规模（取自然对数消除异方差，下同）；FDI 衡量的是各成员国当年引进的对外直接投资额；SAV 衡量的是各国的储蓄水平，总储蓄的计算方法为国民总收入减去总消费额，再加上净转移支付；EX 衡量的是各国对外出口。表 4—4 提供了各变量基本统计信息。

表 4—4　　　　　　　　　　　　各变量统计描述

	样本	均值	标准差	最小值	最大值	来源
lnGDP	105	25.44	1.73	22.57	28.59	World Bank
lnII	105	−1.57	0.81	−3.44	−0.52	UNCTAD 数据计算而得
lnFDI	105	7.68	2.23	1.77	15.54	UNCTAD
lnSAV	105	23.72	1.76	20.78	26.96	World Bank
lnEX	105	23.69	1.48	21.34	26.27	UNCTAD
lntra_in	105	22.81	1.02	20.80	24.72	UNCTAD 数据计算而得
Lntra_out	105	24.02	1.56	21.26	26.80	UNCTAD 数据计算而得

　　注：STATA 计算而得。

（三）实证分析

　　按照上文中式（2）和式（3）的设定，分别以经济规模和区内贸易作为被解释变量对包括核心变量 II 及控制变量 lnFDI、lnSAV、lnEX 进行回归。为了使回归结果更加准确，首先采取稳健型 Hausman 检验对面板数据进行估计方法的选取，[①] 同时，由于面板数据可能存在异方差问题，因此在回归时进行了 White 异方差修正，以使回归结果更加稳健。具体结果见表 4—5。

表 4—5　　　　　　　　　　　　回归结果

	一体化经济效应			区域内、外贸易经济效应比较		
	（1）	（2）	（3）	（4）	（5）	（6）
	（FE）	（MLE）	（POOL）	（FE）	（MLE）	（POOL）
lnII	0.341 ***	0.266 ***	0.309 ***	—	—	—
	(0.119)	(0.0954)	(0.0365)			

────────────

　　① 面板回归方法分为混合最小二乘回归（poored least square）、固定效应回归（FE）和随机效应回归（RE）。

续表

	一体化经济效应			区域内、外贸易经济效应比较		
	（1）	（2）	（3）	（4）	（5）	（6）
	（FE）	（MLE）	（POOL）	（FE）	（MLE）	（POOL）
lntra_in	—	—	—	0.371 ***	0.317 ***	0.314 ***
				（0.0856）	（0.0823）	（0.0288）
lntra_out	—	—	—	0.584 ***	0.577 ***	0.485 ***
				（0.148）	（0.143）	（0.143）
lnfDI	0.0285 *	0.0286 *	0.0494	-0.00362	-0.00266	0.0232
	（0.0168）	（0.0163）	（0.0311）	（0.0156）	（0.0152）	（0.0167）
lnSAV	0.833 ***	0.891 ***	1.105 ***	0.598 ***	0.649 ***	0.972 ***
	（0.0827）	（0.0821）	（0.0829）	（0.0830）	（0.0837）	（0.0638）
lnEX	0.0829	0.0380	-0.110	0.644 ***	0.628 ***	0.716 ***
	（0.0821）	（0.0794）	（0.0791）	（0.136）	（0.133）	（0.148）
_cons	4.022 ***	3.583 ***	1.927 ***	4.049 ***	3.851 ***	0.323
	（0.727）	（0.740）	（0.709）	（0.652）	（0.666）	（0.481）
面板设定 F 检验	20.27	—	—	23.65	—	—
	（0.00）			（0.00）		
Likelihood-ratio test	—	38.79	—	—	41.26	—
		（0.00）			（0.00）	
稳健型 Hausman 检验	24.69		—	97.44		—
	（0.0002）			（0.0000）		
LR chi2	—	258.82	—	—	283.64	—
		（0.00）			（0.00）	
R^2	0.914	—	0.985	0.936	—	0.988
F	250.1	—	1889.8	272.8	—	1736.1
N	105	105	105	105	105	105

注：括号内的数值为回归系数的异方差稳健标准误，***、**、*分别表示1%、5%、10%的显著水平；面板设定 F 检验的原假设为个体效应不显著，稳健型 Hausman 检验的原假设为 FE 和 RE 估计系数没有显著差异，其中，Bootstrap 的次数设定为500，Seed 值选取135；Likelihood-ratio test 原假设为混合效应模型可以接受，拒绝则应选择随机效应模型。

根据相关检验结果可以认为选择固定效应估计更为合适，因此基于固定效应模型的回归结果进行分析。从结果来看，南共市组织建立对区内成员国经济总量的影响为正（0.341），且在1%水平下显著，即随着南共市各国一体化进程不断推动深化（一体化指数每增长1%），各成员国经济规模将随之扩大（经济总量增长0.341%）。其余控制变量中外商直接投资和储蓄水平对经济增长规模产生显著促进作用，而出口贸易额系数尽管为正，但并不显著。

由于南共市一体化组织的建立，不仅增强了内部贸易往来，同时也对区外贸易产生了相应影响。鉴于此，引入区内贸易额和区外贸易额来代替一体化指标，旨在对区内、外贸易经济增长效应进行比较分析，具体模型如下，结果见表4—5（4）—（6）列。

$$\ln GDP_{it} = \lambda + \gamma_1 \ln TRA\_in_{it} + \gamma_1 \ln TRA\_out_{it}$$
$$+ \gamma_2 \ln FDI_{it} + \gamma_3 \ln SAV_{it} + \gamma_4 \ln EX_{it} + \varepsilon_{it} \tag{3}$$

同前文一样首先对模型估计方法进行检验选取后认为，固定效应模型更为合适，故以第（4）列FE模型估计结果进行分析。从结果上来看，无论区内贸易还是区外贸易对各国GDP的影响均显著为正，这也在一定程度上对前文一体化经济增长效应进行了印证。但比较来看，区内贸易经济增长弹性为0.371，而区外贸易经济增长弹性为0.584，即南共市区内贸易增长效应低于区外贸易增长效应约40%。

由此可见，南共市各成员国通过不断深化经济一体化，推动区内贸易实现了区内经济的快速增长，但相比区外贸易仍旧偏低。究其原因，一方面由于"南—南"型区域一体化合作伙伴经济结构相似，均以资源或劳动密集型产业为主，使各国在一体化过程中难以发挥各自比较优势，缺乏有效地促进整体经济增长的机制和因素；另一方面各国经济规模不同，存在明显的经济发展差距，巴西经济规模最大，其余国家总量不及巴西的1/2，这将导致各国在参与经济一体化过程中所获的增长效应存在不同。

四 拉美区域经济一体化未来发展方向与中拉合作

以上以南共市为例对拉美区域一体化的经济效应进行了分析，从中可以看出，一方面，自南共市区域经济一体化建立至今，在促进成员国之间经济贸易一体化合作领域取得了显著的成绩。但随着一体化发展进程进入"瓶颈期",区内贸易在总贸易额中的占比呈现稳中有降的态势,这将对发挥未来一体化增长效应产生阻碍作用。另一方面,随着全球经济一体化趋势不断增强,区域外贸易相对区域内贸易对经济增长的促进作用更加明显,这导致仅仅依靠周边国家发展经济将变得越发有限。南共市当前面临的困境也反映了包括南美国家联盟和美洲玻利瓦尔联盟等地区一体化组织普遍面临的问题:新形势下拉美如何融入全球化、同美欧等西方主要大国的关系、外贸在国家经济增长中的地位、碎片化多层次的发展格局等。

为了改变拉美地区一体化碎片分散的困局,2011年拉共体的建立标志着该地区的一体化进程进入一个全新的历史阶段,这将对拉美国家具有十分重要的历史和现实意义。对内而言,它将把拉美和加勒比地区所有国家集中起来,全面地推进经济社会等各个领域的一体化进程。对外而言,它将对该地区对外关系产生巨大影响,使拉美作为一个整体呈现于全球经济体系之中。

随着全球经济融合步伐加快,区域一体化和跨区域合作蓬勃发展。中国是世界最大的发展中国家,也是全球第二大经济体,而拉美又是发展中国家集中的地区。中拉合作在南南合作框架下共同发展,是中拉关系构建与推进的重要特征。中国如今是拉美第二大贸易伙伴和第三大投资来源国,拉美则是中国第七大贸易伙伴、重要海外投资目的地。近些年中拉发展合作呈现了快速显著的增长,贸易依存度不断增加。自2008年国际金融危机爆发后,中国对稳定世界经济起到关键作用的同时,对拉美经济的提升同样不可忽视。近年来,国际大宗商品价格走低、贸易低迷、金融市场动荡不断,拉美遭遇持续经济低迷,经济结构调整压力不断加大。中拉经济结构互补,发展战略契合。一方面拉美各国期望实现经济发展多元化,提升基础设施水平,加快推动工业化发展进程;另一方面中国当前经济增速放缓,正处于向新常态过渡阶段,这为改变中拉间贸易格局提供了机会,并为扩大和深化双方经济合作打下了新的基础。中拉合作发挥了各自比较优势,推动经贸、金融、投资、基建、环保等领域齐头并进,提高发展中国家竞争力,不仅符合拉美发展的需要,也为其他地区"南—南"合作树立了典范。同时,中拉合作也为中国与发达国家合作开拓第三方市场创造了机遇,探索了"南—北"合作的新途径。

因此，中拉未来合作应在多边和双边共同合作的基础上进行。对于拉美而言，未来应进一步在深化和推进区内经济一体化的同时，扩大对外合作，突破并摒弃过去地理相近的一体化限制，多元化推动区域经济一体化的发展。对于中国而言，一方面，应加强与拉共体这一全面覆盖拉美地区的一体化组织间的经贸合作，建立更加完善的合作机制，极大程度上发挥优势互补的合作红利，构建全球最大的"南—南"型经济一体化，实现经济互利、政治互助的命运共同体；另一方面，应全方位考虑拉美地区各国经济发展现状、规模等不同因素，在多边合作框架的基础上，差异化审视中国与拉美各国的利益诉求，通过有针对性的举措推动中拉合作向双赢的方向发展。中拉深入发展全面合作伙伴关系，不仅丰富了南南合作的内容，而且还提升了南南合作的水平，极大地推动了发展中国家的合作进程。

第三节　面向区域一体化发展的拉美基础设施问题及中拉合作

基础设施这一概念可用于广泛的领域，如经济、社会、文化、环境等。其中，对深化地区一体化发展最为重要的是经济类的基础设施及服务。根据联合国拉美经委会的界定，该类别主要涉及交通、电力能源、通信领域。[①]

长期以来，拉美各国始终致力于推动面向地区均衡性发展的区域合作与一体化进程，这一意愿涵盖多个要素，如生产价值链的整合升级、融资渠道的拓展，以及交通、能源和通信基础设施的系统性构建。这些内容相生相成，相互影响，共同构成消除地区间结构不平等，实现社会经济可持续发展的有效路径。值得指出的是，鉴于基础设施体系的规划与筹建既构成地区价值链转型优化的根基，又同融资平台的多元化发展密切相关，因此，基础设施领域可被视为区域一体化进程的核心环节。

基于区域一体化发展视角，一方面，本书力图从三个维度对拉美基

---

① Daniel Perrotti, *Caracterización de la brecha de infraestructura económica en América Latina y el Caribe*, *Boletín FAL*, Edición 193, No. 1, CEPAL, enero de 2011.

础设施问题进行立体透视。近十余年来，地区范畴内无论从单边、双边，抑或是多边层面，均对基础设施及其服务的改善做出了重要努力，然而，研究表明，该地区基础设施建设能力与状况在物质层面、融资层面，以及制度协调层面，呈现长期系统性缺失，从而对区域合作与一体化进程及长期发展产生负面溢出。

另一方面，众所周知，基础设施已被纳入中拉"1+3+6"整体合作新框架下的六大重点领域，而当前拉美基础设施及其一体化发展面临的诸多困境，很大程度上，却可以为中拉产能对接中的基础设施合作提供立足点与优化空间，进而使中国与拉美双方在该领域实现更加合理高效的利益契合。

一　物质维度：系统性基础设施发展的滞后性及其成因

（一）基础设施及其服务的双重缺失

欧洲与亚洲的成功经验告诉我们，只有当各国内部及相互之间真正实现互联互通，尤其是域内国家基础设施建设水平从整体上得到提升，一体化进程才能够实现规模效益递增的良性循环。为了对拉美地区基础设施整体水平与发展现状进行评估，我们使用世界经济论坛制定的"全球竞争力指数"。[①] 这一指标包括12个竞争力评价项目，亦称12大支柱，基础设施位列其中，被视为考察全球竞争力水平的重要参考指标。[②]

表4—6　　　　　　　2015—2016年度部分国家基础设施表现情况

国家或地区	分数	排名	国家或地区	分数	排名
巴西	3.92	74	金砖国家	4.26	59
墨西哥	4.22	59	越南	3.84	46
阿根廷	3.58	87	韩国	5.82	13

[①]　"全球竞争力指数"是一套用以衡量全球各国和地区的宏观和微观经济基础与竞争力的指标。

[②]　世界经济论坛认为基础设施对全球竞争力的影响由9个分项构成，分别是：基础设施总体质量、道路质量、铁路基础设施的质量、港口基础设施的质量、空运基础设施的质量、每千米航线里程可用的航空座位、电力供应的质量、移动电话、固定电话线路。

续表

国家或地区	分数	排名	国家或地区	分数	排名
智利	4.6	45	印度尼西亚	4.19	62
委内瑞拉	2.63	119	马来西亚	5.51	24
秘鲁	3.49	89	新加坡	6.49	2
哥伦比亚	3.67	84	泰国	4.62	44
平均	3.73	80	平均	4.96	36

资料来源：World Economic Forum，*The Global Competitiveness Report* 2015 – 2016，Geneva，2015，pp. 10 – 11。

表4—6 显示部分国家与地区在2015—2016 年度《全球竞争力报告》中的表现情况。分数越高，排名越靠前，表明该国或地区基础设施发展状况越优质；反之亦然。表格左半部分选取拉美七国作为代表；右半部分包括若干世界范围内崛起的新兴经济体，如最具典型意义的金砖国家组织。可以看出，与同为发展中国家的新兴经济体相比，拉美在基础设施领域的表现欠佳，明显落后于对方。

此外，在一体化发展进程中，我们发现，拉美国家基础设施在数量和质量上呈现双重短缺问题。以交通基础设施为例，根据拉美经济体系（SELA）的报告，存量方面，相对于世界平均水平，拉美地区每千平方公里道路覆盖面积占比不足 2/3，且铺面公路占比低于 1/3。运行效率方面，货物通关延误使运输成本增加4% 至 12% 不等；道路质量低下，额外增加8% 到 19% 的运输成本；边境走廊普遍缺乏有效的行政管控，国与国之间未能建立起畅通的信息传递通道和监督协调机制；海路运输面临拥堵、资金不足，以及系统性服务缺失等问题；交通基础设施多种模式之间的协同发展与管理机制匮乏。[①]

再看能源基础设施，本书将拉美地区平均水平同世界其他国家与地区进行比较。如图 4—4 所示，选取输配电能损耗率[②]作为衡量能源基础设施质量的标准（见右轴），更确切地说，输电系统在输送电能时所产生

---

①　SELA，*Infraestructura Física para la Integración en América Latina y el Caribe*，Informe de Sistema Económico Latinoamericano y del Caribe，Junio de 2011，p. 8.

②　输配电能损耗率指输配电能损耗占总发电量之比。

的电能损耗越大，表示电力能源基础设施运行效率越低；选取农村通电率①作为数量评估指标（见左轴），通电率越低，很大程度上说明电力基础设施覆盖面积越有限。电能损耗率方面，拉美明显高于世界、东亚太平洋国家，以及中国的水平，而农村地区通电率方面，拉美则低于东亚太平洋国家和中国。可以认为，世界范围内，电力能源基础设施领域，拉美地区无论在质量还是数量上均存在明显的缺失问题，处于较为落后的水平。有调查研究显示，拉美地区公共基础设施运行效率仅是工业化国家的74%，② 这充分表明了该地区基础设施质量的不足。

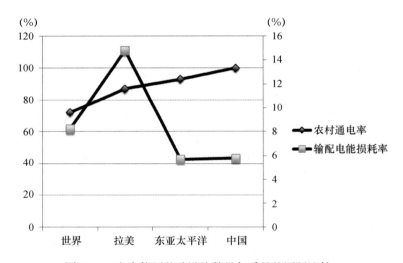

图4—4 电力能源基础设施数量与质量的国际比较

资料来源：笔者绘制，数据来自世界银行数据库。

（二）基础设施供求不均衡性加剧

基础设施缺口通常指作为经济活动产物的基础设施供给与需求之间的差距。如何来界定和衡量拉美地区的供给与需求水平是多年来诸多国际机构和拉美国家政府所关注的焦点。

---

① 农村通电率指农村通电人口占农村总人口之比。

② Felix K. Rioja，"The Penalties of Inefficient Infrastructure"，*Review of Development Economics*，Vol. 7，No. 1，2003，p. 127.

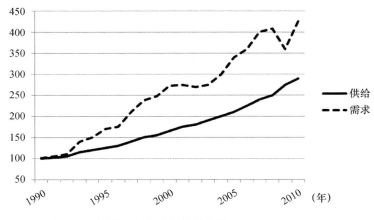

图4—5　拉美地区基础设施供求缺口（1990—2010 年）

注：以 1990 年为基年，即 1990 = 100。

资料来源：Ricardo Carciofiy 和 Romina Gayá（2007）① 以及 Daniel Perrottiy 和 Ricard J. Sánchez（2011）。②

联合国拉美经委会根据 Carciofiy 和 Gayá 的方法所制定的两个变量分别表示该地区基础设施供求水平。具体而言，以交通基础设施相关的资本存量指数表示供给水平，以贸易量指数表示需求水平，并且选取巴西、墨西哥、阿根廷、智利四国作为整个地区代表。从图4—5 中可以看出，1990 年至 2010 年，供给和需求均有上涨，但需求的增幅明显高于供给，尽管需求在 2008 年至 2009 年，由于国际环境的不利影响致使有所波动，但是总体来看，拉美地区基础设施供求矛盾呈加剧趋势。

值得指出的是，为了深化地区一体化进程，拉美各国纷纷加强了对系统性基础设施建设的供给力度，尤其是从双边或多边层面构建跨境合作平台，以期为与区域性基础设施建设项目相关的政策协调与资金融通提供便利条件。然而，尽管这些努力取得了一定的成效，但仍未能显著

①　Ricardo Carciofiy，Romina Gayá，*Una Nota Acerca de la Expansión del Comercio y las Necesidades de Infraestructura en América del Sur*，*Carta Mensual Intal*，No. 135，Instituto para la Integración de América Latina y el Caribe，Bid-Intal，Octubre de 2007.

②　Daniel Perrottiy，Ricard J. Sánchez，*La Brecha de Infraestructura en América Latina y el Caribe*，*Serie Recursos Naturales e Infraestructura*，No. 153，Publicación de las Naciones Unida，Santiago de Chil，Julio de 2011，p. 51.

缓解区域范围内基础设施供求关系越发紧张的趋势，这是因为基础设施在数量或质量上的改善会促进社会经济的发展，而这种繁荣又反过来刺激个人和企业对基础设施的需求。对基础设施的供给速度往往不及顺应社会经济发展趋势的基础设施需求速度，从而产生供不应求。一般来说，拉美地区过度膨胀的基础设施需求来自以下三个方面：

第一，贸易开放度大幅提升：自20世纪80年代以来，为了应对经济全球化和区域集团化引发的日益激烈的竞争和挑战，以及基于国内带有新自由主义特色的出口导向型经济发展模式的要求，拉美各国开始实施一系列贸易促进措施，如降低关税，签订自由贸易协定，以期大幅提升贸易开放程度，增加区域内外贸易量，并加快产业价值链区域分工步伐。从图4—6中可以看出，20余年，拉美地区平均关税从38%降至7%，降幅逾80%。随着关税壁垒的大幅削减，拉美地区进出口贸易量翻了五番。

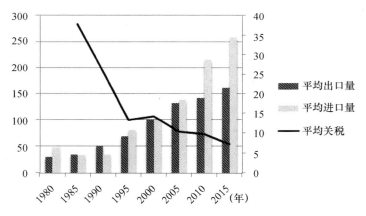

图4—6 拉美平均关税与进出口贸易量（1980—2015年）

注：1. 图中选取拉美地区最重要的七个经济体作为代表计算地区平均水平，这七个国家分别为巴西、墨西哥、阿根廷、智利、哥伦比亚、委内瑞拉和秘鲁；

2. 图中分别选取进出口物量指数（以2000年为100）衡量拉美地区各年度平均进出口量。

资料来源：笔者绘制，数据来自世界银行数据库和Tussie（2011）。①

随着贸易的繁荣，一方面，地区物流成本高昂问题凸显，进而阻碍

① Diana Tussie, *América Latina en el Sistema Mundial de Comercio*, *Serie Working Paper*, No. 132, Red Latinoamericana de Política Comercial, Abril de 2011, p. 5.

贸易自由化与提高国际竞争力进一步实现的弊端。与 OECD 国家相比，拉美国家平均物流成本在 GDP 的占比高出 20 个百分点。[1] 另一方面，对整改善道路运输效率以及获取更加完全而对称的信息提出了更高的要求。各国政府逐渐意识到只有构建更加密集且优质的基础设施系统，贸易便利化才能够稳步推进，进而为地区更好地融入世界市场提供保障与条件。

第二，过度膨胀的城市化进程：拉美是城市化程度最高和速度最快的地区之一。如图 4—7 所示，根据世界银行数据，1985 年至 2015 年，拉美城市化水平从 68% 升至将近 80%，高出世界平均水平和中国 26 个百分点，与经合组织国家相当，预计这一数字在未来五年内将继续增加。与发达国家不同的是，对于发展中国家的经济社会长远发展来说，过快的城市化进程并不是一个有利的信号。由于二元经济结构下形成的农村推力大于城市拉力作用，大量农村人口涌入少数大中城市，城市人口过快增长，城市建设的步伐，尤其是基础设施的供给赶不上人口城市化增长速度。随着大量人口涌入城市，为了获得更广的生存空间，城市边界不断被开发，这些地区往往严重缺乏基础设施及相关服务，不具备道路、电力、卫生等基本条件。[2] 由于政府无法为新居民提供相应的基础设施配套服务，供求缺口呈现数量与质量的双重不足，甚至造成了社会经济的不稳定。过度城市化对拉美基础设施建设形成了巨大压力，尤其是对能源供给方面。

第三，因社会经济繁荣而不断壮大的中产阶级群体：进入 21 世纪以来，拉美经济运行总体向好，尤其是在 2003—2008 年，由于国际贸易大宗产品价格利好，整个地区进入新一轮繁荣周期，此后在 2008—2009 年爆发的全球经济危机中，基于在增长周期中整个地区抵御危机的能力有所增强，以及各国反周期政策的应用，再加上政策计划中对经济效益与社会效益的兼顾，拉美地区整体上受经济危机的冲击较轻，且很快实现了社会经济的稳步复苏，一系列社会计划循序开展。经贸的繁荣以及人民生活水平

① SELA, *Infraestructura Física para la Integración en América Latina y el Caribe*, Informe de Sistema Económico Latinoamericano y del Caribe, Junio de 2011, p. 8.

② ONU-Hábitat, *Estado de las ciudades de América Latina y El Caribe*, Programa de las Naciones Unidas para los Asentamientos Humanos, Nairobi: Naciones Unidas, 2012, pp. 17 – 32.

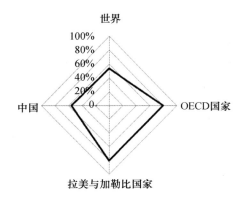

图4—7 2015年城市化水平的国际比较

资料来源：笔者绘制，数据来自世界银行数据库。

的提高，使地区中产阶级群体空前扩大，这一社会阶层的膨胀大幅增加了对建设基础设施的诉求，特别是对能源的消费。预计至2020年，整个地区的电力需求将超过1600太千瓦时，也就是说与2010年水平相比，十年间这一需求将上涨1/4左右。① 然而，应当注意的是，基础设施供给随着社会经济的快速发展呈现出一定程度的滞后性。

二 融资维度：一体化框架下基础设施投资模式及其历史演进

（一）基础设施投资的"钟摆效应"

为了使基础设施及其服务收获理想的效果，政策制定者必须对一国或一个地区发展所必需的基础设施投资量做出清晰的判断。在拉美地区，缺乏公共和私人部门对基础设施领域的资金支出，及其在各级地方政府之间分配情况的准确数据，这成为影响公共政策成效的一个局限性因素。此外，各国对基础设施缺乏清晰的界定与共同的衡量标准，这也无疑增加了对整个地区基础设施相关数据的分析难度，同时也为有效地进行国际比较研究设置了障碍。

从历史沿革上看，自20世纪30年代资本主义经济的"大萧条"以来，拉美诸国走上了内向型发展道路，尤其是巴西、阿根廷、乌拉圭、

---

① Rigoberto Yepez-García, Todd M. Johnson and Luis Andrés, *Meeting the Electricity Supply/Demand Balance in Latin America and the Caribbean*, Washington D. C.：World Bank，September 2010，p. 14.

智利和墨西哥等国，率先开启了以政府干预、市场保护和倚重制造业为特征的工业化进程。在这一背景下，国家政府层面日益重视基础设施对产业结构发展的重要性，并加大了对该领域公共投入的力度。

如图4—8所示，20世纪80年代中后期，进口替代工业化模式已进入尾声，基础设施总支出对地区GDP占比最高可达4%以上，其中公共部门发挥了绝对主导作用。进入20世纪90年代，在当时地区范围内蔓延的新自由主义理念指导下，这一领域公共支出成为各国推行以自由化、私有化为核心的经济改革计划的牺牲品。政府层面大幅降低公共开支，其中削减基础设施支出的幅度尤甚，因为这一领域支出下降所产生的负面溢出显然比降低工资、养老金等直接关切民生的刚性需求要隐晦得多，进而政府遭受的阻力也要小得多。

近20年间，拉美地区对基础设施领域的公共投资从GDP的3%降至1.6%，其间最低水平不足1%，这为私人资本的参与创造了空间。这一时期，PPP公私合营模式，即公共部门与私人部门之间的合作伙伴关系在基础设施领域越发活跃。这种模式具有一定的优越性，当发展中国家政府意识到现有可利用的基础设施供给无法满足经济增长和社会发展对基础设施服务不断膨胀的需求时，便可以采用PPP融资模式，以期将私人部门的投资和专长运用到公共产品和服务领域中来。值得指出的是，尽管这种模式一定程度上弥补了基础设施建设融资短缺的需求，但事实证明，私人部门的这种"公共预算外募资"仍是不足的。

进入21世纪，阿根廷债务危机爆发后，整个地区开始对新自由主义政策进行反思，私有化举措受到重新审视，这一趋势促使公共支出得以抑制持续下跌的势头，且PPP模式的融资规模有所收缩。2003年至2007年期间，拉美各国摆脱了21世纪初的危机阴影，受大宗商品"超级周期"的激励，经济发展向好，再加上以查韦斯为代表的左翼政治力量相继执政，这一时期的各国公共政策越发倾向于社会计划的开展，旨在提高社会支出，改善民生。在这一背景下，基础设施公共投资有所增加。而2008年全球经济危机以来，为了刺激地区经济增长和减少财政赤字，包括拉美在内的世界各国政府都将目光重新投向了PPP模式，私人部门得以在基础设施建设领域重新焕发活力。

纵使20多年来，私人资本参与积极性不断上涨，并在一定程度上扩大了对 GDP 占比，但地区范围内，依然存在两个显著的问题：其一，从投资总量上看，拉美地区仍落后于这一时期崛起的东亚诸国；其二，资本投入缺乏统一的规划，流向过度集中，局限于地区少数经济相对发达的国家，如阿根廷、巴西、智利、秘鲁、哥伦比亚、墨西哥等国，从而导致地区基础设施一体化建设缺乏统一的布局与政策协调。

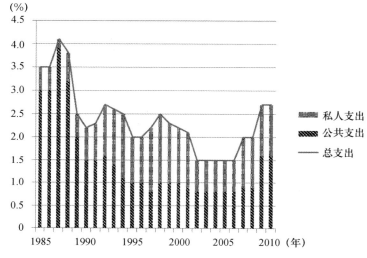

图 4—8　拉美基础设施公共投资和私人投资情况

（1985—2010 年）（占 GDP 比例）

资料来源：拉美开发银行（CAF）。①

总言之，静态来看，拉美各国之间在进行基础设施融资规划方面缺乏统一性，这导致资金无法得到合理优化的配置，从而影响了地区一体化进程中基础设施运行的有效性；动态来看，在 20 余年的历史变迁中，拉美地区针对基础设施投资的公共政策缺乏持续性、稳定性，且 PPP 融资模式交替变动，受不同时期国家国有化与私有化倾向的影响较深，呈现"钟摆效应"。

（二）基础设施投资的增长效应

鉴于基础设施及相关服务对扩大生产、降低生产和物流成本的有益

---

① José Barbero, *La Infraestructura en el Desarrollo Integral de América Latina*, *Diagnóstico Estratégico y Propuestas Para una Agenda Prioritaria*, Publicación de CAF, IDEAL, 2011, p. 80.

贡献，国际学术界普遍对这一要素与经济增长和提高生产力之间呈正相关性的观点表示支持。不少学者通过实证分析检验了基础设施投资与经济总产出之间的正向关联，如 Aschauer（1989）[①]、Canning（1999）、[②] Röller 和 Waverman（2001）[③] 等。

具体到拉美地区，世界银行曾通过大型跨国面板数据得出无论是哪一种基础设施的改善（交通、能源、通信）都会对总产出形成正效应。[④] 从这个意义上讲，如果对这种准公共物品的投入长期缺失，进而导致供不应求且运行低效问题，则会对一国社会经济结构的可持续性发展产生严重的负外部性。

关于基础设施及相关服务的改善对拉美经济增长的贡献程度，世界银行选取特定国家进行计算，用以说明如果各国基础设施在质量或数量上达到韩国水平，那么这一投入将会在何种程度上推动各国经济的增长。图 4—9 反映拉美十国基础设施分别在数量和质量上提升至韩国水平后对经济产生的增长效应。当基础设施水平得到足够的改善时，数量方面的改善会引起地区经济平均增长 3% 左右，而质量方面的改进引起的涨幅不如前者明显，在 1% 上下。也就是说，基础设施资本存量对经济增长具有显著的正向效应，而基础设施质量与增长之间的关联性不如前者紧密。

总体来说，在拉美地区，基础设施投资对产出的增长效应是显著的，总增幅达 4%。有学者通过实证分析，指出对基础设施的投资，无论是交通、电力能源还是通信，对生产所产生的正向效应要明显高于对非基础设施资本的投资。[⑤]

---

① David Aschauer, "Is Public Expenditure Productive?" *Journal of Monetary Economics*, No. 23, 1989, pp. 177 – 200.

② David Canning, *The Contribution of Infrastructure to Aggregate Output*, Documento de Trabajo Sobre Investigaciones Relativas a Políticas de Desarrollo 2246, Banco Mundial, Washington, D. C., 1999.

③ Lars Hendrik Röller and Leonard Waverman, "Telecommunications Infrastructure and Economic Development: A Simultaneous Approach", *American Economic Review*, No. 91, 2001, pp. 909 – 923.

④ César Calderón and Luis Servén, "The Output Cost of Latin America's Infrastructure Gap", in: Easterly, W., Servén, L., eds., *The Limits of Stabilization: Infrastructure, Public Deficits and Growth in Latin America*, Stanford University Press and the World Bank, 2003, pp. 95 – 118.

⑤ Ibid. .

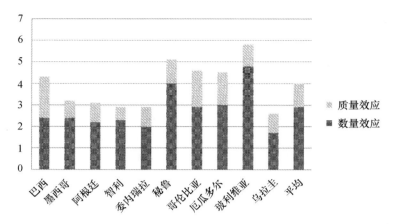

图4—9 当基础设施提升至韩国水平时对拉美地区经济增长的影响

资料来源：笔者绘制，数据来自 Calderón 和 Servén。①

图4—10 表示拉美十五国达到韩国基础设施水平时所产生的经济增长率与这些国家基础设施状况的相关性，除了个别国家，如委内瑞拉、阿根廷以外，基础设施较为落后的国家，即排名靠后的国家，对这一领域投资所产生的经济增长效应更为显著，如玻利维亚、洪都拉斯、秘鲁表现得尤为突出；像智利、乌拉圭、巴拿马这些在地区基础设施建设方面名列前茅的国家来说，投资所产生的效应不如前者。对这一趋势产生的原因可以运用新古典增长模型来解释：如果两个国家储蓄率或投资率相同，但初始人均资本不同，那么人均资本较低的那个国家将获得较高的经济增长，换言之，基础设施初期存量越短缺，投资的边际产出越大，投资收益率越高，反之亦然。这也是20世纪70年代经济底子薄弱的亚洲"四小龙"迅速崛起的原因之一。

此外，增长模型还告诉我们，当两个国家初始资本相同，但投资率不同时，那么，投资率高的国家将产生较高的经济增长率。图4—11列出1980年至2005年期间，拉美同东亚国家和地区在交通、能源、通信基础

---

① César Calderón and Luis Servén，*The Effects of Infrastructure Development on Growth and Income Distribution*，Documento de Trabajo Sobre Investigaciones Relativas a Políticas de Desarrollo 3400，Banco Mundial，Washington，D. C.，2004.

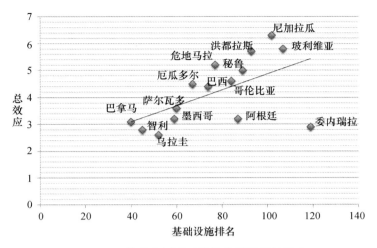

图4—10　拉美各国基础设施状况的增长效应

资料来源：笔者绘制，数据来自 Calderón 和 Servén，① 以及《2015—2016 年全球竞争力报告》。②

设施资本存量差距③的变化情况。可以看出，20 世纪 80 年代初期，拉美与东亚的差距并不大，甚至前者在交通领域的资本积累水平要高于后者，因为差额为负值，但是在此后的二十余年里，东亚国家，尽管自然资源初始条件不利，但政府层面高度重视基础设施领域的建设，长期保持高投资率，最终逐步反超或拉开了与拉美国家的距离，获得了经济腾飞。截至 2005 年，拉美各国基础设施资本存量已经呈现明显的滞后性。有学者认为拉美和东亚经济增长差距的 30% 应归咎于那一时期基础设施资本积累速度的趋异性。④

①　César Calderón y Luis Servén, *The Effects of Infrastructure Development on Growth and Income Distribution*, Documento de Trabajo Sobre Investigaciones Relativas a Políticas de Desarrollo 3400, Banco Mundial, Washington, D. C., 2004.

②　World Economic Forum, *The Global Competitiveness Report* 2015 – 2016, Geneva, 2015, pp. 10 – 11.

③　基础设施资本存量差距 = 东亚地区 - 拉美地区。

④　César Calderón and Luis Servén, "The Output Cost of Latin America's Infrastructure Gap", in: Easterly, W., Servén, L., eds., *The Limits of Stabilization: Infrastructure, Public Deficits, and Growth in Latin America*, Stanford University Press and the World Bank, 2003, pp. 95 – 118.

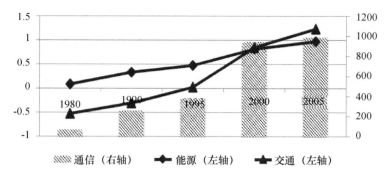

图4—11 拉美与东亚基础设施资本积累的趋异性（1980—2005 年）

注：拉美国家包括 7 国，分别是阿根廷、玻利维亚、巴西、智利、墨西哥、哥伦比亚和秘鲁；东亚地区代表为亚洲"四小龙"，分别是韩国、中国香港、中国台湾和新加坡。

资料来源：笔者计算绘制，数据来自拉美经委会报告。①

三 制度协调维度：基础设施一体化的政策规划与机制统筹

基础设施一体化指在区域内各层次生产单位之间通过构建越发密集且高效的基础设施，实现地区内的互联互通及生产结构的整合优化，进而促进社会经济的均衡发展。在基础设施一体化建设方面，受气候、地形、政治等因素所限，拉美地区呈现碎片化。总体来讲，近十余年中，在相关的机制构建领域，存在两项致力于加强地区基础设施一体化建设的重要尝试——"泛中美一体化与发展计划"（以下简称"泛中美洲计划"，Proyecto Mesoamérica）和"南美洲基础设施一体化倡议"（IIRSA）。

（一）"泛中美一体化与发展计划"

该组织由 10 个成员国组成，分别为中美洲 7 国（危地马拉、伯利兹、萨尔瓦多、洪都拉斯、尼加拉瓜、哥斯达黎加和巴拿马），及其南向毗邻国哥伦比亚、北向毗邻国墨西哥和加勒比重要西语国家多米尼加共和国。值得指出的是，长期以来，中美洲地区在政治、社会、司法、经贸，以及基础设施领域的整合程度处于较高水平，而"泛中美洲计划"

---

① Patricio Balbontín, José Luis Bonifaz y Gustavo Guerra – García, *El Financiamiento de la Infrae-structura：Propuestas para el Desarrollo Sostenible de una Política Sectorial*，Publicación de CEPAL，2011，p. 64.

是 2001 年由该地区与墨西哥组成的长效政治对话机制演变而来，此后多米尼加和哥伦比亚相继加入。

"泛中美洲计划"，作为覆盖 2.26 亿人口和 365 万平方千米的次区域高层对话协调机制，主要负责设计制订、管理协调符合地区一体化利益的项目计划，不仅提供相应的资金支持，而且对相关项目的实施进度进行评估与监督。该机制的领导机构是成员国首脑峰会，下设执行理事会，由 10 个成员国派代表组成。执行理事会包括执行管理处和国家办公室两个机构，一般来说，项目申请者根据相关原则规定提出项目议案，并提交国家办公室，后者协调各方利益，对提案是否符合申请资格进行审核，并将合格项目文件交由执行管理处审议，如最终结果认为计划可行，则上交执行理事会，如不可行则退回到国家办公室。

该组织工作宗旨围绕两项战略轴心开展。其一，经济轴心：旨在以交通、能源和通信基础设施一体化建设为核心路径，通过构建高效物流体系和创造贸易便利化条件提高企业国际竞争力；其二，社会轴心：以卫生医疗、风险管理、住房、食品安全，以及环境可持续发展为主要内容，旨在消除地区不平等性。

鉴于经济轴心涉及的项目投入占比高于 95%，[①] 因此该组织基础设施一体化方面的建设成果主要集中在这一领域。从数量上看，以交通基础设施工程项目为主，如修建边境港口、跨境大桥、跨洋物流通道，旨在加强多种类交通运输网络（尤其是公路运输和海路运输）的密集度，从而提升整个地区的连通性和经贸便利化。其中，最具代表性的是，以太平洋走廊为核心的中美洲国际公路网（RICAM）。该项目对深化次区域一体化，推动沿线地区现代化发展具有里程碑式的意义；电力能源基础设施包括修建中美洲国家电力网络的互联互通系统，以及协同发展可再生能源计划，从而使能源服务更具可获性；通信基础设施方面涉及信息高速公路工程光缆的铺设及宽带服务的普及；从运行效率方面来讲，力图优化边境走廊和海关行政审批制度，

---

① Lidia Fromm Cea, *Hacia una Integración Mesoamericana para un Desarrollo Eficaz y Inclusivo*, Proyecto Desarrollo y Integración Mesoamérica, agosto de 2015, p. 6.

将交易成本缩减75%。[①]

据统计，在这一运行模式下，2008年1月至2015年6月，"泛中美洲计划"共开展107项一体化工程项目，其中45项在建，62项已竣工，总投入约31亿美元。从投资对象类型来看，交通领域占合作项目总量的45%，[②] 始终处于绝对优势；对于其他领域，值得注意的一项变化是，在已完成的项目中，该组织集中致力于改善贸易便利化条件，而在建项目中，投资则向能源和医疗卫生相关的基础设施倾斜。[③]

（二）"南美洲基础设施一体化倡议"

这一区域性多边合作制度涵盖12个国家，旨在通过推进南美大陆交通、能源、通信基础设施一体化建设，整合协调各方发展利益与基建政策规划，寻求基础设施建设与一体化进程中其他领域的协同发展，尤其是将项目目标与消除地区贫困紧密相连，进而消除不平等性，实现地区可持续发展。成员国包括巴西、阿根廷、智利、乌拉圭、巴拉圭、委内瑞拉、玻利维亚、哥伦比亚、厄瓜多尔、秘鲁、苏里南、圭亚那。

表4—7　　　　轴心地区基础设施建设与预算支出情况（2016年）[④]

	具体区位或对应国家	在建项目数量	已完成项目数量	预计总投资（百万美元）
亚马孙轴心	巴西、哥伦比亚、厄瓜多尔和秘鲁	50	22	27
安第斯轴心	委内瑞拉、哥伦比亚、厄瓜多尔、秘鲁和玻利维亚	46	20	28
南回归线轴心	南纬20°—30°，连通太平洋和大西洋经济带；涉及智利、阿根廷、巴拉圭、乌拉圭和巴西	67	14	16.7

① SELA, *Infraestructura Física para la Integración en América Latina y el Caribe*, Informe de Sistema Económico Latinoamericano y del Caribe, junio de 2011, p. 9.

② Lidia Fromm Cea, *Hacia una Integración Mesoamericana para un Desarrollo Eficaz y Inclusivo*, Proyecto de Integración y Desarrollo Mesoamérica, agosto de 2015, p. 6.

③ Proyecto Desarrollo y Integración Mesoamérica, *Resumen ejecutivo años* 2008 - 2015, 2016, p. 1.

④ 尽管有10个轴心，但是其中9个是优先项目集中地区，因此表中仅列9个轴心区域，第10个轴心为南安第斯轴心，涉及智利和阿根廷两国部分面积。

续表

	具体区位或对应国家	在建项目数量	已完成项目数量	预计总投资（百万美元）
南部轴心	南纬 37°—43°，连通太平洋和大西洋经济带；涉及智利和阿根廷	42	5	4.5
圭亚那地盾轴心	巴西、苏里南、圭亚那和委内瑞拉	14	6	4.6
巴拉圭—巴拉那河轴心	阿根廷、玻利维亚、巴拉圭、巴西和乌拉圭	74	15	6.3
中部腹地轴心	南纬 12°—22°，连通太平洋和大西洋经济带；涉及智利、秘鲁、巴拉圭、玻利维亚和巴西	46	17	11.5
南共市—智利轴心	智利、阿根廷、巴拉圭、乌拉圭和巴西	96	24	70
秘鲁—玻利维亚—巴西轴心	位于三国交界地带	19	5	32
总和	南美洲大陆	454	128	191

资料来源：笔者整理编制，数据来自南美国家联盟基础设施与计划委员会年度报告。①

2000 年 9 月，12 国元首在巴西首都巴西利亚共同提出"南美洲基础设施一体化行动计划"。同年 12 月，各国主管交通、能源和通信的部长正式促成"南美洲基础设施一体化倡议"。在此后的十年间，这一机制逐步对区域范围内基建项目进行具体规划与实施。值得指出的是，2008 年，南美国家联盟成立，这一区域组织为该地区 12 个国家实现高层政治对话带来了新的契机。在这一制度框架下，2009 年，在下设的一系列部长级委员会中，基础设施与计划委员会（COSIPLAN）是重要组成部分。在这种背景下，自 2011 年起，该委员会将"南美洲基础设施一体化倡议"纳入其中，这一举措标志该倡议的制度化程度迈进新的阶段。2012 年，各国首脑共同批准《2012—2022 年战略行动计划》（Plan de Acción

---

① COSIPLAN-IIRSA, *Cartera de Proyectos del COSIPLAN* 2016, Montevideo, Uruguay, Diciembre de 2016, pp. 13 – 14.

Estratégico 2012 – 2022），以及《一体化优先项目纲要》 （Agenda de Proyectos Prioritarios de Integración）两项重要文件，以期对未来十年基础设施一体化进行系统性规划。

总体目标来看，"南美洲基础设施一体化倡议"依据地区社会经济可持续发展、环境保护、生态平衡等原则，协调各方利益诉求，确定优先项目，对单边层面、双边层面与多边层面的建设项目进行规划、编制与评估，旨在降低交易成本和产生规模经济效应。此外，负责更新和监督一体化项目的实施进度，为具体项目实施设计、界定、拓展、规范融资渠道和法律框架。

具体而言，"南美洲基础设施一体化倡议"结合地理区位将南美大陆划分了 10 个轴心区域，并以此为基准进行项目规划统筹。据统计，2004年至 2016 年，年均增加 20 个项目及 1200 万美元投资。2016 年，各轴心地域基础设施建设情况如表 4—7 所示。

根据基础设施项目涉及范围划分，如图 4—12 （1） 所示，单边建设项目，即仅涉及一个国家的项目数量占绝对地位，为总和的 83%，而双边和多边项目分别占 16% 和 1%；从基建领域来看，从图 4—12 （2） 可以看出，交通基础设施是该组织基建政策的重中之重，占比将近 90%，能源和通信领域分别占 10% 和 1%；从融资方式来讲，图4—12 （3） 表明，公共部门仍然发挥核心作用，占 3/5 左右，其余部分为私人投资和公私合营模式，交通和能源领域对私人资本开放程度较高。

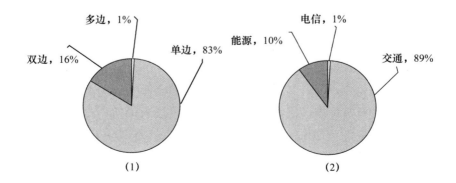

(1)　　　　　　　　　　　(2)

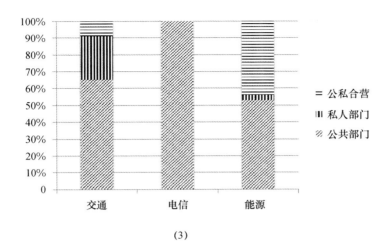

（3）

图4—12　"南美洲基础设施一体化倡议"项目建设特征与融资方式（2016年）

资料来源：笔者绘制，数据来自南美国家联盟基础设施与计划委员会年度报告。①

（三）基础设施一体化制度发展面临的主要融资性约束

正如本书第一部分物质维度和第二部分融资维度分析的那样，随着拉美地区社会经济的加速发展，各国对高质量基础设施的需求日益扩张，但在缓解供不应求局面的过程中，政府面临日益严峻的财政约束。

这一问题在地区基础设施一体化合作机制上同样存在。在进行磋商时，各国政府往往经过多方利益协调，共同提出雄心勃勃的一体化建设计划和行动方案，但在进一步推进和实施过程中经常受制于资金短缺问题，使项目面临搁置或中止的困境。当前，基建项目的融资形式仍然以政府投资为主，然而，鉴于低储蓄率、消费型的社会经济特征往往导致公共财政赤字普遍存在，因此仅仅依靠各国政府切实解决基础设施建设资金短缺问题的前景并不乐观。

拉美基础设施一体化建设项目日益扩大的资金缺口为国际开发性融资机构与区域性的基金项目提供了空间。"泛中美洲计划"长期获得来自美洲开发银行、中美洲经济一体化银行、拉美开发银行、尤卡坦基金的

---

① COSIPLAN-IIRSA, *Cartera de Proyectos del COSIPLAN* 2016, Montevideo, Uruguay, Diciembre de 2016, pp. 24 - 32.

资金和技术性支持；为"南美洲基础设施一体化倡议"提供融资保障的开发性金融机构主要包括美洲开发银行、拉美开发银行、南共市结构一体化基金、拉普拉塔基金、世界银行、巴西开发银行等。

值得一提的是，尽管获得了国际性多边金融机构的支持，但资金短缺问题依然严峻。据统计，2008 年至 2015 年，"泛中美洲计划"实现的投资额未及预计总投资额的 20%，[①] 而近三年间，"南美洲基础设施一体化倡议"已完成的投资额年均占比仅为 14%。[②]

四 一体化视角下中拉基础设施合作的逻辑解读

由上文可知，面向一体化发展的拉美基础设施在物质层面、融资层面，以及机制协调层面均呈现长期系统性缺失。然而，这一缺口却能够为当前中拉"1 + 3 + 6"合作框架下实现产能合作与产业对接提供一个关键突破口。这一判断的形成主要基于中国和拉美在基础设施领域呈现的高度契合度。

更确切地说，在区域一体化框架下，拉美地区在上述三个层面的发展滞后性可以衍生出中拉基础设施合作的三个基础维度，进而为实现该地区与中国利益诉求的有效融合构筑桥梁。其一，供给与需求层面，即中国基础设施建设的能力和经验优势与拉美地区系统性基础设施短缺现状相契合；其二，基础设施一体化融资渠道层面，即我国在构建面向新兴经济体的多边基础设施融资平台的尝试与拉美长期以来寻求解决基础设施一体化建设资金短缺"瓶颈"的诉求相对接；其三，中拉社会经济发展战略利益层面，即在新时期中拉经济转型要求下，基础设施合作能够成为双方探索可持续发展新路径的主要抓手。

（一）供求互补

中国，作为基础设施合作的供给方，对肩负这一重责兼具相关能力

---

① Proyecto Desarrollo y Integración Mesoamérica, *Resumen Ejecutivo años* 2008 – 2015, 2016, p. 1.

② See COSIPLAN-IIRSA, *Cartera de Proyectos del COSIPLAN* 2014, Montevideo, Uruguay, Diciembre de 2014；COSIPLAN-IIRSA, *Resultados 2015 cinco años Comprometidos con la Integración de la Infraestructura Suramericana*, enero de 2016；COSIPLAN-IIRSA, *Resultados 2016 el Camino a la Integración física de América del Sur*, febrero de 2017.

与意愿。众所周知，改革开放 40 年来，中国在与基础设施相关的资源、经验、技术方面积累了雄厚的实力，工程设计和施工能力世界领先，在公路、铁路、港口、机场、电力、油气管线等领域比较优势明显。除技术能力层面的经验以外，中国业已获得了丰富的海外基建工程项目的实践知识。

此外，在基础设施建设相关的机器设备制造方面，中国存在过剩的生产能力，这一问题的负面溢出已经成为制约国家经济运行的主要桎梏，为社会经济的长期可持续发展拷上了枷锁。在这一背景下，为了化解富余产能，中国政府释放出强烈信号——充分运用资源技术优势，鼓励企业加强与新兴国家的合作，特别针对在交通、通信等基础设施领域缺失的国家和地区，以期将富余产能转化为优势产能输出国外，并通过这一路径，提高我国企业对外基础设施建设的参与程度。

拉美作为需求方，对完善基础设施的诉求是必要且紧迫的。由文章第一部分可知，该地区系统性基建水平处于存量与质量的双重缺失。横向来看，与世界其他国家和地区相比，特别是与发展阶段相似的新兴经济体相比较，该地区基础设施及服务在覆盖面积与运行效率层面均表现欠佳。

纵向来看，近 20 年来，受一系列社会经济因素的共同作用，拉美基础设施供求矛盾不断加剧。具体而言，地区贸易开放度大幅提升引起区域进出口贸易量的迅猛增长，物流成本高企，从而对以道路运输和信息技术网络为主的交通和通信基础设施一体化体系提出了更高的要求，这一情况倒逼各国政府正视基础设施短缺的现状，以及系统性基础设施的可获性问题；地区过度膨胀的城市化进程致使拉美各国基础设施供求缺口日益彰显，随着大量人口的涌入，基础设施供给无法赶上人口城市化的速度，特别是能源供给问题异常尖锐；不断壮大的中产阶级对消费更加优质且密集的基础设施网络拥有更强烈的期待，但相对于各国所处的社会经济发展阶段而言，该地区基础设施呈现严重的滞后性。

拉美基础设施供求不平衡性严重制约了该地区长期发展潜力，但这一缺口的存在却为兼具基础设施建设能力与投资意向的区外国家带来了机遇。基于此，这一现状为亟待改善落后面貌的拉美与富于建设能力和意愿的中国之间形成潜在供求契合点提供了现实基础和前提。近年来，双方基础设施合作案例层见叠出。在通信领域，中国与智利双方就建设首条连通亚洲和南美洲的太平洋海底光纤签署可行性研究的谅解备忘录，这项工程对于推进国际海陆缆等通信网络建设，进而提高国际通信互联互通水平具有重大意义。在能源部门，中国国家电网进入巴西市场，致力于该国输电线路的建设；葛洲坝集团参与阿根廷圣克鲁斯省水电站建设项目。

尤其需要指出的是，中拉基础设施一体化合作框架下，最具里程碑意义的成果在交通领域，即横跨南美大陆，连接大西洋和太平洋的"两洋铁路"工程。2014 年 7 月，中国国家主席习近平在访问巴西期间，与时任巴西总统罗塞夫、时任秘鲁总统乌马拉共同发表声明，就建设连接巴西和秘鲁的两洋铁路开展可行性基础研究。中国充分利用自身的资源与能力，为该项目提供资金支持和建设团队，并向拉美地区输出本国积累的先进铁路技术。一旦建成，该项目将成为拉美历史上第一条横穿南美大陆的铁路线。此外，应当注意的是，"两洋铁路"仅仅是双方基础设施一体化合作呈现高度"互补性"的一个起点，以此为契机，中国与拉美可以对构建涵盖不同线路、不同形式的高效物流通道进行更长远、更加多元化的规划。

（二）融资路径对接

一方面，由前文可知，对基础设施领域的有效投入将对整个拉美地区社会经济产生提振作用。然而，从历史沿革上看，自 20 世纪 80 年代中期以来，拉美各国用于基础设施领域的公共支出大幅削减，逐渐沦为各国政府推行以自由化、私有化为特征的经济改革的牺牲品。尽管 21 世纪以来，随着一系列左翼国家的崛起，这种恶化局面有所好转，但总量上仍然不足。为了填补公共投资的缺失，私人部门在基础设施建设领域越发活跃，PPP 公私合营模式逐渐成为基础设施建设的主要融资工具。然而，纵然私人资本近年来获得了较快增长，但基础设施投资总额仍远远落后于不少新兴经济体，且各国基础设施投资政策普遍缺乏持续性与稳定性。

另一方面，如前文所述，拉美基础设施一体化机制发展的主要制约因素在于日益扩大的资金缺口。尽管国际开发性金融机构提供了可观的资金支持，但是总体而言，项目工程完成的投资额占比长期处于低位，这严重影响整个地区基础设施互联互通的建设进度与成效。

鉴于一国与次区域层面基础设施项目融资水平有限，拉美各国积极拓展"外援"，吸引外国基础设施融资，这为中国资本"走出去"开辟了道路。值得指出的是，自 2013 年以来，推动中拉关系实现"跨越式"发展的"贸易引擎"在经历了"黄金十年"后逐渐显露疲态，在这种情况下，投资和金融，作为"1＋3＋6"合作新框架"三大引擎"中的另外两大要素，将肩负起引领新时期中拉整体合作的重任，而基础设施无疑是能够将二者有效融合的最佳领域。

上述"南美洲基础设施一体化倡议""泛中美一体化与发展计划"等组织，尽管长期受制于资金短缺问题，诸多有益的尝试被迫搁浅，但是不可否认的是，这些平台可以与中方大力拓展的融资渠道相对接，进而为中拉在该领域合作实现优势互补提供有效路径。

众所周知，近年来，中国政府在融资平台的建设层面进行了重大的努力。世界范围内，金砖国家开发银行和亚洲基础设施投资银行的相继成立，服务对象向新兴市场和发展中国家倾斜。这些尝试旨在以基础设施建设为突破口，加大中国企业对外基建的参与程度，此外，致力于以资本输出带动产能输出，激励我国以更加自主的姿态参与国际金融新体系的构建，以期为人民币国际化战略的全面铺开开辟道路。针对拉美地区，2015 年 9 月，中国政府特别设立了以基础设施为重点领域的中拉产能合作基金，首期规模为 100 亿美元，尤其向"两洋铁路"项目倾斜。这些融资路径的构建有助于中方资本以更加积极的预期实现"走出去"，并借助拉美已经搭建的基础设施一体化平台，实现多层次合作模式的有机整合，从而推动中拉整体合作的深化。可以看出，在中拉产能合作"3×3"新模式下，资本"走出去"与"引进来"渠道的融合与对接，将为拉美地区对基础设施融资的潜在需求转化为现实需求提供可能性。

进一步而言，通过对拉美当前基础设施一体化制度安排的项目建设特点进行解析，我国能够更加系统了解双边合作的利益落脚点，进而对资金流向与融资路径对接进行更具针对性的规划。举例来讲，立足于本书图 4—9 的三图中对"南美洲基础设施一体化倡议"的立体透视，可以给出三点政策建议：其一，鉴于私人资本在电信领域相对受限，中拉基础设施合作领域应集中在交通和能源项目；其二，从项目数量来看，拉美基础设施一体化项目的发展重心始终向交通领域倾斜，因此我们在提出合作方案时，应切实考虑到这一发展方向，"两洋铁路"工程能够得到拉美沿线国家的积极响应，便是这一特征的重要反映；其三，我们已经知道，拉美地区基础设施一体化建设项目多局限于一国范围内，双边和多边项目占的比较低，这主要是基于后者对协调难度和资金需求提出了更高的要求，而我国政府当前对新融资路径的构建无疑对这些难题的解决有所助益。

（三）发展战略契合

在调结构、稳增长的经济"新常态"框架下，中国宏观经济调控致力于转变经济增长方式，推动经济结构提质增效转型升级。这一宏大课题所包含的一项重要内容在于实施产能输出计划，践行"走出去"战略。我国传统贸易增长持续萎靡，尤其是在央行不断降息降准，以及人民币贬值压力不断释放的情况下，这种颓势更能显现出外贸对我国经济驱动作用日渐式微，甚至成为经济体系稳健运行的掣肘。在这种情况下，以资本驱动为路径的产能输出为我国探求新经济增长点带来了机遇，这是因为这一战略对我国扩大经济开放领域，优化开放结构，提升开放质量，形成更加高效的开放性经济体系具有带动作用；也对通过内外联动，深化我国参与经济全球化条件下的国际经济合作和竞争具有正向的溢出作用。

拉美一方，当前面临来自周期性和结构性的双重困境。2013年以来，外部不确定性因素加剧，国际大宗商品超级周期终结，价格持续走低，这一波动对经贸结构过于向初级产品倾斜的拉美国家尤为不利。值得指出的是，这一时期，一系列掩藏在外部环境向好的六年（2003—2008年）繁荣期中的经济结构性顽疾逐渐显露出来，主要包括产业结构单一且分布不合理；基础设施发展滞后，经济运行成本高昂；生产效率低下、创新能力不足；经济脆弱性凸显，系统性风险发生率较高。在这种情况下，拉美各国纷纷出台一系列政策举措，以期通过结构性改革，增强抵御外部风险的能力，摆脱对初级产品的出口路径依赖，获得新的增长点，从而实现社会经济的长远发展。鉴于传统产业的改造，以及战略性新兴产业的崛起，都与系统性基础设施网络的构建密不可分。这一要素为整个产业结构升级调整提供必需的物质支撑。国际学术界普遍认为，基础设施及相关服务对提高生产力、扩大生产、降低生产和物流成本存在正相关，这一要素与经济增长之间呈正相关关系。基于此，基础设施资本的"引进来"逐渐成为各国结构改革的重点。

在这一背景下，基础设施合作既能够为中国在"走出去"战略中输出技术经验、化解富余产能提供新的选择，与此同时，也可以使处于经济结构转型的拉美各国受惠。从这个意义上讲，在该领域的合作符合双方现阶段与中长期的发展利益。

以"两洋铁路"为例，作为中拉在基础设施一体化合作方面的重点工程，完善的基础设施及相关配套服务是社会经济包容性发展的先决条件。这条铁路一经建成，不仅将为巴西通往亚洲提供便捷的通道，也为增速趋缓的双边经贸合作注入新的活力，同时还将显著改善南美地区物流和贸易一体化的面貌，造福沿线居民。根据美洲开发银行的报告，交通成本每降低 10 个百分点，对拉美地区出口部门产生的积极效应就会达到关税降低同一比例产生效果的 5 倍。[①] 两洋铁路的修建所产生的一系列积极的外溢效应，不仅可以使相关国家降低生产成本，提高经济规模和专业化程度，从而促进规模经济的产生；也有利于通过打通与周围市场的联通，减少运输距离、降低运输成本、提高运输能力、提升物流效率、改善贸易便利化条件，从而缩短因距离造成的地区发展差距，实现地区市场的整合；此外，还将显著提高货物、服务、人员、技术的流动性，使各国在成本优化条件下密切经贸往来，以开放的姿态，实现区域内的互联互通，为向世界敞开大门进行必要的物质准备，进而从根本上改变拉丁美洲广袤的内陆地区落后闭塞的面貌。

本章分专题考察了拉美区域合作和一体化的态势及其与中拉合作的关系，下面章节将分别就中拉关系中的产能合作、文化交流、全球治理和制度约束等问题展开探讨。

---

① Enrique García, "Infraestructura e Integración en América Latina", *Boletín Económico del ICE*, No. 2974, 2009.

第 五 章

中拉产能合作

经贸关系是中拉关系的压舱石。在中拉关系跨越式发展的进程中，经贸合作发挥了引擎作用。当双方关系迈入"构建发展"的新阶段，整体合作、多边合作与双边合作并重，如何推动中拉经贸关系的可持续发展及结构性转型是进入发展新阶段的中拉关系面临最大的任务和挑战。而中拉产能合作应该成为未来中拉经济合作的重点。

随着经济全球化的深入发展，世界分工体系越来越围绕全球价值链而构建。全球价值链现已覆盖农业、电子、商业服务和旅游业等诸多领域，其重要性不言而喻。联合国贸发会议（UNCTAD）对 2010 年的全球贸易统计显示，在全球层面，国外增加值占出口的平均比重为 28%；在区域层面，欧盟、非洲、东亚及东南亚、拉美的相应比例分别为 39%、14%、30% 和 21%。在拉美地区，中美洲、加勒比和南美洲的国外增加值占出口比重依次为 31%、21% 和 14%。[①]

以价值链合作为基础，世界各国积极参与全球产业分工，实现价值链优化升级。伴随中拉双方同步进入经济结构的升级转型期，中国提出了推动双方产能合作的倡议。中拉产能合作符合双方的共同利益，有助于推动中拉之间能够形成价值链分工，带动双方产业间形成优势互补，实现中拉经贸合作的全面升级。

---

① UNCTAD, *World Investment Report* 2013：*Global Value Chains：Investment and Trade for Development*, 2013, p. 127.

第一节　全球价值链合作下的中国与拉美

一　全球价值链合作的理论与当前格局

(一) 价值链概念的演变

在过去的几十年里，全球生产和世界贸易是在"世界市场更大程度一体化"和"生产过程因中间产品贸易兴起而'解体'"的两大趋势中逐渐发展的。"全球价值链"（Global Value Chains，GVC）的概念可以追溯至 20 世纪 70 年代末有关"产品链"的论述。基本的思想是追溯所有投入品和导致"最终消费品"的转变，以及描述一个相互连接的生成最终项目的过程（霍普金斯和沃勒斯坦，1977 年）。"全球产品链"的概念后来在加里·格列夫（Gary Gereffi，1994）的著作中出现，例如描述服装产品链——从原材料（如棉花、羊毛或者合成纤维）到最终产品（服装）。21 世纪以来，"全球产品链"的术语转变成"全球价值链"，因为后者来源于在国际商业文献中把贸易和产业组织作为一个价值增值链来分析（波特，1985 年）。实际上，价值链概念并非异于产品链，但是价值链含义更广，因为它试图捕捉全球产业组织过程的决定因素（贝尔，2005 年）。

对于全球价值链的分析框架也有诸多视角。根据格列夫等（Gereffi & Fernandez-Stark，2016）[1]，全球价值链是"企业和工人为将某项产品从最初概念发展到最终使用形态所进行一系列的劳动行为"。典型的全球价值链包含设计、生产、营销、分发和对终端消费者的售后。这一系列步骤既可由同一家公司完成，也可由不同的公司共同实现。随着全球化的不断发展，上述步骤往往在不同的国家进行。全球价值链的六个基本维度中，投入—产出结构、地理范围、领导企业和行业组织的治理结构被归为全球元素，产业升级、本土制度背景、行业利益相关方则被归为本土元素。这六大维度分别以自上而下及自下而上的方式构成了全球价值链分析的理论框架。

---

① Gereffi, G and K. Fernandez-Stark, *Global Value Chain Analysis*: *A Primer*, 2nd Edition, Duke CGGC (Center on Globalization, Governance & Competitiveness), July 2016, pp. 1 – 34.

价值链所涉及的诸多因素，如劳动力投入、技术、标准、法规、产品、流程以及特定行业和地区市场，可以通过四个框架进行分析。一是投入—产出结构，它描述了原材料转化为最终产品的过程。二是地理分布，它确定了哪些企业和国家参与价值链。三是治理结构，它解释了进入价值链以及沿价值链升级的控制方法。四是价值链嵌入的相关国家的制度环境。投入产出结构、地理分布以及治理结构为弄清价值链如何构造以及如何在全球范围内运行提供了自上而下的视角。而诸如经济和政治稳定性、产业政策、基础设施、营商环境便利度、人力资本、行业利益相关者之间的协调和合作等国情条件，则影响到扎根于特定国家的企业如何在价值链内竞争。①

格列夫等（Gereffi，Humphrey & Sturgeon，2005）② 为全球价值链提供了理论框架，并描述了全球价值链治理的五种不同类型：市场型、模块型、理性型、专属型和层次型。

表5—1　　　　　　　　全球价值链治理模式的主要影响因素

治理类型	交易复杂度	交易编纂能力	供应商能力	外在协调与权利不对称程度
市场型	低	高	高	最低
模块型	高	高	高	次低
理性型	高	低	高	中等
专属型	高	高	低	次高
层次型	高	高	低	最高

资料来源：Gereffi, G., J. Humphrey & T. Sturgeon, "The Governance of Global Value Chains", *Review of International Political Economy*, Vol. 12, No. 1, 2005, pp. 78 – 104。

全球价值链理论的出现，使政策制定者、研究人员和企业管理者更

---

① Hernández, R. A., J. M. Martínez-Piva, N. Mulder（eds.）, *Global Value Chains and World Trade：Prospects and Challenges for Latin America*, ECLAC, 2014, p. 82.

② Gereffi, G., J. Humphrey & T. Sturgeon, "The Governance of Global Value Chains", *Review of International Political Economy*, Vol. 12, No. 1, 2005, pp. 78 – 104.

为深入地认识了当前的全球经济形势（Backer & Miroudot，2016①）。

第一，全球价值链将地理上分散的生产活动与单一行业联系起来，并对不断变化的贸易和生产模式提供了深刻见解。对于政策制定者来说，全球价值链有助于了解本国和全球经济的相互关联性。全球价值链尤其强调了出口竞争力如何依赖于资源的有效投入，以及这一竞争力来自获得外国的最终生产者和消费者。

第二，在全球价值链理论出现之前，许多的经济政策建立在本国的产品和服务的主要竞争者来自海外这一假设。然而根据全球价值链学说和实证分析，绝大多数的产品和越来越多的服务都是全球制造，而国与国之间则是在价值链上进行竞争。因此，全球价值链理论对于缩小政策和现实之间的差距有着重要的意义。

第三，全球价值链分析为经济治理提供了进一步的思路，并帮助了企业和职业经理人确定控制和协调其生产网络内的行为活动。全球价值链有效地评估了政策对企业生产活动的影响，在政策制定中发挥重要作用。

二　拉美与中国的产业发展：基于增值贸易数据库（TiVA）的分析

为了更好地研究和分析全球价值链，OECD 与 WTO 合作建成了基于国际生产和贸易网络全球贸易增量数据库，并在此基础上建立了跨国投入—产出模型（ICIO Model）。该数据库收集了全球 58 个国家（其中之一为"世界其他国家"）的投入产出表，并记录了超过 95% 的全球产出。

基于 ICIO 数据和模型，OECD 和 WTO 进一步计算出了附加值贸易数据库（Trade in Value Added Database，TiVA Database）。根据 2017 年 3 月 OECD-WTO TiVA 数据库提供的最新数据，我们分别得到中国和拉美在 1995—2011 年 7 个统计年度内的增加值贸易数据，并以此分析全球价值链下中国和拉美总出口中四个行业——农业、矿业、制造业和服务业——在过去 20 年来的发展情况。②

① Hernández, R. A., J. M. Martínez-Piva, N. Mulder（eds.），*Global Value Chains and World Trade：Prospects and Challenges for Latin America*，ECLAC，2014，p. 82.

② 本书所涉及的行业分类采用联合国国际标准产业分类（ISIC），Rev. 3 标准。

表 5—2 为根据增加值贸易法得出中国的总出口和四个行业出口总值在总出口中的占比。较之 1995 年的 1434.3 亿美元,中国在 2011 年的总出口额为 19692.1 亿美元,增长了约 14 倍。各行业出口值均有增幅,其中制造业出口总值增幅最大,由 1995 年的 937.3 亿美元上升到 14954.4 亿美元,增长了约 15 倍;其次为服务业,由 1995 年的 425.2 亿美元上升到 4472.7 亿美元,增长了近 10 倍;农业和矿业出口的增幅相对较小,前者增长了约 3 倍,后者增长了不足 2 倍。尽管各个产业均实现了出口总额的增长,但较之 1995 年,2011 年的农业、矿业和服务业产品在总出口额的比重均有所下降,唯有制造业产品出口比重由 65.35% 上升为 75.94%,显示了制造业在总出口中的地位明显上升。

表 5—3 则为根据增加值贸易法得出拉美的总出口额和四个行业出口总值在总出口中的占比。较之中国,拉美的出口制造模式有着较为显著的不同。首先,拉美的总出口额也呈现上升态势,由 1995 年的 1883.3 亿美元增长为 8298.4 亿美元,涨幅为 441%。在所有行业中,制造业出口占总出口的比重最大,历年来均在 55% 左右;其次为服务业,平均约占总出口的 20%。值得一提的是,拉美制造业、服务业和农业出口比重多年来基本维持不变,矿业出口的比重却逐年上升,由 1995 年的 7.57% 增长至 2011 年的 16.92%。拉美是全球大宗商品主要的出口地,而矿业在其出口比重的上升,再次证明越来越多的拉美国家扩大了其原材料(矿物)的出口,这也与 21 世纪第一个十年中全球大宗商品价格上涨密切相关。

表 5—2　　　　　　　中国出口总值及构成(1995—2011 年)

年份	1995	2000	2005	2008	2009	2010	2011
	各行业出口额(亿美元)						
总出口	1434.284	2716.193	7954.805	15021.536	12803.430	16477.183	19692.143
农业	31.296	38.072	57.652	74.181	81.477	101.513	114.531
矿业	31.208	41.870	80.252	101.346	55.394	63.619	75.723
制造业	937.333	1892.640	5901.482	11337.067	9559.517	12419.821	14954.405
服务业	425.222	735.756	1887.673	3446.624	3053.332	3825.398	4472.677

续表

年份	1995	2000	2005	2008	2009	2010	2011
	各行业出口占比（%）						
农业	2.18	1.40	0.72	0.49	0.64	0.62	0.58
矿业	2.18	1.54	1.01	0.67	0.43	0.39	0.38
制造业	65.35	69.68	74.19	75.47	74.66	75.38	75.94
服务业	29.65	27.09	23.73	22.94	23.85	23.22	22.71

注：因其他行业出口总值较低，故省略，未报告。

资料来源：笔者计算，数据来自 OECD-WTO TiVA（Trade in Value-Added）数据库。

表5—3　　　　　拉美出口总值及构成（1995—2011年）

年份	1995	2000	2005	2008	2009	2010	2011
	各行业出口额（亿美元）						
总出口	1883.288	2979.523	4568.666	6693.577	5389.863	6821.615	8298.372
农业	132.145	121.428	221.298	385.348	324.011	380.025	526.689
矿业	142.471	230.569	472.686	863.584	641.952	1011.192	1404.378
制造业	1109.679	1952.724	2894.233	4025.465	3224.281	3994.282	4658.618
服务业	464.259	633.234	925.811	1333.826	1126.638	1347.520	1608.434
	各行业出口占比（%）						
农业	7.02	4.08	4.84	5.76	6.01	5.57	6.35
矿业	7.57	7.74	10.35	12.90	11.91	14.82	16.92
制造业	58.92	65.54	63.35	60.14	59.82	58.55	56.14
服务业	24.65	21.25	20.26	19.93	20.90	19.75	19.38

注：因其他行业出口总值较低，故省略，未报告。拉美数据系加总数据库中"中南美洲"及"墨西哥"出口总值得出。

资料来源：笔者计算，数据来自 OECD-WTO TiVA（Trade in Value-Added）数据库。

三　拉美与中国的全球价值链参与：基于 OECD GVCs 指标的比较

根据 TiVA 数据库，我们分别得到中国和拉美 1995—2011 年 7 个统计年度的增加值贸易数据，以此分析全球价值链下中国和拉美的七项全球价值链指标（GVCs Inditors），以衡量其在全球价值链中的参与程度。

（一）全球价值链的参与程度：垂直专业化指标与参与指数（Participation Index）

一国参与垂直分散的生产是衡量其所处全球价值链位置与深度的基本标志。目前使用最广泛的测量指标为垂直专业化指标（Vertical Specification，VS）。该指标由胡梅尔斯（Hummels）、石井（Ishii）和易（Yi）（简称"HIY"，2001）[1] 建立，分为 VS 值和 VS 比例，前者是绝对指标，衡量进口中间投入中用于生产出口的投入价值部分；后者是相对指标，计算 VS 值占总出口的比例。然而，VS 仅仅考虑了上游外国供应商在价值链中的重要性。在实践中，一个国家通常还通过第三国用于进一步出口的投入品的供应商参与全球价值链。多丹等（2011）[2] 在 VS 的基础之上建立了 VS1，即一国进口产品中包含的国内增加值。大量实证研究表明，随着全球化水平的提高和国际贸易的发展，各国的 VS 指标都逐年提高，特别是较之美国等大的发达经济体，一些小国的垂直专业化程度更高。

根据 VS 比例和 VS1 比例，库普曼等（简称"KPWW"，2010）[3] 建立了参与度指数，用于综合评估一国参与全球价值链的水平。该指标分背向参与和正向参与两部分，前者衡量一国出口中的外国的生产投入比重，后者则衡量一国为其他国家的出口提供的中间商品和服务投入在其总出口中的比重。

图 5—1 为拉美四国和中国的参与度指数。[4] 拉美四国中，阿根廷、巴西和智利的正向参与度大大高于背向参与度，墨西哥则更多地以背向参与方式参与全球价值链。中国的全球价值链参与情况和方式与墨西哥高度相似。中拉参与度指数中正向参与和背向参与指数的差异表明，中

---

① Hummels, D., J. Ishii & K. M. Yi, "The Nature and Growth of Vertical Specialization in World trade", *Journal of International Economics*, Vol. 54, No. 1, 2001, pp. 75 – 96.

② Daudin, G., Rifflart, C., Schweisguth, D., "Who Produces for Whom in the World Economy?" *Canadian Journal of Economics*, 2011, 44, pp. 1403 – 1437.

③ Koopman, R., W. Powers, Z. Wang & S. J. Wei, "Give Credit Where Credit is Due: Tracing Value Added in Global Production Chains", National Bureau of Economic Research, 2010, No. w16426.

④ 图中"拉美"的参与度指数为阿根廷、巴西、智利和墨西哥四国的参与度指数的简单平均，后图同。

国与拉美参与到全球价值链的方式存在明显差异。除墨西哥以外，拉美的主要国家如阿根廷、巴西和智利的出口在国际垂直贸易投入中所占的份额较低，表明这三国本国生产的产品作为中间产品出口到其他国家进行最终生产的程度较高。

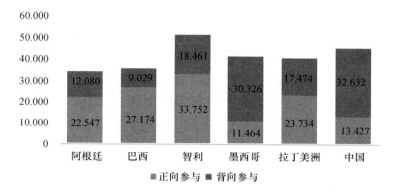

图5—1　拉美四国和中国的参与度指数

资料来源：OECD-WTO TiVA（Trade in Value-Added）数据库。

（二）全球价值链的长度：生产阶段指数（Index of the Number of Production Stages）

生产阶段指数由安特拉斯等（2012）[①] 引入。该指标衡量了在某一特定最终行业实现产品或提供服务所需的生产阶段数量，标识出每个行业的全球价值链长度。倘若该最终行业中仅存在单个生产阶段，则该指数数值为1；当来自相同行业或者其他行业的中间投入被用于生产最终产品或服务时，其数值增加。生产阶段指数可进一步分解为国内生产阶段和国外生产阶段。

拉美四国的生产阶段指数相近，数值均在1.5—2，中国的数值则为2.5，高于拉美四国。但无论是拉美还是中国，其国内生产阶段指数均远远高于国外生产阶段指数。国外生产阶段指数越低，则表明一国使用来自外国的中间产品和服务的生产阶段越短。倘若所有的中间投入均在本

---

① Antràs, P., D. Chor, T. Fally & R. Hillberry, "Measuring the Upstreamness of Production and Trade Flows", *The American Economic Review*, Vol. 102, No. 3, 2012, pp. 412 –416.

国完成，则该指数为0。值得一提的是，中国与拉美四国的国外生产阶段指数值相似（0.3—0.5），而国内生产阶段水平指数（2.3）不仅高于拉美四国，且为数据库所收录各国中最高值。

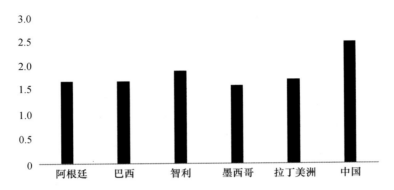

图5—2　拉美四国和中国的生产阶段指数

资料来源：OECD-WTO TiVA（Trade in Value-Added）数据库。

（三）全球价值链上的所处位置：最终需求距离指数（Index of Distance to Final Demand）

安特拉斯等（2012）引入的另一个衡量一国在全球价值链中的位置的指标为最终需求距离指数。对于一国的某一特定行业而言，该指数衡量了此行业所提供的产品和服务在到达最终消费者之前所需要经历的阶段数量。若该指标数值较高，表明行业多属于上游活动，较低则表明多属于下游活动——更接近于最终消费。与生产阶段指标相似，拉美四国的最终需求距离指标数值相似，其中智利最高，墨西哥最低，而中国的这一指标不仅高于拉美四国，也高于其他非OECD国家和东亚、东南亚发展中国家，表明中国在全球价值链中处于更上游的位置。从中也可发现，最终需求距离指数较高（即位于全球价值链上游位置）的国家普遍也是生产阶段指数较高的国家。

通过上述全球价值链指标，以下有关中国和拉美分别参与全球价值链的特征性事实展现如下：第一，无论是拉美还是中国，均是现有全球价值链的参与者，且参与度呈逐步提高的趋势。全球价值链并非仅仅存在于某一个区域，但整体而言，大经济体对于国际贸易的需求度较小，

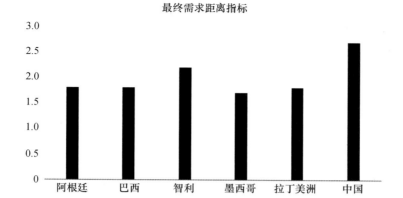

图5—3　拉美四国和中国的最终需求距离指标

资料来源：OECD-WTO TiVA（Trade in Value-Added）数据库。

而小型开放经济体则更热衷于加入到全球生产网络中来。第二，除了靠近北美市场的墨西哥，拉美主要经济体参与全球价值链的程度和方式具有极高的相似性。第三，作为发展中经济体的代表性国家，在进入21世纪之后，中国加大了中间投入的专业度，逐步走向全球产业链的上游，而在拉美国家中，智利也取得相似的成果。

第二节　中拉产能合作的理论分析

一　中拉产能合作的理论与现实

中国提出的国际产能合作，强调贸易与产业结合，全面参与全球价值链和产业链的重构进程，提高各产业的国际竞争力。2015年5月，中国提出加强中拉产能合作。2016年11月，第二份《中国对拉美和加勒比政策文件》发布，产业投资及产能合作成为打造"中拉命运共同体"的重要抓手，能源资源、基础设施、制造业、科技创新和农业等领域都是中拉产能合作的重点内容。

（一）中拉产能合作理论及意义

国际产业转移，是指在经济日益全球化的背景下，基于比较优势，产业在不同国家与地区间的转移。自英国工业革命以来，发达国家曾多次向外转移产业，而制造业则在各大洲之间持续不断转移。国际贸易和国际投资是国际产业转移的载体。20 世纪 50—80 年代，国际产业转移主要以初级产品和原材料为主，从发达国家转向发展中国家。20 世纪 90 年代以来，国际产业转移的主要内容涉及加工工业、初级工业和高附加值工业等。其突出特点还包括从产业整体转移向企业生产价值链中各个生产环节的全球重新布局。世界各国纷纷从自身资源禀赋和市场需求出发，通过向外产业转移或承接国际产业转移，实现价值链优化升级。

国际产能合作对外是中国与世界分享合作机会、带动世界发展的重要措施，对内则是破解产能过剩的"瓶颈"、促进国内产业转型升级以及提升中国在全球产业体系的国际分工地位和实现价值链跃升的核心工具。中国提出的国际产能合作是指国内产业的整体输出，将国内产业输出需求与东道国当地输入需求进行有效对接，并非向国际市场输出落后产能，而是适应外部需求的、有竞争优势的产能，可以帮助东道国建立更加完整的工业体系和制造能力。具体而言，包括钢铁、有色、建材、铁路、电力、华工、轻纺、汽车、通信、工程机械、航空航天、船舶和海洋工程 12 个行业是目前中外产能合作的重点领域。① 有学者将此称为"飞龙"模式，预见这一有规划地向发展中国家转移产业的方式能够发挥中国经济巨大的引领作用、规模效应以及为当地创造就业的积极后果。②

中拉产能合作以前期双方经贸合作的快速发展为背景，基于对双方当前发展特定阶段所创造的历史性机遇。2000—2012 年，中拉贸易保持年均 30% 以上的增幅，贸易额增长近 20 倍，投资也在 2009 年呈现加速增长态势，这种超高速发展与双方经济的快速增长互为支撑。2013 年以来，中拉经济都出现了不同程度的减速，但双方都进入了深度转型调整期，并由此产生了新的机遇，为中拉产能合作的实现提供了基础。

中国的经济转型以供给侧改革为目标，为拉美提供了商品机遇和资本机遇。一方面，中国的产业升级调整将为拉美提供增量市场。目前，

---

① 《发展改革委介绍推进国际产能和装备制造合作〈意见〉有关情况》，http：//www.gov.cn/xinwen/2015 – 05/20/content_2865242.htm。[2015 – 05 – 20]。

② Chandra, V., Lin, J.Y., Wang, Y., "Leading Dragon Phenomenon: New Opportunities for Catch-Up in Low-Income Countries", *Asian Development Review*, Vol. 30, No. 1, 2013, pp. 52 – 84.

中国的经济结构重心已转向第三产业为主，经济动力转向消费拉动，对大宗商品需求增速放缓的同时，对其他消费性商品的进口需求会增加，这将为拉美地区农产品等优势板块提供新的出口机会。另一方面，中国的资本流动转型将为拉美提供增量投资。自 2014 年起，中国已成为资本净输出国。在直接投资领域，中国是全球第二大对外投资国，而拉美是中国第二大境外投资目的地。在金融投资领域，中国资本弥补了拉美的资金缺口，是稳定其金融环境的重要保障。

拉美的经济转型以需求拉动为特征，为中国提供了市场机遇。近期内，拉美的新增需求集中于三大领域：一是能源、道路等"硬件"投资需求；二是通信、互联网等"软件"投资需求；三是工业经济升级需求。这些领域为中国的优势产能转移提供了市场机会。通过经贸合作区、自由贸易区、出口加工区和工业园区等模式，中拉之间在清洁能源、新型建材、石油化工、汽车、钢铁、农产品、港口物流、信息技术等领域有着广泛的合作前景。

中拉经贸合作的前期发展以双方经济结构的天然、静态互补为基础，而双方经济的当前发展创造了实现动态互补的可能性。自 2013 年起，与双方经济发展的阶段性特征相适应，中拉经贸合作调整、转型和升级的步伐加速，中拉产能合作具备实现的基础性条件。

（二）中拉产能合作进展

加强中拉产能合作，与"一带一路"倡议[①]精髓相吻合，得到拉美国家的积极响应。在中国和拉美国家同时进行结构性改革的背景下，双方在宏观、中观和微观层面积极扩展，利用双边产能合作促进中拉经贸合作转型升级。两年来，中拉双方在产能合作及融资合作两方面取得丰富进展。

1. 产能合作

2015 年 5 月，李克强总理出访巴西、哥伦比亚、秘鲁和智利四国期间，与东道主签署了总额超过 1000 亿美元的基建和产能等项目合同及意

---

① 2015 年 3 月 28 日，国家发展和改革委员会、外交部和商务部经国务院授权，联合发布了《推动共建丝绸之路经济带和 21 世纪海上丝绸之路的愿景与行动》，正式拉开了"一带一路"建设的序幕。这一倡议的提出先于中拉产能合作 2 个月。

向协议，标志着中拉产能合作正式开启。其中，国家开发银行分别与三国有关合作方签署合作协议，涵盖能源、农业、基础设施、装备制造"走出去"等领域，涉及融资金额约 63 亿美元（见表 5—4）。中拉产能合作将以基础设施、制造、能源、矿产、农业、高新技术等领域项目为依托，带动装备"走出去"和中拉产能合作，全力推动中资企业在拉美投资范围更加广泛，经营模式更加多样化。

表 5—4　　　　　　2015 年李克强总理访拉签署协议一览表①

国家	项目与协议
巴西	与巴西石油公司签署《融资合作协议》，带动中国海洋工程装备进军巴西
	与巴西南马托格罗索州政府、安徽丰原集团就玉米、大豆深加工项目签署《关于农业深加工合作框架协议》，发挥投贷组合优势，助力中巴农业深加工领域合作实现零的突破
哥伦比亚	与哥伦比亚国家发展金融公司签署《关于基础设施领域合作的谅解备忘录》，加强双方信息交流及基础设施领域项目合作
智利	与智利公共工程部签署《关于基础设施领域合作的谅解备忘录》，支持中智企业在基础设施领域的投融资合作

资料来源：国家开发银行，《配合李克强总理出访国家开发银行与拉美三国合作取得丰硕成果》，http：//www. cdb. com. cn/Web/NewsInfo. asp？NewsId = 5803。

2015 年李克强总理与上述拉美四国签署国际产能合作谅解备忘录，通过在政府层面率先确立合作机制，除在能源、矿产、基础设施等传统领域的合作外，还将在汽车、钢铁、机械等传统和核心制造业部门推动产能合作。此后，以交通基础设施、电力、航空航天以及港口建设等重点领域为先头兵，中国与拉美地区重点国家积极推进双方合作，通过扩大装备出口、承接工程以及并购等方式，取得了丰富的早期成果（见表 5—5）。

---

① 国家开发银行在巴西、哥伦比亚、秘鲁、智利四国共融资支持 51 个项目，累计承诺贷款 467 亿美元，发放贷款 287 亿美元，贷款余额 238 亿美元。

表 5—5　　　　　　　　2015 年以来中拉产能合作重点领域合作进展

合作领域	合作进展
交通	·2015 年，中国内燃动车组首次出口阿根廷，也是中国企业在南美内燃车组市场的最大订单。用于阿根廷布宜诺斯艾利斯贝尔莱诺南线运营的内燃动车组最高运行时速达到 100 公里，居全球同类产品之首。 ·2015 年，中国—巴西—秘鲁"两洋铁路"可行性研究开启。全长约 500 公里的两洋铁路，总预算约 600 亿美元。 ·2016 年 3 月，中国港湾工程有限责任公司投资建设和运营的牙买加南北高速公路全线竣工通车，这不仅是中国港湾的首个境外公路 BOT 项目，也是中国企业在拉美地区的首个基础设施 BOT 项目。 ·2016 年 3 月，中国路桥工程有限责任公司与厄瓜多尔基多市正式签订基多市国际机场进城通道投资协议，这是中国路桥在拉美地区的首个 PPP 项目
电力	·2015 年 8 月，三峡集团与巴西 Triunfo Participações e Investimentos S. A、公司签署股权收购协议，收购了后者总装机为 30.8 万千瓦的两个运行水电项目公司和一个电力交易平台公司的全部股权。 ·2015 年 11 月，三峡巴西公司中标朱比亚和伊利亚水电站项目。两座水电站相距约 60 公里，装机容量分别为 155 万千瓦和 344 万千瓦。项目位于圣保罗州和南马托格罗索州之间的界河巴拉那河上，在伊泰普水电站上游。三峡集团将为两座水电站特许权向巴西政府支付 138 亿雷亚尔，并进行为期 30 年的特许运营。 ·2016 年 4 月，中国国家电网巴西控股公司在独立参与的巴西特里斯皮尔斯水电送出二期输电特许经营权项目竞标中成功中标，获得该项目 30 年特许经营权。 ·2016 年 5 月，中能电气与巴西本地企业 BRAFER 组成联合体 BRAFERPOWER 中标巴西国家电力机构（ANEEL）500/230kV、230/138/69kV 变电站及输电线路特许经营投标项目 Q 标段特许经营权 BOT 项目。项目预算总投资为 2.514 亿雷亚尔，约合人民币 4.7 亿元，年特许经营收益为 4000 万雷亚尔，约合人民币 7490 万元。 ·2016 年 12 月，三峡集团完成了杜克能源（Duke Energy）巴西公司 100% 股权的交割，收购金额 12 亿美元，使三峡集团在巴西合资或控股拥有的装机容量达到 827 万千瓦。 ·2017 年 1 月，中国电网巴西控股公司完成了巴西 CPFL 能源公司（CPFL Energia）54.64% 股权的交割，收购金额 141.9 亿雷亚尔（约 45 亿美元）。这是国家电网巴西控股公司在巴西成功实施的第 15 起股权并购，在此之前该公司已在巴西先后收购 14 家拥有输电特许经营权的项目公司

续表

合作领域	合作进展
航空航天	· 2015 年 5 月，中国国家航天局与巴西科技创新部签署了中巴地球资源卫星 04A 星合作议定书。 · 2015 年 8 月，中国海南航空公司和巴西 Azul 航空公司达成协议，前者以 4.5 亿美元（约合 17 亿雷亚尔）价格收购后者 23.7% 股权。两公司将在开辟新航线、航班代码共享、地面服务、飞机订购和保险等领域进行合作
汽车	· 2015 年 5 月，奇瑞公司与巴西政府正式签署了巴西工业园项目协议。工业园包含整车制造、零部件制造、设备制造、物流仓储配送和服务等功能。总投资额达 4 亿美元的奇瑞巴西整车厂已建成，是目前中国汽车企业最大的海外生产基地。 · 宇通与委内瑞拉交通部签署了总投资 2.78 亿美元、年产 3600 台大中型客车的组装厂建设协议。项目计划分两期建设，一期已于 2015 年 12 月投产
港口基础设施	· 2016 年 5 月，中交集团在圣保罗成立南美地区分公司并与巴西建筑和基础设施领域巨头 WTorre 集团子公司 WPR 签署合作协议，斥资 4 亿雷亚尔参建马拉尼昂州首府圣路易斯的私人港口终端。港口建设工期三年，总建设预算 15 亿雷亚尔，建成后可运输巴西中西部的农产品、肥料以及集装箱，年运输能力约 2480 万吨
制造业	· 2016 年 3 月，徐工机械中标巴西 56 台工程机械政府公路大型招标项目，涉及金额 2000 万雷亚尔。 · 2016 年 7 月，徐工机械计划通过其全资子公司徐工集团（香港）国际贸易有限公司以现金方式向徐工巴西制造有限公司增资 9970 万美元（约合人民币 6.64 亿元）。这一增资数额是徐工巴西制造目前的注册资本的 3 倍。 · 2016 年 11 月，酒钢集团公司收购牙买加阿尔帕特氧化铝厂项目，并于 2017 年 2 月成功复产。2017 年 10 月，酒钢在牙买加生产出第一批氧化铝

　　资料来源：万军：《中拉产能合作的动因、进展与挑战》，载《拉丁美洲研究》2016 年第 4 期，第 35 页；笔者根据其他公开资料整理。

2. 融资支持

　　融资瓶颈是广大发展中经济体之间实现互联互通的突出挑战。就中拉产能合作而言，资金支持无疑是最重要的支撑。2014 年 10 月，中国、印度等 21 国共同决定建立亚洲基础设施投资银行，这是首个由中国倡议设立的多边金融机构，旨在促进亚洲地区基础设施建设互联互通和经济一体化进程。截至 2017 年 6 月月底，亚投行的成员国已经增加到 80 个，拉美地区国家除巴西是初始成员国之外，秘鲁、委内瑞拉、玻利维亚和阿根廷先后加入了该机构，成为其金融资源的潜在分享者。

2015 年，中国开始净资本输出，成为亚洲、非洲和拉美地区的主要外资来源地。国家开发银行和中国进出口银行两大政策性银行在拉美的总投资已经超过了世界银行和美洲开发银行。[①]

截至 2016 年年底，中国已向拉美地区共提供至少 1390 亿美元的金融支持（见表 5—6）。第一，中国通过双边联合融资机制向巴西和委内瑞拉两个拉美国家提供了 770 亿美元的金融资源。其中包括中国—巴西产能合作基金（200 亿美元，中方出资 150 亿美元）和中国—委内瑞拉联合融资基金（620 亿美元）。第二，中国的开发性金融机构通过中拉合作基金（中国进出口银行，100 亿美元）和中拉产能合作投资基金（国家开发银行，300 亿美元）向拉美地区国家提供了信贷支持。中拉产能合作投资基金已经于 2015 年 12 月完成了首单投放，为中国三峡集团巴西伊利亚和朱比亚两电站 30 年特许运营权项目提供了 6 亿美元的项目出资。第三，中国单方面对拉美地区的贷款承诺约为 330 亿美元，其中包括中国对拉美地区基础设施专项贷款 200 亿美元，对拉美地区优惠贷款 100 亿美元，对加勒比地区优惠贷款 30 亿美元。第四，中国开发性金融机构对拉美地区重点国家重点合作产业的专项贷款。其中，《中国进出口银行与巴西国家石油公司关于支持中巴海洋工程装备产能合作的融资备忘录》签署后，中国进出口银行将为巴西石油公司在中国采购海洋工程装备以及为巴西石油公司向中国出口石油产品等提供 10 亿美元的信贷支持。[②]

表 5—6　　　　　　　　中国可用于拉美地区的金融资源

项目	时间	规模	投资领域	备注
中国—巴西产能合作基金	2015 年 6 月	200 亿美元，中方出资 150 亿美元	重点支持产能合作项目	双边联合融资机制

---

① 吴白乙主编：《拉丁美洲和加勒比发展报告（2014—2015）》，社会科学文献出版社 2015 年版，第 1 页。

② 谢文泽：《"一带一路"视角的中国—南美铁路合作》，载《太平洋学报》2016 年第 10 期；《中国经济中高速增长与中拉经贸合作》，载《拉丁美洲研究》2016 年第 4 期。

续表

项目	时间	规模	投资领域	备注
中国—委内瑞拉联合融资基金	始于 2007 年	620 亿美元	贷款换石油	国家发改委管理
中拉产能合作基金	2015 年 6 月	首期规模 100 亿美元	制造业、高新技术、农业、能源矿产、基础设施、金融	国家开发银行、国家外汇管理局共同管理
中拉合作基金	2016 年 1 月	100 亿美元	能源资源、基础设施、农业、制造业、科技创新、信息技术、产能合作	中国进出口银行、国家外汇管理局共同管理
中拉基础设施专项贷款	2014 年 7 月	200 亿美元	公路、通信、港口、电力、矿业、农业	支持中资企业参与拉共体成员国基础设施项目
中国—加勒比基础设施专项贷款	2011 年 2013 年	10 亿美元 15 亿美元	基础设施	国家开发银行提供贷款
巴西石油公司—中国进出口银行合作协议	2016 年 5 月	10 亿美元	海洋工程装备	便利巴西石油公司在中国采购海洋工程装备以及为巴西石油公司向中国出口石油产品

资料来源：笔者根据公开资料整理。

二 中拉产能合作的潜力

中国和拉美国家在资源禀赋和经济结构上的互补性为双方开展产能合作奠定基础，从供给角度看，中拉之间的产业转移受劳动力和资本等生产要素禀赋、技术水平以及政治经济环境等因素的影响。

（一）生产要素禀赋

根据新古典经济学理论的生产函数，劳动力和资本是最主要的生产要素，也是制约总产出的最基本投入要素。中拉双方在这两大生产要素上具有互补性，为产能合作提供了基础支撑。

首先，中拉在资本要素上具有经验和供应互补性。拉美地区国家资本形成率低、资金成本高，制约其进行大规模投资的可能性。长期以来，在"负债发展"模式下，拉美一直在寻找外部资源支撑国内经济发展。进入21世纪后，尤其是2003年全球大宗商品超级周期开启后，得益于资源禀赋以及有利的贸易条件，拉美国家的经济发展进入黄金时期。这一时期，地区固定资本形成总额占GDP的比重逐年提高。2003年这一数值只有17.51%，2008年提高到20.92%（见图5—4）。而全球金融危机使拉美国家的经济增长遇阻，固定资本形成总额占GDP的比重萎缩。虽然2010—2013年，拉美经济小幅回升，并创造了近15年来的历史高点，但是2014年和2015年连续两年下滑，地区固定资本形成总额占GDP的比重下降到19.99%，低于全球金融危机之前的水平。与之相比，自2009年以来，中国固定资本形成总额占GDP的比重为45%左右，波动幅度较小，高于拉美地区平均水平。

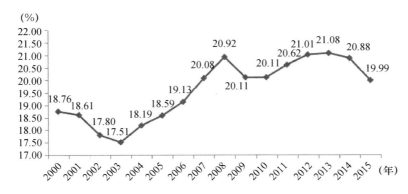

图5—4 拉美和加勒比地区国家固定资本形成总额占GDP比重

资料来源：世界银行数据库，http://data.worldbank.org/。

拉美地区资金成本高昂是固定资本形成额较低的原因。由于负债发展模式、低储蓄率、高通货膨胀率等原因，拉美一直是全球利率较高的区域。巴西、阿根廷、哥伦比亚、秘鲁、委内瑞拉等国的贷款利率水平在全球金融危机以来均保持在10%以上（见图5—5）。尤其是巴西，贷款利率长期高企。2000 年，巴西贷款利率为 56.83%，此后虽然有所下降，但仍在 30% 以上，2015 年为 43.96%。高利率使企业在拉美国家融资的能力受到一定限制。

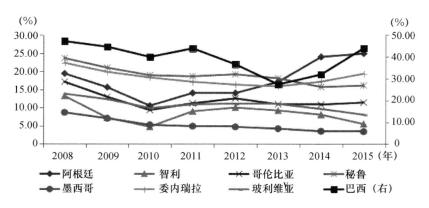

图 5—5 2008—2015 年拉美主要国家贷款利率

资料来源：世界银行数据库，http：//data. worldbank. org/。

其次，中拉在劳动力要素具有成本、供应和能力互补性。拉美地区人口规模相对可观（见图 5—6）。2000 年，地区总人口为 5.27 亿人，2011 年突破 6 亿人，2015 年人口为 6.33 亿人。地区劳动参与率除 2003 年和 2011 年小幅下降外，逐年提高，2015 年拉美地区的劳动参与率为 66.7%，劳动力数量相对充裕。

相对充裕的劳动力供应使拉美在劳动力成本上较中国具有一定优势。根据欧睿国际的统计数据，[①] 自 2006 年起，中国的工资水平经历了持续 10 年的迅速上涨，已经达到原有水平的三倍。就中国的劳动力整体而言，每小时收入现在已高于除智利以外的任何拉美大国，并且已达到欧元区较弱的成员国水平的 70% 左右。

具体到制造业部门，2016 年中国制造业的平均工资已经超过巴西和墨西哥等拉美上中等收入水平国家，并且正在迅速赶上希腊和葡萄牙（见表 5—7）。2005 年，中国制造业工人小时工资只有 1.2 美元，低于巴

---

① 欧睿国际的数据，根据国际劳工组织（ILO）、欧盟统计局（Eurostat）和各国统计机构提供的信息汇编，然后将其转换为美元，并进行通胀调整。

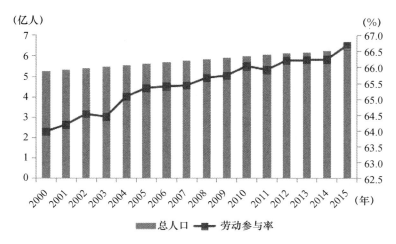

图5—6　拉美和加勒比地区总人口及劳动参与率

资料来源：世界银行数据库，http：//data. worldbank. org/。

西、墨西哥和阿根廷三个拉美大国。2016 年，中国制造业小时工资上涨到 3.6 美元，是 2005 年的 3 倍，高于拉美地区众多国家制造业工人的水平。

表5—7　　　　　　　**制造业工人小时工资（美元，不变价）**

	中国	葡萄牙	巴西	墨西哥	阿根廷	哥伦比亚
2005 年	1.2	6.3	2.9	2.2	2.1	1.4
2016 年	3.6	4.5	2.7	2.1	2.5	1.7

资料来源：Euromonitor International。

因此，无论是资本还是劳动力，中拉产能合作均具备较大潜力。资金供给不足及高成本限制了拉美地区的投资，而中国大量剩余的储蓄可以在拉美地区形成资本，助推重点产业的发展。生产率的提高使中国制造业工资快速上升，低端制造业成本增高，从长期来看，人口老龄化和劳动人口比例下降，也将迫使大量劳动密集型产业退出。反观拉美地区，其人力资源的年龄结构与分布状况、中长期收入增长水平的差异与劳动力市场的多元化，可为中拉产能合作在劳动力供给方面提供基础。针对拉美地区的特点，中国可将劳动密集型和低技术制造业推向非金属矿物产业、基本金属产业和金属制品等合作潜力巨大的产业，包括钢铁、建材、水泥、手工工具产业等。

（二）技术水平

技术水平是决定生产函数的又一重要因素，也是中拉产能合作供给潜力的关键之一。拉美国家在整体创新能力、制造业能力以及出口技术水平构成上同中国存在较大差距。

首先，拉美地区整体创新能力欠佳。根据世界经济论坛《2016—2017年全球竞争力报告》，全球138个国家中，拉美国家整体表现较差。除了个别国家在个别项目上排名较高，大多数国家在教育质量、技术创新能力以及专利申请等指标方面均弱于中国。中拉产能合作的技术供给潜力较大。

具体来看（见表5—8），所有拉美国家的教育质量排名均不高，最高的厄瓜多尔也仅排在第81位。巴西、委内瑞拉、秘鲁和玻利维亚等国甚至接近全球垫底的水平。在新技术获得方面，智利和墨西哥的排名高于中国，阿根廷、委内瑞拉和玻利维亚获取新技术的能力较低。拉美主要国家的专利申请、创新能力、企业R&D支出以及产学研R&D的能力均显著弱于中国。值得注意的是，在企业技术吸收和FDI技术转移两项指标上，巴西、智利、墨西哥和秘鲁等国与中国能力相当，甚至比中国排名靠前。这也反映出这些国家企业层面的创新能力基础以及在吸收FDI有较强的能力。这些均为中拉通过技术合作促进产能合作提供了重要导向。

表5—8　　　　拉美主要国家整体创新能力（2016年）

国家	教育质量	新技术可获得性	企业技术吸收	FDI技术转移	创新能力	企业R&D支出	产学研R&D	专利申请
中国	43	81	60	59	45	25	30	33
阿根廷	93	114	104	133	74	91	71	71
巴西	128	85	5	63	92	74	90	51
智利	88	32	34	18	89	108	64	44
秘鲁	127	94	97	45	111	122	110	79
墨西哥	112	52	61	22	67	76	52	60

国家	教育质量	新技术可获得性	企业技术吸收	FDI技术转移	创新能力	企业R&D支出	产学研R&D	专利申请
哥伦比亚	98	82	84	70	91	101	48	61
委内瑞拉	122	133	119	137	116	126	103	89
玻利维亚	120	116	127	126	131	134	136	102
厄瓜多尔	81	86	96	118	88	110	101	91

资料来源：World Economic Forum, Global Competitiveness Index, http://www3.weforum.org/docs/GCR2016‐2017/05FullReport/TheGlobalCompetitivenessReport2016‐2017_FINAL.pdf。

其次，拉美国家的制造业能力与中国存在较大差距。制造业人均增加值高意味着该国的产业发展较为成熟，而制造业增加值在GDP中的比重则反映出一国的工业化程度。高新技术出口是衡量产业等级的指标，出口越多，意味着该国的体制越国际化。制造业出口比重以及高新技术出口比重还能够反映出一国更注重出口还是偏重于内需。根据表5—9的数据，拉美地区人均制造业增加值为1222美元，与中国的2083美元差距较大。其中，墨西哥、阿根廷和智利的制造业人均增加值较高。此外，2016年拉美地区制造业增加值在GDP中的比重（平均值）为14.04%，几乎是中国的一半。除墨西哥外，拉美国家制造业及高新技术产品的出口能力较弱，2015年平均水平分别为49.31%、11.53%。

表5—9　　　　　2015年拉美国家制造业能力　　（单位：美元、%）

地区和国家	制造业人均增加值	制造业增加值/GDP	制造业出口/总出口	高新技术出口/制造业出口
中国	2083	29.74**	94.32	25.75
拉美和加勒比	1222	14.04	49.31	11.53
巴西	1206	11.40	38.09	12.31
阿根廷	1559	17.22	29.37	9.01
墨西哥	1616	18.44	82.82	14.69
智利	1503	11.93	14.42	5.90
秘鲁	821	14.50	14.92	4.74

续表

地区和国家	制造业 人均增加值	制造业 增加值/GDP	制造业 出口/总出口	高新技术 出口/制造业出口
哥伦比亚	819	12.21	24.17	9.49
委内瑞拉	1473 *	13.55 *	1.82	1.13 **
玻利维亚	259	13.17	4.83	6.46

注：* 2014 年数据，** 2013 年数据。

资料来源：世界银行数据库，http://data.worldbank.org/。

最后，拉美国家出口的技术水平较低。根据出口集中度和多样化指标（见表 5—10），拉美国家在过去 20 年中出口的产品数量基本保持稳定，但是产品集中度①并未出现改观，出口的多样化指数②也未发生变化，甚至在全球金融危机之后出现倒退。具体到次区域，加勒比地区的出口集中度更高，与世界出口结构的差异最为显著。

表 5—10 拉美出口指标

年份	指标	拉美	加勒比	中美洲	南美洲
1995	产品数	259	237	251	258
	集中度	0.09	0.22	0.11	0.11
	多样化	0.36	0.68	0.38	0.51
2000	产品数	257	244	253	256
	集中度	0.11	0.26	0.12	0.15
	多样化	0.31	0.68	0.38	0.51
2005	产品数	257	236	252	255
	集中度	0.12	0.27	0.13	0.15
	多样化	0.33	0.65	0.36	0.49

① 集中度指数，即赫芬达尔—赫希曼指数，是对进出口集中程度的衡量，取值范围在 0—1。数值越接近于 1，说明进口或出口越集中在一少部分产品上。

② 多样化指数则衡量一国出口或进口结构与世界的异同。取值范围也在 0—1。数值越接近于 1，说明该国进出口结构与世界存在较大差异。

年份	指标	拉美	加勒比	中美洲	南美洲
2010	产品数	257	249	255	256
	集中度	0.12	0.17	0.13	0.16
	多样化	0.35	0.57	0.37	0.51
2014	产品数	256	248	255	256
	集中度	0.12	0.16	0.11	0.18
	多样化	0.34	0.57	0.36	0.52
2015	产品数	256	247	253	256
	集中度	0.09	0.15	0.11	0.13
	多样化	0.35	0.58	0.37	0.55

资料来源：WITS 数据库，http://wits.worldbank.org/；联合国贸发会议数据库，http://unctadstat.unctad.org/wds/ReportFolders/reportFolders.aspx?sCS_ChosenLang=en。

拉美地区的进出口结构（见表5—11），自2000年以来，拉美地区制造业和信息通信技术产品出口的比重在下降，矿石和金属制品、食品和燃料的出口在上升，有重新回到"出口初级产品化的趋势"。2000年，拉美地区矿石和金属制品的出口在总出口中的比重为9%，2015年提高到11.5%，食品的出口比重则由19.7%提高到26.4%。与此同时，制造业出口的比重从2000年的51.3%萎缩到2015年的49.3%，信息通信技术产品的出口比重更是从2000年的8.4%下降到2014年的6.3%。

表5—11　　　　　　　拉美地区进出口结构（2000—2015年）　　　　　（单位:%）

年份	矿石和金属		制造业		信息通信技术		燃料		食品		农业原材料	
	出口	进口	出口	进口	出口	进口	出口	进口	出口	进口	出口	进口
2000	9.0	2.1	51.3	77.2	8.4	13.0	15.8	9.1	19.7	7.6	3.0	1.6
2001	8.1	1.9	51.7	79.0	8.6	13.0	14.9	8.9	21.1	7.9	2.9	1.4
2002	8.3	2.0	50.9	78.6	8.1	11.4	15.3	8.3	21.2	8.4	2.8	1.5
2003	8.2	2.1	49.7	77.6	7.6	11.7	16.7	9.1	21.6	8.7	2.8	1.7
2004	9.8	2.5	49.2	77.1	7.4	12.7	17.0	10.2	20.4	7.8	2.5	1.6
2005	10.3	2.6	48.2	77.0	7.2	12.8	19.2	11.4	19.1	7.0	2.2	1.4
2006	11.7	3.1	46.7	75.6	7.6	13.2	20.0	11.4	18.3	6.5	2.1	1.3

年份	矿石和金属		制造业		信息通信技术		燃料		食品		农业原材料	
	出口	进口	出口	进口	出口	进口	出口	进口	出口	进口	出口	进口
2007	12.9	3.0	48.2	71.7	7.5	9.7	13.9	12.0	20.3	6.9	2.2	1.2
2008	11.3	2.9	44.7	73.9	7.5	11.4	21.4	13.7	19.5	7.6	2.0	1.2
2009	11.2	2.0	43.4	76.4	8.0	12.5	19.8	11.0	22.4	8.1	2.0	1.1
2010	13.6	2.4	42.9	75.9	7.4	12.4	20.5	12.0	20.4	7.5	2.0	1.2
2011	13.9	2.6	41.6	73.5	6.3	11.3	19.2	13.9	20.0	7.6	1.9	1.3
2012	12.8	2.2	41.8	74.3	6.3	11.0	21.2	13.5	20.8	7.5	2.0	1.0
2013	12.5	2.0	42.8	74.3	6.2	11.3	19.8	13.7	21.7	7.7	2.0	1.0
2014	12.7	2.1	46.4	73.7	6.3	11.1	12.8	14.7	24.3	7.3	2.3	1.0
2015	11.5	2.2	49.3	77.4	—	—	9.0	10.8	26.4	7.3	2.7	1.0

资料来源：WITS 数据库，http：//wits.worldbank.org/。

拉美地区出口技术水平的下降还体现在高科技产品出口比重的下降上。高科技出口产品是指具有高研发强度的产品（见图5—7），例如航空航天、计算机、医药、科学仪器、电气机械等。进入 21 世纪以来，拉美地区国家高科技产品出口在制成品出口中的比重连续 8 年下降，从 2000 年的 15.7% 下降到 2008 年的 10%。2012 年又进一步下降到 9.7%。虽然此后得到恢复，但是 2015 年这一比重为 11.5%，与 2007 年持平。这说明拉美国家在高研发强度产品的出口上能力有限。

无论是社会和企业的创新能力、制造业企业的生产能力，还是国家出口的技术水平，拉美国家与中国之间的差距相对较大。这就为中拉产能合作提供了潜力。中国可将技术和中国设备出口到拉美地区，并且以成套设备出口的建设方式在当地进行建设，使"中国制造"在拉美地区得到最广泛的传播。

（三）政治经济环境

制度因素是影响中拉产能合作潜力的重要供给要素。制度是指具有外部强制性的正式行为规则，包括宪法、法律、规定、条例、章程、政策等。制度供给是指制度供给者在给定的主观偏好、利益结构、理性水平、制度环境、技术条件等的约束下，通过特定的程序和渠道进行正式

图5—7 拉美地区高科技出口在制成品出口中的比重（2000—2015年）

资料来源：WITS 数据库，http：//wits. worldbank. org/。

规则创新和设立的过程。

　　根据世界经济论坛"全球竞争力"指标（见表5—12），全球138个国家中，拉美地区主要国家在政治信赖、司法独立、政府管制和政策透明等方面的表现较差。同时，通货膨胀水平、政府债务规模以及国家评级也是影响中拉产能合作的关键指标。具体到国家层面，智利是拉美国家政治经济环境较为优越的国家，其较高的司法效率和较低的政府债务为中国和智利的产能合作提供了较为优越的环境条件。根据上述竞争力指标，巴西在司法独立方面做得相对较好，但其余国家在政治信赖、司法独立和政府管制上的排名均较为靠后，巴西、委内瑞拉和玻利维亚三国政府的信赖度垫底。委内瑞拉在与政府相关的所有项目中排在了全球的末尾。

表5—12　　　　　　　　　2016年拉美主要国家制度指标全球排名

国家	政治信赖	司法独立	政府管制	政策透明	通货膨胀	政府债务	国家评级
阿根廷	129	121	132	124	—	82	115
巴西	138	79	137	130	126	106	59
智利	75	37	68	33	87	8	23
秘鲁	123	103	134	64	64	16	42

国家	政治信赖	司法独立	政府管制	政策透明	通货膨胀	政府债务	国家评级
墨西哥	124	105	118	66	1	80	34
哥伦比亚	128	113	124	78	103	72	43
委内瑞拉	135	138	138	138	137	71	129
玻利维亚	136	137	127	118	82	52	84
厄瓜多尔	122	134	133	119	76	32	106

资料来源：World Economic Forum，Global Competitiveness Index，http：//www3. weforum. org/docs/GCR2016 – 2017/05FullReport/TheGlobalCompetitivenessReport2016 – 2017_FINAL. pdf。

除智利之外，其余主要拉美国家制度环境各项指标的排名均相对靠后。尤其是在政治信赖、司法独立、政府管制和政策透明等方面，所选国家基本排名百名之外，这将成为未来中拉产能合作最大的风险点及制度性障碍。例如，多个拉美国家有强制国有化的历史案例。受经济民族主义思潮的影响，政府强行将自然资源等收归国有，不仅打乱外国投资计划，也极大影响该国的公共政策信誉及其经济增长前景。对于中拉产能合作来说，在具体操作中规避制度风险是必要前提。

三　中拉产能合作的现实性分析

经过 21 世纪初期的快速发展，中拉经贸合作的规模扩大、质量提升、覆盖面也在不断扩大，为中拉产能合作奠定了良好的基础。目前，从需求角度和实际条件而言，中拉具备扩大产能合作的现实基础。

（一）中拉产能合作的已有基础

1. 依存基础：不断密切的经贸关系

目前，中国是拉美地区的第二大贸易伙伴，是巴西、智利和秘鲁的最大贸易国，也是拉美能源和矿产品、大豆和食糖的最大进口国，因此，中拉贸易的变化对拉美影响重大。2015 年中国 GDP 增速出现自 1990 年以来首次跌破 7%，但从拉美的进口额占进口总额的比例未降反升；2016 年中国经济进一步减速，对拉出口下降了 13.8%，但同期从拉美的进口仅小幅下降 1.1%。这些对稳定中拉贸易均起到了积极作用。未来，随着中国城镇化的推进，近 10 亿城镇人口将形成对拉美农产品进口的旺盛需求，将继续发挥对拉美经济的拉动作用。

《中国与拉美和加勒比国家合作规划（2015—2019）》提出，到 2025年中拉双方的贸易额达到 5000 亿美元，意味着双方贸易额增长率仍将保持较高增长率。中拉经贸有很强的互补性，随着双方贸易活动日益频繁、贸易量日益增加，中拉经济关联性增强，传统地依靠国际贸易的产品输出必将拉动以输送和打造工业体系和制造能力为主要内容的产业输出。不断密切的经贸关系是中拉产能合作的依存基础。

2. 联动基础：不断扩大的投资规模

拉美是中国在亚洲以外最大的直接投资地区。1990—2009 年中国对拉直接投资累计 73 亿美元，而 2010—2015 年，中国对拉直接投资年平均95 亿美元，增速超过同期中国对全球的投资增速。自 2005 年中国在拉美直接投资存量首次超过 100 亿美元，中国资本持续流入拉美，到 2015 年中国对拉直接投资存量达到 1263.2 亿美元，占全部中国对外直接投资存量的 11.5%，拉美成为中国在亚洲之外最大的直接投资地区。① 如果考虑到中资企业子公司通过第三国对拉投资，中国企业投资拉美的规模还会更大。

《中国与拉美和加勒比国家合作规划（2015—2019）》提出，到 2025年中拉双方的投资存量达到 2500 亿美元，意味着今后中国对拉直接投资年增长率将不会低于 7%。目前，中国是拉美直接投资的第五大来源国，除在能源开发和矿业采掘上继续加大投资以外，汽车制造、电信、电力、铁路、物流、农产品加工等都有中国企业不同程度地参与，拉紧了中拉之间的产业关联，构成了中拉产能合作的联动基础。

3. 共进基础：不断深化的对外关系

中国与拉美各国同属于发展中国家，与绝大多数拉美国家同属新兴经济体，与拉美最大国家巴西同属金砖国家。中国和拉美国家处于相似的发展阶段，面临相似的发展问题，都具有巨大的发展潜力，在面对全球化挑战上具有命运共同性，双方在制度建设、改革路径上有相互借鉴、共商对策的需要。目前，中国与拉美全面合作伙伴关系已经确立，与巴

---

① 商务部合作司：《中国对外投资合作发展报告 2016》，第 68 页，http：//www.fdi.gov.cn/1800000121_35_1635_0_7.html。

西、秘鲁、墨西哥、阿根廷、委内瑞拉、智利、厄瓜多尔建立全面战略伙伴关系，正在推进中拉关系"五位一体"新格局。

拉美国家对中拉论坛首届部长级会议提出的"2015—2019年合作规划"非常欢迎，希望这些规划目标能够真正落地，改善拉美在与中国经贸关系中的不对称问题，吸引中国直接投资更多地流向能源开发和矿业开采之外的领域，增强对中国出口商品的多样化，实现拉美经济的可持续发展。[①] 面对拉美国家的需求，中国提出扩大利益交汇点，构建合作共赢新关系，打造命运共同体，并以此为基础，支持中国企业赴拉美投资兴业。"互利合作，共同发展"是中拉关系发展的内生动力，也是中国全球发展战略的立足点。不断深化的对外关系构成了中拉产能合作的共进基础。

（二）中拉产能合作的显性需求

中拉产能合作的推进从根本上受双方需求满足度的影响。在中拉产能合作上，中国是主动寻求合作方，需要准确把握拉美地区对产能合作的需求及其紧迫程度。

1. 拉美迫切需要改变对华贸易单一化的局面

从要素禀赋情况来看，拉美对华贸易的比较优势集中在能矿产品和农产品上。根据拉美经委会的统计，截至2015年年底，原油、大豆、铁矿石、铜矿石和精炼铜五种商品价值占拉美对华出口总额的69%，[②] 这些都是初级产品，显示对华贸易的高度集中性和产品单一性。出口商品初级化和单一化，造成就业拉动不足，2009—2012年，拉美对华出口每100万美元可带来44—47人就业，低于拉美对全球出口带来54—56人就业的平均水平。[③]

中拉贸易结构性问题较为突出。在贸易关系上，拉美地区处于对华逆差地位。自2000年以来，拉美对华贸易赤字不断增加，到2015年达到840亿美元，赤字主要来自墨西哥（651亿美元）、哥伦比亚（77.7亿美

---

① ECLAC（2016）：《拉丁美洲和加勒比地区与中国之间的经济关系：机会与挑战》，第22页。

② 同上。

③ 商务部：《2014年中国与拉美及加勒比贸易概况》，http://www.mofcom.gov.cn/article/i/dxfw/nbgz/201507/20150701041979.shtml.［2015 - 07 - 10］。

元）和阿根廷（65.7 亿美元）。在贸易结构上，拉美始终处于初级产品
交换制成品的被动地位。2015 年，初级产品占拉美对世界其他地区出口
额的 34%，占对中国出口额的 70%；制成品占拉美对世界其他地区出口
的 49%，却只占对中国出口的 8%。相反，制成品占拉美自中国进口的
91%，而这一比例在世界其他地区为 72%。[1] 拉美国家迫切需要改变不平
衡的贸易结构。为此，需要从产业结构入手，加大人力资源培训，提升
生产力和创新力，实现与中国在产业链上的深度融合。

2. 拉美亟须改善基础设施

公共投资用于形成公共服务所需的社会基础设施和经济基础设
施。IMF 研究显示，先进国家公共投资支出占 GDP 比重每上升 1 个百
分点，经济产出水平当年提高 0.4%、4 年后可提高 1.5%。[2] 对于新
兴经济体和发展中国家来说，公共投资对经济增长的带动作用同样不容
小觑。

拉美地区基础设施比较落后，运输、仓储等生产性服务成本占企业
生产成本比重高，压缩了制造业利润空间，不利于该地区工业发展。据
联合国拉美经委会统计数据显示，自 20 世纪 50 年代以来，拉美地区可贸
易的资源出口部门和制造业部门产值占经济活动总产值的比重分别下降
了 13 个百分点和 6 个百分点，而不可贸易的服务部门产值比重上升了近
20 个百分点，其中，巴西运输仓储业产值上升了 5 个百分点。[3] 制造业下
滑而生产性服务业产值增加，反映出生产成本的结构问题。巴西国土面
积 855 万平方千米，是与中国最接近的新兴经济体，但巴西国内公路总长
170 万千米仅相当于中国的 1/4，年外贸货物吞吐量不到 10 亿吨，仅为中
国的 1/3。[4] 落后的基础设施加大了运输成本，同样是一吨土豆，巴西国

---

① ECLAC：《拉丁美洲和加勒比地区与中国之间的经济关系：机会与挑战》，2016 年 11
月，第 20 页。

② International Monetary Fund, *World Economic Outlook*: *Legacies*, *Clouds*, *Uncertainties*,
Washington, October, 2014, p. 82.

③ 张盈华：《拉美制造业的下滑与回归：以阿根廷、巴西和墨西哥为例》，载《西南科技
大学学报》2015 年第 6 期，第 11—18 页。

④ 巴西数据来自出口信用保险公司《国别投资经营便利化状况报告 2016》，第 308 页。中
国数据参照国家统计局《2014 年国民经济与社会发展统计公报》。

内运输成本是美国的 3 倍。[①]

为了扭转成本结构倒置问题，拉美各国势必改善基础设施。目前，巴西已于 2014 年和 2015 年启动两轮"物流投资计划"，阿根廷也在推动史上最大规模基础设施改造计划，乌拉圭将在能源、道路、通信、港口、铁路、民生工程等领域推进 120 亿美元的基础设施投资计划。据联合国拉美经委会推测，拉美各国为实现 2012—2020 年的发展目标，需要拿出 3200 亿美元投资于交通、能源、电信及上下水 4 个主要的基础设施领域，基础设施投资占 GDP 比重必须由目前的不足 3% 提升至 6% 以上。中国在基础设施建设方面拥有相对的技术、经验和人力优势，以基础设施建设投资为重点，将中国优势产能和技术引入拉美，对中拉双方都是很好的契机。

（三）中拉产能合作的现实条件

中国是拉美的第二大贸易国和第三大投资来源国，双方经贸关系不断深化，但在产能合作方面仍需攻坚克难。这里用 CAGE 距离框架（CAGE Distance Framework）[②] 分析中国企业进入拉美的现实条件。

1. "文化"距离较大，需要着力增信释疑

拉美国家在语言、文字、宗教、价值观等方面与中国存在较大区别，尤其是近年来对华贸易结构单一化引发拉美国家不满情绪，造成中国企业走进拉美的文化隔阂难以消除。根据皮尤研究中心公布的数据，中国在拉美的受欢迎程度仅相当于在非洲受欢迎程度的 2/3，中国在拉美获得的好感度也明显低于日本、美国和欧洲国家。[③]

2. "行政"距离正在缩小，营商环境有待改善

中国和拉美国家的政治体制不同，但同属于发展中国家，具有共同的发展诉求。近年来，中拉双方高层交往和政治对话频繁，战略共识增

---

① 孙岩峰：《李克强总理拉美四国行　中拉关系借东风再攀高峰》，中国网，http：//news. china. com. cn/world/2015 - 05/29/content_35691265. htm.［2015 - 05 - 29］。

② CAGE 距离框架用双方在文化（Culture）、行政（Administration）、地理（Geographic）和经济（Economic）四方面的区别和差距，为企业国际战略提供依据，也以此解释资本、贸易、信息和人才的流动。

③ 郭存海：《中国海外形象的文化构建：挑战与应对》，载吴白乙主编《拉丁美洲和加勒比发展报告（2015—2016）》，中国社会科学出版社 2016 年版，第 7—8 页。

多。中国先后与委内瑞拉、智利、巴西、阿根廷等国签订货币互换协议，其中 2014 年与阿根廷签订相当于 110 亿美元的互换协议，这个规模占到阿根廷当年外汇储备的 1/3，使中拉贸易绕过美元汇率波动的影响，双方经贸关系更加紧密。2015 年智利纳入人民币境外合格机构投资者试点地区，人民币国际化迈出重要一步，下一步中国还将扩大跨境本币结算。

不过，拉美的营商环境仍是中国企业"走出去"的重要制约因素。根据"透明国际"的全球清廉指数（Corruption Perceptions Index，CPI），拉美地区清廉指数最高的乌拉圭和智利均在 20 名以外，落后于许多 OECD 国家、新加坡和中国香港，后者对中国对外直接投资的虹吸效应很强。因此，拉美国家需要着力改善商业环境，增强该地区对中国企业的吸引力。

3. "地理"距离遥远，经贸合作区可做桥梁

拉美在地理上是距中国最遥远的贸易区域，内部河道和陆上运输基础设施又相对落后，贸易成本加大，贸易比较优势被削弱，贸易地位很容易被那些距离更近的经济体所取代。近年来，中国将产业园区的经验复制到国外，取得显著的积极效果。2008 年年初，国务院发布《关于同意推进境外经济贸易合作区建设意见的批复》，全面推进境外经济贸易合作区建设。截至 2016 年年底，中国企业共在 36 个国家建成初具规模的合作区 77 个，累计投资 241.9 亿美元，入区企业 1522 家，创造产值 702.8 亿美元，上缴东道国税费 26.7 亿美元，为当地创造 21.2 万个就业岗位。① 目前，中国的境外经贸合作区多集中在"一带一路"沿线国家，中国政府正在推进向拉美地区的延伸布局。

境外经贸合作区可作为中拉产能合作和中国企业走进拉美的重要平台。2016 年发布的第二份《中国对拉美和加勒比政策文件》提出"探讨合作共建工业园区、物流园区、高技术产业园、经济特区等各类产业集聚区，助力拉美和加勒比国家产业升级"。联合国拉美经委会统计了拉美对华贸易产品数目（次数）与拉美国家之间贸易产品数目（次数）发现，前者远低于后者，二者之差在巴西和墨西哥为 3 倍，其他主要贸易国家

---

① 商务部：《2016 年商务工作年终综述之二十七：推进国际产能合作取得积极成效》，http：//www. mofcom. gov. cn/article/ae/ai/201702/20170202512550. shtml。[2017 - 02 - 09]。

如智利、哥伦比亚、秘鲁在 10—13 倍,[①] 显示区域内贸易的发展空间更大。借助经贸合作区,中国可以顺利进入拉美区域内贸易,形成贴近市场的产业集群,这不仅有利于缩短中国企业与目标市场的物理距离,更有助于将中拉的产业间贸易更多地转为产业内贸易和部门内贸易,促进拉美尤其是南美国家生产结构的多元化。

4. "经济"距离相近,继续加大结构性调整以增进互补性

在农副产品领域,中拉产业链融合潜力大。2004—2016 年中国城镇常住人口增加了 2.5 亿,按常住人口计算的城镇化率由不足 42% 升至57%,[②]《国家人口发展规划 (2016—2030 年)》指出,到 2030 年我国城镇化率进一步升至 70%,届时城镇常住人口将达到 10 亿。城镇化带来市场需求和消费结构的变化,更加强调优质、便捷和个性化商品,拉美在这方面具有一定优势。2000—2015 年从拉美进口的农产品占中国农产品进口总额的比例从 16% 升至 27%,拉美已经成为中国农产品进口的最重要来源地。中国庞大的需求潜力将促进农产品生产和加工成为拉美重要的经济增长点。

在工业制造业领域,技术输出应与资本和产业输出并举。金融合作与融资支持带动重大项目建设,对中拉产能合作的推动作用不言而喻,但中国需要高度重视和充分了解拉美国家对资本输入的戒心,在向拉美输出资本和产能时,应更加注重人力资本和技术的输出。世界经济论坛公布的全球人力资本报告显示,拉美国家的初等和高等教育完成率高于中国,低技能和高技能就业占比也高于中国,而中等教育完成率和中等熟练程度的就业占比均明显低于中国,[③] 这造成拉美承接全球价值链所需的中端劳动技能不足。中国初、中端劳动技能优质,工业化经验丰富,可为拉美"再工业化"带入所需技术,帮助拉美中、低端劳动力"干中学",积累工业发展所需的人力资本。

---

① ECLAC:《拉丁美洲和加勒比地区与中国之间的经济关系:机会与挑战》2016 年 11 月,第 21 页。

② 国家统计局:年度数据,http://data.stats.gov.cn/easyquery.htm? cn = C01。

③ The World Economic Forum (2015), *The Human Capital Report* 2015, p. 40.

第三节　中拉产能合作的国别与领域重点

一　产能合作是生产和发展能力的合作

"产能合作"基本含义是中国的产业优势和资金优势与其他国家的需求相结合，以提高有关合作对象国的自主生产和发展能力。2015 年 5 月中国国务院《关于推进国际产能和装备制造合作的指导意见》（2015 年 5 月），国际产能合作的重要内容包括：将我国产业优势和资金优势与国外需求相结合，以企业为主体，以市场为导向，加强政府统筹协调，创新对外合作机制。

产能合作的主要对象国是发展中国家。《关于推进国际产能和装备制造合作的指导意见》明确筛选重点合作对象国的 3 条基本标准，即与中国装备和产能契合度高，合作愿望强烈，合作条件和基础好。

产能合作需要在宏观、中观、微观三个层面进行对接和合作。在宏观层面，中国与有关国家需要建立产能合作机制。根据《关于推进国际产能和装备制造合作的指导意见》，中国力争到 2020 年与重点国家基本建立产能合作机制，一批重点产能合作项目取得明显进展，若干境外产能合作示范基地基本形成。为促进产业合作和企业合作，中国与有关国家还要签订双边投资保护、避免双重征税等协定，商讨和签订包括自贸协定在内的各类贸易便利化安排、标准化合作、签证便利化等合作文件。在中观层面，中国将本国拥有比较优势的产业整体输出到有需要的其他国家，帮助这些国家建立更加完整的工业体系，提高这些国家的加工和制造能力。在微观层面，企业在产能合作中居主导地位，中国政府鼓励中国企业和有关国家的企业深挖双边贸易增长潜力，鼓励中国企业在有关国家增加投资；同时，鼓励有关国家的企业到中国进行投资，以巩固和扩大中外企业间进行产能合作的基础。

产能合作是"一带一路"建设的重要内容。截至 2016 年年底，中国同 30 多个沿线国家及其他国家签订了产能合作文件，把产能合作纳入机制化轨道。在贸易合作方面，2014—2016 年中国同"一带一路"沿线国家贸易总额超过 3 万亿美元。在投资合作方面，中国对"一带一路"沿线国家投资累计超过 500 亿美元，中国企业已经在 20 多个国家建设 56 个经贸合作区，为有关国家创造近 11 亿美元税收和 18 万个就业岗位。中国将加大对"一带一路"建设的资金支持，向丝路基金增资 1000 亿元人民币；鼓励金融机构开展人民币海外基金业务，规模预计约 3000 亿元人民币；中国国家开发银行、进出口银行将分别提供 2500 亿元和 1300 亿元等值人民币专项贷款，用于支持"一带一路"基础设施建设、产能、金融合作。①

产能合作涵盖拉美地区。中国国家发展和改革委员会提出了"一轴两翼"的国际产能合作布局，即以中国周边的重点国家为"主轴"，以非洲、中东和中东欧重点国家为"西翼"，以拉美重点国家为"东翼"。第二份《中国对拉美和加勒比政策文件》指出，"产业投资和产能合作""帮助有需要的拉美和加勒比国家提高自主发展能力"。拉美地区是"21 世纪海上丝绸之路"的自然延伸，是"一带一路"建设的合作伙伴。

二 中拉产能合作的国别分类

生产和发展能力与宏观均衡密切相关。所谓宏观均衡，其基本内容是指政府净收入（政府收入 – 政府支出）占 GDP 的比重、国内净储蓄率（储蓄率 – 投资率）、国际净收入（国际收入 – 国际支出）占 GDP 的比重三者之和接近于零。当政府收支出现赤字时，可以用国内净储蓄进行平衡；当国内净储蓄不足以平衡政府收支赤字时，则需要国际收支盈余进行平衡。宏观均衡水平可以用宏观均衡值来反映，宏观均衡值 = 政府净收入占 GDP 的比重 + 净储蓄率 + 国际净收入占 GDP 的比重。GDP 增长率是反映发展生产和能力的重要指标之一，GDP 增长率与宏观均衡水平之间存在着密切关系。如图 5—8 所示，2011—2015 年 181 个经济体年均 GDP 增长率和年均宏观均衡值的趋势线表明，GDP 增长率趋势线随着宏观均衡值的下降而降低。

---

① 习近平：《携手推进"一带一路"建设——在"一带一路"国际合作高峰论坛开幕式上的演讲》，载《人民日报》2017 年 5 月 14 日第 3 版。

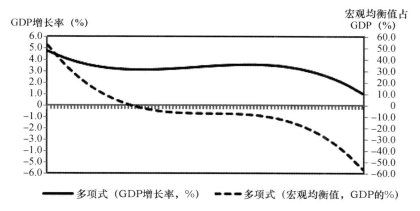

图5—8　2011—2015年181个经济体①年均GDP增长率与年均
宏观均衡值的3次多项式趋势线

注：1. 国际货币基金组织"World Economic Outlook Databases"：政府收入占GDP的比重、政府支出占GDP的比重、总储蓄率、总投资率。"政府净收入占GDP的比重" = 政府收入占GDP的比重 - 政府支出占GDP的比重。"净储蓄率" = 总储蓄率 - 总投资率。

2. 世界银行"World Development Indicators"：GDP增长率、商品和服务净出口占GDP的比重、外资净流入占GDP的比重。"国际净收入占GDP的比重" ≈ 商品和服务净出口占GDP的比重 + 外资净流入占GDP的比重。

3. 宏观均衡值 = 政府净收入占GDP的比重 + 净储蓄率 + 国际净收入占GDP的比重。

资料来源：根据国际货币基金组织和世界银行的统计数据计算。

———————————

① 181个经济体为：阿富汗、阿尔巴尼亚、阿尔及利亚、安哥拉、安提瓜和巴布达、阿根廷、亚美尼亚、澳大利亚、奥地利、阿塞拜疆、巴林、孟加拉、巴巴多斯、白俄罗斯、比利时、伯利兹、贝宁、不丹、玻利维亚、波黑、博茨瓦纳、巴西、文莱、保加利亚、布基纳法索、布隆迪、佛得角、柬埔寨、喀麦隆、加拿大、中非、乍得、智利、中国、哥伦比亚、科摩罗、哥斯达黎加、克罗地亚、塞浦路斯、捷克、科特迪瓦、刚果（金）、丹麦、吉布提、多米尼克、多米尼加、厄瓜多尔、埃及、萨尔瓦多、赤道几内亚、厄立特里亚、爱沙尼亚、埃塞俄比亚、斐济、芬兰、法国、马其顿、加蓬、格鲁吉亚、德国、加纳、希腊、格林纳达、危地马拉、几内亚、几内亚比绍、圭亚那、海地、洪都拉斯、匈牙利、冰岛、印度、印度尼西亚、伊朗、伊拉克、爱尔兰、以色列、意大利、牙买加、约旦、哈萨克斯坦、肯尼亚、基里巴斯、韩国、科索沃、科威特、吉尔吉斯斯坦、老挝、拉脱维亚、黎巴嫩、莱索托、利比里亚、利比亚、立陶宛、卢森堡、马达加斯加、马拉维、马来西亚、马尔代夫、马耳他、毛里塔尼亚、毛里求斯、墨西哥、密克罗尼西亚、摩尔多瓦、黑山、摩洛哥、莫桑比克、缅甸、纳米比亚、瑙鲁、尼泊尔、荷兰、新西兰、尼加拉瓜、尼日尔、尼日利亚、挪威、阿曼、巴基斯坦、帕劳、巴拿马、巴布亚新几内亚、巴拉圭、秘鲁、菲律宾、波兰、葡萄牙、卡塔尔、刚果（布）、罗马尼亚、俄罗斯、卢旺达、萨摩亚、沙特阿拉伯、塞内加尔、塞尔维亚、塞舌尔、塞拉利昂、新加坡、斯洛伐克、斯洛文尼亚、所罗门群岛、南非、南苏丹、西班牙、斯里兰卡、圣基茨和尼维斯、圣卢西亚、圣文森特和格林纳丁斯、苏丹、苏里南、斯威士兰、瑞典、瑞士、圣多美和普林西比、塔吉克斯坦、坦桑尼亚、泰国、巴哈马、冈比亚、东帝汶、多哥、汤加、特立尼达和多巴哥、突尼斯、土耳其、土库曼斯坦、图瓦卢、乌干达、乌克兰、阿拉伯联合酋长国、英国、美国、乌拉圭、瓦努阿图、委内瑞拉、越南、也门、赞比亚、津巴布韦。

近几年来，拉美地区的 GDP 增长受到宏观失衡的制约。如图 5—9 所示，2004—2008 年拉美地区的宏观均衡值为正值，年均 GDP 增长率在5% 以上。自 2009 年以来，拉美地区的宏观均衡值持续保持负值状态，这是拉美地区宏观失衡的主要表现。随着宏观失衡不断加剧（宏观均衡值的负值扩大），自 2010 年以来拉美地区的 GDP 增长率急剧下降，2015 年的宏观均衡值为 GDP 的 −10.6%，GDP 增长率为 −0.4%。

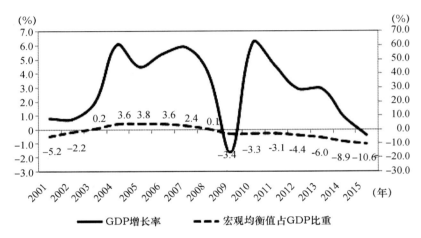

图 5—9　2001—2015 年拉美地区 30 个经济体① GDP
增长率和宏观均衡值曲线

注：1. 国际货币基金组织 "World Economic Outlook Databases"：政府收入占 GDP 的比重、政府支出占 GDP 的比重、总储蓄率、总投资率。"政府净收入占 GDP 的比重" = 政府收入占 GDP 的比重 − 政府支出占 GDP 的比重。"净储蓄率" = 总储蓄率 − 总投资率。

2. 世界银行 "World Development Indicators"：GDP 增长率、商品和服务净出口占 GDP 的比重、外资净流入占 GDP 的比重。"国际净收入占 GDP 的比重" ≈ 商品和服务净出口占 GDP 的比重 + 外资净流入占 GDP 的比重。

3. 宏观均衡值 = 政府净收入占 GDP 的比重 + 净储蓄率 + 国际净收入占 GDP 的比重。

资料来源：根据国际货币基金组织和世界银行的统计数据计算。

---

① 拉美地区的 30 个经济体为：阿根廷、巴哈马、巴巴多斯、伯利兹、玻利维亚、巴西、智利、哥伦比亚、哥斯达黎加、多米尼克、多米尼加、厄瓜多尔、萨尔瓦多、格林纳达、危地马拉、圭亚那、海地、洪都拉斯、牙买加、墨西哥、尼加拉瓜、巴拿马、巴拉圭、秘鲁、圣基茨和尼维斯、圣卢西亚、圣文森特和格林纳丁斯、苏里南、乌拉圭、委内瑞拉。

绝大部分拉美国家主要依靠国际净收入来降低宏观失衡程度。如表5—13 所示，2013—2015 年在 33 个拉美国家中，有 32 个国家的政府净收入占 GDP 的比重为负值（只有圣基茨和尼维斯为正值），有 29 个国家国内净储蓄占 GDP 的比重为负值（安提瓜和巴布达、特立尼达和多巴哥、古巴、巴拉圭 4 国为正值），但有 24 个国家的国际净收入占 GDP 的比重为正值。

商品净出口（商品出口额－商品进口额）、服务净出口（服务出口额－服务进口额）、外资净流入（外资流入额－外资流出额）是国际净收入的三大主要来源。根据国际净收入的主要来源，可以将拉美国家分为 3 组。如表 5—13 所示，第一组为以商品净出口和外资净流入为主要国际净收入来源的国家，有委内瑞拉、玻利维亚、巴拉圭、智利、阿根廷、巴西、苏里南、秘鲁、厄瓜多尔、乌拉圭、哥伦比亚、墨西哥、特立尼达和多巴哥 13 个国家。第二组为以服务净出口和外资净流入为主要国际净收入来源的国家，有加勒比地区的安提瓜和巴布达、多米尼克、圣基茨和尼维斯、圣卢西亚、古巴、巴巴多斯、巴哈马、格林纳达、多米尼加、牙买加、圣文森特和格林纳丁斯以及中美洲的巴拿马、伯利兹、哥斯达黎加、尼加拉瓜、萨尔瓦多等 16 个国家。第三组为以外资净流入为主要国际净收入来源的国家，有洪都拉斯、圭亚那、海地 3 个国家。在 33 个拉美国家中，危地马拉的三大国际净收入来源均为负值。

除上述三大主要国际净收入来源外，侨汇收入也是墨西哥、危地马拉、萨尔瓦多、洪都拉斯、尼加拉瓜、厄瓜多尔、玻利维亚、多米尼加、牙买加等拉美国家的重要外汇收入来源，2013—2015 年墨西哥年均侨汇收入及其占 GDP 比重分别为 247 亿美元和 2.0%，危地马拉分别为 59 亿美元和 10.1%，萨尔瓦多分别为 41 亿美元和 16.5%，洪都拉斯分别为 34 亿美元和 17.6%，尼加拉瓜分别为 11 亿美元和 9.7%，厄瓜多尔分别为 24 亿美元和 2.5%，玻利维亚分别为 12 亿美元和 3.7%，多米尼加分别为 48 亿美元和 7.4%，牙买加分别为 23 亿美元和 16.1%，等等。[1]

---

① 根据联合国贸发会议数据库中的有关统计数据计算，http：//unctadstat. unctad. org/wds/TableViewer/tableView. aspx？ ReportId＝86。

第 1 组拉美国家中，委内瑞拉、玻利维亚、厄瓜多尔、巴拉圭、智利、秘鲁、哥伦比亚、乌拉圭、阿根廷、巴西、特立尼达和多巴哥 11 个国家的商品出口以初级产品为主，初级产品占这些国家商品出口总额的 60% 以上，其中前 4 国的这一比重超过 90%；墨西哥、苏里南 2 国则以工业制成品出口为主，工业制成品占这两个国家商品出口总额的比重分别为 80% 左右和 70% 左右。根据商品净出口的主要收入来源，这 13 个拉美国家可以分为三类。第一类为以多种初级产品为商品净出口主要来源的国家，主要有巴西、智利、秘鲁、阿根廷 4 国，巴西和智利两国的商品净出口主要来源为初级农产品和矿产品、农产品加工产品以及矿产品加工产品，秘鲁和阿根廷的主要来源为初级农产品和矿产品以及矿产品加工产品。第二类是以单一产品为商品净出口主要来源的国家，主要有委内瑞拉、哥伦比亚、厄瓜多尔、玻利维亚、特立尼达和多巴哥、巴拉圭、乌拉圭 7 国，石油是委内瑞拉、哥伦比亚、厄瓜多尔 3 国商品净出口的主要来源，天然气是玻利维亚、特立尼达和多巴哥 2 国商品净出口的主要来源，初级农产品是巴拉圭、乌拉圭 2 国商品净出口的主要来源。第三类是以墨西哥为代表的国家，其商品净出口主要来源于少数几种工业制成品和初级产品，例如墨西哥以机动车和石油为主要来源。危地马拉、洪都拉斯、尼加拉瓜、哥斯达黎加、萨尔瓦多 5 个中美洲国家虽然不属于第 1 组国家，但其情况与墨西哥类似，危地马拉、洪都拉斯、尼加拉瓜 3 国均以初级农产品和纺织品、服装、鞋等劳动力密集型产品为其商品净出口的主要来源，哥斯达黎加以初级农产品、芯片等电子产品为主要来源，萨尔瓦多以纺织品、服装、鞋等劳动力密集型产品为主要来源。

第 2 组拉美国家可以分为两类。第一类是以旅游业为服务净出口主要来源的国家，如圣卢西亚、巴哈马、安提瓜和巴布达、巴巴多斯、伯利兹、牙买加、格林纳达、圣基茨和尼维斯、圣文森特和格林纳丁斯 9 个加勒比地区国家，其旅游业出口净收入占 GDP 的 10%—25%。第二类是旅游业和航运业并重的国家，如巴拿马、多米尼加等国家，2013—2015 年巴拿马旅游业和航运业出口净收入占 GDP 的比重年均分别为

5.9%和6.4%，多米尼加的这两个比重分别为9.2%和2.8%。[①]

表5—13　　2013—2015年拉美国家宏观均衡值及国家分组

	均衡值（占GDP比重,%）	政府收入—政府支出（占GDP比重,%）	储蓄率—投资率（占GDP比重,%）	国际收支	（占GDP比重,%）		
					商品净出口	服务净出口	外资净流入
玻利维亚	-27.6	-16.3	-11.4	0.1	8.9	-6.4	1.2
巴拉圭	-2.6	-3.2	-0.5	1.1	5.1	-4.1	1.3
智利	1.0	-1.2	0.1	2.1	3.7	-0.8	1.3
阿根廷	-3.3	-1.3	-2.6	0.6	1.7	-1.4	2.2
巴西	-6.9	-4.2	-2.1	-0.6	0.6	-0.6	1.4
苏里南	-9.9	-6.4	-3.5	0	0.2	-2.0	3.5
墨西哥	-15.0	-8.1	-9.4	2.5	0	-9.0	11.7
秘鲁	-4.6	-4.1	-2.5	2.0	-0.5	-0.9	4.4
厄瓜多尔	-4.6	-0.6	-4.6	0.6	-0.7	-0.9	5.0
乌拉圭	-6.1	-5.0	-1.2	0.1	-0.8	-1.1	1.3
哥伦比亚	-5.9	-3.1	-3.9	1.1	-1.5	0.5	4.8
安提瓜和巴布达	-6.0	-2.0	-5.0	1.0	-1.7	-1.6	5.9
多米尼克	13.6	-3.2	13.0	3.8	-33.4	22.9	12.5
圣基茨和尼维斯	-10.2	-2.8	-9.4	2.0	-29.8	19.2	7.3
圣卢西亚	5.4	9.4	-9.1	5.1	-29.0	18.9	-0.6
巴拿马	-11.1	-4.1	-7.5	0.5	-24.5	17.9	6.5
古巴	-13.2	-2.6	-10.3	-0.3	-20.6	17.5	8.8
伯利兹	3.0	-2.2	2.6	2.6	-11.4	15.5	—
巴巴多斯	-10.0	-3.7	-7.3	1.0	-20.0	15.3	6.8
巴哈马	-19.4	-8.8	-8.0	-2.6	-19.3	14.6	6.4

[①]　根据联合国拉美经委会（CEPAL）"Anuario Estadístico de América Latina y El Caribe, 2016，Versión Electronic"中的有关统计数据计算。

续表

	均衡值（占 GDP 比重,%）	政府收入—政府支出（占 GDP 比重,%）	储蓄率—投资率（占 GDP 比重,%）	国际收支	（占 GDP 比重,%）		
					商品净出口	服务净出口	外资净流入
哥斯达黎加	-31.7	-5.5	-18.5	-7.7	-27.4	13.4	11.0
格林纳达	-8.8	-5.7	-4.6	1.5	-10.4	8.9	6.2
多米尼加	-23.1	-4.4	-19.5	0.8	-29.5	8.9	13.6
牙买加	-2.3	-2.2	-3.1	3.0	-11.3	6.3	5.1
圣文森特和格林纳丁斯	-15.3	-0.2	-6.7	-8.4	-25.6	5.5	-5.2
尼加拉瓜	-25.4	-3.8	-25.6	4.0	-35.7	5.5	26.3
萨尔瓦多	-5.2	-1.1	-8.9	4.8	-21.6	3.1	11.2
洪都拉斯	-9.5	-3.4	-5.1	-1.0	-20.5	2.8	3.7
圭亚那	-9.5	-4.4	-7.7	2.6	-16.0	-3.6	9.8
海地	-16.3	-3.3	-9.5	-3.5	-15.5	-9.4	7.0
危地马拉	-11.6	-5.4	-6.1	-0.1	-29.5	-4.3	5.5
委内瑞拉	-8.2	-1.8	-1.6	-4.8	-10.2	-0.4	-3.2

资料来源：1. 古巴为 2011—2013 年数据，数据来源：Oficina Nacional de Estadística e Información, *Anuario Estadístico de Cuba* 2015, La Habana, Cuba, Septiembre de 2016。根据 p. 160、p. 153、p. 152、p. 138 的有关数据计算。

2. 除古巴外，其他拉美国家的"政府收入—政府支出（占 GDP 的比重,%）"、"储蓄率—投资率（占 GDP 的比重,%）"，根据国际货币基金组织"World Economic Outlook Databases"中的"General Government Revenue Percent of GDP"、"General Government Total Expenditure Percent of GDP"、"Total Investment Percent of GDP"、"Gross National Savings Percent of GDP"计算。

3. 除古巴外，其他拉美国家的"国际收支"根据联合国拉美经委会（CEPAL）"Anuario Estadístico de América Latina y El Caribe, 2016, Versión Electronic"中的有关统计数据计算。

三 中拉产能合作的重点领域

中拉产能合作强调将中国拥有比较优势的产业整体输出到有需要的拉美国家，帮助这些拉美国家建立更加完整的工业体系，提高这些国家的加工和制造能力。根据中拉"1+3+6"务实合作新框架，能源资源、基础设施、农业、制造业、科技创新、信息技术为中拉产能合作的 6 大重点领域。

根据国务院《关于推进国际产能和装备制造合作的指导意见》（2015 年 5 月）、《中国与拉美和加勒比国家合作规划（2015—2019）》（2015 年 1 月）、《中国对拉美和加勒比政策文件》（2016 年 11 月）等文件，如表 5—14 所示，中拉产能合作在能源资源领域的重点行业有两大类：一是电力，包括发电、高压及超高压输电以及生物能、太阳能、地热和风能等。二是矿产资源勘探开发，尤其是石油、天然气等能源和各类矿产资源的勘探、开发。基础设施领域的重点行业是交通运输、住房和城市建设，公路、港口、铁路、仓储设施、商贸物流是交通运输的重点。农业领域的重点是种植业和养殖业。制造业领域涉及 17 个重点行业，其中劳动密集型行业有 3 个，即农产品加工、食品加工、纺织服装；资本密集型行业有 5 个，即冶炼加工、建筑装备、石化、电力、交通装备；技术密集型行业有 9 个，即机械设备、汽车、航空、船舶及海洋工程装备、电子设备、数字医疗设备、信息通信技术、生物技术、医药。科技创新领域有信息产业、民用航空、民用核能、新能源等重点行业，信息技术领域有互联网、数字电视、信息通信产业、通信和遥感卫星、卫星数据应用、航天基础设施等重点行业。

表 5—14　　　　　　　　中拉产能合作重点领域和行业

重点领域	重点行业
能源资源	1. 电力（包括发电、高压及超高压输电以及生物能、太阳能、地热和风能） 2. 矿产资源勘探、开发
基础设施	交通运输（包括公路、港口、铁路、仓储设施、商贸物流等）、住房和城市建设
农业	种植业、养殖业
制造业	1. 劳动密集型：农产品加工、食品加工、纺织服装 2. 资本密集型：冶炼加工、建筑装备、石化、电力、交通装备 3. 技术密集型：机械设备、汽车、航空、船舶及海洋工程装备、电子设备、数字医疗设备、信息通信技术、生物技术、医药
科技创新	信息产业、民用航空、民用核能、新能源
信息技术	互联网、数字电视、信息通信产业、通信和遥感卫星、卫星数据应用、航天基础设施

资料来源：笔者根据国务院《关于推进国际产能和装备制造合作的指导意见》（2015 年 5 月）、《中国与拉美和加勒比国家合作规划（2015—2019）》（2015 年 1 月）、《中国对拉美和加勒比政策文件》（2016 年 11 月）等文件整理。

"以市场为导向"是中拉产能合作的重要指导思想,中国市场、拉美本土市场、第三方市场是三个主导方向。

以中国市场为导向的中拉产能合作主要有农产品加工、矿产资源勘探开发与冶炼加工、石油天然气勘探开发等,重点合作对象国包括第 1 组的巴西、智利、委内瑞拉、秘鲁、阿根廷、哥伦比亚和第 2 组的古巴 7 个拉美国家。根据联合国贸发会议的统计数据,2013—2015 年拉美地区年均对华商品出口额约为 955 亿美元,这 7 个国家年均对华商品出口额约占拉美地区年均对华商品出口额的 89.4%,其中巴西年均对华商品出口额约占拉美地区年均对华商品出口额的 42.7%,智利为 19.1%,委内瑞拉为 9.6%。如表 5—15 所示,在农产品领域,中国是巴西、阿根廷两国的主要大豆出口市场,2013—2015 年巴西 73.5% 的大豆出口收入和阿根廷 73.7% 的大豆油出口收入来自中国,中国也是巴西、智利、秘鲁、阿根廷、古巴的纸浆、蔗糖、鱼粉、水果等的主要或重要出口市场。在矿产品领域,中国是巴西、智利、委内瑞拉、秘鲁四国的主要铁矿砂出口市场,是智利、秘鲁的主要铜出口市场。在能源产品领域,中国是巴西、委内瑞拉、阿根廷、哥伦比亚的重要原油出口市场,等等。

以拉美本土市场为导向的中拉产能合作重点是资本密集型制造业、技术密集型制造业以及科技创新、信息技术两大重点领域,重点合作对象国包括第 1 组的巴西、阿根廷、智利、秘鲁、厄瓜多尔、哥伦比亚、委内瑞拉、乌拉圭以及第 2 组的古巴 9 个国家。工业制成品是拉美地区的主要进口商品,根据联合国贸发会议的统计,2013—2015 年地区年均进口额约为 8040 亿美元,约占地区商品进口总额的 74%;在此期间,拉美地区从中国进口工业制成品的年均进口额约 1699 亿美元,约占地区工业制成品进口总额的 21%。中国是拉美地区工业制成品贸易逆差的主要来源国,2013—2015 年拉美地区工业制成品年均贸易逆差约 3289 亿美元,其中约 49%(年均约 1621 亿美元)来自中国。如表 5—16 所示,阿根廷、智利、哥伦比亚、厄瓜多尔、乌拉圭 30% 以上的技术密集型商品进口来自中国,例如秘鲁 2013—2015 年从中国进口的技术密集型商品占该类商品进口总额的 45.6%。巴西、古巴等国家 25% 以上的技术密集型商品进口来自中国,委内瑞拉的这一比重约为 15%。

以第三方市场为导向的中拉产能合作重点是加工组装业、农产品加工以及服装等劳动密集型产业，重点合作对象国包括第 1 组的墨西哥，第 2 组的尼加拉瓜，第 3 组的洪都拉斯、危地马拉 4 个国家。墨西哥的机动车、家用电器、计算机、通信设备等加工组装业是该国的重要出口产业，2013—2015 年这 4 大产业的年均商品出口额约为 1440 亿美元，贸易顺差约 960 亿美元；在此期间，4 大产业年均进口半成品、零配件 480 亿美元左右，其中 220 亿美元左右来自中国。危地马拉的 4 大类出口商品是水果、纺织服装、蔗糖、咖啡，2013—2015 年这 4 类商品的年均出口额约 42 亿美元，占该国年均商品出口总额的 40% 左右，这 4 类商品对华年均出口额仅 1 亿美元左右。洪都拉斯的 3 大类出口商品是服装、咖啡和水果，2013—2015 年年均出口额约 37 亿美元，约占该国年均商品出口总额的 46%。尼加拉瓜的两大类出口商品是服装和咖啡，2013—2015 年这两大类商品年均出口额约 17 亿美元，占该国年均商品出口总额的 36%。

表 5—15　　　　2013—2015 年拉美 7 国对华主要商品的年均出口额

对华主要出口商品	对华出口额（亿美元）	占该商品出口总额比重（%）	对华主要出口商品	对华出口额（亿美元）	占该商品出口总额比重（%）
巴西			智利		
大豆	165	73.5	铜	87	42.2
铁矿砂	116	47.9	铜矿砂	54	33.9
原油	39	28.3	纸浆	11	39.8
纸浆	17	32.0	铁矿砂	8	73.7
蔗糖	10	10.5	水果	7	12.6
皮革	7	27.1	秘鲁		
委内瑞拉			铜矿砂	35	49.4
原油	71	14.3	铜	9	41.2
石蜡	18	18.1	鱼粉	8	55.5
铁矿砂	3	81.5	铁矿砂	6	97.1
阿根廷			哥伦比亚		
大豆	33	73.7	原油	38	17.0
大豆油	5	11.0	古巴		
原油	3	25.1	蔗糖	4	60.9

续表

对华主要 出口商品	对华出口额 （亿美元）	占该商品出口 总额比重（%）	对华主要 出口商品	对华出口额 （亿美元）	占该商品出口 总额比重（%）
牛肉	1	11.0	镍矿砂	2	30.2
皮革	1	11.5			

资料来源：根据联合国贸发会议统计数据计算。

表5—16　　　　2013—2015年拉美9国从中国进口的资本
密集型、技术密集型商品

国别	项　目	资本 密集型	技术 密集型	合计
阿根廷	从中国进口额（亿美元）	38.6	44.8	83.4
	中国进口额占该类商品进口总额比重（%）	13.5	37.6	20.6
巴西	从中国进口额（亿美元）	115.7	113.1	228.8
	中国进口额占该类商品进口总额比重（%）	14.4	28.6	19.1
智利	从中国进口额（亿美元）	36.0	38.9	74.9
	中国进口额占该类商品进口总额比重（%）	15.3	36.7	22.0
哥伦比亚	从中国进口额（亿美元）	27.5	40.1	67.6
	中国进口额占该类商品进口总额比重（%）	14.1	31.2	20.9
古巴	从中国进口额（亿美元）	7.5	2.7	10.2
	中国进口额占该类商品进口总额比重（%）	19.4	26.0	20.8
厄瓜多尔	从中国进口额（亿美元）	16.5	11.9	28.4
	中国进口额占该类商品进口总额比重（%）	19.1	31.3	22.8
秘鲁	从中国进口额（亿美元）	26.2	26.2	52.4
	中国进口额占该类商品进口总额比重（%）	16.7	45.6	24.5
乌拉圭	从中国进口额（亿美元）	7.3	4.8	12.1
	中国进口额占该类商品进口总额比重（%）	19.7	31.2	23.1
委内瑞拉	从中国进口额（亿美元）	28.1	10.0	38.1
	中国进口额占该类商品进口总额比重（%）	21.6	15.4	19.5

资料来源：根据联合国贸发会议统计数据计算。

第四节　中拉产能合作的实施策略与保障措施

一　中拉产能合作的挑战与机遇

2015 年，李克强总理在出访拉美时，明确提出，中方愿意"重点以国际产能合作为突破口，推动中拉经贸转型，打造中拉合作升级版"，并为中拉产能合作量身定制了"3×3"新模式。2017 年 5 月，《"一带一路"国际合作高峰论坛圆桌峰会联合公报》明确提出，"一带一路"向包括拉美在内的世界开放。截至 2018 年 6 月，中国同巴拿马、特立尼达和多巴哥先后签署了政府间共建"一带一路"合作文件，中拉论坛第二届部长级会议通过了《"一带一路"特别声明》等重要成果文件，指明中拉优先合作领域包括对"一带一路"倡议的对接。这都标志着拉美在"一带一路"中的地位日渐明晰，不仅是"21 世纪海上丝绸之路的自然延伸"、不可或缺的重要参与方，更是当前的现实共建方。

而今，"一带一路"正在成为引领中拉产能合作的重要平台，推动中拉之间的沟通、协商和合作，为双方创造发展共享的新机遇。但与此同时，中拉产能合作由于双方制度和文化等多方面差异，也面临着较大的现实性挑战。

（一）"一带一路"提供了中拉产能合作的历史性机遇

中方提出的"一带一路"倡议提出了"共商、共享、共建"的理念，为推动中拉共享发展提供了机遇，也成为中拉产能合作的重要背景和基础平台。

"一带一路"为中拉创造共同的增长机遇。当前，中国要在增长中协调"人民日益增长的美好生活需要和不平衡不充分的发展之间的矛盾"，拉美国家则要结构转型中促进包容性增长。"一带一路"推动政策沟通、贸易畅通和民心相通，能够促进拉美与中国乃至欧亚大陆实现贸易对接，大幅拓展贸易伙伴，加快贸易便利化进程，并进而产生外溢效应，改善增长的外部环境。"一带一路"推动设施联通和资金融通，能够促使互联互通网络沿"中国—欧亚大陆—拉美"路径拓展，促进中拉双方借助相关合作机制吸引投资、改善基建，提升潜在增长率。

"一带一路"为中拉创造发展战略的对接机遇。近年来拉美国家纷纷加快经济改革和产业结构调整步伐，如巴西推出"重振制造业"目标，秘鲁的《2016—2021 年发展规划》提出利用自身资源优势大力发展矿业、冶金产业。"一带一路"所提倡的产能合作、创新发展与拉美自身的发展规划具有一致性，一方面可作为中拉双方加强顶层设计和政策沟通的平台，促进产业和贸易政策的协调和对接；另一方面可推动中国先进装备制造业、电信、网络服务业与拉美农业开发、食品加工等各自优势产业加快技术转让，实现优势互补，助力拉美经济转型和产业链升级步伐。

"一带一路"为中拉创造加速一体化融合的机遇。拉美一体化进程起步早但发展缓慢，内部基础设施联通不足与外部机制建设向心力不足是根本原因。"一带一路"在机制建设上，有望促进拉美内部整合现有双、多边对话机制，其着眼亚太的发展路径还可推动秘鲁、智利等太平洋沿岸国家成为中拉之间的新桥梁，引领拉美地区一体化的新"潮头"。"一带一路"在互联互通上，可通过中拉基础设施建设合作，推动中拉双方在交通、物流、能源、电信、网络基础设施上形成"多维度丝绸之路"，打破阻碍拉美一体化融合的地理藩篱，并推动中拉之间形成商品、投资、服务和劳动力的更高水平的融通。

"一带一路"为中拉创造共同提升全球影响力的机遇。作为新兴经济体，中拉均承受着传统经济治理体系下"中心—外围"分工模式的负面外部冲击。"一带一路"倡导的互联互通理念有望推动全球化向更加开放、均衡、包容、普惠的方向发展。借由大数据、云计算和物联网、智慧城市等包容性技术的开放和应用，改变传统技术发展中的"垄断壁垒"，推动更加公正、合理、包容的国际贸易和投资新秩序。由此将助力中拉发挥自身资源禀赋和比较优势，在全球市场上扮演更加重要的独特地位。

"一带一路"为拉美与欧亚大陆提供了一个平等交流的平台，这也为中拉实现规划对接、优势互补提供了广阔空间。而今，"一带一路"与中拉整体合作、双边合作进展交相辉映，推动中拉双方实现广泛的协调联动，必将促进双方未来形成繁荣共享。

（二）现实性挑战

中拉产能合作在面临历史性机遇的同时，也面对着来自现实环境的多重挑战。

一是中拉贸易的结构性约束。通过对中拉贸易进行产品种类、价格和数量的三元边际分解，可以看到，2012 年之后，中拉贸易的增长压力主要来自数量增长的停滞和拉美出口产品种类的进一步集中化。同时，中国对拉出口多处于较低附加值的区间内，仍以低价为主要竞争优势，与拉美当前着力推进的制造业存在一定竞争冲突，增长空间有限。中短期内，由于中拉贸易具有一定的结构刚性，双方经济下滑和全球大宗商品价格低迷会加大贸易的压力，而贸易产品结构过于集中也会限制中拉贸易的增长空间。中拉双方唯有对贸易结构进行更深层次的转型升级，才能创造新的增长点。

二是中拉贸易和投资自由化与便利化水平的制约。就开放度而言，在投资领域，拉美部分国家还存在外资前准入阶段的限制性规定；在贸易领域，中国同巴西等主要贸易伙伴之间的综合贸易限制仍处于较高水平，与哥伦比亚等国之间存在着竞争性领域贸易限制水平偏高的问题。就便利化程度而言，中拉双方均存在制约经贸合作的瓶颈性因素。拉美多数国家签证周期过长，基础设施薄弱，物流效率偏低，且存在税收等多方面显性或隐性成本，对双边合作构成约束。而中国服务于企业"走出去"的配套政策措施相对滞后，部分现行政策弹性不足，如贷款抵押政策、国有企业经营范围限制等问题，也会对中拉合作产生影响。这些短板因素对中拉产能合作的推进产生负面影响，尤其是不利于投资合作的稳定扩大。

三是拉美政治带来的营商环境不确定性。2015 年以来，拉美主要国家政治局势发生变化，与国际因素交织，地区政治生态的复杂性增大。首先，拉美政治出现"右转"趋向，政府更迭和政党间分歧将加大在拉投资和经营环境的不确定性。其次，新右翼政府在外交上趋于平衡战略，主张强化与西方关系，中拉经贸活动所享受的政治红利受到一定冲击。最后，20 世纪以来民粹主义的回归，对政治制度发生作用，容易导致群体割裂和政府短视，对政策的可持续性和经营环境的稳定性存在潜在冲击。上述变化将增加中拉产能合作环境的不确定性。

四是拉美法规体系产生的潜在风险。拉美地区的整体法治状况在全球居中等水平，存在局部领域的超前"立法"，对中国投资和经营开发提出较高要求。在环保方面，拉美立法严格，中国资源类投资面临项目审批周期长与变动大的风险。同时，拉美多国立法保护土著人土地权利，而待开发资源多集中在印第安保护区，原住民社区问题以及其传统文化同经济发展、资源开采之间的冲突，已成为资源类企业在拉投资的主要风险之一。在劳动保护方面，拉美工会力量强大，普遍存在最低工资立法，社会保障水平较高，劳动力市场僵化且分化，企业用工风险和雇工难度较大。上述法规环境对中国企业的经营活动形成一定的隐性制约，增大了区内经营的潜在风险。

五是拉美社会问题增加的系统性风险。拉美是全球社会问题最突出的区域之一。首先，拉美贫富差距大，不同群体无法公平分享经济增长成果，导致储蓄率和消费均不足。其次，拉美治安较差，犯罪率高于世界平均水平，毒品相关犯罪高发。此外，拉美历来社会运动频发，印第安人运动、无地农民运动、失业工人运动以及劳资纠纷罢工等时有发生，对正常的生产经营活动形成冲击。在中拉经贸合作步入深入阶段，社会问题会制约市场扩大，也造成投资环境的恶化，不利于中拉产能合作开展。

二　中拉产能合作的实施策略

全球价值链通过复杂的生产和遍及多国的供应网络将全世界的企业、工人和消费者联系起来。这种全球贸易的重组为发展中国家融入世界经济创造了不同的机会。通过进入发达国家市场，参与全球价值链能够使新兴经济体提高本地产业的增加值。但是，仅仅进入全球价值链并不意味着一定能从贸易中获得积极的收益。为了获得参与全球价值链的收益，发展中国家必须持续提升自己的竞争力。

联合国贸发会议（UNCTAD）认为，以全球价值链为基础的政策框架通常包括五方面内容。其一，将全球价值链嵌入国家整体发展战略。其二，积极参与全球价值链。其三，提高国内生产能力。其四，制定完善的环境、社会和治理框架。其五，协调贸易、投资政策和制度。

表5—17 **针对全球价值链（GVCs）和发展建立的政策框架**

主要内容	政策要点
将全球价值链嵌入国家整体发展战略	将全球价值链纳入产业发展政策； 沿着全球价值链发展路径制定政策目标
积极参与全球价值链	创造和保持一个有利的贸易和投资环境； 完善基础设施是参与全球价值链的前提
提高国内生产能力	支持企业发展，提高本地企业议价能力； 提高劳动者技能
制定完善的环境、社会和治理框架	通过监管和公私标准（涉及社会、环境、安全和健康等问题），将参与全球价值链的风险最小化； 支持本地企业执行国际标准
协调贸易、投资政策和制度	确保贸易和投资政策一致性； 协调贸易和投资的促进和便利化； 打造"区域产业发展协议"

资料来源：UNCTAD，*World Investment Report* 2013：*Global Value Chains：Investment and Trade for Development*，2013，p. 176。

有鉴于此，参与到价值链不同环节对于拉美国家有深刻和重要的意义。在每一个环节，经济活动都会使用具有不同密集程度的生产要素（资本、技术知识和劳动力等），因此它们对于建立后向联系的潜力各不相同。目前，就整体而言，拉美较少能够融入面向美国、亚洲和欧洲的三大价值链，而自身的价值链发展也呈现出局限性。第一，无论是从贸易还是投资角度考察，拉美地区在世界经济中都处于相对较低水平，远低于发展中的亚洲地区。第二，拉美对外贸易格局中区域内贸易占比远低于区域外贸易，然而，区域内贸易的多元化程度却高于区域外。第三，产业结构失衡导致贸易结构主要以产业间贸易为主。第四，落后的基础设施制约了生产一体化。

基于此，中拉产能合作应适应全球价值重整的发展趋势，以拉美价值链发展诉求作为着眼点。

（一）中拉产能合作应以提升区域内贸易为目标

尽管新兴市场经济体地位逐渐上升，但从整体看，拉美地区对外贸易份额远落后于发展中的亚洲经济体，其出口和进口占全球的比重均维持在 6% 的水平，且十几年未发生变化。[①] 这表明作为新兴市场较为集中的地区之一，拉美地区实际上参与世界贸易的程度较低。与此同时，拉美是世界上区域内贸易比例最低的地区之一。然而，区域内贸易相比于区域外贸易，更具有多元化的特征（见表 5—18），高附加值产品出口也集中，而且有更多的中小企业参与，有利于就业创造。因此，提升区域内贸易水平是参与全球价值链的起点。

表 5—18　　2013 年拉美次区域出口到目的地的产品平均数量（个）

	拉美	美国	欧盟	中国
南美洲	2312	1149	1204	308
中美洲	2141	1034	479	120
加勒比	824	792	404	57
墨西哥	3841	4136	2855	1419

资料来源：CEPAL，2014 *Latin America and the Caribbean in the World Economy*，2014，p. 18。

从次区域看，拉美内部对外贸易模式也存在差异性，大体分为两组。一组是以地缘经济为主的墨西哥、中美洲和加勒比国家，另一组是以资源出口为主的南美国家。前者不仅通过贸易，而且通过外国直接投资、移民、旅游以及侨汇的方式，与美国经济保持强劲的联系。特别是，墨西哥在拉美地区对美国贸易模式中占有重要地位，其对美国的商品贸易盈余对整个地区贡献最大。而中美洲地区和一些加勒比国家处于以美国为中心的制造业价值链的低端部分。在这组国家中，北美自由贸易协定（NAFTA）、中美洲自由贸易协定（CAFTA-DR）及墨西哥—中美洲自由贸易协定发挥了重要作用。在两个次区域中，南美洲国家不仅主导了拉美地区与欧盟之间的贸易模式，而且逐渐加强了与中国和其他发展中国家及地区的联系。但是，南美洲区域内贸易和生产一体化水平较低，需要提升本区域内贸易水平。相较而言，墨西哥和中美洲各国依靠美国市场所形成的物流、产业和劳动分工程度相对更密切，但需要提高高附加

① CEPAL，2015 *Latin America and the Caribbean in the World Economy：the Regional Trade Crisis：Assessment and Outlook*，2015.

值产品出口，沿价值链逐渐升级。

（二）中拉产能合作应有助于增加固定资产投资

总体而言，FDI 对拉美总固定资本形成贡献较小。美国仍然是拉美地区 FDI 主要来源国。2015 年，美国占拉美吸收的 FDI 的比重达到 25.9%，荷兰和西班牙分别以 15.9% 和 11.8% 分列第二、第三位。其中，荷兰比较特殊，因为许多跨国公司受税收优势吸引在荷兰建立子公司，然后投资于第三国。整体而言，自 2000 年以来流入拉美地区的 FDI 占 GDP 的比重大体稳定在 3% 的水平，波动幅度约 0.5 个百分点，而由 FDI 直接创造的固定资本占 GDP 的比重大体为 1%。换言之，仅有 1/3 的外国直接投资创造了新的有形资本，另外 1/3 流向对本地企业的并购，最后 1/3 为遗漏或损失，挤出了本该实施的投资和支出。从拉美固定资本投资的三个来源组成看，非 FDI 的本地私人投资占比最大，公共投资次之，FDI 贡献最小。尽管 FDI 对总固定资本形成贡献最小，但是跨国公司能够通过创造无形资本在促进本地经济发展中发挥重要作用，即通过技术转移和技能开发，以及带动本地企业进入价值链从而参与国际经济，来发挥 FDI 的溢出效应。因此，增加 FDI 对拉美固定资产投资的贡献有利于促进拉美生产一体化。但是，这种溢出效应的吸收也取决于拉美国家劳动力技能水平，本地产业竞争力及其供给外资企业的能力，已有相关产业集群以及制度效率等现实条件的发展程度。

（三）中拉产能合作应以升级产业结构为导向

拉美国家在产业结构层面表现为三种失衡（见图 5—10）。第一，资源禀赋丰富赋予初级产品专业化生产的特殊性。一是在进口替代工业化时期它始终是创汇并支撑工业化用汇的主要来源；二是在危机时期它被视作可以改善国际收支并迅速摆脱危机的"救命稻草"。因此，初级产品专业化易造成产业结构的单一性。第二，"去工业化"趋势明显。当 20 世纪 60 年代中后期"简易"进口替代结束后，拉美国家没有适时转向利用非熟练劳动力的初级出口替代模式，反而在 70 年代通过举债方式维持了"非耐用消费品—耐用消费品—中间产品—资本品"逐级替代的跨越式发展路径，提前"透支"了产业升级的潜力，结果导致制造业 20 年的衰退，这种趋势至今也未得到根本扭转。第三，服务业占比虽然高，但内部存在较大异质性。现代服务业与寄生在非正规部门的效率低下、缺乏保障的低端服务业并存。

上述产业结构失衡易导致拉美出口呈现"两高一低"（产品集中度高、地区或国别集中度高及技术集中度低）的格局。如表5—19所示，除墨西哥较大程度地参与美国价值链而形成某种程度产业内贸易外，巴西、阿根廷和哥伦比亚出口均以"原材料"或"中间产品"（按商品加工程度分类）为主。因此，为实现价值链和生产一体化，拉美地区有必要促进产业结构升级，增加产业内贸易，这也是拉美结构改革的主要目标之一。

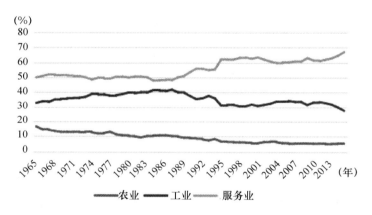

图5—10　1965—2015年拉美地区产业结构变动趋势

资料来源：笔者根据世界银行 WDI 数据库绘制，http：//databank. worldbank. org/data/re-ports. aspx？source = world-development-indicators#。

表5—19　　　　　　　　2015年主要拉美国家进出口结构（%）

	巴西		墨西哥		阿根廷		哥伦比亚	
	出口	进口	出口	进口	出口	进口	出口	进口
原材料	41. 97	9. 57	10. 43	4. 42	27. 34	3. 61	59. 81	5. 49
中间产品	28. 91	29. 10	9. 21	18. 92	43. 64	24. 27	16. 24	26. 64
资本品	14. 61	34. 29	48. 02	46. 03	10. 18	39. 25	3. 10	31. 28
消费品	12. 78	26. 61	26. 50	26. 27	16. 97	31. 26	20. 74	33. 89

资料来源：世界综合贸易解决方案（WITS），http：//wits. worldbank. org/。

（四）中拉产能合作应注重发挥产业政策作用

20世纪90年代在"华盛顿共识"影响下拉美的产业政策体现为旨在通过规划设计以提高一国经济竞争力的"竞争力政策"。具体而言，分三种类型，第一种是以巴西、墨西哥和部分英语加勒比国家为主，它们特别重视工业部门在国家竞争力中的地位而且关注其与技术开发和有效参与国际贸易的联系，但是与先前工业发展规划相比，产业政策缺乏实质性内容。第二种是安第斯和中美洲国家，与前一组重点关注制造业不同，它们主要是以提高整体经济竞争力为主，这种国家竞争力战略通常是以产业集聚的形式出现。第三种是诸如阿根廷、智利和乌拉圭等没有实施正式产业政策或有选择性实施竞争力战略的国家，它们关注最基本的"水平性"（horizontal）或"中立"（neutral）的干预政策，即不歧视生产部门和以企业需求为定向的部门。然而，这些国家的政策非常务实，每当"部门"（sectoral）有需求时它们会引入部门优先政策。

21世纪以来，产业政策再次回归，因为拉美地区需要产业政策来促进价值链和生产一体化。产业政策一直是拉美经委会倡导的结构变革战略的中心要素。它意味着，无论是在制造业、自然资源部门还是服务业，都要鼓励生产要素向具有更高生产率和更大知识密集度的经济活动转移。通行的做法，一是通过政策加强已存在的比较优势（如将更先进的技术纳入自然资源出口中），二是通过政策创建新的比较优势。现代产业政策的最终目标是服务于提升地区参与国际经济的程度。

除此之外，加强区域层面的产业政策协调也是题中之意。传统而言，产业政策的制定旨在实现国家的目标。但是，如果想促进跨境生产链发展，仅在国家层面采取措施是不够的。如果参与同一生产链的国家执行的政策是相互矛盾而不是互相促进的，那么国家层面的政策也是无效率的。有鉴于此，国家产业政策应该关注跨国的因素。这种国家产业政策之间的协调必然会给政治、技术，甚至是财政预算都提出严峻挑战。因此，这种协调过程需要渐进性和分阶段推进。

（五）中拉产能合作应以基础设施合作为抓手

基础设施和服务是一国经济一体化的核心要素，它能够使交易在特殊的地理和经济空间内成为可能。尽管国家之间的生产一体化主要由适当的政策框架推动，但是，它也依赖于包括交通、物流、能源和电信等在内的完善基础设施的可利用性。这些物理性网络通过承载贸易流和价值链，成为连接国内与世界其他地区经济关系的必要系统。因此，基础设施一体化是拉美地区生产一体化的必要条件。

因此，以中国市场为主要导向的产能合作，可通过铁路、公路、港口等交通基础设施建设合作等举措挖掘中拉双边贸易潜力，特别是与巴西、阿根廷等拉美国家加强交通基础设施建设合作，提高大宗商品的外运能力，降低运输成本，有助于提高拉美国家对华出口大宗商品的能力和竞争力，有助于增加对华出口。

三　中拉产能合作的外部机制建设

产能合作需要双边或多边的政策协调与对接，为此，需要中拉双方在外部机制建设方面加强合作。

第一，推进双方合作的机制性建设。双边和多边法规框架是确保中拉合作有序进行的重要保障，目前，中国分别与巴哈马、哥斯达黎加、古巴、墨西哥、特立尼达和多巴哥、牙买加、巴巴多斯、阿根廷、秘鲁、玻利维亚、哥伦比亚、圭亚那、智利13个拉美国家签订了双边投资保护协定；与古巴、墨西哥、特立尼达和多巴哥、牙买加、巴巴多斯、巴西、厄瓜多尔、智利、委内瑞拉9个拉美国家签订了双边避免双重征税协定；与智利、秘鲁和哥斯达黎加签订了双边自由贸易协定，安提瓜和巴布达、巴哈马、多米尼克、哥斯达黎加、格林纳达、特立尼达和多巴哥、牙买加、巴巴多斯、圭亚那、苏里南、智利11个拉美国家承认中国完全市场经济地位。此外，中国还与有关拉美国家签订双边产能合作框架协议，2015年和2016年中国分别与哥伦比亚、巴西、古巴、乌拉圭4国签订了此类框架性文件。未来，中拉双方强化双边经贸合作制度建设，降低关税及非关税壁垒，严格落实贸易和投资便利化措施，扩大自由贸易协定、双边投资保护协定和避免双重征税协定等协议合作范围，推动中拉经贸关系朝着互利共赢的方向持续发展，为企业投资与合作创造良好环境。

第二，推进多层次沟通，缩短中拉文化距离。一方面，需要从国家层面加强沟通，借助中拉论坛、基础设施建设合作论坛等对话交流平台，准确传达中国致力构建的"五位一体"新格局，让"命运共同体"成为共识，彻底取代"中国威胁论"。另一方面，教育"走出去"的中国企业，做好站稳脚跟、长足发展的打算，主动熟悉拉美社会运行规则，深度融入拉美社会。

第三，推动多重创新，消除制约经贸合作的瓶颈性因素。在制度创新方面，在产能合作结构创新方面，中国应顺应国内的供给侧结构性改革方向，推动由"中国制造"向"中国创造"的转变，增加对拉出口产品附加值。在内部体制创新方面，对拉合作方式应从过去的政府主导、国企开路的模式，可以逐渐过渡到政府主导与市场导向、国企开路与民营并进相结合，不断发现并拓展中拉产能合作的新空间、新动力。

第四，坚持各方合作共赢，实现地区包容性发展。中拉关系的核心内涵是合作共赢，作为市场新进入者，中方唯有创造增量市场，才能避免冲突，促使各方都会受益。为此，中方应切实贯彻第二份对拉美政策文件的要求，"同相关域外国家和国际组织在拉美和加勒比国家开展三方发展合作"，推动多方共赢。同时，借助当前全球产业调整机会，中资可以通过并购借力欧洲，特别是通过已经在拉美有成熟体系的西班牙、葡萄牙等企业搭桥进入拉美，推动实现事半功倍的效果。

第五，深入了解中拉法律文化差异，突破法律文化瓶颈。针对拉美法律环境的复杂性，中方除了注重法律环境的前期调研和法律人才的培养外，应严格遵守东道国法律法规和政策规定，高度重视东道国的劳工法、税法、环保法和与原住民权益保障相关的法律，积极承担相应的社会责任。在发生法律纠纷时，优先选择拉美国家认可的国际商事仲裁，争取更为公正的司法待遇。

第 六 章

中拉科技合作

第一节　中拉科技交往的一般历史概述

中拉科技交往已有近半个世纪的历史，在此期间全球高科技发展突飞猛进，世界历史进程发生巨大变化，中拉科技合作经历了从无到有、从单一到多元、从浅表到深层、从边缘到核心、从零散到整体、从意向到实质的发展过程，科技交往与合作在双方关系发展中的地位日益显著。至今，中国已与33个拉美国家中的22个建立了科技交流与合作关系。古巴是第一个与中国建交的拉美国家，也是最早与中国有科技往来的拉美国家。早在1960年11月，中古即签订了经济技术合作协定；巴拿马是第22个与中国建交的拉美国家，也是除哥斯达黎加之外第二个与中国开展科技交往的中美洲国家。

如果要对这一历史过程作出分期，则一般可分为4个历史阶段，这四个历史阶段不是简单的重复过程，而是叠加式和螺旋式上升的过程，每个阶段都有鲜明的特征，完成其相应的历史任务。当然，从整个科学技术发展史和全球合作图景来看，中拉科技合作尚处于初级阶段，无论是广度还是深度都需进一步拓展和加强。简言之，中拉科技交往前景广阔，但挑战颇多。

一　"零散合作"阶段

这一阶段起止于20世纪60年代到70年代中期，中国与拉美的科技关系只限于加勒比地区的古巴。然而，这是中拉科技交往从无到有的起始阶段，因而具有十分重要的历史意义。彼时，中古科技合作局限于政府间合作的单一渠道，内容除了石化、镍冶炼、甘蔗和烟草、农渔业等技术相互引进和转让外，也有军事技术上的合作，但总量和水平都较低。

20 世纪 50 年代末 60 年代初中国与苏联关系恶化，对苏联技术的依赖也宣告终结，由此中国制定了《1963 年至 1972 年科学技术规划纲要》（简称《十年规划》），提出了实现科学技术现代化的战略目标，开启了自主技术研发的最初阶段。石油冶炼和能源技术是中国力图实现技术自立的优先领域，而中国在这一技术领域的进步与古巴的帮助分不开。20 世纪 60 年代初的古巴人民政权建立，尚未具备国家科学技术研究开发的经验，但拥有此前美国建立的技术试验设施，以及石油提炼和通信领域技术，在对华技术合作中不无是处。例如，中国曾经获得古巴炼油厂的相关技术和数据，有学者认为，"中国最早的大规模炼油设备是在古巴技术的帮助下建立起来的"。① 尽管在严格意义上古巴转让的技术是美国的技术，却是在特定历史条件下双方科技交往的必然选择。在军事技术领域，20 世纪 60 年代初，中国不仅为古巴提供最先进的防空武器——多管地对空机枪，以加强古巴的空中防御力量，而且还为古巴培训了第一批飞行员。②

二　"探索与开拓"阶段

20 世纪 70 年代中期到 80 年代末中拉科技合作进入全面开拓的历史时期。随着中美关系解冻、中国在联合国地位的恢复以及发展中国家多元化外交的推进，中国与拉美国家迎来建交高潮，墨西哥、秘鲁、智利、巴西、阿根廷等一批国家相继承认中华人民共和国政府为中国的唯一合法政府。从此，中拉科技合作有了更广阔的舞台，双方政府签署科技合作协定，派出科技人员进行交流，内容从农业、矿业、渔业、林业等传统产业和中低技术领域扩大到卫星、航空、计算机等新产业和高新科学技术领域。1984 年 5 月，中国与巴西两国政府签订科学技术合作协定补

---

① Wang Youping, *The Diplomatic History of the People's Republic of China*, Vol. 2, p. 496; Yinghong Cheng, "Sino-Cuban Relations during the Early Years of the Castro Regime, 1959 – 1966", *Journal of Cold War Studies*, Vol. 9, No. 3, Summer 2007, p. 96.

② Yinghong Cheng, "Sino-Cuban Relations during the Early Years of the Castro Regime, 1959 – 1966", *Journal of Cold War Studies*, Vol. 9, No. 3, Summer 2007, pp. 78 – 114, 97.

充协议，将双方合作扩大到电子及信息、电力、航天技术和标准化等领域。① 最具有示范效应的例子是 1988 年 7 月中巴两国政府签署《关于核准研制地球资源卫星的议定书》，成立了中巴地球资源卫星计划（CBERS）。该计划的目的是通过发展中国家之间的平等合作，发展自主高新技术，打破发达国家垄断先进技术以及在先进技术转让领域对发展中国家的歧视和偏见。与以往两国间仅有技术和研究人员一般性交流不同，该议定书的签署标志两个发展中大国由此开启了实质性技术合作的新模式。

尽管如此，这一阶段中拉科技交往在总体上仍是有限的。首先，双方自身的科技实力，尤其是自主创新产品不足，影响合作的全方位开展；其次，中国尚未确立社会主义市场经济，科技体系未能有效地服务于生产活动，成果转化率较低，而拉美国家也处于实行进口替代战略后期日趋僵化的产业及研发所带来的困境中，双方合作主要局限于官方层面，未能形成与市场、民间、企业的有机互动。

三 "务实推进"阶段

前两个阶段与其说是实质性的，不如说是象征性的。进入 20 世纪 90 年代，中拉科技合作才开始走上务实发展的道路。1999 年，在中巴《关于核准研制地球资源卫星的议定书》基础上中巴联合研制的第一颗地球资源卫星发射成功，② 标志着中拉科技关系的重要转折点。它不仅改变了中巴两国依赖外国资源卫星应用产品的历史，还鼓舞了拉美其他国家与中国科技合作的信心。南美洲各国和地处北美洲的墨西哥均加快对华科技合作的步伐。

需要指出的是，这一阶段中拉科技合作的大幅增加有其特定的历史背景。第一，20 世纪 90 年代东欧剧变和苏联解体不仅造成全球战略格局发生重大转换，也使原有冷战体系下的技术壁垒与转让限制出现松动，为发展中国家获取技术专利，开展相互间新型民用技术合作提供了相对

---

① Tania Maria Sausen, "The China-Brazil Earth Resources Satellite（CBERS）", *International Society for Photogrammetry and Remote Sensing（ISPRS）Highlights*, Vol. 6, No. 2, June 2001, p. 28.

② 目前中巴共发射了 5 颗地球资源卫星。中巴地球资源卫星和美国的 "landsat" 陆地资源卫星、法国的 "spot" 地球观测卫星等都是目前全球最主要的空间遥感技术项目。地球资源卫星主要用于防灾减灾、农业、城市规划和环境保护等领域的信息收集工作。

宽松的外部环境。第二，美国对巴西等拉美地区大国仍然实行高技术限制和封锁，迫使它们转向中国等其他技术合作方。第三，拉美大多数国家开始推行新自由主义经济政策，实行对外开放和贸易自由化。在当时的对华贸易中，拉美产品劳动力成本高于中国产品，只有通过技术含量相对较高的产品，才能抵消竞争劣势。因此，拉美提高技术能力的要求更显迫切。第四，中拉双方都意识到，提高科学技术水平是增强国际竞争力的根本保证。1996 年，哥伦比亚、阿根廷等国推出"国家创新体系"，1997 年中国也作出相应的战略决策。第五，2001 年中国加入世界贸易组织后，中拉技术流动和技术合作明显提速，科技合作的内容和形式均出现多样化发展，科技合作的空间大为增加。到 2004 年为止，中国与拉美各国共签署了 100 多项科学和技术合作协定，合作内容涉及卫星、通信、工业和农业等各个领域，[①] 尤其在利用生物技术改造传统农业方面成绩斐然。

四 "深化发展"阶段

进入 21 世纪以来，中拉科技合作同双方在其他领域的合作一样，迈入"深化发展"阶段，其标志是：

第一，2008 年，为促进整个拉美地区的科学技术创新发展，联合国拉美经委会（ECLAC）成立了由拉美 10 国参加的"决策者科学技术和创新学校"，为拉美决策者提供科学、技术和创新培训，并制定了一个"区域科学技术和创新对话机制"，每年召开一次大会，鼓励拉美地区整体科学技术和生产能力的建设，促进和协调拉美国家间科学技术转让和交流合作。这一机制对于促进拉美地区科技创新合作非常重要。据统计，仅2012—2013 年，拉美国家总共执行的技术合作任务达 1080 项。[②] 2008 年11 月，中国发布首份对拉美地区的政策文件——《中国对拉丁美洲和加勒比政策文件》，明确包括高科技合作在内的中拉合作政策目标和指导原

① Alex E. Fernández Jilberto and Barbara Hogenboom, "Latin America and China Under Global Neoliberalism", *Journal of Developing Societies*, Vol. 23, 4, 2007, pp. 467 – 501.

② *Report on the Technical Cooperation Activities Carried out by the ECLAC System During the* 2012 – 2013 *Biennium*, Distr. GENERAL LC/G. 2593/Rev. 1, 3 July 2014, http：//www. cepal. org/，检索日期：2018 年 1 月 20 日。

则，建立了双边科技合作混委会、高层协调机制等合作机制，将高科技合作纳入中拉整体合作规范化和制度化范畴。从此，中拉在航空航天、资源环境、海洋等重点技术领域的合作多了一层制度上的保证。

第二，2014 年 7 月，中国提出"1 + 3 + 6"中拉整体合作框架，界定了中拉合作的 6 大重点领域，即能源资源、基础设施建设、农业、制造业、科技创新和信息技术，其中后 2 项是专门针对高科技和创新的，其他 4 个领域合作的深化和优化也与高科技息息相关，将科技的合作融入制造和生产领域。这一框架不但在中拉合作领域上有了很大的突破，而且将中拉高科技合作拓展到整体合作的架构之中。

第三，2015 年 1 月，中国—拉共体论坛（中拉论坛）首届部长级会议制定了《中国与拉美和加勒比国家合作规划（2015—2019）》，科技合作规划第一次从以前附属于科教文化合作的分类中独立出来，与工业、航空航天作为专门的一类进行规划，① 彰显中拉科技创新合作及其制度性建设的重要地位。中拉论坛首届部长级会议结束仅半年，首届中国—拉共体科技创新论坛即在拉共体轮值主席国厄瓜多尔首都基多举行。这次论坛标志着中国与拉美科技创新整体合作实质性的第一步，因为这次论坛的参加者不仅有中国和拉美国家的代表，还有南美洲国家联盟、拉共体组织、联合国教科文组织、拉美经委会等区域组织和国际组织的代表，充分体现了中国—拉共体科技创新论坛作为中拉整体科技创新合作平台和机制的作用。这次论坛正式启动了"中拉科技伙伴计划"和"中拉青年科学家交流计划"，还提出了共建国家联合实验室、共建中国—拉美国家技术转移中心、开展重大技术示范与推广、积极探索科技园区合作、开展科技创新政策交流与合作等具体合作举措。

几乎同时，中拉产能合作投资基金和中拉合作基金先后投入运营，所资助的领域与"1 + 3 + 6"框架中的重点合作领域基本重合，中拉高科技合作在这一框架和融资机制帮助下有望尽快落地生根，同时中拉科技创新整体合作与产能合作结合起来，将使越来越多的科技合作成果走出实验室，转化为现实的经济效益和社会价值，成为推动中拉关系发展的新引擎。

---

① 《中国与拉美和加勒比国家合作规划（2015—2019）》，载《人民日报》2015 年 1 月 10 日第 3 版。

第二节　高科技合作：重点与示范

中拉高科技合作虽然始于 20 世纪 80 年代末的航天领域。但只是与巴西在资源卫星合作领域达成意向性合作协议，尚未有实质性合作进展，而且只是单个例子，没有形成规模效应。高科技的多领域多国家立体合作还是进入 21 世纪之后的事情。在目前公认的六大高科技领域中，中拉合作的重点领域聚焦于信息技术、新能源技术、生物技术和空间技术四大领域，并且已在相应国家产生示范效应或有了突破。其他两大领域以及跨领域或交叉领域合作甚少，说明中拉在未来的高科技合作中前景广阔。

一　优先合作的科技领域

高科技是高技术（high technology）[①] 和大科学（big science）[②] 的结合体，"创新"是高科技成果渗透到政治、经济和社会各个领域的根本途径。半个多世纪以来，高科技通过不断创新，已经形成了科学技术化、技术科学化、科学技术社会化的整体发展模式，不但催生了前所未有的新的高科技产业，而且高科技生产方法在各个经济领域的渗透性应用，也对传统产业进行着大规模的改造。高科技发展的速度之快，直接影响着中拉合作的模式。中拉在经济、政治、社会领域的合作都会或多或少、或早或晚地涉及科技创新方面的合作，比如农业领域、基础设施建设、能源合作等传统领域都包含着相关领域的高科技内容。科技创新合作可以促使双方提高研发（R&D）投资（衡量高科技产业的标准之一），R&D 投资又是提高全要素生产率的决定性一环，可以增强发展中国家之间高附加值贸易往来。据统计，2005—2011 年，拉美地区高科技比较发

---

① "高技术"相对于"中技术"（middle technology）和"低技术"（low technology）而言。"高技术"一词最早由米勒（S. M. Miller）于 1964 年在霍罗威茨（I. L. Horowitz）编著的《新社会学》一书中提出。与以往的中低技术不同，高技术是以科学为基础的技术和能转化为生产力的知识，其发明依靠更多的不是经验，而是高深的科学理论。

② "大科学"一词最早出现在德国。1890 年由德国历史学家曼逊正式提出。后来英国贝尔纳的《科学的社会功能》和美国普赖斯的《大科学，小科学》对大科学理论进行了系统研究。"大科学"就是社会化、组织化和制度化了的科学，高度依赖大规模的科学装置以及高技术手段、仪器和工具，依靠科学家和研究团体组成的范围广泛和联系密切的网络进行研究。

达的 5 国——巴西、阿根廷、墨西哥、古巴和智利 R&D 投资占国内生产总值（GDP）的比重仅分别为 1.16%、0.62%、0.46%、0.61% 和 0.42%，而中国也只有 1.84%，远低于美国（2.77%）和日本（3.26%）等发达国家。[1] R&D 投资低说明科技创新在全要素生产率提高中所占的比例也低，投入低者只能滞留在全球低端生产链，要想进入生产链的高端，必须依靠创新驱动和创新合作。与发达国家相比，中国和拉美国家在高科技创新领域都处于相对弱势，要想加快科技创新速度，合作是很好的途径。

二 优先合作的历史背景

20 世纪八九十年代是中拉科技关系的转折点。中拉科技关系从以传统产业及中低技术为主逐渐过渡到高新技术领域的合作。这一转折的历史背景是：

第一，对高科技革命和高科技的发展有了理论上的认识和根据。高科技革命对发达国家的社会经济生活已然产生了有目共睹的影响，这种影响很快反映到思想界和理论界。20 世纪 60 年代末，法兰克福学派著名思想家哈贝马斯提出了"科学技术成了第一位的生产力"的理论，[2] 对整个西方国家产生了重要影响。在此前后出现的西奥多·W. 舒尔茨的"人力资本"理论、尼科·斯特尔的知识社会理论、堺屋太一的知识价值理论和马克·波斯特的信息方式理论等都深受哈贝马斯学说的影响，从世界理论批判中心的转移以及 60 年代末拉美知识界的动荡来看，包括哈贝马斯在内的法兰克福学派对拉美思想界和知识分子产生过非常重要且长期的影响，[3] 如古巴的莫雷诺·弗拉希纳尔斯对现代资本主义交往模式的研究，[4] 阿根廷的劳尔·普雷维什的中心—外围技术理论等。1978 年，中

---

① "World Development Indicators: Science and Technology, 2014 States and Markets", World Bank, http://wdi.worldbank.org/table/5.13，查阅日期：2016 年 1 月 23 日。

② 尤根·哈贝马斯：《作为"意识形态"的技术与科学》，学林出版社 1999 年版。

③ 1963 年和 1969 年，委内瑞拉、智利、阿根廷等国先后成为世界新的理论批评中心，见李彬《全球新闻传播史：公元 1500—公元 2000 年》，清华大学出版社 2005 年版。

④ Armand Mattelart, Hector Schmucler, *Communication and Information Technologies: Freedom of Choice for Latin America?* Norwood, New Jersey: Ablex Publishing Corporation, 1985, p. 41.

国改革开放的总设计师邓小平同志提出，要实现农业、工业、国防和科学技术现代化，关键在于实现科学技术现代化。1988 年 9 月，邓小平又指出，"将来农业问题的出路，最终要由生物工程来解决，要靠尖端技术"。① "马克思说过，科学技术是生产力，事实证明这话讲得很对。依我看，科学技术是第一生产力。"② 20 世纪 80 年代末以来，科学技术是第一生产力的理论成为中国制定各种政策的指导思想之一。

第二，世界历史发展的现实使高科技革命成为发达资本主义社会摆脱滞胀，获得再发展的新动力，高科技的发展成为发达国家战略决策的重要组成部分。经过了 20 世纪六七十年代的黄金时代以后，资本主义世界经济陷入普遍的滞胀；1973—1974 年与 1978—1979 年的两次石油危机使工业革命始创的"向自然宣战"的资源利用模式和以此为基础的经济生产方式出现前所未有的危机，信息技术、自动化技术和新材料技术等高新技术在经济中的应用使新的资源利用模式、新的生产方式和新的管理形式成为可能。与此同时，资本主义国家转而采用凯恩斯经济思想之后，对管理体制和社会政策进行改良，政府干预和规划功能有所加强，进而推动了高新科学技术转化成现实生产力的力度和速度。在一些主要发达资本主义国家，科技进步对经济增长的贡献一般都已超过其他生产要素的总和，达 50% 以上。如 1950—1962 年美国资本、劳动力和科学技术进步三因素在经济增长中所占比例分别为 22.5%、25.2% 和 53.4%；法国分别为 16.8%、27.5% 和 55.7%；西德分别为 22.5%、21.8% 和 55.7%。进入 20 世纪 80 年代以来，科技在经济增长中的比重更高，平均达 60%—80%。③ 发达国家认识到高科技的作用之巨大，纷纷制定科技立国发展战略。如 20 世纪 80 年代里根政府的星球大战战略防御计划，④ 欧洲的尤里卡计划，日本的"科技立国"战略等。利用他国资源优势发展

①　《邓小平文选》第 3 卷，人民出版社 1993 年版，第 275 页。

②　同上书，第 274 页。

③　张国富：《论技术进步与经济增长》，载《北京大学学报》1997 年第 3 期，第 72 页。

④　星球大战计划既是一个军用技术计划，又是一个民用技术计划。"二战"期间及以后，美国政府在制订新的军事技术计划时从一开始就考虑到它的民用性。美国发展高科技的特点是以军用技术带动民用技术的发展，是军民二元的技术发展模式。见宋霞《"二战"后美国"研究与发展"结构的新变化》，载《科学学研究》2002 年第 4 期。

高科技也越来越成了各国参与经济全球化竞争的重点。一方面，发达国家科技发展浪潮很快辐射到中国和拉美等发展中国家；另一方面，科学技术在发展中国家经济中占有越来越重要的地位，成为实现其后发战略的关键支撑。20 世纪 50 年代至 80 年代，智利和巴西等拉美国家曾实行的科技专家治国，其劳动、资本和全要素生产率对整个 GDP 增长的贡献分别为 22%、38% 和 40%，其中全要素生产率恰恰反映了技术进步的贡献。[①] 需要指出的是，在第一波"去工业化"过程中，美国高科技制造业向拉美各国转移，使后者最早受到发达国家高科技革命的辐射和影响，也创造出一大批拉美国家由低收入水平进入全球中高收入国家的行列。

第三，中国和拉美国家自身发展高新科学技术的需要。高科技革命对发达国家和发展中国家的冲击几乎是同时发生的，发达国家对技术的垄断越来越严重，因为在高科技时代，科技垄断成为发达国家增加国际影响力和控制发展中国家的又一砝码。发展中国家在技术上依赖发达国家是没有前途的，因为发达国家不可能将先进技术转让给发展中国家。发展中国家和发达国家的科技合作也不可能是平等的。拉美诸国在电信业领域的发展几乎与发达国家同时起步。早在 20 世纪六七十年代，巴西和哥伦比亚等国即开始考虑发射用于教育目的的通信卫星，巴西空间研究院曾与美国 NASA 合作 SACI/EXERN 计划，1977 年无果而终；哥伦比亚与美国合作的 CAVISAT 计划也中途夭折。究其原因，美国为控制和垄断拉美国家的卫星技术市场，绝不允许拉美发展自己的卫星技术。20 世纪 80 年代末以前，美国 NASA 控制的 Landsat 自然资源卫星、Tiros-N 等气象卫星垄断了拉美诸国的矿藏勘探、生态资源、农业、林业、城市等领域的信息，其最终目的不是拉美的利益，而是为以美国为首的大财团和世界市场服务，为美国的技术霸权服务。[②] 摆脱这种控制和垄断，是拉美国家 80 年代开始探索发展自主技术的根本原因，如巴西"防守国家主

① Andre A. Hofman, *Long Run Economic Development in Latin America in a Comparative Perspective: Proximate and Ultimate Causes*, CEPAL, 2001, pp. 18 - 19, http://www.cepal/cl/.

② Armand Mattelart, Hector Schmucler, *Communication and Information Technologies: Freedom of Choice for Latin America*? Norwood, New Jersey: Ablex Publishing Corporation, 1985, p. 129.

义"技术自立战略方针的确立以及 1984 年以发展自主信息技术为目的的
《信息产业法》的制定，1985 年巴西"科学技术部"的正式成立，都是
从制度上和组织上促进本土科学技术发展的明证。

中国认识到发展自主技术的重要性，同样也部分地来自发达国家的
压力和技术霸权欺凌。1981 年里根总统执政后，美国在对华先进技术设
备出口以及科学教育来往中加强了相关管控。① 1986 年，中国制定了
《高技术研究发展计划纲要》（简称"八六三"计划），旨在生物技术、
航天技术、信息技术、先进防御技术、自动化技术、能源技术和新材料
技术等领域与世界水平接轨。邓小平在 1988 年曾指出，"下一个世纪是
高科技发展的世纪"。② 中国必须在世界高科技领域占有一席之地。1988
年，中国政府先后制订"星火计划""火炬计划""攀登计划"、重大项
目攻关计划和重点成果推广计划等一系列重要计划，形成中国科技事业
发展的新格局。加强科技外交，尤其是加强同发展中国家建立在平等互
助基础上的高科技外交，既是科学技术本身进步的结果，又是发展中国
家发展高科技的需要。正如威廉·华莱士所说，"外交政策是把民族国家
与其国际环境连接起来的政治"。③ 亦如前面提到的，1988 年中巴两国政
府设立中巴地球资源卫星计划，即为了发展自主高新技术，打破发达国
家垄断先进技术以及在先进技术转让领域对发展中国家的歧视和偏见。
中拉科技合作也随之进入一个新的阶段，航空、卫星、计算机和生物等
高科技领域的合作成为新阶段合作的主要内容。④ 从这一点上看，议定书
的签署具有重大的历史意义。

三　重点和示范领域

从表 6—1 中可以看出，尽管程度不一，中拉高科技合作对纯科学、
应用技术和科技创新三种类型都有所涉及。在高科技 6 大领域中，中拉

---

① 《黄华外长在纽约一次晚宴上谈中美关系问题》，载《人民日报》1982 年 10 月 8 日第
4 版。

② 《邓小平文选》第 3 卷，人民出版社 1993 年版，第 279 页。

③ William Wallace, *Foreign Policy and the Political Process*, London: Macmillan, 1971, p. 11.

④ Tania Maria Sausen, "The China-Brazil Earth Resources Satellite (CBERS)", *International So-
ciety for Photogrammetry and Remote Sensing (ISPRS) Highlights*, Vol. 6, No. 2, June 2001, p. 28.

合作主要聚焦于信息技术、新能源技术、生物技术、空间技术 4 大领域，而在新材料技术、海洋技术、精密制造技术等领域的合作非常薄弱，甚至还未起步。

表 6—1　　　　　　**中国与拉美双边及整体科技创新合作实例**

科技领域	合作国家	主要合作范例	时间
卫星技术	巴西	中巴地球资源卫星计划（CBERS）	1988
		中巴联合研制的第一颗地球资源遥感卫星——CBERS – 01 星发射成功	1999
		中巴联合研制并成功发射 CBERS – 02 星地球资源卫星	2003
		中巴联合研制并成功发射 CBERS – 02B 星地球资源卫星	2007
	委内瑞拉	中国为其研制并发射"西蒙·玻利瓦尔"一号通信卫星（"委星 1 号"）	2008
		中国为其研制并发射"委内瑞拉遥感卫星一号"（"委遥一号"），也称"米兰达"遥感卫星	2012
	玻利维亚	中国为玻研制并发射首颗通信卫星"图帕克·卡塔里"号	2013
生物技术	古巴	中国与古巴分子免疫中心（CIM）签署知识产权协议和合作开发协定	1998
		古巴分子免疫中心与中国国际科学中心合作成立中古合资的生物技术企业——百泰生物药业有限公司	2000
		中古成立生物技术联合工作组	2004
		2007 年成立"百泰生物工程研究院"	2007
	巴西	中国与拉美国家第一个农业科学联合实验室——"中巴农业科学联合实验室"成立，合作领域包括遗传资源、作物育种和生物技术等	2011
信息技术	古巴	中国华为公司为古巴建设了一条宽带网络服务系统，实现其电信基础设施的现代化	2009
		中国又帮助古巴铺设了一条通向委内瑞拉的长达 1600 公里的海底光缆，同时将牙买加接入了这一系统，使古巴与外界有了互联网连通	2011

续表

科技领域	合作国家	主要合作范例	时间
信息技术	古巴	中拉"1 + 3 + 6"合作规划中提到，在科技创新合作领域与古巴签署了一份启动数字电视计划（为古巴提供数字电视）和为古巴的交通运输设备提供技术的协议	2014
	巴西	华为巴西分公司与巴西通信技术学院合作成立"华为认证网络学院"	2012
		联想集团投资 1 亿美元在巴西坎皮纳斯大学科技园内建立研发中心，开发企业软件和高端服务器研发；中国奇虎360 公司与巴西电脑安全技术公司合作，提供新一代互联网安全系列产品的核心技术	2013
		华为为巴西亚马孙国家研究院数据中心和全国教育与科研网数据共享中心捐赠云计算技术与设备	2014
		中兴与巴西托坎廷斯州政府签署关于建设托坎廷斯州数字城市项目的商务合同，华为和巴西科技创新部签署了关于云计算和大数据技术科技合作协议，百度公司也与巴西科技创新部签署了科技合作协议	2015
	委内瑞拉	大部分基础设施和通信都由华为或中兴负责	
	秘鲁	华为参与其大跨度网络建设	
新能源技术	阿根廷	中阿政府签署关于合作在阿根廷建设重水堆核电站的协议	2014
		中阿签署在阿根廷合作建设压水堆核电站的协议，标志中国自主三代核电技术品牌华龙一号（ACP1000）成功出口拉美	2015
	巴西	中巴核企业签署《关于在巴西进行全面核能合作的谅解备忘录》	2015
纳米技术	巴西	中巴纳米技术联合研究中心成立	2012
	拉美整体	中国—拉共体科技创新论坛创立	2015
		中拉清洁能源与气候变化联合实验室成立	2015
		中拉清洁能源与气候变化联合实验室首届中拉科技创新论坛在巴西里约热内卢召开，中国与巴西、古巴、秘鲁等多个拉美国家代表参会	2016

资料来源：笔者根据相关资料整理而得。

在如此复杂多样的高科技领域中，中拉已形成特定领域的特定合作模式，并成为其他领域合作的典范。

第一，中巴航天科技合作是首个典范。

空间技术领域，即航天领域，是中拉高科技合作的突破口。20世纪80年代末，巴西发展核计划受挫，作为一直有强国梦的国家来说，巴西急于在另一高科技领域——航天领域寻求突破，巴西的航天发展计划一直集中在研制卫星和运载火箭上。当时，中国恰好于1986年制定了《高技术研究发展计划纲要》（简称"八六三"计划）和以高新技术商品化、产业化和国际化为宗旨的"火炬计划"，航天领域是优先发展的高科技领域之一。双方都决定通过开展国际合作的办法研制新一代对地传输性地球资源探测卫星。但在"冷战"的国际背景下，双方寻求欧美国家在航天领域的合作非常困难，而且有诸多的附加条件。共同的需求促成了中巴航天合作的契机，两国地球资源卫星项目成为发展中国家高科技领域合作的典范。到目前为止，中巴共发射5颗地球资源遥感卫星（CBERS），除03星发射失败外，其他4颗都成功进入预定轨道，它们分别是1999年发射的01星、2003年发射的02星、2007年发射的02B星和2014年发射的04星。

中巴航天合作开启了三步走模式。第一步由双方国家政府制订计划，签署协议，成立中巴跨部委的空间技术合作协调委员会（2004年），协调和决定航天领域合作的重大事项。自从1988年中巴签署了《关于核准研制地球资源卫星的议定书》之后，又随着每次卫星的发射制订相关的计划，直到最近于2013年签署的中巴航天合作十年计划——《2013—2022年中国国家航天局与巴西航天局航天合作计划》，为中巴航天合作提供了全新的平台和方向。第二步卫星基本由中国空间技术研究院与巴西空间研究院等公共科研机构联合研制，由中巴双方共同出资，前3颗卫星都是中国承担70%的研制任务和费用，巴西承担30%。[①] 第三步，在发射环节，则完全依靠中国制造的火箭技术。除了02星是在巴西空间研究院进行总装测试，其他卫星都是在中国总装测试，由"长征四号乙"运载火箭在中国境内发射。航天合作给中巴两国带来了航天科技上的历史性

---

① 张庆君、马世俊：《中巴地球资源卫星技术特点及技术进步》，载《中国航天》2008年第4期。

跨越。但两国的航天活动停留在改善国计民生，加强国防，提高国家在国际社会中的地位，远没有商业化。航天基本是国家行为，远没有形成民营和民用化的航天市场。航天合作目前已辐射到委内瑞拉和玻利维亚两个拉美国家，但遵循的模式完全不同。中委、中玻卫星合作基本是援助型的，都是由中国完全研制并发射，属于整星出口、发射和在轨交付的商业卫星。

第二，中阿核能合作是一大突破。

核能是新能源的一个分支。核能清洁高效、污染少、温室气体排放接近零，且不受季节和国际价格影响，对于试图摆脱石油依赖、实现能源独立和多元化能源供应格局以及低碳排放的中国和拉美国家来说是很好的选择。

拉美地区只有三个国家——巴西、阿根廷和墨西哥拥有核电站。阿根廷是拉美最早发展和利用核能的国家。早在 1950 年，阿根廷就成立了国家原子能委员会，1974 年建成第 1 座核电站。到目前为止，该国共拥有阿图查 1 号、2 号和恩巴尔斯 3 座核电站，其中前 2 座核电站采用德国西门子重水堆技术，后 1 座采用加拿大坎杜 6 重水堆技术。由于种种原因，阿根廷在 20 世纪 80 年代末 90 年代初放弃了核能的发展。2003 年，阿根廷再度推出国家原子能计划，核能发展得以重启。国家原子能委员会的预算和专业人员数量都得到大规模提高，研究实验室和基础设施重新恢复，一批归国科学家参与核能建设。2009 年，为了调整能源结构，满足多元化的能源供应需求，重振核工业，阿根廷颁布了 26.566 号法令，规定 2020 年前建成第 4 座核电站。根据《阿根廷核能发展计划》（Plan Nuclear），阿根廷计划与中国合作建造 4 号重水堆核电站和 5 号压水堆核电站，与俄罗斯合作建设第 6 座核电厂，延长第 1 座和第 2 座核电厂寿命及在全国建造 11 所核能医疗实验中心。阿根廷扩大核能发展的计划与 2014 年中国核电设备出口上升至国家对外经贸合作重点的战略决策相契合。

2014 年，中阿两国政府签署双边核能合作融资协议。同时，中国核工业集团公司（中核集团）、中国工商银行与阿根廷核电公司签署了核电项目合作实施协议。2015 年 11 月，中核集团与阿根廷核电公司在土耳其正式签署共同修建阿根廷第 4 座核电站的合同。该合同有两个协议，一个是共同建造阿根廷第 4 座重水堆核电站，使用加拿大坎杜能源公司设计的重水堆技术；另一个框架性协议对中国来说是重大突破，阿根廷同意第 5 座核电站将使用中国自主设计的"华龙一号"① 压水堆技术。标志着中国最先进的核电技术将首次进入拉美，带动超过 300 亿元核电装备出口。②

核工业是高科技战略产业，核技术属于敏感技术领域，因此核电合作是一项需要高端技术和巨额资金投入的长期而系统性工程，考验合作双方在战略、经济、政治上的信任、协调和合作能力。中阿核电协议的签署和双方核电公司合同的达成，意味着双方科技合作领域的最新突破，必将在中拉高科技合作史上写下浓重的一笔。

第三，中古生物技术合作堪称亮点。

拉美地区生物多样性资源堪为全球翘楚，拉美国家因而在生物技术研发上素有传承，其 60% 的基础科学研究集中于生物学领域。巴西和古巴是生物技术最发达的两个拉美国家。巴西从事医药生物学研究的研究人员占全部研究人员的 41.5%，将近一半。但中国与巴西、墨西哥和阿根廷等拉美大国的生物技术合作尚处于萌芽阶段，数量少，规模小，基本停留设立农业科学联合实验室、示范农场或示范园区的水平上。

作为拉美小国的古巴之所以有发达的生物技术，主要是面临国家危亡的特殊历史时期政府加大发展力度的结果。古巴革命之后，美国不仅对古巴进行经济封锁，还利用化学和生物等高科技武器，试图消灭古巴。卡斯特罗曾在一次访谈中提及 1971 年和 1981 年美国两次将生物病毒运往古巴，并将其称为美国对古巴发动的生物战。古巴启动生物科技革命的时间几乎与美国出现第一家生物科技公司的时间相吻合，足见其前瞻意识和忧患意识之强。1981 年，卡斯特罗倡议组建了基因工程与生物科技中心，后来又陆续推动成立数家生物科技机构。③ 半个多世纪以来，古巴

---

① 中国自主研发的具有知识产权的大型先进压水堆三代核电技术，于 2014 年年底通过了国际原子能机构反应堆通用设计审查，符合国际原子能机构和美国及欧洲三代技术标准，是目前世界上设计最安全的核电技术之一。

② 《中核签下阿根廷核电站建设合同》，载《人民日报》2015 年 11 月 16 日第 3 版。

③ 菲德尔·卡斯特罗、伊格纳西奥·拉莫内：《卡斯特罗访谈传记：我的一生》，中国社会科学出版社 2008 年版，第 224 页。

一直保持着世界级的生物医学技术水平。

中古友好传统源远流长，两国之间的政治互信基础雄厚，为双方开展高科技合作提供了体制机制上的强大保障。1998 年，中国与古巴签署知识产权协议和合作开发协定。2000 年，古巴分子免疫中心（CIM）与中国国际科学中心合作成立中古合资的生物技术企业——百泰生物药业有限公司，这是中国和古巴在生物技术领域水平最高、投资规模最大的合作项目。2004 年，中古成立生物技术联合工作组。翌年，双方签署两国生物技术合作计划。2007 年，中古成立"百泰生物工程研究院"，标志着中古生物技术合作已从产品合作迈向技术开发和智力合作，是中古生物技术合作的重要里程碑。

2013 年，中国医药公司与古巴生物技术和医药产业集团①签署战略合作框架协议，成立药品生产合资企业，引进古巴生物技术和医药产品，开展医药研发领域合作等。2014 年，中古在武汉光谷生物医药园联合成立"中古生物技术转化中心及产业化基地"生物产业项目。中古生物产业基地是中国与古巴生物技术领域合作的重要平台，便于在中国生产和销售古巴重要技术创新成果——纯生物胆固醇药物—多廿烷醇（PPG），加快对古巴生物技术和医药产品以及天然药物的引进和创新。

第四，中国企业在中拉信息技术产业合作中起主动和主导作用。

从表 6—2 中可以看出，在中拉信息技术贸易中，中国企业占主导，也是该产业领域中拉技术合作的主要行为体。

表 6—2　　　　　2011 年中国和拉美主要国家高技术部门
贸易占总贸易额的比重（％）

国家	出口到中国	从中国进口
阿根廷	3	58
巴西	5	55
智利	1	31

①　2012 年成立，即古巴生物医药集团（Bio Cuba Farma），是古巴集生物科技和医疗领域的研发、生产、销售以及进出口一体的一种全新的经济组织形式。

续表

国家	出口到中国	从中国进口
哥伦比亚	1	52
墨西哥	40	67
秘鲁	0	30
乌拉圭	0	23（主要是手机和计算机）
哥斯达黎加	85（主要是集成电路）	53

注：高技术部门主要指计算机产业，其中阿根廷、巴西、墨西哥、智利、哥伦比亚、哥斯达黎加六国的数据包括中高技术产业，即化学和化学产品、机械和设备、电力机械和配件、汽车、拖车及其他交通设备等；高技术产业特指计算机、电子和光学设备。

资料来源：Latin American Economic Outlook 2016：Towards a New Partnership with China，OECD Publishing 2015，http：//www.oecd.org，检索日期：2018 年 1 月 23 日。

此外，中国华为、中兴等信息通信企业还在拉美投资建厂，成为中拉信息技术产业合作的"排头兵"。它们与拉美各国信息技术企业广泛合作，甚至参与拉美国家的宽带网络战略计划和数字发展战略。目前，委内瑞拉大部分基础设施和通信装备都由华为或中兴提供；在秘鲁，华为积极参与其大跨度网络的建设；2015 年，中兴与巴西托坎廷斯州政府签署关于建设托坎廷斯州数字城市项目的商务合同，华为和巴西科技创新部签署关于云计算和大数据技术科技合作协议，百度公司也与巴西科技创新部签署科技合作协议。

作为高科技产业，除了关注企业发展和市场开拓外，中国的信息技术企业还非常重视与拉美各国在基础研究、技术开发和人才培训等领域的合作。目前，华为在拉美共设有 19 个工作站、3 个软件研发中心和 3 个培训中心。2012 年，华为巴西分公司与巴西通信技术学院合作成立"华为认证网络学院"，"华为认证"是华为公司推出的覆盖通信技术领域的认证体系。2014 年，华为公司还为巴西亚马孙国家研究院数据中心和全国教育与科研网数据共享中心捐赠了云计算技术与设备。到近年为止，华为共培养巴西当地电信运营各类人才 1.5 万余人。2013 年，联想集团投资 1 亿美元在巴西坎皮纳斯大学科技园内建立研发中心，开发企业软件和高端服务器研发。奇虎 360 公司也与巴西电脑安全技术公司合作，提供了新一代互联网安全系列产品的核心技术。①

四　中拉科技交往的新特征

中拉从分散到整体的科技交往体现出新的历史特征，主要有以下 4个方面：

第一，领域的高度集中化。

中拉科技交流高度集中在航天技术、生物技术、信息技术和纳米技术等高新科学技术领域。尽管附属于经贸往来的科学技术合作仍是中拉科技交流的重要组成部分，但纯粹科学技术意义上的合作越来越多。20世纪 90 年代以来，尤其是进入 21 世纪以后，中国与拉美各国签署的科技合作协定中高技术领域的分量越来越重，科技人员交流、研讨活动也明显向高科技领域倾斜。2001 年 4 月，中国和巴西政府续签合作协议，明确双方在生物技术、信息和通信技术以及新材料技术等领域开展新的合作。2008 年 7 月，中巴政府在开源软件的应用程序开发领域展开里程碑式的实质性合作。巴西和中国都已经具备开发在国际上拥有自主知识产权软件的条件和时机，中巴对软件需求的相似性和互补性共存是这一合作的基础。巴西发展工业外贸部副部长弗兰赛利诺·格兰多特别指出，比起印度来，巴西更愿意同中国进行软件开发上的合作，因为"印度是一个软件工厂，而不是开发园地"。2009 年 5 月 19 日，中巴共同签署《中华人民共和国科技部和巴西联邦共和国科技部科学技术与创新合作工作计划》，将生物能源、纳米技术和农业科学等作为未来中巴科技合作的优先领域，同意积极鼓励和支持两国科研院所和企业，特别是高技术产业开展双向投资。高科技已成为中巴两国战略合作的重要支柱。

第二，行为体的多元化。

科技发展本身使中拉科技合作无论从参与的行为体方面还是合作方式上都体现出多元化特征，进入科技关系全面发展的新时期。除中央政府间的合作外，地方政府间的合作也大大加强，如中国的上海市、福建省、山西省、山东省和巴西、墨西哥等各州市科技部门的合作。除政府间的合作外，大学和企业间的合作也提上日程。几十年来国家间签订的政府间科学

① 乔丽荣、陈红娟：《中拉经贸关系发展的四大趋势》，载《经济纵横》2015 年第 5 期。

技术合作协定，为双方企业界和学术界之间的交流奠定了基础，铺平了道路。2002 年，巴西航空工业公司同中国哈尔滨飞机工业集团有限公司等合资组建哈尔滨安博威飞机工业有限公司，合作生产 ERJ‑145 型支线客机，这是中国第一次以合资形式同国外民用飞机工业企业进行整机合作；[①] 巴西最大的私营信息企业和最大的信息服务商——巴西利亚的 POLITEC 公司与中国政府部门、银行机构和信息、软件技术企业之间长期保持着密切的联系和往来；巴西工程设计、空间研究和复杂民用和防务系统等领域的领跑者阿维布拉斯航空工业公司（Avibras）和中国的长城工业公司联合组成了国际卫星通信公司（INSCOM）。在中国和古巴企业之间，巨龙通信设备有限公司和古巴电子技术生产公司共同组建中古大开曼通信公司。

除了企业，中拉各国的大学和研究所等学术机构也加快了合作步伐。2009 年，巴西里约热内卢联邦大学（UFRJ）和清华大学成立了巴西—中国创新技术、气候变化和能源中心，该中心地址设在清华大学，主要由巴西的"研究和项目资助"机构（FINEP）资助。巴西农业部农牧业研究所（EMBRAPA）也与中国农业科学院和中国水稻研究所等机构签署了关于农作物基因材料和生物技术领域的多项交流合作协议，还与中国农业科学院签署了转基因棉花技术合作协议。中国和墨西哥的高校与研究所之间、中国自然科学基金会与墨西哥科技理事会之间在生物技术、可再生能源和医药技术等领域也已展开实质性合作。

第三，范式的多样化和网络化。

在短短 20 多年的实质交往中，中拉科技创新合作逐渐由双边扩大到整体，兼具双边、多边和整体合作等多维度，构建了按优势互补原则循序推进的"3+6+4"范式。

"3"指科技创新合作的三种不同层面，即纯粹科学（基础研究）、应用技术（应用开发）和创新（科技成果的商业化）领域的合作。"6"指信息技术、新材料技术、新能源技术、生物技术、精密制造技术以及海洋和空间技术六大科技创新领域。"4"指中拉高科技合作的 4 个种类。按照拉美不同国家高科技发展的多样化和水平的差异性，以及中国与各个国家之间不同的外交级别，中国与拉美的高科技合作分 4 个不同的种

---

① 《人民日报》2004 年 11 月 16 日 第 1 版。

类，遵循不同的合作模式和政策。

第一类是中国与巴西、阿根廷、墨西哥等全面战略伙伴关系国的合作，后者有较完整的工业体系，有相对充足的内需规模和人力资本，具有发展多项高新科学技术的潜力，中国与这些国家的科技交往是全方位、全领域的。

第二类是与在某些特定或优势高技术领域较为发达的国家的合作，已形成比较固定的科技交往格局，如与战略伙伴关系国智利在天文气象领域的合作，与古巴在生物医学技术的合作，与秘鲁在地震监测研究方面的合作，与墨西哥在生物农业、生物医药和生物多样性等方面的合作，与阿根廷在天文、卫星激光测距、农业和食品技术等领域的合作等。

第三类是与科技比较落后，但具有战略重要性的中小国家之间的高科技合作，主要以中国的技术援助为主，如2001年正式启动的"星火拉美"计划就很具有代表性。该计划是中国"星火计划"的国际版，目的是将先进的农业技术经验推广到拉美。"星火拉美"的第一站是委内瑞拉，中国工程院已与委内瑞拉计划发展部签署政府间合作协议。又如，2008年起中国先后帮助委内瑞拉和玻利维亚研制并发射了"西蒙·玻利瓦尔"一号通信卫星（"委星1号"）、"委内瑞拉遥感卫星一号"（"米兰达"遥感卫星）和玻利维亚"图帕克·卡塔里"号通信卫星，帮助他们建设卫星地面测控系统和地面应用设施，培训科技人才等。

第四类是充分利用中国—拉共体科技创新论坛等平台和机制推进中拉整体科技合作。

第三节　拉美科技一体化

历史发展的事实表明，中拉从分散到整体的科技交往过程恰逢三大历史契机，即世界进入高科技发展阶段、拉美科技一体化和中拉整体合作战略出台。

"二战"以来，随着高科技的迅猛发展，拉美一体化内容增加科技创新的维度，这是历史的选择和必然。科技创新一体化有双重功能，一是科学技术创新领域本身的区域合作和一体化进程；二是科技创新作为手段对整个区域一体化的催化功能。拉美科技创新一体化还有三重内涵——政府间自上而下的合作、公共领域的合作与交流、私人领域的一体化。双重功能和三重内涵以及由此催生的多种模式交织在一起，使拉美科技创新一体化进程十分复杂，充满变数。但总体来讲，拉美科技创新一体化在艰难中前行，作出了可贵的历史探索，构建起拉美科技创新一体化的"宣言体系"和基本构架，形成全面协调合作的机制，制定衡量拉美独特创新过程的"拉美标准"，同时也为新时代中国和拉美地区之间从双边到多边再到整体的科技创新交往起到良好的铺垫作用。

对拉美地区科技创新一体化60多年的发展进程和发展阶段做一概括的历史考察会发现，这一进程可归纳为特征鲜明的三个阶段，每个历史阶段都具有特定的理论范式，即1948—1975年"科学社会契约"模式探索阶段，是一个在制度和路径上模仿美国模式的阶段；1976—1998年"拉丁美洲世界模式"阶段，拉美国家提出拉美科技创新区域一体化发展逻辑，尝试影响区域外并抗衡全球化进程；1999年至今的"新科学社会契约"阶段，拉美科技创新一体化试图最终融入全球化而非与之抗衡。三个历史阶段虽各具特色，但基本以国际会议和"宣言体系"的方式构建拉美科技创新一体化，成为20世纪霍布斯鲍姆断言的"宣言盛产期"①秩序建设的一个组成部分。

一 "科学社会契约"的初建时期——模式依赖和路径模仿

"科学社会契约"（Social Contract for Science）阶段始于1948年联合国教科文组织（UNESCO）拉美地区科学局的成立。科技创新一体化实践重点放在按美国模式创建基础科学和工程科学机构上，为一体化奠定制度基础。1948年9月，UNESCO和乌拉圭政府联合拉美地区30多名来自不同科学领域的专家在蒙得维的亚召开拉美地区科学局筹备大会，会上起草了第一份"拉美和加勒比科学政策研究文献"，提出拉美国家共同发展生物学、数学、物理学和化学等基础科学的建议，同时加强拉美成员国之间以及拉美国家与世界主要科学中心之间的教师、学生和专家交流，促进科学和文化协议的签署；创建研究中心，发展研究设施和能力，购买实验室装备，

---

① ［英］艾瑞克·霍布斯鲍姆：《断裂的年代——20世纪的文化与社会》，林华译，中信出版社2014年版，第2页。

授予科学研究补贴和奖学金；针对拉美地区普遍存在的共性问题制定科学技术和创新政策，促进整个拉美地区的科学、技术、社会和人文科学的发展等。科学局担负着促进拉美地区科技创新一体化机制的作用。

拉美地区科学局成立之初，只有 15 个拉美国家是 UNESCO 成员国。随后的时间里，UNESCO 在拉美地区分别设立了哥斯达黎加圣何塞办事处、古巴哈瓦那办事处、牙买加金斯敦办事处、厄瓜多尔基多办事处和乌拉圭蒙得维亚办事处，活动范围覆盖了整个拉美和加勒比地区。UNESCO 还在巴西利亚、危地马拉城、利马、太子港和圣地亚哥设立了"国家办公室"（national offices），在加拉加斯设立了拉美和加勒比国际高等教育局（IESALC），在布宜诺斯艾利斯设立了国际教育规划局（IIPE）等机构。拉美地区的每个成员国都设立了"UNESCO 国家合作委员会"，该委员会包括 UNESCO 五个部门的代表——教育、自然科学、社会科学、通信和信息、文化。这些委员会一般附属于拉美各国的教育部或外交部。拉美地区通过这些网络状的机构设置，整合拉美利用科学技术解决贫困、不平等、不均衡和不可持续发展等多维度问题的共识，促进拉美科学团体、决策者、公民社会在地区和国家层面上的知识分享，加强不同文化和知识体系之间的对话，协调拉美联合和统一的科学技术创新行为，推动拉美地区科技创新一体化进程。

在制度和模式选择上，这一阶段的科技创新一体化基本遵循美国模式，强调所有针对人类福祉的科学技术进步都基于基础科学的发展创新，敦促拉美国家在政府内部设立基础研究机构，在大学和公共机构内创立原子能、农业技术、医药学、基础科学、工业技术等领域的研究设施，激励公共机构的基础科学研究。正是在这一模式影响下，拉美国家掀起了组织科学研究机构的热潮，开启了科学研究制度化（institutionalization）进程，为拉美科技创新一体化奠定了机构和制度基础。这一时期拉美 33 个国家和地区中有 18 个国家成立了承担科技研究行为和制定科技政策的国家科学研究委员会或类似机构。[①]

———————

[①] A. Lemarchand, Guillermo, "National Science, Technology and Innovation Systems in Latin America and the Caribbean", *Science Policy Studies and Documents in LAC*, Vol. 1, （2010 – 10 – 03）[2016 – 11 – 28]. UNESCO. http：//www. unesco. org. uy.

为了同时推进区域层次上的科学一体化，拉美部分国家召开了一系列地区会议，发表了一系列协议、宣言和声明，试图达成科学一体化新秩序和新关系的共识。其中，1960 年在委内瑞拉加拉加斯召开的"第一届拉美科学技术决策者大会"具有重要的历史意义，会上发表的《加拉加斯宣言》实际上是拉美区域科学合作和一体化的里程碑式宣言，它强调用拉美区域的视角研究基础科学和理论问题；创建国家科学技术研究委员会；加强科学人才开发和科学记者培训，最大限度传播科学信息；拉美国家用于科研活动的预算不少于总预算的 2%。最重要的是，宣言规定在制定影响拉美发展的重大决策时，必须咨询科学家的建议，这就突出了科学家在政策制定和政治活动中的重要甚至是决定性作用。显而易见，这一时期拉美制定的区域合作政策主要是科学政策，还没有现代意义上的科学技术创新政策；区域内合作领域也主要局限于基础科学研究领域，如里约热内卢"拉美物理学中心"（CLAF）、加拉加斯拉美生物学中心和布宜诺斯艾利斯拉美数学中心（CLAM）等拉美科学共同体都是成立于这一时期。

但这一阶段对美国模式的模仿忽略了一个至关重要的因素，即军事研发（R&D）的重要性。拉美各国并未跟随美国，着重于官方推动的基础科学研究和军事研究二位一体的研发模式（如"曼哈顿计划"），未形成美国式的军事工业复合体和军民融合模式。实际上，拉美科学研究一直关注民生领域。据统计，拉美公共部门 R&D 开支的分配中，农业、渔业和林业等初级产品部门占全部费用的将近 30%。同时，研发开支的相当一部分还用于促进总体知识的创新、环境保护、地球科学、卫生保健和社会发展。国防技术一直不是拉美国家优先开发的技术领域。除巴西（国防研发开支占全部 R&D 开支的 4.2%）外，拉美地区大部分国家的国防开支少于 0.2%。[①]

二 "拉丁美洲世界模式"阶段——科技创新一体化内向化发展

在拉美科技创新一体化历史上，"拉丁美洲世界模式"（Latin Ameri-

---

① Science and Technology Indicators Database [EB/OL]. Iberoamerican and Inter-American Network of Science and Technology Indicators, (2000 – 06 – 23) [2016 – 11 – 28]. RICYT. http://www.ricyt.org.

can World Model）阶段是一个非常特殊而复杂的发展时期。这段时间里，拉美各国民族主义倾向和政治独立性有所上升，它们试图摆脱外力影响，针对拉美本土经济发展的需求，制定激励本土技术开发的创新政策，促进经济增长和提高竞争力。这个阶段的三大显著特征是，本土知识分子提出立足拉美地区的科技创新一体化思想理念和模式；联合国拉美经委会介入区域科技创新一体化进程；相关国家议会普遍参与拉美科技创新一体化政策，开启区域合作的法制化进程。

1. "科学技术思想学派"的兴起

20 世纪六七十年代，拉美本土知识分子在质疑美国模式中形成自己的"科学技术思想学派"。他们通过经验分析，发现科学研究与科学技术的工业应用之间存在偏差，科学研究并不总能产生具体的实质性结果，而工业应用则可以通过开发实用性知识就可实现，进而掀起一场科学与拉美地区经济政治发展关系的大辩论。这一学派关注拉美作为一个地区的科学技术政策、科学与政治、科学与经济、科学与社会、拉美科技创新模式、科技创新合作等问题，重视分析拉美科技创新的困境，尝试提出拉美式（Latinoamericano）整体发展的科技创新新概念、新理论、新范式和新秩序。

阿根廷数学物理学家瓦尔萨夫斯基（Valsarvsky）被称为拉美科学"认识论"（epistemologic style）之父。通过探讨拉美本土科学家与世界一体化之间的紧张关系，他提出拉美"科学和技术发展模式"的新科学行为和理论框架，[①] 认为拉美科学一体化应根据拉美本土优先性（priority）法则准确界定相关科学选题、分配科学资金、组织科学工作，而不应机械地遵从联合国和世界银行等国际组织采用的西方国家的标准和需求行事。阿根廷物理学家和科技思想家萨瓦托（Ernesto Sábato）和纳塔略·博塔纳（Natalio Botana）对美国模式提出质疑，他们从经济理论上指出科学技术是经济发展的内在变量，认为科技发展不是线性关系，而是三角关系。拉美科技发展应该遵循"萨瓦托三角"（Sabato triangle）或三角模式（triangle model），实现科学技术基础设施、生产结构和政府三角关

---

① M. C. Vessuri，Hebe，"The Social Study of Science in Latin America"，*Social Studies of Science*，Vol. 17，Sage，London，1987，pp. 519 – 554.

系的互联互通互动，如此才能形成一个稳固的社会体系和区域体系，摆脱拉美地区长期以来的依附状态和地位。①

2. 拉美经委会的介入

联合国拉美经委会建立于 1948 年，是联合国五个地区性委员会之一。其主要使命是通过地区和次地区的合作与重组促进经济和社会发展；收集、整理、解释和传播与地区经济和社会发展有关的信息资料；按各政府所需向它们提供咨询服务，计划、组织和实施技术合作项目；策划和推动符合地区需求和重点工作的发展资助活动和工程，并作为这些工程的执行机构等。

1973 年以后，拉美经委会通过制订"将科学技术应用于拉美发展的区域行动计划"来协调和统一拉美各国科学技术开发的指导思想、蓝图和优先性领域，力图引导各国科技发展更多转向生产部门的需求。该计划的主要内容有：①拉美国家的科学研究、技术开发和创新程序必须针对地区性生产部门的需求进行细致而全面的规划；②这一综合性规划应考虑到拉美每个国家将自主创新引进到产业部门的能力；③强调区域科学技术规划合作的重要性。

1974 年第 4 届"拉美地区科学技术与发展"部长级会议（CASTA-LA）提出由联合国教科文组织（UNESCO）和拉美经委会两个联合国区域机构推动拉美国家之间正式的科技创新合作和协调机制的建议。确定由联合国教科文组织负责拉美的科学政策、基础设施、科学教育研究等"上游"（upstream）领域，而拉美经委会负责技术发展的社会经济需求等"下游"（downstream）领域。② 拉美经委会介入拉美科技创新一体化进程，标志着科学技术与经济领域一体化的逐渐融合。这一阶段拉美地区讨论的议题不再只局限于纯粹的科学研究，而是逐渐关注科技创新和生产发展问题。

---

① Sábato, J., *El Pensamiento Latinoamericano en la Problemática Ciencia-Tecnología Desarrollo-Dependencia*, Paidós, Buenos Aires, 1975. And Sabato, J. y Botana, N., "La Ciencia y la Tecnología en el Desarrollo Futuro de América Latina", *Revista de la Integración*, No. 3, Buenos Aires, 1968.

② Arond, Elisa, *Innovation, Sustainability, Development and Social Inclusion: Lessons from Latin America* (1970 – 2010), STEPS Working Paper 48, Brighton, STEPS Centre, 2011, 19.

3. 区域合作法制化进程的开启

为避免总统换届或政治动荡导致科技创新一体化进程的失效和中断，拉美国家开启了立法部门之间的合作，议员逐渐参与地区科技问题倡议的可行性和合理性讨论，关注科学技术和社会问题，议员与科学家之间的联系和信息交流日益增多。拉美科技创新一体化进入法制化阶段，契约的制定不仅停留在会议、宣言、协议等阶段，而且通过地区机制在立法层面加以强化，实现法制化发展。

在拉美国家多次部长级会议和地区高级科技官员会议达成共识基础上，1987年，阿根廷国会众议院荣誉科学技术委员会在布宜诺斯艾利斯组织了第一届拉美议员大会——"第一次会议：拉美议会和新技术"。这次会议聚集了来自加勒比、中美洲和南美洲多国议员、科技问题专家和科技创新政策设计和制定领域的专家，发表具有象征意义的《基多宣言与行动计划》和《拉丁美洲经济体系221决议》。

此次会议有两大突破：一是开启了拉美地区国家议会和科学技术创新行为之间联系的先河。会议督促在拉美各国议会内部建立科学技术委员会，为顺利推行区域内议会间的专题合作奠定基础。到2005年第一届拉美议会科学技术委员会主席论坛召开时，拉美主要国家的议会都建立了专门从事科学技术和创新立法的委员会，大多数国家也已通过框架法律，详细规定国家科学技术和创新体系的运行和操作。二是明确指出制定国家级和区域级科学技术政策是拉美发展高端技术领域的必要条件之一，为"拉丁美洲高端技术新战略计划"（PLANETA）的制订提出综合指导思想和原则。

总体而言，拉美各国在这一阶段试图从纯粹科学的区域合作逐渐扩大到科学、技术和创新领域一体化，面向生产需求，重构科学技术和创新行为的法律框架，提高拉美的全要素生产率，是带有鲜明独立自主发展特点的有益实验。与此同时，这一实验恰逢"二战"后拉美发展历史上最为复杂、起伏最大的时期。拉美地区经历了进口替代结束、全面经济危机开始的"失去的十年"，又经历了以私有化为核心的"新自由主义"改革，好不容易储备起来的科学技术基础设施遭到全面破坏。在这一阶段后期，科学技术已不再是政治议程的重要内容（巴西和智利除外），拉美国家纷纷减少科学技术领域的公共开支，试图依赖市场而非国家干预来发展科学技术。国家研究委员会转型为科学技术委员会，成为激励和促进企业技术变革的辅助机构。区域性会议在 1988—1998 年也经历了一个断档期，直到进入 21 世纪后才有所恢复。

三　21 世纪"新科学社会契约"的践行

在"新科学社会契约"（New Social Contract for Science）阶段，拉美国家明确建立将各个科学技术创新领域行为体融合在一起的"国家创新体系"，并以此为基础推动供给侧和需求侧相结合的区域科技创新一体化进程，在科技创新的供给侧和需求侧之间寻求平衡，同时加强与包括中国在内的世界各国的高科技合作，由外向内促进一体化进程。

1. "地区宣言"成为进入新阶段的里程碑

1999 年，"布达佩斯世界科学大会"拉美地区咨询会议在多米尼加共和国首都圣多明各召开。会议起草的《圣多明各宣言：21 世纪的科学：一个新视野和行动框架》首次在区域性大会上明确提出建立一个科学技术与社会之间的新社会契约的紧迫性。宣言重新强调科学研究，鼓励科学家确定自己的研究议程，但议程必须建立在消除贫困、保证生活质量不断提高和促进可持续发展之间和谐关系的基础上，同时提出应采纳拉美地区独有的科学研究、技术开发和生产创新衡量标准，以解决拉美国家的具体问题。

2005 年之后，拉美地区召开了一系列区域科技创新一体化大会（见表 6—3）。其中 2009 年的三次会议最具开拓性，尤其是布宜诺斯艾利斯大会发表的著名的《地区宣言》（Regional Declaration）。宣言指出，"科学技术创新行为与社会融入相整合，实现一体化的全局发展，是拉美地区在行为规范和战略上都不得不采取的一个强制性义务"。①《地区宣言》将拉美国家制定的科学技术创新政策加以汇总，分析拉美地区在科技创新发展领域的优势和劣势、强项与弱项，提出一系列推行统一的"区域战略规划"的行动，确立新世纪拉美地区建设科学技术和创新事务战略

---

① A. Lemarchand, Guillermo, "National Science, Technology and Innovation Systems in Latin America and the Caribbean", *Science Policy Studies and Documents in LAC*, Vol. 1, (2010 – 10 – 03) [2016 – 11 – 28]. UNESCO. http：//www. unesco. org. uy.

性南南合作计划的基础性纲领，制定具体解决影响拉美和加勒比国家发展的共同问题的一体化合作机制，确定科技创新与解决共同的社会问题相结合为地区国家合作主调。

表6—3　　　　　　　拉美科技创新整体合作与一体化协商机制

年份	地点	会议名称及发表的报告/宣言
2004	利马	美洲整体发展委员会组织的科学技术部长级会议，《利马宣言》
2005	布宜诺斯艾利斯	第一届拉美议会科学技术委员会主席论坛，《布宜诺斯艾利斯议会、科学和技术宣言》
2005	哈瓦那	拉加可持续发展科学、技术和创新大会，第一次在区域大会的名称上使用"创新"一词
2008	联合国拉美经委会	"区域性科学技术和创新对话机制"年会，成立拉美10国参加的"决策者科学技术和创新学校"，为拉美决策者提供科学、技术和创新培训，鼓励拉美地区整体科学技术和生产能力的建设，促进和协调拉美国家间科学技术转让和交流合作
2009	墨西哥城	第一届拉美和加勒比科学技术和创新政策地区论坛：面向科学的新社会契约，任命了《地区宣言》起草委员会
2009	里约热内卢	"地区宣言"起草委员会会议
2009	布宜诺斯艾利斯	第二届拉加科学技术和创新政策地区论坛：面向科学的新社会契约。《拉加"世界科学大会"十周年宣言》（《地区宣言》）

资料来源：笔者根据 A. Lemarchand，Guillermo，"National Science，Technology and Innovation Systems in Latin America and the Caribbean"，*Science Policy Studies and Documents in LAC*，Vol. 1，（2010 – 10 – 03）［2016 – 11 – 28］. UNESCO. http：//www. unesco. org. uy 整理。

从表6—3可以看出，拉美和加勒比地区在这一阶段加快了整体科技创新合作的进程。据统计，仅2012—2013年，拉美国家总共执行的技术合作使命达1080项。[①]

———————

① *Report on the Technical Cooperation Activities Carried out by the ECLAC System During the* 2012 – 2013 *Biennium*，Distr. GENERAL LC/G. 2593/Rev. 1，3 July 2014，http：//www. cepal. org/，检索日期：2016年1月20日。

2. 推出科技创新衡量指标和规范的"拉美标准"

科技创新衡量指标和规范的标准化和统一化是科技创新一体化的必要条件。在拉美科技创新一体化进程中，拉美地区应用的衡量科技创新行为的指标多是根据西方标准制定的《奥斯陆手册》和《弗拉斯卡蒂手册》等系统，统计标准混乱、多样和碎片，不利于拉美区域科技创新一体化的进一步推进。

1995 年在阿根廷成立伊比利亚美洲科学技术指标网络（RICYT）是拉美地区创建适合本地区创新发展指标体系的第一步。通过规定使用系统化（systematization）和标准化（standardize）的衡量判别法（measuring processes），这一网络快速统一拉美各国衡量科学技术创新信息和行为的标准和规范，废除以前各自为政、标准不同的衡量方法，为科学技术创新行为一体化提供前提和保证。1996—2001 年，伊比利亚美洲科学技术指标网络在美洲国家组织的资助下，联合哥伦比亚科学技术发展局、伊比利亚美洲科学技术发展规划（CYTED）、安第斯共同体《安德烈斯·贝略教育公约》秘书处、哥伦比亚科学技术天文台（OCYT）和拉美多个国家科技委等机构，召开了 6 次地区性科学技术指标研讨会（卡塔赫纳 1996 年、智利圣地亚哥 1997 年和墨西哥 1999 年）和创新指标研讨会（波哥大 1997 年和2000 年、加拉加斯 1998 年），推行"拉美和加勒比技术创新指标标准化"计划。这 6 次会议最终将拉美地区科技专家的合作成果加以整合，出台《拉美和加勒比技术创新指标手册》和拉美地区《科学和技术指标手册》的最终版本，制定专门衡量拉美创新过程的《波哥大手册》（Bogota Manual）以及衡量伊比利亚美洲国家科学和技术国际化特征和密集度的《圣地亚哥手册》、衡量科技人力资源培训和演变指标的《布宜诺斯艾利斯手册》等标准，尤其是《波哥大手册》的推出，被认为是拉美地区真正走向科技创新联合的奠基石。当然，"拉美标准"具有"立足拉美"和"面向全球"的双重性特征，它一方面描述和衡量拉美独特的创新过程，另一方面又与国际指标接轨，拉美标准是国际标准的补充而非替代。

这一阶段衡量标准的统一化最终是为了加强拉美地区原本脆弱的科学技术体系和社会经济体系之间的联系，改变多数科学技术机构孤立于现实发展的状况，努力在科技创新的供给侧和需求侧之间寻求平衡，既注重供给侧的科学研究，又强调需求侧的生产建设，科学发展的"线性模式"逐渐由"反馈复合体"（feedback complex）代替。①

第四节　中拉科技整体合作

如前文所述，20 世纪 90 年代初中拉科技合作进入务实推进阶段，这一阶段恰与拉美科技创新一体化的第三阶段基本契合，符合后者的开放性特征及其融入经济全球化大潮的新趋向。进入 21 世纪以来，拉美地区科技一体化有了新的发展，地区合作机制在进一步整合中迸发不容小觑的活力，同时外部竞争与合作压力也在发挥部分的促进效应，使拉美各国在政策层面、制度层面的回应性、紧迫感更加突出。中拉科技合作的"深化发展"阶段应运而生，它更加注重合作双方在双边、多边和整体合作水平的并进，力图通过多重驱动力加快相互借鉴、相互补足、相互促进的新型"南南合作"模式在科技创新成果领域实现共商、共建、共享。在近年中国提出的"1 + 3 + 6"中拉整体合作框架、《中国对拉丁美洲和加勒比政策文件》、中国—拉共体论坛（中拉论坛）首届部长级会议出台的《中国与拉美和加勒比国家合作规划（2015—2019）》等倡议中，科技合作居于重要地位，并在经贸、金融、基础设施、工业、农业等相关领域和产能合作中都有体现。未来，中拉科技创新合作应建立在国与国合作的基础上，充分利用已有的拉美区域性科技创新网络和中拉科技论坛等机制与平台，提高整体合作的空间和潜力，依循上述规划所指明的方向和路径深入推进合作进程。

一　加强基础科学研究合作，鼓励新知识生产的"合著"效应

合著是科学合作中最切实可行的方式。科学社会学家罗伯特·默顿（Robert K. Merton）曾提出著名的"马太效应"，他指出，"马太效应可以提高知名科学家在科学贡献中的知名度，同时降低不太知名的科学作者

①　在反馈复合体中，技术、创新等中间因素的重要性大于基础科学的研发，生产领域在科学研究以及技术监督、评估和采纳中的重要性突出，生产决定技术传播和转让的速度、形式和技术能力等。See Jaramillo, Hernán Lugones, Gustavo Salazar, Mónica, *Standardisation of Indicators of Technological Innovation in Latin American and Caribbean Countries*：*Bogota Manual*, RICYT／OAS／CYTED／COLCIENCIAS／OCYT, March 2001.

对科学贡献的知名度"。① 长期以来，拉美国家倾向于与那些拥有较高研发预算和广泛科学技术网络的国家合作，拉美科学家亦倾向于与国际研究共同体成员，尤其是美国、英国、德国、法国等联合研究来增加知名度（visibility）。以拉美最具科学生产力的巴西为例，1973—2006 年，在巴西科学合著网络中，美国居首位，合作成果（co-publication）达 26662 篇，其后是法国（8511）、英国（8031）、德国（6723）、意大利（4344）等欧洲国家。中国在与巴西合作研究成果中居第 20 位，仅为 1081 篇，落后于俄罗斯（1981）、澳大利亚（1373）、印度（1086）等巴西非传统合作国家。②

　　中拉在基础科学知识生产领域中合作不多还归因于中拉在国际性标准的权威检索系统中处于劣势。实际上，许多国际标准检索系统对中国和拉美等发展中国家是排斥的。因此，中拉应有更长远的眼光和战略定位，彼此加强合作，可通过建立联合实验室和联合创新中心的方式，从共同关心的基础研究和前沿探索做起，注重双方在科研标准，尤其是一些高端科学领域标准的合作。主要合作领域可聚焦中拉各国的优势和优先发展领域，如中国的新一代信息技术、新能源、生物技术、新材料、高端装备、环保产业、新能源汽车七大科技创新发展方向，以及拉美的生物技术、农业科技、宽带计划、信息安全等领域。

　　亦可通过三方（中国、拉美与欧美）科学家合作，提高中拉科学家和科学出版物的国际知名度，并最终使国际标准真正实现多文化、多语言兼顾，更多倾听包括中国和拉美地区在内的第三世界国家的声音，这也是中拉整体科学研究合作的大势所趋，为最终打造中拉整体科技创新合作奠定坚实的基础科学和知识平台。

二　实现点到面纵深发展，形成时空上辐射效应

　　高科技合作与其他经济贸易合作有很大不同。高科技合作门槛高，开头难，但如果选好突破口，通过有效运行产生社会和经济效益，会带

---

① Guillermo A. Lemarchand, "The Long-term Dynamics of Co-authorship Scientific Networks: Iberoamerican Countries (1973–2010)", *Research Policy*, Vol. 41, Elsevier B. V. , 2012, p. 297.

② Ibid. , p. 300.

来连锁效应和加速效应，会吸引更多国家和公司参与到合作进程中。中拉在航天、信息、生物等各自的优势技术领域实现了"点"的突破和示范效应。中国与巴西、委内瑞拉和玻利维亚的卫星服务合作模式将逐渐辐射到其他拉美国家，尤其是已有合作意向的智利、秘鲁和阿根廷等国。今后，涉及中拉合作的卫星种类将更加多样化，特别是中国"北斗导航"系统、量子通信卫星技术有望为关注信息和网络安全的拉美用户提供优质服务选项。在卫星发射方面，巴西阿尔坎塔拉发射基地位于赤道附近，比起从中国太原、酒泉等基地发射火箭所需的燃料能少将近一半，成本会更低；从技术层面上，中拉卫星和航天领域合作可以实现系列和配套开发，从目前的地球资源卫星和遥感卫星合作延伸到气象卫星、海洋卫星等更多合作；从产业层面上看，中国航空工业可与巴西共同研制新型支线客机，也可凭借自产大飞机技术进入巴西、阿根廷等国的市场。随着巴西大型深海油田开发，中巴开展相关技术及新材料的合作创新前景可观；另外，古巴与中国的生物技术合作可从生物医药业进一步扩展到生物农业或环保生物技术等领域。除古巴外，巴西生物技术发展势头很好，发展速度很快，未来中国和巴西在生物技术合作领域同样可以大有作为。

三　加强合作机制沟通和对接，构建科技创新合作的网络效应

网络效应实际上是中拉科技合作在空间上的一种布局形态。随着中国与拉美国家科技合作的深入，双方科技部门须设立中拉科技合作委员会或专门制定中拉科技合作政策的机构，应通过政府、企业、研究机构之间的合力推进，专门设立中拉科技创新合作基金会，资助前述六大重点科技领域的研究、市场化运营项目。同时，欢迎拉美各区域和次区域组织成立相应的科技政策机构和基金会，使双方强化互相协调机制和沟通能力，避免政出多门、合作"碎片化"而导致效率低下。中拉整体科技合作机制还应积极融入全球创新网络，特别是加入到各类新型"南南合作"制度创新过程中，加强在第三世界科学院（TWAS）①、金砖国家

---

① 也叫发展中国家科学院。1983 年成立，总部设在意大利里雅斯特国际理论物理中心，是一个非政府、非政治、非营利的国际科学组织，专门支持和促进发展中国家的科研活动和科研交流，鼓励对第三世界存在的共性问题进行研究和发展，推动第三世界基础科学和应用科学的发展。

开发银行等平台下科技人员和科研机构之间的交流与合作,将"1+33"的群体作用充分发挥出来。

未来中拉科技合作要把发展重点放在构建和提升整体合作模式上,这里提到的"3×3"网络化模式包括:第一,基础研究、技术开发和创新;第二,资本、主体和资源,其中主体包括政府、公共机构、企业和大学;资源包括自然资源、知识资源和人才资源。最初可通过官方合作建立中拉科学园、创新园、技术走廊、中拉技术转移中心和示范型国际科技合作基地等孵化器设施,使之成为一种长期的合作机制,实现科技的产业化和本土化。巴西、阿根廷、墨西哥、智利等拉美国家已形成特定规模的科学园和孵化器等技术创新和转让平台(如墨西哥瓜达拉哈拉的电子产业群落),可以吸引中国一些相关创新企业进驻。同样,拉美的先进科技型企业,如古巴的生物技术产业,除在北京成立百泰生物医药公司外,也可更多地考虑向中国内地发展,向中部、西部地区的科技园区发展。这样,将"3×3"融为一体,通过内部各个因子相互交叉、渗透,孵化出高科技产业,不仅在科技和经济领域,还会在社会和文化领域产生裂变和溢出效应。不仅在国与国之间的双边维度,而且也会在区域与区域之间的整体维度产生类似效应,从而带动东亚、拉美地区之间的有效互动,促进跨太平洋区域贸易、投资、技术交流的便利化。

四 利用中拉科技创新合作平台,促进科技合作整体效应

中国应充分利用拉美区域性科技创新网络和中拉科技论坛等机制与平台,促进和推动中拉多领域、多层次、多维度科技成果合作的整体效应,最终实现科技创新合作与产能合作相结合的商业化模式,同时兼顾拉美国家着重利用科技创新解决社会问题的核心关注。

表6—4所列拉美区域科技创新合作组织囊括了基础研究、技术开发和企业创新等各个领域。除实体组织外,20世纪90年代以来,拉美还成立了一系列科学网络,如中美洲大学科学项目和研究网络(RedCiencia)、拉丁美洲科学院网路(RedFAC)、RedPOP、拉美和加勒比科学技术普及网络、拉丁美洲天文学网络(RELAA)、拉丁美洲生物学网络(RE-LAB)、拉丁美洲化学网络(RELACQ)等,其中RedPOP、RELACQ或RELAB等网络目前仍十分活跃。从表6—4中可以看出,拉美大多数科技

创新区域组织和网络较为重视生物、食品、农业等科学技术领域。而目前中国与拉美特定国家较为成熟的合作领域却集中在诸如核能、卫星、网络基础设施等高端领域，并实现了科技创新合作与产能合作相结合的商业化模式。如2004年和2007年，中巴向第三国转让中巴资源卫星数据协议的签署，使中国周边地区、南美洲和非洲国家均能免费共享中巴资源卫星的图像和数据，卫星促进了拉美相关国家的互联互通，本身就是促进一体化进程的催化剂。中国和玻利维亚的卫星合作模式则具有商业合作的典范性，无论技术维度还是融资维度都具有明显的商业性特征。如到2015年年底，玻星服务惠及15万以上玻利维亚农村家庭，仅2015年就为政府带来1900万美元的收入。据估计，玻星在15年的设计寿命里将带来超过5亿美元的总收入。因此，在不久的将来，中国可充分利用表6—4中所列拉美科技创新区域合作计划，将这种成功的商业模式推广到新能源、新农业、生物技术等诸多高科技创新合作领域，实现中拉"互联互通、共同发展"的理念。

表6—4　　　　　　　拉美国家主要的科技创新区域合作计划

计划名称	合作内容
"阿巴生物技术中心"（CABBIO）	生物技术研究合作网络，促进科学中心和生产部门间互联互通，成立"阿根廷巴西生物技术学校"（EABBIO）共同培训高端人力资源
"拉丁美洲科学技术发展计划（CYTED）"	囊括整个拉美和加勒比地区的多边科学技术创新合作的政府间计划，框架内成立了"拉丁美洲植物环境本土知识和实践网络"（RISAPRET）
南共市的生物技术平台（BIOTECSUR）	南共市第一个生物技术平台，来源于生物技术——南共市——欧盟计划，核心是发展拉美地区的优先性领域和问题的研发行动，将南共市4国私人企业、学院和公共部门整合在一起，同时与拉美地区的整个科学和技术技能网络合作，为解决地区和全球化问题提供可持续的解决方法
"彼雷·奥赫尔计划"（Pierre Auger）	基础科学合作研究动议，研究宇宙射线等高能辐射存在的原因。合作国包括阿根廷、澳大利亚、巴西、加拿大、智利、英国和美国

续表

计划名称	合作内容
"关于拉加生物和食品技术专门信息的多边体系"（SIMBIOSIS）	由美洲国家组织和成员国发起和资助的拉美虚拟合作网络，联通生物技术、食品技术和生物多样性领域的科学家和研究中心，全面提供关于有关研究计划、国家机构和制度、科学技术创新发展政策和人力资本的信息
美洲可可之路：文化多样性和本土发展	地区层面上的研究计划，哥伦比亚、古巴、厄瓜多尔、秘鲁和委内瑞拉等国参与
"拉美企业技术合作扶持计划"（IBEROEKA）	促进工业部门企业间在研究与技术开发领域合作的机制，是一个自下而上的创新计划，由参与企业提供理念，决定计划和计划实施的期限
"中美洲和巴拿马营养学研究所"（INCAP）	归泛美卫生组织（PAHO）管辖，是"中美洲一体化体系"内设的机构
"中美洲和巴拿马质量一体化体系计划"（CTCAP-China）	中美洲与巴拿马在中国台湾资助下推行，在企业和实验室实行不同的质量管理体系和人力资源开发
"加勒比农业研究和开发研究所"（CARDI）	负责加勒比地区农业发展的研发需求
拉丁美洲生物科学网络（RELAB）	是目前拉美最为活跃的研究网络之一
南共市科学技术和创新框架计划（2006—2010）	促进自然资源等战略领域知识的进步

资料来源：笔者根据相关资料整理。

五　制定相应政策，预防运行机制上的系统效应[①]

高科技是一种高风险、高投入、高收益的复合领域。与拉美地区进行高科技合作将形成，或已经存在一种系统效应，这是一种十分复杂的系统，几乎没有简单线性的因果关系，费尽周折签署好的合作协议或计划很可能会因为与计划本身并无直接关系的因素而成为泡影。拉美政治

---

① 1997年，美国国际政治学教授罗伯特·杰维斯将系统科学中的复杂性原理引入国际关系和国际政治研究，并将其命名为"系统效应"，用以指代政治和社会生活中的复杂性。见罗伯特·杰维斯《系统效应》，上海人民出版社2008年版。

上的不确定性和经济上的脆弱性使中拉高科技合作中的这种系统效应更加明显。

针对这种系统效应，中拉双方应预先制定相应控制机制。首先，中拉在高科技合作中必须尽快制定相关的风险控制机制。高科技是最终运用到经济和社会各个领域的最前沿知识，尽管可能产生高效益，但本身的发展充满了脆弱性、不可预知性和不确定性。比如核能领域合作中的安全问题，基因技术合作中所产生的转基因作物商业化最终对人类健康和生态进化的影响等问题，中拉双方应在战略平衡基础上，重点制定科技发展和合作的风险控制机制。其次，还应在高科技合作计划中制定相应的信息反馈机制，保持各个环节之间信息的准确及时联通，对不确定因素做到提前预警、应对，尽可能降低高科技合作中的系统效应。最后，中拉在高科技合作中必须尽快整合相应的配套机制，尤其是整体合作层面上的监管、评估、安全和资金支持等机制。最好专门设立中拉科技创新合作方面的基金会，培训一批既懂拉美（中国）又懂科技的复合型高端人才，鼓励资本市场（包括风险资本）、银行、金融对创新型企业资金支持方面的合作。

归纳本章论述，中拉在诸如航天、生物医药、农业科技、信息技术等领域的合作已有很好的基础，但在新材料技术、海洋技术、能源技术和精密制造技术等领域的合作尚未开始，或者合作不够。尽管在整体科技水平上落后于美欧日等发达国家，但中国和拉美国家在某些领域处于世界先进水平，双方都是发展中世界的一部分，开展科技创新合作不仅成本相对较低，而且相关技术转让障碍较少，可以更平等地开发和享用彼此的技术资源，共同应对发达国家对科学技术的垄断和对发展中国家的歧视。双方在基础性研究、农业科学技术发展、生物技术和信息技术研究、环境保护、医疗健康、防灾减灾等方面存在巨大的共同发展利益，合作潜力巨大。在具体合作中，中拉也面临一些共同的挑战，比如双方政治、经济、科研体系和制度文化差异在不同程度上影响合作效率，拉美国家缺乏稳定性和连贯性的科技政策和资金投入，区域合作机制缺少强有力的落实机构，双方在科技创新领域都存在成果转化能力不足等短板。

从中国对拉美总体政策及拉美科技一体化的发展实践来看，中拉从分散到整体的科技创新合作将是未来发展趋势，也必将与贸易、经济、金融、政治等整体合作进程密切交织，构成一种网络式混合型关系，并在产生复合型动力的同时带来一定的不确定性。中拉双方须经过持续规划，利用已有的合作平台和新开发的技术成果，在双边、多边和整体合作的多层次上形成合力，夯实中拉科技创新合作的每一步。

第七章

中拉文化交流与文明互鉴

　　国家间的关系不仅仅是经济关系和政治关系，文化关系亦愈加重要。文化关系不仅是国际关系的重要组成部分，既是各国交往的基础，更是大国崛起后不断提升软实力和塑造国家良好形象的战略需要。

　　中国同拉美的文化交流可谓源远流长。早在16世纪下半叶，航行于菲律宾马尼拉和墨西哥港口阿卡普尔科的"中国船"就开启了亚洲同美洲的商品贸易，中拉文化交流也借由承载着文化价值和文化符号的商品贸易得以初步开展。400多年来，尽管由此开启的中拉文化交流始终没有中断，但却一直维系着脆弱而疏松的联系。甚至到20世纪末，中拉之间政治关系的提升和经济合作的深入都没有带动文化的关系同步，文化交流一直滞后于两地政治和经济合作。进入21世纪，特别是十八大召开以来，随着文化交流和文明互鉴成为中国外交战略的一项重要内容，文化交流成为构建"五位一体"的中拉关系新格局的重要单元。当前，十九大的胜利召开揭示了中国发展的新时代，构建人类命运共同体成为这个新时代的重大宣示，而文明交流超越文明隔阂、文明互鉴超越文明冲突、文明共存超越文明优越则成为构建人类命运共同体的基础和灵魂。这意味着，中拉命运共同体的建设对人类命运共同体的构建具有重要的意义，而加强中拉文化交流和文明互鉴就日益显得紧迫和不可或缺了。

第一节　中国与拉美的文明文化特征

一　跨文化交往的维度及其功能

　　何谓跨文化交往？我们不妨从一个历史典故说起。意大利人马可·

波罗在他闻名遐迩的游记中讲述道，他到中国旅行时，总在各地寻找独角兽。在西方文化里，独角兽可谓是一种"祥瑞"符号，是美德与善良的象征。马可·波罗深信，西方文化里重要的事物，中国文化中理应也有。当遍寻不得时，马可·波罗就硬说，中国的犀牛就是独角兽，只不过是丑陋的变种！总之，他就是不肯承认中国不存在独角兽这一事实。这显然是一种自我中心文化思维的表现，即以己度人，进而强行推断他者。700多年后，另一个意大利人、《玫瑰之名》的作者翁伯托·艾柯（Umberto Eco）来到中国，宣称他此行目的是寻找中国的龙，了解龙的文化。艾柯认为文化应该是多元的，不能用一个普适、统一的标准来强求其他民族，西方有独角兽，而中国有龙，绝不能强求一律。①

思索这一典故，我们可以总结出跨文化交往的第一层维度，那就是摒除自我中心的文化偏见，尊重他者，同时深入了解异域文化，实现跨文化的"互识"。

所谓他者，并不一定仅仅指他国或他国人，而是指其他文化体。学者甘阳在"文化：中国与世界新论丛书"序言里总结说，晚清以来开眼看世界的中国人，"从来未把中国与世界的关系，简单看成是中国与其他各国之间的关系，而总是首先把中国与世界的关系看成是中国文明与其他文明特别是强势西方文明之间的关系"。② 21世纪以来的深度全球化不但没能消灭所谓历史文明之间的差异，恰恰相反，全球跨文化交往更加强化了不同共同体的文化属性。中国文化认识其他文化的任务依然艰巨。

回望历史，西方中心主义者认识到文化多元这一点并不容易，由西方知识精英主导的国际政治主流意识形态在走过相当漫长的道路后，才承认多元文化的价值。来自巴勒斯坦的美国学者萨义德（Edward Said）在其代表作《东方学》和《文化与帝国主义》中，充分阐释了西方学术界如何系统地炮制充满异域风情，但往往卑劣低下的东方形象，以此实现宰制东方的目的。③ 古巴人类学家费尔南多·奥尔蒂斯（Fernando Or-

① 乐黛云：《比较文学与比较文化十讲》，复旦大学出版社2004年版，第46页。
② 参见甘阳为"文化：中国与世界新论丛书"所撰写的序言，生活·读书·新知三联书店1987年版。
③ 可参看萨义德《文化与帝国主义》（生活·读书·新知三联书店2011年版）前言当中，对帝国主义文化及其对第三世界的描述所做的总结。

tiz）在其代表作《蔗糖与烟草的对位》中也指出，19 世纪以来，西方人类学的主流看法曾经是文化同化（aculturación），这一模式暗含着高级文化要吸纳、改造低级文化的意味。对此，奥尔蒂斯提出了"跨文化化"（transculturación）的概念，以之替换文化归化的旧模式，并以此走向对异文化的充分认知，呼唤一种更宽广的生活视野。[①] 来自加勒比地区的弗朗兹·法农和西方文明内部的著名知识分子让—保罗·萨特从文化去殖民的角度，勾勒出不同文化平等相处的理论图景。[②] 面对来自第三世界学者和西方内部的挑战，缅怀西方文化中心主义的主流学者不得不采取守势，例如，亨廷顿就认为西方文明要紧守北约防线，与伊斯兰文明等异文化分庭抗礼。[③] 更晚近一些的软实力理论，更把文明潜力和文化创造力置于战略高度，号召提升西方主流文化的吸引力和影响力。无论出于何种目的，"多元文化主义"（multiculturalism）和"文化间性"（interculturality）正成为被越来越多人分享的共识。与此同时，2016 年以来逆全球化风潮也有力地昭示人类绝不会走向全球无分殊的文明一体化，而目前多元文化主义正在经历一场严峻的冲击，在难民危机冲击之下的欧洲，在顾影自怜和日趋保守化的美国，"新种族主义"舆论大行其道，正是西方文化优越思想在经济和社会政策上的翻版。

跨文化交往的第二层维度，意味着各个文化体自身，需要在比较观察的基础上，实现文化自觉和自信，进而主动参与跨文化的"互鉴"。19 世纪德国哲学家尼采曾提出关于"比较的时代"的出色论述。尼采讲到，"现在谁还会对一个地方恋恋不舍，以至于把自己和后代固定在一个地方呢？谁还会对任何事物，有任何难舍难分的感情呢？正如所有的艺术风格都被一个接一个的模仿，道德风俗文化所有的阶段和种类也都被模仿，这个时代是通过这种方式获得其意义的……现在，各种形式都把自己摆在人们面前以供比较，而一种强化了的审美感受力将在这种种形式中做决定性的取舍：这其中的大部分，即所有被这种审美感受力所排斥的东

---

①　Fernando Ortiz, *Contrapunteo Cubano del Tabaco y el Azucar*（*Létras Hispánicas*）, Madrid：Cátedra, 2002.

②　参看萨特为法农《全世界受苦的人》（译林出版社 2005 年版）所做序言。

③　塞缪尔·亨廷顿：《文明的冲突与世界秩序的重建》，周琪等译，新华出版社 2002 年版。

西，人们将会任其湮灭。同样，在今天，一种较高的道德形式和伦理习俗也在选择，这种选择的目的不是别的，正是要剪除那些较低的道德。这是比较的时代！"① 今天，处在经济全球化、信息化甚至智能化时代的人们，既拥有获取域外信息的高度便利，也面临为具备传播优势的外来文化信息所淹没和左右的危险。因此，如何清醒地将自我置于比较的情景中，通过文化的比较与沟通找到自我认同，进一步确立自我的文明，是涉及一个民族或族群文化安全甚至生存安全的大事。

其实，中国古代哲学已经认识到他者对文化自觉的重要性。苏东坡的诗句，"横看成岭侧成峰，远近高低各不同，不识庐山真面目，只缘身在此山中"，也就是提倡构造一种远景思维空间，形成文明能够反观自我的外在观点。要了解自己的优缺点，就需要通过其他主体如何从不同角度的评判来更加全面而客观地看待自我、解释自我。其实，西方文化之所以能不断变革、不断更新和长期持续发展，正是因为他们有了这样的文化自觉。较远的例子有德国哲学家斯宾格勒（Osward Spengler）反思西方思想局限性的著作《西方的没落》，较晚近的例子包括美国汉学家安乐哲（Roger Ames）、郝大维的著作《通过孔子而思》——通过阐释孔子思想而提出对西方现代性的批判。②

全球化时代使中国的一切文化体制都处在一种比较状态，有多种的参照系，多重视角。比较的对象不仅仅是欧美主流文化，拉美作为广义的西方文明内部的一个参照点，也常常是人们比较、参考的对象，例如拉美城市化进程与当代城市文化，就能为中国当前的城镇化建设提供丰富的前车之鉴。但绝不能凭借中国经济的飞速发展就怀有"高人一等"的片面优越感，例如上文提到的"跨文化化"或"跨文化行动"思想，就主要来自加勒比和南美思想家的贡献。除去上面提及的拉美思想家，巴西知识分子安德拉德（Oswaldo de Andrade）、加勒比学者塞萨勒（Aimé Cesaire）、阿根廷学者米尼奥罗（Walter Mignolo）、古巴知识分子雷塔马尔（Roberto Fernández Retamar）和墨西哥南方恰帕斯的副司令马

---

① Nietzsche, Human, *All Too Human*, Translated by R. J. Hollingdale, Cambridge：Cambridge University Press, 1986, p. 24.

② 安乐哲、郝大维：《通过孔子而思》，何金俐译，北京大学出版社 2005 年版。

科斯（Subcomandante Marcos）等都提供了影响深远的跨文化的理念与行动方案。[①] 显然，拉美文化与思想资源有助于我们正确地理解自身在变动世界秩序中的位置，特别是有助于我们参考并思辨在经济高速腾飞的过程中人自身的平衡发展，以及所属文化共同体的健康、可持续发展等深刻问题。

第三层维度是指在互识、互鉴的基础上，最终推动全球不同文化体之间的多样性共存与和谐发展，实现跨文化的"共荣"。坚持文化之间的互识互鉴，就需要反对文化霸权主义。2008 年国际金融危机之后，西方否定文化多元主义，仍然制造西欧、北美文化必须一统天下的舆论，伊拉克战争、阿富汗战争、阿拉伯之春等重大事件的背后，固然有重要的经济、社会、地缘政治原因，但西方文化霸权主义及其对弱势民族进行"文化改造"的痕迹也相当明显。消除文化霸权主义的负面影响，是新兴经济体和广大发展中国家实现强国梦想的必要条件之一。

与此同时，还应摒弃文化割据主义。有些文化共同体出于对自身文化的保护，宁愿与外界隔绝，过分强调一成不变地保存自身的"固有文化"，形成"文化封闭主义"或称"文化割据主义"。中华民族的伟大复兴和拉丁美洲人民的未来前途，都必须由民族文化传统来支撑。但在全球化时代，双方的复兴与发展都不仅要处理自身的问题，而且要面对世界存在的各类复杂挑战，需要通过文化政策上的独立性、开放性和包容性接近多元的国际政治、经济现实，获取先进的思想元素并使之与自身发展利益有机结合，从而对改进自身治理，创新现代文化，为人类社会普遍面临的发展和治理问题拿出思想和行动方案，贡献建设性智慧。因此，我们期待中拉之间实现良性的跨文化交往，既让中国人了解"羽蛇文化"，[②] 也让拉美人认识"龙的文化"，并建设性地辨识和思考这两种文化在全球化文化中的位置和作用。唯有这样，才能促成龙和羽蛇的联盟，推动中国文化和拉美文化的共同发展与转型。

---

① 关于拉美知识分子与跨文化行动的关系，可参见意大利学者阿尔曼多·尼兹的《跨文化宣言》，载《跨文化对话》第 29 辑，生活·读书·新知三联书店 2012 年版。

② 羽蛇神是阿兹特克文明乃至中美洲古典文明当中的重要神祇，被普遍视为美洲前哥伦布文明的象征。相关信息可参看乔治·瓦伦特《阿兹特克文明》，朱伦等译，译林出版社 2013 年版，第 165 页，对阿兹特克宗教的介绍。

二 拉美文明内部的同一性与多元性

《拉丁美洲文学史》①一书长期作为我国高校外国文学教材，其撰写者们曾对全书总体结构上的一个重要问题，即是否应将被西方殖民者征服之前的古印第安文学纳入其中有过不同意见。反对纳入者的立论是：哥伦布抵达美洲之前的纳瓦特语文学、基切语文学和克丘亚语文学应被视为土著美洲的文学成果，与拉丁美洲文化当中的"拉丁"（Latin）二字无涉；当生活在美洲大陆的居民开始使用来源于通俗拉丁文的西班牙语（或卡斯蒂利亚语）、葡萄牙语、法语时，在新大陆所发生的文学现象方可称作拉丁美洲文学，这片大陆在文化上方才称为拉丁美洲。②

事实上，国外拉美文学、文化研究者也有持此论者，如托雷斯·里奥塞科（Arturo Torres-Ríoseco）所著《拉美文学的史诗》（*The Epic of Latin American Literature*，1942，中译本名为《拉丁美洲文学简史》）；也没有评述所谓"征服"以前的文化成果。此书开篇即言道："一个伟大的国度已然诞生，或许她是自罗马帝国以来的最伟大者，她是一个征服者与英雄辈出的国家。"③不消说，这个"伟大国度"指的是西班牙；全书是以西班牙将世俗拉丁文——卡斯蒂利亚语赠予新大陆这一"创世性动作"作为开端的。

然而，《拉丁美洲文学史》的编撰者们最终还是考虑到古印第安文学对拉美文学传统的影响，以及《波波尔·乌》（*El Pohol Vuh*）等土著美洲作品实际构成拉美"文学爆炸"的灵感来源，故而确立了现今的体例，收录前哥伦布时代的文学作品，将这一时期玛雅文学中的《波波尔·乌》《契伦·巴伦之书》（*Los libros de Chilan Balan*）以及印卡人的戏剧《奥扬

---

① 北京大学出版社，首版面世于1989年，2000年重新修订再版。

② 另一种西班牙语系通用教材 *Antología de literatura latinamericana*（外语教学与研究出版社）的编者便舍弃了古印第安文学，以哥伦布的《航海日志》（*Diario de Navegación*）作为此文选的开篇之作。

③ Arturo Torres-Ríoseco, *The Epic of Latin American Literature*, New York：Oxford University Press, 1942, 1. 此书中文版就是出版于1978年的《拉丁美洲文学简史》（人民文学出版社）。这样一部宣扬"泛美主义"的评述性著作，到了中文语境中转而成为研究"反对殖民主义、帝国主义的长期斗争中不断发展"的拉美文学的作品，这是一个颇具症候性的问题。

泰》（*Ollantay*）定义为"拉美文学辉煌的开端"。①

　　土著美洲文学是否应当被收录拉美文学史并非本节所要论述的重点。但值得关注的是，中国研究者在讨论拉美问题时所流露出的将"拉丁美洲"视为本质主义的天然地理实体的倾向。如在上述案例中，哥伦布到达美洲的 1492 年几乎成了一条合法界线，研究者似乎能够以此为界将拉丁美洲的文学、文化实践割裂为征服前后两段。持此论者将拉美视为同质的天生造物，仿佛哥伦布及其他征服者一旦踏上美洲土地，这片大陆便拥有了"美洲"乃至"拉丁美洲"等与生俱来的命名，其后的文学实践便可以顺理成章地被称为"拉美文学"，其文化便可以称为"拉美文化"。实际上，拉丁美洲文明是"其自身历史发展积铢累寸的结果"，②是一个动态生成的过程。因此，我们也应该将文化概念、话语或事件还原到历史语境当中来理解，而不是把它们视为本质主义的特征。

　　（一）"拉丁美洲"名称与同一性构想的起源

　　一个显著的问题常常为人们所忽略：美洲大陆"发现"以降五百余年，其中前三百年间并没有人将格兰德河以南至合恩角这段地理区域称为拉丁美洲（América Latina）。从 16 世纪到 18 世纪，西、法、英三个殖民宗主国分别将它们的美洲属地称为西印度群岛（Indias Occidentales, West Indies）、安的列斯群岛（Les Antilles）。"拉丁美洲"这一称谓，在 19 世纪上半叶才迟迟出现。

　　拉丁美洲的提出，联系着"拉丁性"这一概念。"拉丁性"（Latinitée）首先是一个法语词。在 18 世纪末的几场革命中，英国的"光荣革命"为欧洲带来了经济和金融方面的种种变革，而法国大革命则改变了西欧的政治和司法系统，彻底刷新了西方世界的政治文化。法国大革命中所倡导的"公民""权利""自由""解放"等概念直接塑造了美洲人对"革命"的理解。从 1810 年开始，独立浪潮席卷了整个伊比利亚美洲殖民地，而运动的领导者基本上是美洲的新阶级——克里奥尔资产阶级。他们大都是伊比利亚裔的白人，接受的是康德—洪堡式的大学教育，极端推崇法国启蒙运动思想。反过来，法国知识界也认为有义务来

---

① 赵德明、赵振江等编著：《拉丁美洲文学史》，北京大学出版社 1989 年版。

② 郝名玮、徐世澄：《拉丁美洲文明》，中国社会科学出版社 1999 年版。

督导欧洲以外的人们获得"解放",而这种督导呈现出殖民主义和帝国主义的色彩。法国公共知识分子提出"拉丁性"概念,一方面是为了论证其拥有"文明教化"南方的合法性,另一方面也是为了对抗美国在这一区域的影响;而本土精英接受"拉丁性"一方面是对抗美国南下的经济渗透,另一方面也是在后独立和后殖民的语境中,选择一种背向伊比利亚、面朝法国的主体位置,同时也抹除了印第安美洲人和非裔美洲人的痕迹。到了 19 世纪 60 年代初,"拉丁美洲"这一名称才正式确定下来。

在克里奥尔精英宣扬"拉丁性"的运动中,哥伦比亚知识分子、外交家加伊塞多(Torres Caicedo)是一位核心人物,他的言说有效推动了"拉丁性"在美洲的普及。在加伊塞多看来,"存在着盎格鲁—撒克逊人的美洲、丹麦人的美洲、荷兰人的美洲等;与此同时,也存在着西班牙人的美洲、法国人的美洲和葡萄牙人的美洲,于是我们可以说,除了'拉丁美洲',我们还能为第二组国家找到更准确、科学的命名吗?"[1] 加伊塞多是一名"亲法分子",他一生中的大部分时间都在法国担任外交官,他的"拉丁"美洲概念与法国政府的殖民利益之间的关系是较为明显的。虽然不能说加伊塞多的身份道出了法国与美洲知识分子之间文化权力关系的全部真相,但他的言说的确代表了当时美洲知识界的某些面向:晚近以来,在拉丁美洲,巴黎还代表着欧洲先进文化的精华。

同一时期,欧洲知识分子也在积极构想着新大陆的文化形态。不难发现,洛克、休谟与霍布斯时常瞩目于跟美国或"盎格鲁美洲"有关的讨论,卢梭、孟德斯鸠与伏尔泰往往联系着美国以南、"拉丁美洲"的政治文化。法国一位不甚出名的知识分子米歇尔·谢瓦利埃(Michel Chevalier)在其中"出力"不少。此人是《法国革命史》的作者米什莱的忠实追随者。1835 年,他途经美国,游历了墨西哥与古巴。次年,他完成了两卷本的《北美信札》(Lettres sur L'Amérique du Nord),记录了大量米什莱留下的对未来两个世纪历史走向的预言。其中,他转述了米什莱关于欧洲传统与美洲关系的论断。米什莱认为,欧洲有双重传统,一是拉丁(罗马)的欧洲,二是条顿(日耳曼)的欧洲,前者以南欧的法国为

---

[1] Arturo Ardao, *Génesis de la idea y el nombre de América Latina*, Caracas: Centro de Estudios Latinoamericanos Rómulo Gallegos, 1993, p. 19.

文化代表，而后者则囊括了北欧国家与英国；拉丁欧洲是属于天主教的，条顿欧洲是属于新教的。在这个基础上，米什莱和谢瓦利埃描绘了美洲的政治文化地图：欧洲的两个分支，即拉丁欧洲和日耳曼欧洲，在新大陆重塑了自己；北美是属于新教与盎格鲁—撒克逊文化的，而南美是属于天主教与拉丁文化的。最后，他们声言道："法国是两个大陆的拉丁国家之命运的托管人。她可以捍卫整个家族成员免遭日耳曼、盎格鲁—撒克逊以及斯拉夫人的侵害。"① 法国知识分子创造了新词 América Latino——具有拉丁文化特征的美洲，Latino 作为形容词，第一个字母小写，以区别于以美国为代表的撒克逊美洲（América Sajona），只不过撒克逊美洲一词逐渐湮没无闻，而拉丁美洲一词却保留了下来。

　　需要补充的是，在大西洋两岸的知识精英彼此唱和、创造"拉丁性"概念的同时，南美的解放者西蒙·玻利瓦尔也在倡导"西班牙语美洲国家联邦"的构想，但拉丁美洲这一概念胜出，最终替代并覆盖了玻利瓦尔的政治理念。② 根本原因之一是，"西班牙语美洲"的提法对此时美洲克里奥尔精英已失去了号召力，在美洲知识分子看来，西班牙在 18 世纪末就偏离了现代性轨道，法国思想界才是西方世界话语权的执牛耳者。

　　乌拉圭学者阿尔达奥（Arturo Ardao）在其代表作《拉丁美洲的概念与名称的起源》（*Génesis de la idea y el nombre de América Latina*，1980）一书中指出，"拉丁性"的最终确立是法国、西班牙和西班牙语美洲克里奥尔精英三方合谋的结果。玻利瓦尔的"西班牙语美洲国家联邦"仅仅提供了一种可能的政治管理模式，而拉丁美洲的身份认同则为本土精英提供了新的主体性和同一性。

　　在法国与南美知识分子联手构造新概念的同时，美洲面临的最大地缘政治动向是美国加紧向南方扩张，策动得克萨斯地区暴动（1835 年）、正式兼并得克萨斯地区（1845 年）、入侵墨西哥并割取墨西哥二分之一领土（1846 年）。1850 年，由于美国经济渗透而引发的"巴拿马危机"，是拉丁美洲的概念获得强化的契机。在这一年，"盎格鲁—撒克逊民族"与

①　Arturo Ardao, *Génesis*, p. 165.
②　或许我们可以从这一点理解查韦斯所倡导的"玻利瓦尔运动"：一种揭去"拉丁性"覆盖物的尝试。

"拉丁民族"的积怨全面爆发。1856年，哥伦比亚学者加伊塞多写下了《两个美洲》的长诗。长诗第九段写道："拉丁美洲的族裔/发现他们面对着撒克逊民族。"① 就在这种民族对决的氛围中，拉丁美洲这一概念及其语言表现形式在南部美洲迅速传播开来，并全面改写了玻利瓦尔的"西班牙语美洲国家联邦"的构想。

"拉丁性"和拉丁美洲的概念出现在帝国领导权易手、殖民性逻辑重组的时刻，即19世纪上半期。经过一番历史文本考察以后，我们不难发觉，南北美洲政治文化的区隔，不能归结为亨廷顿所谓的"文明差异"，而实在是现代性/殖民性造成的"殖民差异"。

（二）拉丁美洲文化概念之下的多元性

正如前文所述，从移民构成和文化根基上看，拉美文化起始于南欧文化，美国文化起始于西北欧文化。按照法国学者米什莱或哥伦比亚学者加伊塞多的设想，美国是撒克逊欧洲的海外延续，拉丁美洲是拉丁欧洲的海外延续及"理论演武场"。南欧文化通过其移民深刻影响了拉丁美洲的文化面貌。

欧洲移民首先带来了一套欧洲宗主国的社会建制。钱穆在观察中国海外移民与欧洲人移民拓殖的差异时，就指出，"近代欧洲人海外殖民，凭仗于有组织……商人背后有公司，教士背后有教会。抑且无论传教与经商，其背后均有政府武力作后盾。而中国人之海外拓殖却不然。几乎尽是只身前往，其本身亦仅是逃避饥寒，止在谋低微之生机"。只身前往美洲的福建、广东移民往往只求"主客相安，侨土和处"，并不期待改造移民目的地。但欧洲人之拓殖，一开始就是以"主客易位"为目的的。

格兰德河以南的美洲，共经历了五百余年的殖民史，前三百年都在西班牙、葡萄牙帝国直接统治之下。19世纪初期之后，宗主国与殖民地的共生关系断离，自立新民族，但制度关系犹存，或者说政治主从关系断绝，但经济关系犹存（只不过依凭的主要经济网络从西班牙嫁接到英国）、精神价值关系犹存（教会）。现今，不管是在南美大陆最北端的委内瑞拉，还是大陆最南端的阿根廷，假如深入到乡间，哪怕最基层的村

---

① 《两个美洲》第九段其文如下："拉丁美洲的族裔/发现他们面对着撒克逊民族/不共戴天的仇人正威胁着/想要毁灭她的自由与旗帜。"

镇，都能看到一两座白色小教堂，提醒人们，谁才是西方世界精神领域最有力量的机构。

这一整套移置自欧洲的建制，决定了独立之后的拉美各国文化同一性的基础。19 世纪独立建国之后，许多邻近国家的国别文化差异并不突出，正如帕斯在《孤独的迷宫》一书中所说，"所谓'国家特征'后来才逐渐形成，在很多情况下，它不过是统治者民族主义者的说教的产物。直到一个半世纪后的今天，没人能够合理地解释阿根廷人和乌拉圭人、秘鲁人和厄瓜多尔人、危地马拉人和墨西哥人之间的'民族'差别是什么"。①

然而，欧洲带来的同一性的基础，也塑造了拉丁美洲这一泛文化概念之下的多元性。钱穆曾经对中、欧之间的历史与文化差异做过精彩的比喻："中国史如一树繁花，由生根发脉而老干直上，而枝叶扶疏，而群花烂漫。欧洲史则如一幅'百纳刺绣'，一块块地拼缀，再在上面绣出各种花草虫鱼。"拉丁美洲的克里奥尔人来源于欧洲混血程度最高的伊比利亚半岛，因此，拉美历史与文化更是一幅"百纳刺绣"。倘若将中、拉两种文明进行比较，中华文明的内部生命力是"一气贯通"的，而拉美文化则由多方面组织而成，包括南欧文明、原住民文明、非洲文化及少量的亚洲移民文化，其文化品格可谓"取精用宏""多元集萃"。

对于拉丁美洲这幅"百纳刺绣"，可以用多种分类法来描述她的内在差异：

按地理位置划分，拉美可分为南美洲、中美洲和北美洲。有时也以巴拿马地峡为分界线分为南美洲和北美洲（中美洲归入北美洲）。

按照语言文化划分，人们常有 5 个美洲之说，即英语美洲、法语美洲、西班牙语美洲和葡萄牙语美洲、荷兰语美洲。显然，这种依照主要欧洲语言做出的区分未免粗疏，它忽略了其他印欧小语言的文化存在，包括日语、汉语移民社群，特别是完全忽略了操美洲土著语言（如安第斯地区十分重要的克丘亚语和艾玛拉语）和非洲移民语言（如巴西地区的约鲁巴语）的底层社群。

---

① ［墨西哥］奥克塔维奥·帕斯：《孤独的迷宫》，赵振江译，北京燕山出版社 2014 年版。

按照人种划分，我们又可以把拉美诸国归入三种国家类型：第一类国家混血人口众多，原住民文化保有相当强烈的影响，美洲三大古典文明（玛雅、阿兹特克、印卡）存有鲜明的印记，如墨西哥、危地马拉、玻利维亚、秘鲁、厄瓜多尔；第二类国家以白人为人口主体，原住民力量微弱，文化上以南欧移民为主，如阿根廷、乌拉圭、智利；第三类国家靠近大西洋东海岸，历史上曾很受非洲奴隶贸易影响，现今黑人文化印记鲜明，如巴西、古巴、委内瑞拉。另有一些国家居于过渡地带，如哥伦比亚和巴拉圭。即便是被归入上述三个类型的国家，其内部也往往体现出复杂性，例如在被认为以欧洲白人为主体的阿根廷，西北两省胡胡伊（Jujuy）和萨尔塔（Salta）历史上曾属于印卡帝国治下，现今在地理上接近于玻利维亚，原住民人口也远多于首都布宜诺斯艾利斯。

正如前文所说，拉丁美洲概念最终成型于19世纪60年代，此后开始出现于国际组织与机构的文献当中。然而，到20世纪70年代，原英属安地列斯群岛中的一些岛屿（如特立尼达和多巴哥、牙买加、格林纳达等国）和圭亚那先后脱离英国，宣告独立，加勒比地区的政治、经济变化受到国际社会的关注。为了对这一区域的文化特性表达尊重，国际组织逐渐将原先的"拉丁美洲"改为现今常见的"拉丁美洲和加勒比地区"。

"冷战"结束之后，原先相对固化的"宏大叙事"消失了，社会个体要求发挥自身的特性和创造力。与此同时，虽然金融帝国单极化了，但生产中心出现了多极化趋势，中国、印度及其他亚洲国家力量上升，全球的文化中心更加多元。在文化上，强调差别的要求大大超过了寻求共同点的兴趣。早在1999年，意大利学者艾柯就曾判断，欧洲大陆第三个千年的目标就是"差别共存与相互尊重"。他认为人们发现的差别越多，能够承认与尊重的差别越多，就越能更好地相聚在一种互相理解的氛围之中。人类正式进入到第三个千年之后，至少在前15年，艾柯所预言的强调差异、尊重他者的呼声显然溢出了欧洲范围，在西方文明的边缘地带——拉丁美洲也获得了人们的广泛赞同。就像上文所说，拉丁美洲本身就是一件"百纳刺绣"，在多元文化主义的激励下，不仅原先被西方现代性压抑的原住民文化变得越发瞩目，各种青年亚文化也相继闯入人们的视野。产生自19世纪的与"拉丁美洲"概念密切相关的拉丁性，似乎越来越不足以概括这片次大陆日趋丰富的文化现象了。

三　中国文化与拉美文化的相通性与差异性

阿根廷作家博尔赫斯（Jorge Luis Borges）在一篇论述 19 世纪英国学者约翰·威尔金斯的文章里，提到一部来自遥远中国的名为《天朝仁学广览》的"百科全书"，书中对动物的分类最奇特不过：（a）属皇帝所有，（b）气味芬芳的，（c）驯服的，（d）乳猪，（e）美人鱼，（f）传说中的，（g）自由走动的狗，（h）包括在此分类中的，（i）疯子般烦躁不安的，（j）数不清的，（k）用精细骆驼毛画出来的，（l）其他，（m）刚刚打破水罐的，（n）远看像苍蝇的。这套分类法光怪陆离、毫无章法可循，而经由法国思想家福柯在《词与物》一书中的转述，这段典故在西方人文学界可谓无人不知。

福柯引用这段话是要说明，来自遥远异文化的思维威胁着"要瓦解我们自古以来对同和异的区别"，它只能来自"异托邦"（heterotopia），即一片不可理喻、根本无法用语言来描述的空间。福柯引用博尔赫斯的著作，是为了给自己的"知识考古学"建立一个框架，使他可以把西方文化的自我区别于异己文化的非我。因为就西方文化来说，大约没有什么国度能比虚构的中国这一空间更能标志非我了。

对西方来说，远东的中国是传统上代表非我异己的经典形象。这种思维方式被法国思想家福柯、阿根廷作家博尔赫斯所熟知。但显然，无论是博尔赫尔还是福柯，都无意于支持这套传统符码，其意图甚至是颠覆、解构这种对异国情调的想象，但他们都准确地点出了西方文化想象东方时的历史先验成分以及难以摆脱的认知基素（epistemes）。正如萨义德在学术名著《东方学》（Orientalism）所强调的，东方形象往往是西方刻意炮制出来的反面。17 世纪，中国一度是欧洲思想者理想国度的代表，这个远东之国成了伏尔泰笔下"天下最理想的帝国"，甚至是耶稣会教士们所坚信的挪亚方舟遗民的国度。19 世纪以后，中国对于西方来说失去了精神意义，"公众舆论唯一关注的，渐渐只是作为第一流世界市场的中国概念了"。在西方人眼中，中国逐渐沦为不可理喻的野蛮之邦和怪诞的存在。

从博尔赫斯所虚拟的《天朝仁学广览》当中，我们不难觉察，中国与作为欧洲文明海外延展的拉丁美洲在跨文化沟通上，存在相当多的障碍：

（1）在进入 21 世纪之前，中国与拉美之间的人文交流长期匮乏，而拉美又是深受欧洲文化塑造与浸染的文明，此前的跨文化沟通仅能依赖欧美的中介。中华人民共和国与古巴的交往早于拉美许多国家，但也仅仅始于 20 世纪 60 年代古巴革命之后。与墨西哥、巴西、委内瑞拉等国，密切的人员往来只是近二十年左右出现的新情况。例如，1954 年夏天，诗人艾青、萧三随中联部使团应邀前往智利，祝贺聂鲁达的五十诞辰，由于太平洋还没有通航，访问团途经布拉格、日内瓦、里斯本、里约热内卢、布宜诺斯艾利斯，飞行了 8 天才到达智利圣地亚哥。如此遥远的距离，造成中拉之间很难对彼此的文化品格形成直观、可靠的判断。上层知识阶层想要了解中国，只能通过欧美知识界的中介：诺贝尔文学奖获得者、墨西哥文学家奥克塔维奥·帕斯曾向西班牙语世界译介《庄子》一书，但他凭借的依据只能是法国汉学家的成果。[①] 博尔赫斯对中国哲学一直抱有浓厚兴趣，但他仅能阅读冯友兰《中国哲学思想史》的德语译本。当然，通过新一代中国的拉美文化研究者和拉美的中国文化研究者的不懈努力，这一文化隔绝的局面正在改变。

（2）拉美对中国文化认知，信息来源混杂，往往将几经转手的所谓中国古典思想、近年来我国政府建设成就的对外宣传及其身边的海外华人风俗杂糅起来，与当代中国的精神气质与社会风貌相去甚远。拉美普通民众最容易接触到的中国人就是以广东、福建籍为主的海外移民群体了。这一社群早已脱离了新中国发展、奋斗的历史语境，与人民共和国公民的精神状态、思维方式和情感方式有很大不同。比起远在地球另一面，当代中国传递来的微弱资讯，拉美社会一般大众更容易接受流行好莱坞电影里陈查理（Charlie Chan）、傅满洲（Fu Manchu）之类的负面中国形象。

（3）当代中国人对拉美的文化认知，原先受到"三个世界"理论的深刻影响，21 世纪中拉经贸往来取得"跨越式发展"以来，人们逐渐习惯从国际市场分工维度来看待拉美次大陆，但也难以做到全面把握。人们不是没能认识到拉美与欧洲文化的深刻关联，就是忽略原住民文化留

---

① Octavio Paz, *Chuang-Tzu*, Madrid：Siruela, 2005.

给当代拉美社会的遗产。正如 17 世纪到 19 世纪，欧洲人中国观的转变一样，拉美在当代中国经济精英眼中也逐渐失去了"精神意义"，市场维度成了看待拉美的主流方式，"文化搭台、经济唱戏"这一说法直白而形象地传达人们的思维方式。

　　假如我们希望突破上述跨文化沟通上的障碍，就应当客观地了解中华文明和拉美文明在文化理念上分享哪些共同原则，同时在价值取向上又存在哪些差异性。但首先应认识到不存在一成不变、铁板一块的中华文化特性或拉美文化特性，双方的文化原则都植根于文化、宗教与精神的历史发展，又是适应现代化挑战、不断调适、叠层累进的结果。

　　我们可以借用伦理学家何怀宏的理论，来选取能与拉美文化进行初步比较的文化传统。何怀宏认为三种传统力量影响着当代中国的历史进程：第一种传统或可称为"以千年计的传统"或简称"千年传统"，就是中国在真正面对西方世界之前的自身传统，其中的伦理价值维持了中国社会在漫长的两三千年中的稳定发展和文明特质；第二种是 1840 年以来，尤其是"五四"以后的"以百年计的传统"或"百年传统"，这集中体现在推动近代化的进程中，最终又落实到中国共产党为主导的革命文化传统，这一传统突出正义、平等的精神。革命文化给中国的社会政治结构和思想观念带来了持久的激荡和天翻地覆的变化；第三种则是改革开放以来，尤其是 20 世纪 90 年代以来的"以十年计的传统"或"十年传统"。这是我们现在正在"经历"的"传统"，其中既包括开放与创新精神，也包括围绕市场而实现个人发展与经济进步的时代精神，以及派生出来的自由、权利等。① 学者甘阳进一步指出，假如能将"三种传统"积极、有效地结合起来，那么就可能形成"通三统"的良性文化局面。②

　　同样从这种叠层累进的视角来看待拉美，可以说，拉美文化历程当中也可以分出三种文化力量。第一种是"五百年传统"，以 1492 年殖民开启为标志，欧洲文明入侵，原住民文化抵抗并沉淀到社会深处，非洲

---

　　①　参见何怀宏《三种"传统"》，载《渐行渐远渐无书》，生活·读书·新知三联书店 2011 年版。

　　②　甘阳：《通三统》，生活·读书·新知三联书店 2007 年版，第 3—5 页。

和其他外来移民逐步加入形成多元集萃的现代局面的过程。第二种是"二百年传统"，集中体现在摆脱政治上与宗主国的臣属关系，1850 年之后，殖民地各个经济单元相继独立，形塑民族主义，各个民族国家推动近代化过程，之后又发生了 1910—1917 年的墨西哥革命、1945 年的危地马拉革命、1952 年的玻利维亚革命、1959 年的古巴革命、1979 年的尼加拉瓜革命等谋求摆脱依附关系的激进运动，20 世纪中期的"解放"思想（解放神学、依附论、解放教育学等）是"二百年传统"的总结；第三种也可称为"十年传统"，20 世纪 80 年代"第三波"民主化浪潮使大部分拉美国家确立了民主体制，而经济上进入新自由主义经济政策时代，民主、人权等概念成为最核心的概念。现今，"五百年传统""二百年传统"和"十年传统"同样在拉美社会中相互影响、融汇或对抗。

在上述长、中、短三种历史框架下，我们可以对中华文明与拉美文明的某些基本价值和精神气质做初步的比较，寻找其中的相通性与差异性。

首先，中华文明的"千年传统"与拉美"五百年传统"是相差最远的两种文化传统力量。梁漱溟认为传统中国社会是"伦理本位的社会"，伦理关系的特点是在伦理关系中有等差、有秩序，同时有情义、有情分。在这种社会里，主导原则不是法律而是情义，重义务而不重权利。哲学家陈来描述了形成自轴心时代的中华民族的价值偏好与特点，包括"责任先于自由""义务先于权利""群体高于个人""和谐高于冲突"四个基本方面。[①]

近五百年，拉美乃至整个西方世界秩序的确立，肇始于 1494 年著名的《托尔德西拉斯条约》（*Treaty of Tordesillas*）。这个条约不仅以法律原则规约西、葡两大世界帝国的势力范围，而且提出了欧洲对文明与野蛮的区分，而这正是国际法的思想基础。这套思想体系创造了一套文明等级观，将世界各地的人群分为"野蛮的""蒙昧""半开化""驯化的"以及"明达的/启蒙"五个等级。凭着这套法理基础，欧洲殖民者开始以自我为中心，通过克服非我、宰制他者、占有别人，实现了对美洲的殖

---

① 陈来：《中华文明的核心价值：国学流变与传统价值》，生活·读书·新知三联书店 2015 年版，第 36—74 页。

民统治和规划。①

　　需要看到，即便在如此悬殊的两套文明话语当中，仍有一些相互呼应的契合点值得我们体会，那就是儒家传统的崇仁思想和 16 世纪初新西班牙殖民地肯定印第安人具有"人性"的人道精神的呼应。以拉斯卡萨斯神父为代表的多明我会修士，成为"印第安人代诉人"，呼吁将印第安人当作西班牙人一样的上帝子民来爱护，并向王室提出取消"征服"美洲的说法。假如从这一点稍做申发，中华文明和拉美传统思想当中，都蕴涵着追求多样性和谐的普遍理想。

　　其次，中华文明的"百年传统"与拉美文明的"二百年传统"相互之间开始出现深刻的关联。二者都是面临现代世界体系和西方现代性的挑战之后所做出的回应。

　　19 世纪以降，化名为"文明""进步"的西方现代性理念逐渐进入世界各国人民的思维体系，这套宏大叙事逐步成为塑造世界观与文化价值的重要力量。文明观进入拉美要早于亚洲，从 19 世纪初去殖民运动开始，日渐居于拉美社会科学思想的主流。拉美的文明话语，假若说具有一定的地方特色，那就是永远直接伴随着对"野蛮"的扫荡。以阿根廷文人总统萨米恩托的《法昆多：文明与野蛮》为代表，"文明开化"的使者们总是号召将这片次大陆的"地方性恶疾"（males endémicos）驱逐殆尽；而所谓恶疾，往往联系着原住民社群、西班牙—天主教传统等地方性经验。这是一种回应现代挑战的技术官僚现代性模式。

　　通过阿根廷"1837 年一代"知识分子，技术官僚现代性在拉美第一次获得详尽阐述，特别是巴蒂斯塔·阿尔维蒂（Juan Bautista Alberti）的著述。阿尔维蒂强调"技术"与"文化"之间的截然对立。此处的"文化"，主要指向西班牙殖民主义遗产和拉美属于混血种族的客观境遇。与萨米恩托和米特雷等一道，他宣扬以工业化和农业拓殖为主导的现代化，将克服西班牙殖民主义和种族混杂带来的负面影响。这批阿根廷文人，可称为学者—政治家型知识分子。虽然"1837 年一代"被视为欧美模式（主要指向美、法、英三国）的热情拥护者，但在他们的设计方案中，拉

――――――――――

　　① 参看刘禾《国际法的思想谱系：从文野之分到全球统治》，载刘禾主编《世界秩序与文明等级：全球史研究的新路径》，生活·读书·新知三联书店 2016 年版。

美将最终超越欧洲，完全掌控自身事务，成为现代性的化身。正如阿尔维蒂所说，拉美在世界文明中的使命，便是将欧洲理论付诸实践，特别是在欧洲已然失败的情况下；他认为，在科学、艺术与工业方面，欧洲值得效仿，但就政治而论，欧洲则乏善可陈。这一代知识分子普遍认为在塑造现代国家时，法律的作用高于技术。他们主要依照经济尺度界定进步，但同样列出了次一等的参照，即塑造理想化的道德公民。

随后的几十年，技术官僚现代性所携带的政治理念色彩逐渐剥落，且越来越专注于经济增长，将其视为现代性的唯一准则。由于 20 世纪初出口导向经济转型的激励，1930 年之后，拉美诸国政府开始大力推行发展主义的社会蓝图。20 世纪中期，阿根廷具有民粹色彩的激进党政权，虽然在社会基层实施了让步性的社会福利制度，但同样依赖技术官僚模式。1960 年的军政府威权主义，以国家恐怖手段推行技术官僚现代化进程，彻底切断了任何让步协商的可能性。民主化进程之后，新自由主义者延续这条道路，即便他们使用了较为温和的行政手段，即便他们试图减缓对贫苦阶层的冲击，并在民主体制内对反对党稍加尊重。在各色技术专家治国意识形态中，基于现代性的基本逻辑，传统首先被描述为西班牙遗产，随后又加上了原住民文化——两者都被看成是阻碍现代性到来的敌人。

引入在技术官僚现代化方面，中华文明和拉美文明经历了类似的进程。从晚清开眼看世界、倡导"师夷长技"的各位贤达开始，中国思想界的主流就是倡导文明开化、工业化，期待中国变成一个现代国家。例如军事现代化，从最早的晚清新军、北洋军队、国民革命军，直到红军、解放军，脉络延续至今；又如现代教育，从留美幼童、圣约翰公学到现今的"建设世界一流大学"的教育方式，始终延续着西学东渐的路数。在期盼解决人民基本生活问题、尊崇现代技术和渴慕现代生活质量方面，中国与拉美的文化理念并无本质差异。甚至"五四"运动初期，胡适等思想引领者主张废除儒教及其他传统文化的号召，也与阿根廷"1837 年一代"知识分子有共同之处：主张废旧立新，融入现代世界体系是百余年来，中拉文化历程上的重合之处。

在"百年传统"和"二百年传统"的另一面向上，中华文明与拉美某些核心国家分享革命的传统。虽然拉美独立战争并不激进，也没有带来剧烈的社会秩序变化，但这场运动还是为西班牙语美洲的梅斯蒂索人和中等阶层人群打开了一定的上升通道，至少在社会思想层面，让独立和自由等价值观念深入人心，而这一理念也被中国新民主主义革命所推动、普及。在现代世界系统中，独立运动之后的拉美仍旧身处经济依附地位，渴望获得经济、思想与文化上的完全独立，并深受20世纪60年代古巴革命的鼓舞，先后爆发一系列激进运动，这一历史现象也是毛泽东"三个世界"理论划分的主要依据。在革命浴血斗争中建成的中华人民共和国与拉美一些国家共享先进理想和建立革命政权的经验，中国与古巴，以及部分拉美左翼政治力量克服地理上的阻隔，保持相当密切的联系。除去双方以马克思主义作为政治活动的指导思想，彼此在抗拒西方政治文化强势方面的认识也高度契合，均提出塑造新人、新道德、新伦理的诉求。如今，对于经历百年现代化奋斗洗礼，在曲折发展中走到一起，并协力构筑合作关系的中国与拉美，主张捍卫人的尊严，追求平等和正义无疑是双方共享的核心文化价值。

再次，中华文明的与拉美文明的"十年传统"关联就更为密切，特别是在双方经济纽带越发坚实之后的今天，中国与拉美作为人类命运共同体的重要参与者，都主张世界性的文化多元主义立场，主张全球文化关系的去中心化和多中心化即世界性的多元文化主义，主张实现以平等为中心的可持续性发展（即联合国拉美经委会制定的2030年发展目标），这是中拉双方文化价值观上最大的共识和契合点。

需要注意到，中国社会主义文化价值总体上是一套非个人主义优先的价值观。社会主义价值观的核心是党和全体人民的利益优先、社会的利益优先、中华民族这一族群的利益优先。因此，"中国梦"的核心内涵是中华民族的伟大复兴，而不是个人意志的伸张或完满。这与拉美以个人权利为基础的文化观有本质的差异。除去古巴等特殊案例，拉美文化仍是权利优先型文化，主张保障个人权利的绝对自由。例如，危地马拉原住民妇女门楚的自传带有浓厚的个人色彩，其西文原题为《我的名字是里戈韦塔·门楚，我的意识是如此产生的》（*Me llamo Rigoberta Menchú y así me nació la conciencia*），而英文版标题更加个性鲜明：《我，门楚：一位危地马拉印第安女性》（*I, Rigoberta Menchu: An*

Indian Woman in Guatemala）。[1] 门楚自传被视为伸张中美洲原住民社群尊严和权益的重要著作而享誉西方世界，她因此获得诺贝尔和平奖。

最后，中国与拉美的发展理念也存在明显的差异。20 世纪 80 年代，在自身债务危机和新自由主义思潮的大举进攻之下，拉美主要国家都进行了结构性改革，加速推进经济私有化。此轮改革在社会层面带来的负面影响，表现为"发展"作为地区性大叙事逐步消退。与此相应，拉美社会科学出现转向，原先处于领军地位的政治经济学、政治社会学持续衰落，新古典主义经济学转向新古典主义，偏重生产领域和提高宏观经济指数，社会学转向更温和的社会知识生产，人类学转向民族志风格，主张从旁观察后独裁时期的民主转向。沿着这种思路的拉美学者一味批判过于集中的宏观发展规划，提出社会包容、参与式发展概念，强调农村社会发展、原住民发展等另类发展模式。到 20 世纪 80 年代末，智利经济学家马克斯—内夫（Mandref Max-Neef）以及埃利萨尔德（Antonio El-izalde）和奥佩尼亚因（Martin Hopenhayn）提出"人文维度的发展"（desarrollo a escala humana）这一概念，主张建立可量化的人的发展指数。马克斯—内夫认为人的基本需求在历史各阶段大同小异，不同的经济、社会、政治体系以不同方式来满足人的基本需求。只为创造财富而创造，此时人的生命其实就成了为财富服务的工具。人文主义经济学呼吁重新思考需求、满足的供应和财富三个要素之间的辩证关系。[2]

人文维度的发展观还是一种对主流发展观的温和批判。在拉美的"十年传统"中，特别强调环境正义、"美好生活"等重要概念，许多质疑当前全球资本主义模式的人们认为，之所以会出现环境不公正，是因为在环境成本的分配上缺乏民主参与，人民不能参与发展的决策过程。

对发展主义的批判思考和谋求从人文维度推动可持续性发展方面，当代拉美显示出更强的文化思想能力，这一点与当代中国文化思想界形成不小差距。我国"十三五"规划中，制定了 2020 年全面建成小康社会

---

[1]　关于门楚生命及其自传，可参看索飒《当代传说：印第安女杰门楚的故事》，载《彼岸潮涌：拉丁美洲随笔》，大风出版社 2007 年版。

[2]　Max-Neef, M., Elizalde, A. y Hopenhayn, M., "Desarrollo a Escala Humana: una Opción para el Futuro", en Development Dialogue, NúMero Especial 1986, Santiago de Chile, Cepaur-Fundación Dag Hammarskjord, 1986.

的发展规划。其中最重要的发展方针之一就是针对我国现有发展中"不可持续问题"。为此，拉美各国针对西方主流学界的"可持续发展观"的改造与创新可以为我国提供有益的参考与借鉴。

第二节　中拉文化交流与文明互鉴的现状

近年来，中拉关系进入全面快速发展的战略机遇期。在双方关系的大潮奔涌当中，文化交流由于其形象载体和精神张力而越发引人关注，成为中拉关系深入发展不可或缺的重要组成部分，双方文化交流发生多元主体合力推进、多渠道、多形式、内容广泛的模式转变。本节在总结当前中拉文化交流特点和趋势的基础上，主要介绍近年来中拉文化交流和文明互鉴的三个代表性领域。

一　当前中拉文化交流和文明互鉴的特点和趋势

（一）文化交流模式由接受型向互动型和共建型迈进

如果从过程角度来研究当下中拉文化交流，那么它是数世纪以来世界格局不断变化，中国、拉美各自力量更新等多重因素交媾互动的结果。在这个过程中，中国和拉美都力图摆脱西方中心论，寻求与西方的差异性，强调自身文化的主体性，成为独立的传播者，构建"南南对话"，形成鲜明的"接受—互动—共建"的转变过程。

早期的中拉文化交流是中国和拉美作为受动者，两种异质文化均受到西方强势文化的冲击，被动接受西方资本主义国家的主导，满足其利益发展所需进行的文化交流。双方从"间接的经济与文化接触"[①] 到官方层面关系的建立，文化交流是与西方文化相遇的衍生部分，具有不平等性和强制性。

20世纪下半叶，中拉文化交流不仅是一种现象，而且成为中拉两个主体之间建立和发展外交关系的重要资源，具有互动过程的双向交流模式，即主客体之间平衡、通畅的信息流通和共享。"文化外交的相互性首

[①] 贺双荣等主编：《中国与拉丁美洲和加勒比国家关系史》，中国社会科学出版社2016年版，第18页。

先表现在外交双方都主动参与、互相合作与协作，期望双方通过这种外交形式能够相互了解和相互信任。"① 在这段时期，中国和拉美致力于反依附、联合自强和共同发展的路径，为双方平等交流提供内在动力。鉴于两极格局对峙和台湾因素的制约，中拉关系在建交初期和发展过程中受到多重阻力，双方通过民间文化交流服务于双方的外交战略。文化交流因其相对独立性超越政治因素的限制，持续推动双方产生合作意愿。虽然文化交流产生效果的过程较为缓慢，新中国成立 20 年才迎来与拉美国家成批地建立外交关系，但是这种交流的沉淀和累积效应，为改革开放后中拉政治经济关系的快速拓展提供了强有力的支撑。

在全球化与多元文化共存的背景下，中拉文化交流在 21 世纪进入共建模式。一方面，中国和拉美注重塑造自身的民族文化特性。另一方面，双方关注从两种异质文化差异中寻求内在一致性，共同建构中拉命运共同体的文化支柱。这种模式的转变源于国际秩序正经历深刻的转型。中国成为国际舞台上的主要角色，拉美国家正在崛起，中拉关系经历了从政治合作向经济合作，再向构建全面合作伙伴关系的转变。中拉文化交流不再是依附于外交、达到特定政治目的的手段，而是注重文化的战略意义，将文化关系提到与政治和经济关系同等重要的地位。中国提出文化"走出去"战略，拉美也在混合文化中寻求广泛的价值认同，双方都强调文化自身的发展和创造性力量。中拉文化交流通过互动沟通，从双方的共同需求出发，突出文化的理念性和长效性，共同构建中拉合作的基本观念、价值基础以及对人类发展的基本判读。

（二）交流的结构层次从表层物质文化向中层制度文化和内层价值文化递进

文化划分为三个层次，即表层物质文化、中层制度文化和内层价值文化。② 中拉文化交流的内容也可以粗略按这三个层次划分，并且随着中拉双边关系的不断深化而递进。

双方最初密切的文化交流是通过贸易输入各自的饮食、衣着、艺术品等众多商品。大帆船贸易将中国的丝绸、瓷器、手工艺品等产品带到了

---

① 胡文涛：《解读文化外交：一种学理分析》，载《外交评论》2007 年第 3 期，第 55 页。

② 徐宗华：《现代化的政治文化维度》，人民出版社 2007 年版，第 101 页。

拉美国家，把美洲的农作物如玉米、甘薯、西红柿、辣椒、花生、烟草等传入中国。可感知的物质文化层反映了当时中国和拉美的物质生产水平、生活观念、文化传统和审美观念，影响当地人的社会生活。但由于交往性质和方式的局限，以及制度、语言等方面的隔阂与差异，双方文化交流受到诸多因素限制，精神文化的交流相当有限，中国和拉美之间的相互认知也十分陌生。

新中国成立后，中拉开始发展精神层面的文化交流。受到冷战因素和苏联模式的影响，这一时期的文化交流具有制度意识形态特征。中国政府通过"反帝反殖""输出革命"等理念塑造国家形象，以此作为发展中拉关系的准则。在实践层面上，中国与拉美国家建立友好联系是依托苏联和社会主义阵营，借助拉美左翼政党或对华友好的文化或民间人士，比如墨西哥、阿根廷、厄瓜多尔、乌拉圭共产党代表以及智利诗人聂鲁达（Pablo Neruda）和画家万徒勒里（José Venturelli）等。这种以政治制度和意识形态为依据的文化交流，虽然为开辟中拉关系起到了积极作用，但也因此导致文化交流范围有限、形式单一，主要形式是文化代表团和艺术演出团体访问演出。直到改革开放，中国开始超越意识形态和制度差异的桎梏，实行全方位的文化开放战略，中拉文化交流的内容和范围才不断扩大，并且开始注重文化的多重属性和独立性。

21 世纪以来，中拉文化交流的需求不断增强，双方希望加深对彼此历史、文化地理、文学艺术、传统习俗、行为规范、思维方式、价值观念等方面的认识，提升文化交流的阔度和高度。通过各种形式的文化活动，中国了解到拉美的古现代文化，比如玛雅、印卡和阿兹特克文化；中国风俗和传统文化如春节、书法、京剧、中医以及汉语学习也在拉美传播。此外，拉美更希望了解中国经验和中国元素建构的理念和价值观，比如中国的发展模式、治国理念和作为大国的道义追求。

（三）文化交流的动力主体多元化

中拉文化交流的进程中存在着多元的行动者，包括个人、社会团体和政府等，是持续推动文化交流的动力主体。不同主体在各层次、各领域合作上的力度与向度不同，而且行动者之间也存在着互动，通过自身的行为能动地影响着文化交流合作的范围、深度、历程和方向。中拉文化交流经历了一个从以民促官到发展官民结合的过程。

中拉民众是推动双方持续开展文化交流与合作的基础动力。民众在日益密切的互动、交往过程中产生了一种利益和情感共生的局面，有利于弥合交往主体间的歧异性。具有代表性的个人主体是华人华侨。与留学生、技术人员、行政官员不同，他们在传播中国文化时具有更广泛的群众性和社会性。华侨华人通过通婚、信教、商业活动等方式很快融入当地社会，他们不仅接受拉美当地文化，又同时保留了对母文化的认同。这种融合增进了拉美对中国人和中华文化的认同，同时化解外交僵局，向拉美介绍真实的中国，构建良好的国家形象。他们把中华民族的优良传统、习俗和文化，农业生产技能和中华医术等带到拉美。同时，拉美国家中既有普通老百姓，也不乏作家、诗人、艺术家、学者、新闻记者、律师、政治家、将军等各界知名人士，他们不仅支持发展中拉关系，而且也将拉美的文学、艺术、音乐等介绍给中国。此外，留学生在中拉人文交流中的作用也日益凸显。古巴、墨西哥、秘鲁、巴西是与中国互派留学生的主要拉美国家。从 2002 年到 2012 年，中国接受拉美建交国的留学生人数从 588 人增加到 6381 人，增长近 10 倍。[1] 民众交流能增进了解，衍生共同利益，从而影响到决策层。双方民众交流意愿的提升能弥补权力结构的缺失，驱动官方层面的交流与合作。

各种社会团体通过资源集聚和组织动员影响着双方文化交流与合作。新中国成立之初，"民间外交"成为中国与拉美国家保持交往的主要方式。文化协会或对华友好协会是推动中拉文化交流具有代表性的团体。20 世纪五六十年代，中国先后与智利、巴西、阿根廷、玻利维亚等 11 个国家建立了文化协会，以致力于宣传中国文化，组织文化艺术代表团互访，举行各种文化交流活动，从而促进中拉各阶层及团体之间相互交流与快速发展。至 2007 年，拉美地区已成立了拉丁美洲—中国友好联合会和中美洲—中国友好联合会等两个地区性组织以及 31 个对华友好组织。[2]"中国—拉丁美洲友好协会"经过五十多年的发展，在几乎所有的拉美国

---

[1] 贺双荣主编：《中国与拉丁美洲和加勒比国家关系史》，中国社会科学出版社 2016 年版，第 244 页。

[2] 《中国与拉丁美洲友好人士在京共庆中拉友好日》，新华网，http://news.sohu.com/20070916/n252180186.shtml.［2007 - 09 - 16］。

家都建立了对华友好组织。这些社会团体旨在"推动各国协会在文化、科学、教育、旅游和体育等各个领域开展同中国人民的友好交往，增进双方在文化、历史和社会经济发展等方面的相互了解"。① 它们因其特有的大众传播机制在开展中拉文化交流活动中发挥着不可替代的作用。

政府是当前双方文化交流最重要的主体和最主要的施动者。他们制定和执行推进文化交流与合作的一系列政策，为个人、团体层面的交流提供稳定架构，凸显顶层设计和战略眼光。同拉美国家未建交前，中国政府提出扩大文化交流策略，包括培养语言人才、发行西语书刊电影、开设研究中心和专业课程。改革开放 40 年来，中拉文化交流已经从民间发展到官方，再发展到官民结合。政府层面的合作主要体现在：双方高层和政府文化代表团互访；签订文化交流合作协定或文化、教育和科技交流合作协定；设立高委会，作为推动中国与拉美国家政治、经济、科技、文化、社会等各领域合作的决策机构。中拉论坛的成立和中国政府发布对拉美和加勒比政策文件，更是为中拉人文交流的深化和拓展奠定了坚实的政治基础。

（四）文化交流从传统文化合作领域走向新型文化合作领域

多年来，中拉文化合作交流的传统领域是文艺演出和艺术节庆，派遣各种文化代表团和艺术演出团体进行友好访问和演出。文化交流范围遍及音乐、戏剧、舞蹈、曲艺、杂技、文物、美术和博物馆展览等领域。比如在华展览有 2001 年墨西哥文物展"神秘的玛雅"、2004 年巴西"巴西亚马孙原生传统展"、2006 年秘鲁"失落的经典——印加人及其祖先珍宝展"。此外，中国派出艺术团参加了古巴第十届国际音像节、墨西哥塞万提斯国际艺术节和哥斯达黎加国际艺术节。双方互办"文化周""文化月"和"文化年"。2013 年 9 月巴西在中国举办"巴西文化月"。同年 10月 15 日—11 月 15 日中国在巴西举办"中国文化月"活动，2016 年双方举行了"中拉文化交流年"。

进入 21 世纪，中拉人文交流在政府的公共外交体系下得到大力推动。文化产业交流、传媒、留学教育与语言教学、学术交流等新型合作

---

① 汤铭新：《拉美、加勒比—中国友好联合会第二次会议在玻利维亚科恰班巴举行》，载《友声》2006 年第 5 期，第 19 页。

领域不断拓展。文化产业合作集中于出版、影视、旅游等领域。2012 年 8 月 29 日，时代出版传媒公司组织旗下 8 家出版社与 10 家参展的拉美出版商举行国际合作业务对接会，开创了中国企业与拉美国家出版产业合作的先河。中拉影视合作也开始起步。目前，中国已成为墨西哥 Televisa 集团在拉美之外第二个增长最快的国际市场。旅游合作正在成为扩大人文交流的重要途径。中国和拉美国家通过签订旅游协定、开放旅游目的国和放宽签证限制等措施加快推进双方旅游业的发展。

在传媒领域，媒体之间的交流和影响也日益扩大。中国国际广播电台西班牙语广播、中国国际电视台西班牙语频道在拉美落地播出。中国唯一面向西语国家的印刷版期刊《今日中国》西文版实现了在拉美地区的全覆盖。在留学教育与语言教学、学术交流领域，中国在拉美多国创办 30 多所孔子学院，推广汉语。为了促进中拉教育交流，双方加大了互派留学生的力度，同时还互设文化及研究中心，加强智库交流。北京大学与中国社会科学院分别于 2004 年和 2009 年成立巴西文化中心和巴西研究中心。2012 年，北京外国语大学成立墨西哥研究中心，同年，中国在墨西哥建立中国文化中心。2017 年 5 月阿根廷总统毛里西奥·马克里访华期间，双方签订了在阿根廷设立中国文化中心的协议。"中拉智库交流论坛"在中拉关系发展中的作用也受到重视。

中拉文化交流虽然已取得长足的发展，但是双方文化交流尚未适应中拉整体合作与双边关系迈入新阶段的局面，面临一系列的困难和问题。

首先是文化交流内容的不平衡性。传统文化仍为双方文化交流与合作的主要内容；文化产业合作是薄弱环节，主要是少数具体企业间的合作，且总体投资和贸易合作规模不大。文化产品的质量、服务多样性和完善程度还不能满足市场需求。文化产业的发展一方面亟须双方形成合作机制，搭建平台；另一方面仍有赖于中拉以自身文化资源为基础进行开发，挖掘传统文化的现代价值，赋予传统文化更多的现代内涵，提升文化产品的时代感和代表性。

其次，尚未形成可持续性的文化合作机制，从而导致中拉文化交流缺乏整体设计。双方目前通过举办文化节庆活动和打造文化交流品牌，拓展合作的领域与层次，但尚未建立文化管理机构的对话机制和政策机制。从长期来看，这不利于双方实现多层次、多渠道的沟通和互动，较难建立密切规范性的交流。此外，因缺少整体性和多边性的文化交流平台，人文交流活动在拉美各国的活动规模和质量差异较大。文化交流需加强制度建设、全面规划，形成规模效应。

最后，民间组织和社会力量参与不足。目前，中拉文化交流是政府主导，单纯的民间或商业交流较少，且民间交流比较松散无序。这种模式易造成单向宣传，不利于深化双向交流。民间积聚着交流意愿和优质文化资源。政府应通过政策指导、资金扶持和外联服务，积极引导和支持民间、私人文化机构的广泛参与，主办灵活多样的活动。发挥民间力量、社会和企业的优势，有效调动各方资源，提升市场化运作能力，形成整合和集聚效应，以保证双方文化交流具有可持续发展的动力。

总之，中国与拉美在文化交流方面取得了丰硕成果，保持了良好发展态势。同时，双方需重视交流存在的问题，建构和提升交流能力，对互动交流的长期性、互补性和增益性设定预期，以帮助顺利实现文化交流的可持续性发展。

二 当前中拉文化交流和文明互鉴的发展

（一）西葡语教育和人才培养：兴起与挑战

语言是文化传播和交流的重要载体，是保存文化和推动文化交流必不可少的工具。中国的西班牙语和葡萄牙语教育是构筑中拉相互认知与理解之桥的重要基石，在中拉文化交流中起到了举足轻重的作用。

西班牙语是联合国 6 种工作语言之一，在世界通用语排名中，仅次于英语，位居第二。目前，以西班牙语为母语的人口数量已经超过 4 亿，以西班牙语为官方语言的国家共计 21 个，其中 19 个国家位于拉丁美洲。葡萄牙语在世界上的使用也非常广泛，以葡萄牙语为母语的人口数量已经超过 2 亿，居世界第六位，其中绝大部分葡萄牙语使用者居住在巴西。以上数据表明，拉丁美洲是全球最重要的西班牙语和葡萄牙语分布区。

中国的西班牙语教育自创立之初就与拉丁美洲结下不解之缘。1952年 10 月，亚洲及太平洋地区和平会议在北京召开，参加国包括 11 个母语为西班牙语的拉美国家。在这一背景下，"周恩来总理兼外长直接指示北外筹建西班牙语专业，培养西语干部"。① 由此，中国第一个西班牙语专业在北京外国语学院（现北京外国语大学）设立。葡萄牙语专业则于1960年在北京广播学院（现中国传媒大学）设立。

20世纪下半叶，西班牙语和葡萄牙语教育在中国的发展速度较缓，办学规模不大。截至1999年，全国有12所高校设有西班牙语本科专业；开设葡萄牙语专业的高校仅2所，在校生人数为50人左右。因此，在中国外语教学界，西班牙语和葡萄牙语常被称为"小语种"。进入21世纪，中国与西班牙语及葡萄牙语国家在政治、经济、人文等领域的交流不断深化，中国和拉美的关系发展尤为瞩目。西班牙语及葡萄牙语教育在中国也越来越受到重视，近年来发展迅猛。

《全国高等院校西班牙语教育研究》数据显示，1999年全国12所西班牙语高校的本科在校生规模不足500人。② 根据2016年全国西班牙语教学年会的统计显示，截至2016年10月，全国开设西班牙语专业的院校已达96所（其中本科院校74所），是1999年的8倍；在校生人数估计在20000—22000人，是1999年在校生的40—44倍。③ 据北京外国语大学西葡语系副主任、葡萄牙语专业负责人叶志良副教授介绍，截至2016年10月，全国开设葡萄牙语专业的院校已从1999年的2所上升到27所（其中本科院校24所）。2017年3月13日，教育部公布"2016年度普通高等学校本科专业备案和审批结果通知"，数据显示，全国开设西班牙语专业和葡萄牙语专业的院校又分别增加了8所和2所。除高等院校外，众多外语培训机构也纷纷开设西葡语进修班。西班牙语和葡萄牙语已跻身最热门的外语之列。

中国西葡语教育蓬勃发展之时，一系列问题与挑战也相继涌现。《全国高等院校西班牙语教育研究》指出，21世纪以来，西班牙语教育"缺乏宏观、科学、合理的，与社会高速发展形势相适应的整体规划与布局，

---

① 庞炳庵：《新中国怎样向西语世界敞开大门》，载《对外传播》2012年第5期，第22页。

② 郑书九主编：《全国高等院校西班牙语教育研究》，外语教学与研究出版社2015年版，第1页。

③ 中拉青年学术共同体、INCAE商学院：《中国西班牙语人才就业和流动调查报告》，2017年1月15日。

基本处于无序、自发的发展状态"。① 葡萄牙语教育的情况亦是如此。一方面是西葡语专业的"井喷式"发展及其在多省高校的迅速铺开，另一方面则是合格师资的严重匮乏及教学水平的参差不齐。2009 年出台的《高等院校本科西班牙语专业规范》规定，承担专业主干课程的任课教师一般不少于 8 人。但据《高等院校西班牙语专业师资状况研究报告》，截至 2015 年，全国仅有 15 所院校达标。大多数新开设西语专业的高等院校，其师资不到 5 名，且多为缺乏教学经验的"新人"，教师低龄化现象突出。从学历构成看，全国拥有博士学位教师的西语院校仅为 10 所左右。葡萄牙语师资的情况更不容乐观，以全国葡语教学实力最雄厚的北京外国语大学为例，截至当前仅有 8 名教师，其最高学历为硕士，尚无拥有博士学位的葡语教师。从教师职称结构看，西班牙语专业"全国有三分之二的院校的师资职称结构以中低职称为主"，② 而葡萄牙语专业，绝大部分院校的师资均为中低职称，拥有副教授职称的葡语教师寥寥无几，至今国内尚无一名拥有正教授职称的葡语教师。

西班牙语和葡萄牙语师资的匮乏及年轻化、低职称化，以及西葡语学生数量的迅速增长，导致了全国西葡语教学质量的下滑。如何改善师资现状和提高教学质量是西葡语教学面临的共同问题与挑战。除此之外，如何合理规划课程设置，适时调整教学内容及培养模式，使外语教学适应社会发展形势和社会需求，是近些年来西葡语教学领域涌现的另一个严峻挑战。

2017 年 1 月发布的《中国西班牙语人才就业与流动调查报告》指出，近十年来西班牙语教育的跳跃式发展极大地改变了人力市场结构，西语人才整体呈现年轻化趋势；企业是吸收西语人才的最重要领域，且比重呈逐年上升态势。③ 葡萄牙语人才的情况也大体相同。据 2017 年 3 月发布的《中葡人才求职就业大调查》显示，45% 的葡语人才分布在巴西，42% 在中国国内，其余分布在安哥拉、莫桑比克及葡萄牙等地；葡语人

---

① 郑书九主编：《全国高等院校西班牙语教育研究》，外语教学与研究出版社 2015 年版，第 2 页。
② 同上书，第 67 页。
③ 中拉青年学术共同体、INCAE 商学院：《中国西班牙语人才就业和流动调查报告》，2017 年 1 月 15 日。

才以本科学历为主，逾六成葡语人才在企业就业。[①] 上述两份调查报告显示，现行高校培养模式与社会需求契合度较差，社会对西葡语人才的需求除语言技能外，还注重超越语言本身的完整知识架构及沟通能力等"软实力"。因此，西葡语教学应在保证语言技能课的前提下，适当加强一些专业方向的课程，如经贸、外交、国际政治、跨文化交际等，注重复合型外语人才的培养。

值得强调的是，语言教育应和文化教育有机结合。在西葡语教育中，应激发学生探究西葡语国家文化、对比中外文化的兴趣，加强中国和西班牙、葡萄牙、拉丁美洲等国家地区文化的共通性和差异性教学，在异彩纷呈的文化关照中逐步培育学生多元的、互渗互补的文化意识。在重视西葡语语言教学的同时，还应加强中国文化的学习，使西葡语人才具备用外语向西葡语国家介绍中国文化的能力。中国与拉美的文明互鉴和人文交流，需要培养更多既通晓西葡语又了解中拉文化的人才。可以预见，随着中国西班牙语和葡萄牙语教学的逐步发展和不断革新，将培养出更多中拉人文交流的使者，广泛地参与中拉文明对话，促进中拉文明互鉴，加强中拉的彼此认知与理解。

（二）文化交流的先声：中拉文学作品交互传播

文学是语言的艺术，是文化交流的先声，也是最普遍的人文交流形式之一。文学作品的翻译、研究和传播在中拉文化的交流互鉴中起到了非常重要的作用。1950 年，智利诗人聂鲁达的诗集《让那伐木者醒来》出版，正式拉开了拉美文学在中国的帷幕。据 2016 年 12 月发布的《拉美文学在中国 1949—2016》统计数据显示，新中国成立至今共计 210 位拉美作家的 506 种作品被译介到中国，另有 64 种以多国别或多位作家形式编译的选集出版。如算上重版重译的作品，共计 714 部。[②]

作为一项跨文化交流活动，文学作品的翻译受到了社会、历史、政治、经济及意识形态等因素的影响。回望拉美文学在中国的译介与传播，可以发现上述因素在不同历史时期推进或制约了拉美文学在中国的发展

---

① 巴西 IEST 企业咨询公司：《中葡人才求职就业大调查》，2017 年 3 月 29 日。

② 楼宇：中拉青年学术共同体独立报告之二《拉美文学在中国 1949—2016》，2016 年 12 月 10 日。

进程。新中国成立至 1978 年是拉美文学在中国传播的初始期，共计出版图书 82 种，其中 1959 年古巴革命的胜利推动了国内对拉美文学作品的译介，共出版 16 部作品，成为该时期翻译出版数量最多的一年。新生共和国的社会主义意识形态决定了对外国文学译介的选材范围。在这一背景下，引进的文学作品多带有鲜明的现实主义特征，以反帝、反封建、反殖民为主要题材；译介的作家多为左翼作家，如智利诗人聂鲁达、古巴诗人纪廉、巴西小说家亚马多等。我国西班牙语专业及葡萄牙语专业分别创建于 1952 年和 1960 年，这一时期西葡语翻译人才队伍尚未形成，出版的拉美文学作品多由俄语、英语、法语等其他语种转译而成。此外，受时代背景等因素影响，对作品的漏译、更改或删节的现象屡见不鲜。

改革开放后，国内政治、经济、文化环境逐渐改善，拉美文学的译介也随之进入一个新时期。1979—1999 年共计出版图书 277 种。外国文学的译介开始告别以政治意识形态为主导的时代，逐渐回归文学本位。1979 年，中国外国文学学会西葡拉美文学分会成立。在以该分会成员为主的专家学者们的努力下，一大批重要的拉美作家开始进入中国读者视野。统计显示，以加西亚·马尔克斯、巴尔加斯·略萨、卡洛斯·富恩特斯、胡利奥·科塔萨尔为代表的拉美"文学爆炸"时期的作家成为译介主流，豪尔赫·博尔赫斯的作品也备受欢迎。值得强调的是，拉美文学对 20 世纪八九十年代的中国文坛影响深远。莫言、阎连科、韩少功、马原、格非等著名作家的创作都受到了拉美文学的启发。这一时期，国内西葡语教学初具规模，转译作品的比例大大减少。需要指出的是，在相当长一段时期内，文学作品的翻译和出版缺乏正规化，不少经典作家作品的翻译处于无序混乱的状态，被重复翻译，甚至出现了不少剽窃、抄译的现象。1992 年中国正式加入国际版权组织，国内出版界的版权意识逐渐加强。20 世纪 90 年代末，国内出版市场基本与国际接轨。

21 世纪以来，中拉关系日益密切，国内西葡语教育蓬勃发展，拉美文学译介取得了令人瞩目的成绩。一些文化事件也间接导致了拉美文学在中国的"升温"，如 2010 年巴尔加斯·略萨获诺贝尔文学奖，2012 年莫言获诺贝尔文学奖，2014 年加西亚·马尔克斯逝世，2015 年莫言、麦家等中国作家随李克强总理出访拉美等。数据显示，过去的 17 年间共出版图书 355 种，占 1949 年至 2016 年总量的 50%，其中 2014—2016 年出版图书 136 种，占 2000—2016 年总量的 38%。21 世纪以来，译介选题标准呈现多样化特征，除以西葡拉美文学分会的专家为主的学者眼光和美学视角外，出版社的选题标准成为另一重要因素。中国的出版运作机制更趋商业化、系统化和规范化，除国有出版机构外，几家民营出版公司成为拉美文学译介的生力军，如"九久读书人"引进了包括巴尔加斯·略萨作品在内的 50 多种图书，占这一时期图书出版总量的 16%；"新经典文化"引进了以加西亚·马尔克斯作品为主的 20 多种图书；"世纪文景"引进了以波拉尼奥作品为主的近 10 种图书。

纵观拉美文学在中国六十多年的译介历程，可以看到拉美文学的翻译和研究主要呈现以下特点：第一，译介图书以小说为主，占总数的 65%；其他文学体裁的译介种数明显落后，尤其是戏剧类作品。第二，译介国别分布不均，主要集中于阿根廷、巴西、智利、墨西哥、哥伦比亚、秘鲁、古巴及乌拉圭，上述 8 个国家的图书引进数量占总数的 90%，对拉美其他国家文学作品的引进还有待加强。第三，作品选题不够均衡，以拉美"文学爆炸"为主的名家名作重译重版现象严重，查漏补遗的译介工作任重道远。第四，翻译人才梯队逐渐形成，共计 335 位译者参与了拉美文学的翻译工作，为中拉文化交流做出了巨大贡献，但文学翻译稿酬极低，译作在多数情况下并未纳入学术成果评价体系，因此，对文学翻译及译者的认可有待提高。第五，出版逐渐规范，越来越多的出版机构开始关注拉美文学，积极参加国际书展，探寻多种合作可能，但总体来讲，中国和拉美国家的沟通渠道还不顺畅。此外，随着一批资深编辑的退休，国内西葡语编辑人才出现断档，十分欠缺，通晓西葡语且了解国际出版市场的人才也亟待培养。第六，与拉美文学的译介相比，中国的拉美文学研究还十分薄弱，著作成果不多，且研究领域过于集中，接近半数是关于加西亚·马尔克斯或魔幻现实主义流派的研究著作。此外，有深度的拉美文学研究类专著不多，对当代拉美文学的研究十分匮乏。

相比拉美文学在中国的译介，中国文学在拉美的传播尚处"拓荒"阶段。在拉美，流传广泛的中国文学文化作品仍以儒家经典、唐诗宋词等古典作品为主，且不少为转译作品。西班牙语及葡萄牙语国家的汉语翻译人才十分匮乏，据 2017 年 3 月公布的"世界汉学家数据库"显示，在数据库收集的全球 5925 位汉学家中，西葡语国家的汉学家仅为 30 多人，其中拉美地区 20 多人。①。近些年来，越来越多的拉美读者开始关注中国，渴望了解更多的中国文学，因此，中国文学急需加强在拉美的译介和传播。显而易见，仅凭西葡语国家汉语译者的力量是远远不够的，还需要中国的西葡语译者和出版社的积极参与以及中国政府层面的支持和推动。

21 世纪以来，尤其是最近几年，中国文学在走向西班牙语国家方面取得了不少成果，其中最为突出的当属五洲传播出版社。据国际合作部副主任姜珊介绍，五洲传播出版社从 2012 年开始重点开拓西班牙语市场，截至 2016 年已有 120 多种图书被译介到西班牙语，包括中国文学、人文中国、中国之旅等系列丛书，其中"中国当代作家及作品对外推广（西班牙语地区）项目"已出版 30 多种。该项目是中国当代作家和文学作品首次大规模、成系列地翻译成西班牙语，包括莫言、刘震云、麦加、周大新、迟子建、王安忆等作家的作品。五洲传播出版社多次参加在西班牙语国家举办的国际书展，组织多名中国作家赴拉美进行交流，对中国文学在拉美地区的推广起到了非常积极的作用。此外，五洲传播出版社于 2015 年启动"拉美汉学家作品中译项目"，目前已有 5 部作品在中国出版，既拉近了拉美汉学家与中国的距离，同时又促进了拉美汉学家进一步传播中国文化。

2016 年 11 月，中国政府发布第二份《中国对拉美和加勒比政策文件》，指出要积极推动中拉文化交流，鼓励双方出版界开展合作，翻译出版更多经典作品。在中拉关系新时期，相信会有更多的拉美文学作品译介到中国，同时也会有更多的中国文学走入拉美读者的阅读视野，让中拉人民在文学中贴近心灵，交流思想，扩大对彼此的认知和理解。近几年来，孔子学院在拉美地区不断发展，中拉高校及研究机构也积极展开交流，签署了多项合作协议，汉语教学及中国研究正在拉美逐步兴起，有效推动了拉美国家汉语翻译人才和中国研究人员的培养，中拉文化交互传播的不平衡状态或能逐步改善。

（三）华人华侨：促进在中拉文化交流中的独特力量

1. 华人华侨在拉美的发展阶段

据史料记载，早在 16 世纪就有中国人因为经商、做工、躲避战乱等

---

① 北京外国语大学、国际儒学联合会等："世界汉学家数据库"，http：//www. hanxuejia. net。

缘故，前往拉美地区寻求发展。在此后的200多年时间里，又零零星星地有一些中国人远赴拉美谋生，但未形成规模。从19世纪中期起，以华工身份移居到拉美地区的中国人逐渐增多，由此开启了华人向拉美大规模移民的历史进程。

由此往后，中国向拉美地区的移民经历了五个阶段。

第一个阶段从19世纪中期到后期。准确来讲，这个时期虽然有大批的中国人移居拉美，但这些人大多是被"贩运"到拉美从事繁重体力劳动的苦力，既缺乏人身自由，也没有获得经济上的独立，是外来移民中地位最低下的群体和受排挤、受歧视的对象，对移居国政治、经济、社会和文化生活的影响可以说微乎其微，也很少受到关注。

第二个阶段从19世纪后期到20世纪40年代。随着华工契约期满，获得了人身自由，加之清政府的外交干预和移民拉美的自由商人有所增多，华人在拉美国家的境遇逐渐改善。经过几十年的艰苦创业，华人在侨居国建立起属于自己的庞大产业，不仅经商，还参与农业和工矿业活动，并投资运输、金融等行业，经济实力大增。但他们在政治上仍然没能摆脱受歧视、受排斥的境地。20世纪初期，拉美很多国家都掀起了排华运动，使一批华侨被迫回国或移居他国。

第三个阶段从20世纪50年代到80年代。这个时期向拉美迁移的华人主要是港澳台和东南亚地区的居民，以商人、小企业主和劳工为主。而老一代的华侨经过几十年的打拼，逐渐在侨居国站稳了脚跟，有了一定的经济基础，并通过通婚、联姻、繁衍后代、信教、加入国籍等方式取得了社会依靠、融入了当地社会。

第四个阶段从20世纪80年代起至20世纪前后。随着中国改革开放政策的实施，大陆向拉美国家的移民逐渐增多。与老一辈的移民相比，新移民的原籍更加多元，不仅由广东和福建两省扩展到整个中国沿海地区，特别是江浙一带，而且内陆省份的移民也为数不少。这个时期的移民，仍然是依托亲情、同乡、熟人等纽带的"连锁迁移"，但他们与中国的联系更为密切。

第五个阶段是20世纪以后，这个时期是中国与拉美国家政治、经贸、文化、科教关系飞速发展的时期。在此背景下，出现了一批通过留学、访学、劳务输出、驻外工作等途径前往拉美，学习和工作结束后继续留居当地的移民。他们的特点是受教育水平高、有一定经济基础、熟悉当地国情和语言、大多从事技术性职业等。

2. 华人华侨之于中拉文化交流的独特作用

早期的中拉文化交流是大帆船贸易的产物，是通过物质交换来实现的。繁荣的贸易活动将大量具有中国特色的商品输入到拉美，使当地居民得以接触和了解神秘的中国文化。而大量原产美洲地区的农作物也通过贸易传入中国，丰富了中国人的饮食。19 世纪中期以后，随着越来越多的华人移居拉美，华人华侨在中拉文化交流中开始发挥桥梁作用，人文交往和非物质文化交流逐渐成为中拉文化交流的主要途径。

总的来看，华人华侨在中拉文化交流中的作用体现在以下几个方面：

第一，弘扬中国文化。中国与拉美距离遥远，文化差异明显。尽管近年来中拉双方人员往来越来越频繁，但对于大规模文化交流和传播而言，其数量仍很有限。因此，定居在拉美国家的华人华侨客观上就承担起弘扬和宣传中国传统文化的重任；而拉美民众对中国文化和思想的了解，也可以通过与华人社会的直接接触而获得。华人社会可以说中国传统文化的承载者和重要缩影。它的存在和发展，为拉美国家了解中国文化提供了便利。

首先，移居拉美的华人华侨，大多保持着勤俭节约、奋发向上、诚实守信、遵纪守法、互帮互助等中华传统美德，这不仅树立了中国人在海外谋生与发展的良好形象，也向移居国民众展示了中华文化所孕育的优良品格及核心价值观念。早在 19 世纪后半期，移居拉美的华工就以其吃苦耐劳、坚忍不拔的意志品质而著称。他们是古巴甘蔗种植园和制糖厂、秘鲁棉花种植园和鸟粪开采、巴拿马铁路修筑和运河开凿的重要劳动力。这些经济开发和基建活动，无不浸透着广大华工的汗水和心血。此后，华人又大量涉足商业，并因服务细致周到、产品价格低廉而广受社会赞誉。而新一代的中国移民则以其较高的文化素养、多元的知识结构、开阔的视野，展现出中国现代文化蕴涵的精神风貌及价值观念。

其次，华人在海外保留和延续中国文化元素的一个重要途径就是唐人街和中国城。在这里，人们不仅可以品尝到纯正的中华美食，领略中国饮食文化的魅力，而且可以欣赏到中国的音乐、艺术和民俗表演，了解中国古典建筑的独特风格，感受中国节日的热烈气氛，体验中医中药的神奇疗效，买到物美价廉、具有中国特色的商品，还可以在中文学校学习汉语。经过多年的发展，目前唐人街已遍布拉美大多数国家的主要城市，成为展示中国文化的重要窗口和舞台。

第二，促进文化融合。华人移居拉美国家后，虽然通过通婚、繁育后代等方式融入了当地社会，但仍然保留着自身的文化传统。这些传统在组成家庭、结成婚姻的背景下与当地文化相互交融、相互影响。尽管很多华裔的后代在语言、风俗习惯、生活方式和价值观念等方面已本土化，但在他们的生活中仍或多或少地还留有一些中国文化的印记，他们知道自己的祖先来自中国，自己的血液里有中国人的基因，因此从感情上对中国非常亲近和友好。有些人甚至重新学习中文和中国文化，成为中拉文化交流的使者。

中国的饮食文化传入拉美后与当地传统相结合，成为拉美餐饮文化的一个重要组成部分。首先，中国传统饮食改变了部分国家的饮食习惯。例如，在秘鲁、巴拿马、古巴等国，由于很早就引进了稻米的种植，大米已经成为当地居民的主食之一。在巴西，中国茶农曾是种茶业的主力。如今绿茶、红茶等也是当地人的偏好之一。其次，由华人华侨开办的中餐馆遍及拉美各地，已深深融入当地民众的日常生活。为适应当地居民的习惯和口味，大多数中餐馆都对就餐形式和菜品进行了改良，形成了具有"拉美风格"的特色中餐。此外，很多与餐饮相关的汉语词汇在某些国家被广泛使用，成为西班牙语中的外来词。例如在秘鲁，粤语中的"吃饭"（chifa）一词早已成为中餐馆的代名词，炒饭（chaufa）、姜（kión）、馄饨（wantan）等也都采用了粤语的发音。

中医药在拉美地区的传播也离不开华人华侨的贡献。19世纪中期，中华医术随中国移民传入拉美国家，后来逐渐被当地医疗卫生当局和普通民众所接受。目前中医针灸在墨西哥、巴西等国已取得合法地位，成为西医治疗的辅助手段。

此外，近年来中国的节庆文化也深深融入当地民众的生活中，春节习俗的广泛传播与华人华侨的努力密不可分。在阿根廷，当地华侨于2005年自发创办了布宜诺斯艾利斯春节庙会，此后一直连续举办。2012年以后其规模和影响不断扩大，并且融入了阿根廷本土的文化元素，如今已成为阿根廷最具特色的文化节庆活动和拉美地区规模最大、参观人数最多的春节庙会。

第三，增进相互了解。改革开放以后，中国与拉美国家之间的交往日趋频繁。这个时期移居拉美的华人在国内仍保留着家庭和社会交际网络，与祖国和家乡的联系更加密切。作为客居他乡的华人，他们迫切希望自己和祖国及移居国之间能够建立并保持良好的关系，因此对于促进中拉民众之间的相互了解、增进彼此间的友谊有着强烈的意愿。他们或利用回乡探亲、出差办事等机会，或通过互联网和新媒体，以自己的亲身经历和感受，向家乡民众介绍和宣传拉美国家的情况，以促进双方之间的相互了解。一方面，华侨团体在促进中拉民间交往、推动双方互利合作方面的中介和桥梁作用越来越大。近年来，拉美各国侨团经常组织经贸考察团到中国考察市场，帮助有一定实力，但对中国市场不甚了解的华商、侨商及当地企业到广阔的中国市场寻找商机，为双方企业牵线搭桥，以此促进中拉之间的经贸交流与合作，加强华人社会与祖国的联系。另一方面，侨团还经常接待来自中国的各级各类考察团、代表团，帮助他们了解所在国的国情和市场。

华人华侨积极致力于推动中拉相互了解的另一个重要途径是华文媒体。目前拉美大多数国家都有华文媒体，形式上以传统的平面媒体为主，但近年来华文网络媒体和新媒体发展迅速，已经初具规模。这些媒体通过向读者传播有关拉美国家政治、经济、社会、科技、文化、法律、旅游等方面的最新动态，积极宣传中国改革开放及经济建设的新变化、新成果，发布经贸合作的相关信息等，不仅为华人华侨和中国民众提供了大量有价值的信息，也成为传达中国声音、传播中国文化、推动中拉民间交流的重要舆论力量。

第四，丰富学术研究。华人定居拉美至少已有400多年的历史，而大规模移居距今也超过了150年。虽然这几百年的移民史与中华民族数千年的浩瀚历史相比是短暂的，但它几乎贯穿了发现新大陆后的美洲发展史，而且也是中拉关系史中最重要的组成部分。近几十年来，拉美学者出版了大量有关华人移民史的学术成果，但其研究无法脱离"他人的历史"这一视角。相比之下，华人学者既是研究者，也是被研究对象中的一员。由于本身就是移民或移民的后代，这些学者要么对华人移民拉美的苦难历程有切身的体会，要么渴望探寻祖先在海外他乡漂泊、奋斗的足迹。

他们研究的是"自己的历史",因此对这项工作具有强烈的使命感和责任感,视其为己任。其研究成果不仅极大地丰富了华人移民史研究,而且对于了解华人对拉美国家经济开发的杰出贡献、拉美华人的奋斗历程、华人社会的发展变化、华人华侨对推动中拉友好往来的重要作用、拉美国家移民政策对中国移民的影响等问题,都具有重要意义。

3. 华人华侨推动中拉文化交流的有利条件和制约因素

华人华侨在促进中拉文化民间交流方面有着得天独厚的有利条件。其一是距离上的优势。中国与拉美国家相距遥远,长期以来民间交往常常受制于此。而华人社会的存在使拉美民众得以近距离地接触和感受中国文化。其二是语言上的优势。这不仅仅是指熟练掌握了外语、能够与人交流,更重要的是华人华侨常年身处他乡,更懂得如何使用当地人易于接受的语境和思维与之对话,传播中国文化、传递中国声音。其三是身份上的优势。华人华侨属于普通民众,没有官方背景,是民间交往的主力之一,作为中拉文化交流的使者,往往更能起到"润物细无声"的效果。其四是拉美华人经济和社会地位的整体提升所带来的优势。华人移居拉美后,自食其力,辛勤工作,热心公益,既促进了侨居国经济的繁荣,也赢得了良好的信誉和口碑。这些都为华人华侨助力中拉民间交往提供了有利条件。其五是华人华侨积极融入当地社会、积累社会资源和人脉、拓宽职业领域等也有助于中拉文化在更大范围内、在更高层次上的交流与融合。

但是,拉美华人在推动中拉文化交流方面也面临着一些制约因素。首先,在几乎所有的拉美国家,中国移民都属于极少数族裔,其数量相较于移居国总人口而言都显得微不足道。据有关统计,2014年拉美国家的华人华侨约为121万(不包括华裔和混血华人),只有5个国家超过了10万人。① 其次,拉美国家的中国移民大多从事餐饮、零售、贸易等职业,经济上的立足和发展仍是其主要任务,因此在推动和参与中拉人文交流方面既缺少主观意愿,也受到客观因素的限制。少数移民为适应当地生活,主动远离了华人社会的社交圈,已不具备文化传承的条件。最

① 杨发金:《拉美华人华侨的历史变迁与现状初探》,载《华人华侨历史研究》2015年第4期,第40页。

后，非法移民现象、个别华人参与犯罪和黑帮活动等，都在一定程度上引起了当地人的反感，损害了华人的整体形象。

华人华侨在促进中拉民间交往和文化交流互鉴方面的历史贡献不容忽视，值得肯定。在中拉关系全面发展的新形势下，继续利用华人华侨的独特优势，扬长避短，充分调动和发挥这种桥梁和纽带作用，对于中拉关系向更高层次的迈进、中国国家形象的构建、中国文化软实力的提升等均具有重要意义。

第三节　中拉文化交流与文明互鉴的潜力与前景

一　中国在拉美的国家形象：构建的挑战

"国家形象是特定国家的历史和现状、国家行为、国家的各项活动及其外部影响在国际社会和内部公众心目中产生的印象、认知和评价。"[①] 在当代世界，国家形象已经构成一国综合实力的不可或缺的单元。进入 21 世纪以来，中国的国家形象意识日益强烈，中国政府更加重视国家形象的构建。但中国作为一个后发国家，其近年来的崛起受到发达世界的质疑和国际媒体的误读，给中国的国家形象构建带来了不小的挑战——不仅在西方发达国家如此，在发展中国家亦如此。

知名民意调查机构美国皮尤研究中心自 2005 年开始连续就世界各国对中国的认知进行问卷调查。通过分析发达世界最具代表性的七国集团（G7）和中国"走出去"战略的第一站非洲八国 6 个年份[②]的调查数据发现，西方发达国家总体上对崛起的中国的认可度不高，而以非洲为代表的发展中国家对华认可度则相对较高。西方发达国家对中国认可度不高，很大程度上源于西方文化的强势和历史优越感，存在着难以改变的思维定式和认知刚性。另外，中国的快速崛起引起了一些国家对中国的行为和意图抱持疑虑甚至恐惧，西方舆论不失时机地炮制出一系列论调，其中最有影响的当属"中国威胁论"，这强烈地反映出发达国家对中国这个

---

① 孙英春：《中国国家形象的文化建构》，载《教学与研究》2010 年第 11 期，第 89 页。

② 分别是 2005 年、2007 年、2009 年、2011 年、2013 年和 2015 年。

新秀的崛起和他们眼中的"挑战者"的不满和恐慌。

在受西方文化影响深厚的拉美地区，中国国家形象建设同样面临严峻的挑战。从整体上来看，拉美文化虽然处于西方文化的边缘地带，但其核心价值观念却同西方发达世界息息相通。与此同时，拉美文化又是一种多元文化，拉美地区又是一个异质化程度较高的地区，中国仍有在此提升国家形象的空间。为更真实更客观地了解中国在拉美的形象，这里主要选取两组不同来源的调查数据进行分析，一组来自美国皮尤全球态度调查，另一组来自拉美著名民调机构"拉美晴雨表"公司。之所以选择这两家调查机构的数据，主要考虑两点：其一，两家针对中国形象的民意调查数据均有长期性，能够反映出一个时期内的趋势，便于把握拉美人对中国认知的变动；其二，两家机构分属于美国和拉美，便于从不同视角观测拉美对中国形象的感知，以增强数据分析的客观性和平衡性，最大可能地把握拉美民众对中国的感知程度。

（一）美国皮尤全球态度调查

美国皮尤研究中心是全球最权威、最全面的民意调查机构之一，更为难得的是该中心从 2007 年开始持续围绕拉美对中国的形象认知展开长期而系统的调查，目前数据已经更新到 2015 年。梳理皮尤态度调查近年的数据（表 7—1）发现，拉美对中国的认知态度具有两个方面的显著特点。其一，拉美对华持正面态度的比重总体上虽高于 G7 集团，但远低于非洲对华持正面态度的比重。其二，与非洲相比，拉美对华认知更加复杂，主要表现在持正面态度的比重始终没有超过 60% 且出现相当大的波动性。

从表 7—1 可以清楚地看到，从 2007 年开始，拉美对华持正面态度的比重呈中间高、两头低的趋势。总体来看，拉美对华持正面态度的比重在 7 年间（2007—2013）发生了一定程度的提升，到 2013 年已有接近 60% 的拉美人认为中国是"非常受欢迎的"，这比调查开始时的 2007 年上升了 10 多个百分点；但到 2014 年春季调查时，拉美对华持正面态度的比重出现巨大下滑，只有 51%。就国别而言，巴西对华态度变化最大。2013 年有 65% 的巴西人对华持正面态度，远远高出地区平均数，而到 2014 年这一比重下降了 11 个百分点，甚至比地区平均数还低 7 个百分点；只是 2015 年稍有回升。同一时期，巴西对华负面态度出现了明显上升，2014 年有 44% 的巴西人认为中国是"非常不受欢迎"或"不太受欢迎"的，这一比重在拉美地区是最高的，甚至比地区平均数还高出 12 个百分点。

表 7—1　　　　　　拉美人对中国持正面和负面态度的比重①　　（单位：%）

拉美人对中国持正面态度的比重				国别	拉美人对中国持负面态度的比重			
2007 年	2013 年	2014 年	2015 年		2007 年	2013 年	2014 年	2015 年
32	54	40	53	阿根廷	31	22	30	26
—	58	—	—	玻利维亚	—	19	—	—
—	65	44	55	巴西	—	28	44	36
62	62	60	66	智利	22	27	27	25
—	—	38	—	哥伦比亚	—	—	32	—
43	45	43	47	墨西哥	41	33	38	34
56	—	56	60	秘鲁	22	—	27	22
—	71	76	58	委内瑞拉	—	19	26	33
48.3	59.2	51.0	56.5	简单平均数	29.0	24.7	32.0	29.3

资料来源：皮尤全球态度调查数据库（Pew Global，Global Indicators Database）；简单平均数是作者计算得出，http：//www.pewglobal.org/database/custom-analysis。

2013 年皮尤研究中心还就多个方面调查了包括拉美在内的世界各国对华态度。② 数据显示，在如何看待同中国的关系问题上，受调查的拉美 7 国中平均有 54% 的受访者将中国视作合作伙伴，而将中国视作敌人的比例只有 10%，而在非洲，这一数字分别是 67.7% 和 7%。同样，高达 28% 的拉美受访者持中立态度，认为中国既非伙伴也非敌人，而在非洲这一数字只有 12.5%。在科技文化传播等软实力问题上，拉美和非洲表现出惊人的一致性，即都羡慕中国科学技术的进步，这一比重分别高达

---

①　2008—2012 年的数据只零星覆盖少数几个拉美国家，为发挥数据的有效性，这里只采用覆盖国家较多的 2007 年、2013 年、2014 年和 2015 年。这里的"正面态度"比重包含"非常喜欢"和"有点喜欢"的回答；"负面态度"比重包含"非常不喜欢"和"有点不喜欢"的回答。

②　本节数据均取自"Chapter 3：Attitudes Toward China" in *America's Global Image Remains More Positive than China's* by Pew Research Center，http：//www.pewglobal.org/2013/07/18/chapter – 3-attitudes-toward-china。[2016 – 07 – 25]。

72%和75%；而在思想和习俗传播，特别是音乐和电影等方面则表现欠佳，拉美人和非洲人均表现出对中国文化艺术的兴趣不高。另外，在"中国在多大程度上考虑贵国的利益"这一最值得拉美人挂怀的问题上，拉美对中国的负面评价最高，高达52.6%的拉美受访者认为中国根本没有或者没有多少考虑本国的利益，而在非洲这一数字只有21.7%。就国别而言，阿根廷、智利、玻利维亚、巴西和墨西哥等国的负面评价均超过平均数，阿根廷和智利甚至高达71%和65%；相反认为充分或相当程度上考虑了本国利益的受访者比重以委内瑞拉为最高，高达67%。

(二)"拉美晴雨表"

为从不同视角观测拉美对中国认知的真实情况，这里另选取一家拉美本土的民意调查机构——"拉美晴雨表"的数据，以从拉美视角观测拉美对中国的认知。根据我们传统的思维习惯，拉美本土的民意调查数据相对于美国的调查数据而言，更加"真实"、更少偏见。通过对调查数据分析获得以下发现（见图7—1）：

第一，和皮尤态度的调查相比，"拉美晴雨表"长达12年的调查表明，拉美对华认知相对更加积极。整个调查期内，只有2001—2003年拉美对华持正面认知的比重呈下降趋势（2003年降至最低点：48%）。2003年之后开始逐渐稳步上升并在2006年达到整个调查期的第二最高点（64%）。从2006年到2011年，这一数字的变化趋势是保持在高位且相对稳定。但2013年再次出现反复，从2011年最高峰时期的65%降至53%。与此同时，整个时期也呈现出这样一个特点，即在除2003年以外的所有年份里，对华持正面认知的受访者比重均超过50%。2006年到2011年的6年间，这一比重甚至更高，均保持在60%左右。

第二，和美国相比，中国在拉美的正面认知度要低许多。整个调查期内，拉美对美国持正面认知的受访者比重平均比对中国高出近10个百分点，这充分反映出美国对拉美长期而深刻的影响。数据显示，除2008年外，在整个调查期内，拉美对美国持正面认知的受访者比重均超过60%，在其中5个年份（2001—2002年和2009—2011年）甚至高达70%。

第三，甚至和进入拉美的后来者——日本相比，中国在该地区的正面形象也稍逊于日本，且在有可比数据的所有时期均是如此。数据显示，

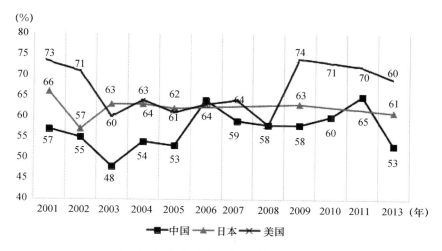

图7—1　拉美人对中日美三国的正面认知

资料来源：笔者根据 Latinobarómetro 2001—2013 年数据绘制。

在整个有数据的年份，拉美对日本持正面认知的受访者比例始终保持在60%以上，只有2002年是一个例外（57%）。同时，在整个时期，日本在拉美的正面形象保持相对稳定，既不像美国，也不像中国那样出现较大的波动性。针对日本的调查充分表明，这在某种程度上排除了后来者即是落伍者或者后发劣势的偏见，事实上如果措施和方法得当，同样可以获得更加积极和正面的形象。

针对国别的分析更能反映出拉美对中国认知的复杂性和波动性。这里我们选取2009年和2013年两个调查年份拉美18国的数据进行分析（见图7—2）。结果显示：

第一，2009年，即中国政府发布具有战略性的"拉美政策白皮书"后次年，绝大多数拉美国家对华持正面态度的比重都相对较高，比如在智利、多米尼加共和国、委内瑞拉、秘鲁、哥斯达黎加等国都达到66%—72%；巴西、阿根廷和墨西哥等主要拉美大国也保持在50%以上。

第二，相较于2009年，2013年绝大多数拉美国家对中国持正面态度的受访者比重都下降了。为数不多的例外发生在几个小国，巴西是这期间唯一一个对华正面态度下降的大国。有意思的是，约翰逊和林志敏对中国东部省会城市知识群体的调查表明，同一时期巴西却被中国受访者认为是最重要的合作伙伴。① 厄瓜多尔是这个时期对华正面态度上升最快的国家，提高了 11 个百分点，而智利、多米尼加共和国是这个时期降幅最大的国家，是拉美平均降幅的 5 倍多，波动甚大，其背后的原因值得深思。

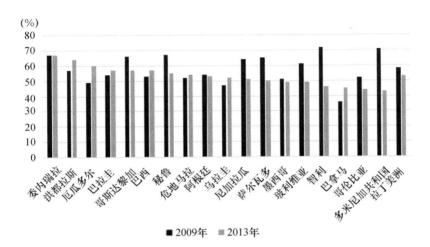

图 7—2 拉美 18 国对中国的正面印象

资料来源：笔者根据 Latinobarómetro 2009 年和 2013 年数据绘制。

此外，"拉美晴雨表"针对特定领域——中国的民主印象——的调查结果②或许跟我们预期的大相径庭。2013 年，只有 11% 的拉美受访者认为中国不是民主国家，这与西方舆论渲染的中国是独裁国家的论调截然相反。比重最高的是哥斯达黎加和智利，分别有 23% 和 20% 的人认为中国不是民主国家；其次是巴拿马、哥伦比亚、阿根廷、委内瑞拉、巴西和秘鲁，多在 12%—16%。其余拉美国家大多数在平均水平以下。另一组数据显示，在对民主程度 1—10 的衡量标准（分值越高越民主）中，拉美受访者针对中国的民主水平给出的平均分数是 5.3，就国别而言给分

---

① Gregg B. Johnson and Zhimin Lin, "Sino-Latin American Relations: A Comparison of Expert and Educated Youth Views of Latin America", *Journal of China and International Relations*, Vol. 3, No. 1, May 2015.

② "Imagen de los países y las democracias", Latinobarómetro 2014, Santiago de Chile, página 6, http://www.latinobarometro.org. [2016 - 06 - 21].

最高的是乌拉圭和巴拉圭，分别是 6.2 和 6.0，其他多数国家给分多在
5.0 以上。这充分说明在大多数拉美国家，中国的民主形象并非如西方宣
传诋毁的那样是"独裁国家"，而是取得了相当的进步，不过从数值上也
说明拉美对中国的民主进步仍期许甚高。

二　中拉文化交流与文明互鉴的紧迫性

很长时间以来，拉美地区之于中国人都是一个陌生而神奇的存在，
这不仅是因为地理距离的遥远，更重要的是其文化的复杂性。拉美的最
大特色就是种族混血，这意味着这块土地上有着鲜明的多元文化特征：
印第安人土著文化、欧洲殖民文化、非洲文化和现代西方文化。此外，
欧洲的殖民还造就了今天的拉美成为世界上天主教徒最多的地区，天主
教的影响渗透到拉美国家和人民的方方面面。这一系列文化特征导致拉
美国家的思想和理念在总体上更加接近西方价值观，由此带来的两个方
面的潜在影响：其一中拉之间的相互认知缺乏，甚至发生错位；其二对
中国在拉美的正面形象塑造带来甚至比非洲更大的挑战。

2007—2008 年，中国社会科学院拉美研究所发起的"中国人心目中
的拉美"舆情调查无疑证明了这种论断。这次调查显示出三个方面的特
点。[1] 第一，中国民众对拉美基本情况的认知度整体上偏低。比如只有
52% 的受访者能够正确回答"大部分拉美国家的官方语言是西班牙语"，
而只有 37% 的受访者知道巴西人说葡萄牙语。第二，中国人对拉美的认
知更多地集中于表面知识，缺乏深层次的理解。比如在"提起拉美，你
首先想到的是什么"的 12 个选项中排名前 5 位的分别是桑巴探戈狂欢节
（70%）、足球（68%）、拉丁音乐（52%）、皮诺切特（49%）和亚马孙
热带雨林（45%）。6 年后，针对受过高等教育的群体的调研结果发现，[2]
这种形势同样没有多少改观：只有 2/3 的受访者能够按照要求说出一个
拉美名人，但其中提名足球运动员的比例远远高于著名政治家和获得诺

[1]　刘维广：《中国人心目中的拉美——中国社会科学院国际问题舆情调研结果分析》，载
《拉丁美洲研究》2008 年第 5 期，第 31—40 页。

[2]　Gregg B. Johnson, Zhimin Lin, "Sino-Latin American Relations: A Comparison of Expert and
Educated Youth Views of Latin America", *Journal of China and International Relations*, Vol. 3, No. 1,
May 2015.

贝尔文学奖的著名作家。第三，对中拉关系发展前景普遍看好。有 83%
的受访者对中拉关系持乐观和谨慎乐观态度。这说明中国民众对拉美态
度良好，对中拉关系现状和发展态势比较满意，其中最为受访者所看重
的是经济贸易（75%）、能源合作（41%）以及体育和文化交流
（40%），由此也表明经济合作是中拉关系发展的主流。

　　上述调查表明，中国对同拉美接触持积极的正面态度，这在很大
程度上可能是由于中拉互动中，中国是施动者，拉美是受动者，是中
国"登陆"拉美之故。但与此同时，它也暗示着这种积极面背后潜藏
的风险：近十年过去，中国对拉美的认识一直没有摆脱李慎之先生的
著名论断，即我们现在对拉美也还是抽象的概念多于具体的知识，模
糊的印象多于确切的体验；① 而中国对拉美认知的缺乏或将随着双方更加
频繁和深入的接触而发生碰撞或冲突。② 事实上，李慎之先生的话，同
样可以用于拉美对中国的认知。鉴于认知往往会导致情绪反应，而情
绪反应又反过来塑造行动，因此提升拉美对华认知是非常必要的，因
为"拉美的对华认知是中拉关系中一个非常重要的维度，会强烈影响
中拉关系的未来发展"。③ 大体来看，拉美对华认知错位或偏差有其特殊
的根源。

　　（一）中国对拉美的认知缺乏一定程度上影响了拉美对华认知

　　认知是在互动中形成的，正面形象在很大程度上根植于"相看两不
厌"的文化互赏。从这个层面上讲，中国对拉美缺乏认知，或者由此造
成认知错误反过来会影响拉美对华认知，制造对华负面印象。很长时间
以来，中国对拉美的研究奉行实用主义的态度，其动机相当程度上不是
基于客观全面的认识和理解，而是"引以为训"或"前车之鉴"。在这种
潜意识之下，中国学术和媒体界一些人士给拉美地区贴上一些符号化的
标签，比如"城市病""拉美化""暴力""不平等"，凡此种种导致中国

---

① 李慎之："《剑桥拉丁美洲史》中文版总序言"，载［英］莱斯利·贝瑟尔主编《剑桥
拉美史》第 1 卷，经济管理出版社 1995 年版。

② "China Image may Face Rising Latin America Challenges", *OxResearch Daily Brief Service*,
August 9, 2013, http://relooney.com/NS4540/Oxford-LA_41.pdf. ［2016 - 07 - 20］.

③ Gustavo E. Santillán, *Determining Factors of Chinese Perception in Latin America*, Paper Deliv-
ered for Third China—Lac Academic Forum, Nov. 24th and 25th, 2014, Santiago de Chile.

以一种"集体感知"的方式①将拉美"问题化"和问题"拉美化"，进而形成中国对拉美的刻板印象。"这种土壤导致有人援引拉美案例时完全基于实用主义的态度，甚至在缺乏基本了解的情况下，妄拿拉美说事儿，好像拉美就是一个烂筐，什么东西都可以往里装。"② 在媒体和学界的相互增强效应下，中国人的"拉美观"趋于简化和负面，机械地认为"拉美作为一个整体无法找到一个可持续的、连贯的发展道路"，③ 因而盲目认同世界银行将拉美地区归入"中等收入陷阱"的做法。2016 年，中国舆论对拉美的负面关注达到新的高潮，特别是针对里约奥运和委内瑞拉经济的各种调侃"段子"在网络上广泛传播。

中国对拉美相对刻板化的认知是危险的，且不说这种不全面、不客观的看法很容易外溢并传播到拉美地区，反过来影响拉美对华认知。更重要的是，它无益于中国和拉美的长远发展。事实上，早在许多年前，美国比较政治学家霍华德·威亚尔达教授就用心良苦地劝诫过美国决策者。他在为此撰写的《拉丁美洲的精神：文化和政治传统》一书开篇就毫不客气地指出："美国愿意为拉美做任何事情，就是不愿意理解它。"④美国对拉美的刻板印象和对待拉美的种族中心主义是其无法理解拉美的根本原因。中国要避免重蹈美国的覆辙，就应当抛却对拉美的刻板印象，增强深层次的认识和理解，既要看到拉丁美洲历史纷繁复杂的成因与基本规律，也要用发展的观点对待处于现实和未来巨变中的拉丁美洲，从而防止自满心态和文化沙文主义倾向干扰中拉文化交流与合作的大趋势。

（二）拉美人历史上对外来者素有怀疑和忧虑，以致对包括中国在内的新来者也容易作出惯性反应

拉美民族特性源于其复杂而令人纠结的历史。这是一系列"登陆"

---

① Ariel C. Armonya and Julia C. Straussa, "From Going Out（zouchuqu）to Arriving in（Desembarco）：Constructing a New Field of Inquiry in China-Latin America Interactions", *The China Quarterly*, Vol. 209, March 2012, pp. 1 – 17.

② 郭存海：《不要总拿拉美"神话"说事儿》，载《东方早报·上海经济评论》2014 年 10 月 28 日。

③ Simon Shen, "Online Chinese Perceptions of Latin America：How They Differ from the Official View", *The China Quarterly*, 2012, pp. 157 – 177.

④ Howard J. Wiarda, Preface in *The Soul of Latin America：The Cultural and Political Tradition*, p. 432, Yale University Press, February 2003.

(desembarcos) 的历史，是新的外来者（外国人及外国势力）与本地原住民（土著居民和大量先期抵达、定居并本土化的居民）在此互相接触、冲突及融合的历史。① 不同群体的历史交会激起了不堪回首的事件，先是欧洲旧殖民主义的种族灭绝、精神皈依和种族通婚，后是欧美新殖民主义的资源掠夺和控制。拉美人在这种历史进程中形成新的身份认同，对一切外来者都防御性地抱持怀疑和忧虑的态度，即他们所深藏的、可以理解的"受害者"心理。

进入 21 世纪，中国同拉美政治和经济关系蓬勃发展，一方面改善了拉美人对中国的认识，另一方面也容易引发其习惯性的担忧：中国是否会复制欧洲、美国曾强势推进的那种对拉关系，用先进的工业制成品攫取拉美地区的自然资源，并将拉美经济"钉死"在初级产品提供者的低端位置而永不得翻身。他们担心，在这种非对称、不平等的交换关系之下，拉美国家再度变成中国的依附者，其经济难以避免结构的脆弱化。因此，在部分被边缘化的拉美社会群体意识里，中国同西方强国并无二致。② 前段时期内，中国移民涌入更是引发拉美人对就业岗位和社区生活环境的忧虑。墨西哥、阿根廷等国家的一般民众将中国人移居或者在当地开办超市视作"中国商品入侵的步兵"③，部分中资企业也被指责其经商做法"模糊和不守规则"，违反当地劳动和工资标准等。④ 皮尤研究中心的数据显示，接近 40% 的拉美人不喜欢中国人的经商做法，巴西、墨西哥、阿根廷和玻利维亚等国公众尤其如此。恰与非洲形成反差：有 59% 的非洲受访者赞成中国在当地的商业做法。⑤ 可以想象，影响中国在拉美国家形象构建的一个重要因素，或将取决于在多大程度上中国（国家、企业及个人）能够或善于向拉美人做好解疑释惑的工作。事实上，中国企业对拉美环境和劳工政策的"水土不服"，履行社会责任同当地社

① Ariel C. Armonya and Julia C. Straussa, "From Going Out（zouchuqu）to Arriving in（desembarco）：Constructing a New Field of Inquiry in China-Latin America Interactions", *The China Quarterly*, Vol. 209, March 2012, pp. 1 - 17.

② Ibid..

③ Ibid..

④ Ibid..

⑤ Pew Research Center Q61, Chapter 3：Attitudes toward China in America's Global Image Remains More Positive than China's.

区需求不契合，甚至做了不会说、说也说不到位等各类问题的存在，无疑说明走进拉美之后的中国人并未完全理解和融入当地文化生态，自以为是"忽略"或粗糙肤浅的接触都不免带有自文化的优越感，不仅未能缓解自身存在的环境压力，反而容易加重拉美人的疑虑和批评。①

（三）文化差异是中拉认知偏差产生的核心问题

中国和拉美截然不同的文化、价值和观念，是中拉认知偏差产生的核心问题。拉美文化本质上是在其殖民历史过程中形成的一种独特的且西方文化占据主导地位的混合文化。或者说在精神世界，拉美是一个主要受西方思想和价值观主导的地区。由此带来的偏见以及对中国认知缺乏或认识肤浅，都进一步加深了对中国的负面评价。研究发现，"大多数对中国文化的负面评价都指向文化差异……中国文化被认为来自遥远的异域，这种距离变成负面态度并将其转化为中国文化的理念"。② 这些对中国文化的态度可以从民意调查得到印证。2013 年皮尤态度调查发现，中国思想和风俗及其文化产品的传播在拉美都没有多少吸引力，只有 1/4 的受访者对中国文化持正面认知，有将近 60% 的受访者不喜欢中国的音乐、电影和电视，而在巴西和阿根廷，这一比重甚至高达 75% 和 68%。与此同时，在思想和风俗传播方面，也持大致态度，只有接近 1/3 的受访者认可中国思想和习俗在拉美的传播，但接近 54% 的受访者对此持负面评价。③

拉美对中国的认知，特别是对中国文化的认知度不高，通常被认为是中国文化在拉美的传播力度不足。这是事实，但比这更重要的是传播什么样的文化和以什么方式去传播。一个时期以来，中国对外文化传播往往过多地依赖传统，似乎《诗经》《红楼梦》和武术、中医、戏曲就是中国文化的全部。而事实上，这只是历史上的中国，而不是当下有着新

---

① 联合国开发计划署驻华代表处、商务部国际贸易经济合作研究院、国务院国有资产监督管理委员会研究中心：《2015 中国企业海外可持续发展报告》，http：//www. sasac. gov. cn/n85463/n327265/n327839/n1651676/c2144239/content. html。［2016 - 04 - 10］。

② Ariel C. Armonya and Julia C. Straussa, "From Going Out（zouchuqu）to Arriving in（desembarco）：Constructing a New Field of Inquiry in China-Latin America Interactions", *The China Quarterly*, Vol. 209, March 2012, pp. 1 - 17.

③ Pew Research Center Q60 - 63, Chapter 3：Attitudes toward China in America's Global Image Remains More Positive than China's.

的城市文明、科技和创新的中国。美国中国问题专家乔舒亚·库珀·雷默（Joshua Cooper Ramo）就曾尖锐地指出："世界知道中国有多古老，无须再去强调。真正需要的是以简单的方式去了解今天的中国正在发生什么。"① 事实上，尽管拉美人不太喜欢中国的电视剧，但《媳妇儿的美好时代》却是一个例外，其个中原因也比较容易理解：符合拉美人的天性，反映的是人之生活日常，一个接地气的真实中国更容易在心理上得到接近和理解。此外，大多数非洲人（75%）和拉美人（72%）都非常崇拜中国在科技领域取得的巨大进步，在委内瑞拉、萨尔瓦多和智利等国，这一比重甚至更高，达到75%—80%。②

（四）西方媒体主导拉美舆论和中国对外传播能力滞后

尽管拉美对华认知存在着知识缺乏和刻板印象等先天因素，但做好对拉文化交流工作仍有巨大的潜能和有效的渠道。正如前面提到的，对外传播是政府行为，外交部门、文化部门、对外援助部门、网络管理部门、主流新闻媒体都是国家实际权力的象征，也具备越来越多的各类资源配置能力。遗憾的是，作为面向国家治理体系和治理能力现代化的超大型发展中国家，中国的对外传播能力和实效大大滞后。一方面，在客观上拉美传媒大多由受过欧美教育的精英把持，受西方叙事影响较深，缺乏专门从事中国话题报道的记者或编辑，长期依赖西方稿源；另一方面，缺少体制创新和能力创新，"满手好牌却不会打"，不能形成对外传播的合力，与西方媒体主导拉美舆论的地位形成有力竞争。

很长时间以来，西方媒体的压力和围堵传播了错误的，甚至扭曲的中国知识，给中国形象制造不少负面影响。基于西方媒体对中国崛起的"忌惮"和"对挑战者的不满"，这种对华批评的趋势将长期存在且难有大的改观。拉美媒体长期受到西方媒体的影响，甚至支配，总体上对西方媒体存在着来源依附。由于文化隔膜以及经济实力限制，拉美国家驻华记者长期处于匮乏状态，已从2010年高峰时期的5国8名降至2017年

---

① ［美］乔舒亚·库珀·雷默等：《中国形象：外国学者眼里的中国》，社会科学文献出版社2008年版，第41页。

② Pew Research Center Q60 – 63，Chapter 3：Attitudes toward China in America's Global Image Remains More Positive than China's.

的 2 国 3 名。①

此外，囿于中国自身的局限性，对外传播理念、内容和渠道等方面均有滞后。或许因为置身于西方媒体对华长期舆论围堵，中国形象的塑造习惯于采取守势，即以自我宣传为主，结果官方色彩浓厚，宣传方式过于僵硬，以致传播质量不高，效果不彰。不仅如此，在传播内容上也略显滞后。中国的对外传播着力于树立国家的正面形象本无可厚非，但正面形象的塑造就不等于"高大上"的宣传，也不等于"报喜不报忧"，否则长此以往会导致媒体和政府的公信力下降。传播渠道的滞后也限制了传播效果的有效性，特别是新媒体传播手段方面，其核心原因在于无法实现新媒体，特别是社交媒体的充分国际化。和国际一流媒体相比，国内主流媒体在国际上的社交账号运营总体上仍存在相当差距，尤其表现在：信息发布频率总体偏低，和粉丝互动较少；官方色彩浓厚，内容贴近性不强；信息时效性差，对重大新闻或敏感事件报道失声失语。②

总而言之，从以上分析可以看出近十年来中拉关系快速发展的两个现实，即一方面中拉政治关系和经济合作日益密切，另一方面中拉文化交流和文明互鉴长期滞后。这种充满极大反差的两个现实已经到了刻不容缓、亟须改变的关键时刻。进入 21 世纪，特别是中共十八大以来，拉美之于中国的重要性日益提高。从 2013 年至今，习近平主席和李克强总理已经四度访问拉美。中国领导人访问拉美期间提出的一系列新主张、新理念和新举措，也全部被吸收进 2016 年 11 月 24 日发布的第二份《中国对拉美和加勒比政策文件》。这意味着中国对拉美有了更加确定的政策目标和框架，从而赋予 2015 年 1 月颁布的《中国与拉美和加勒比国家合作规划（2015—2019）》以切实的政策保障。可以想见的是，未来一个时期，中拉关系将在第一份中拉经济合作五年规划和第二份对拉政策文件

---

① Patricia Castro Obando, *Análisis de lasnoticiassobre China en los diarios de América Latina*，在四川大学拉美研究所和中拉青年学术共同体举办的"人文交流：中拉关系的新支柱"学术研讨会上的发言，2015 年 10 月 31 日。拉美报刊上刊载的中国相关新闻，主要来源依次是西班牙埃菲社、美国美联社、法国法新社、英国路透社、英国 BBC 和德国德新社。这些新闻社都不属于拉美，但都有驻华分社。

② 何慧媛：《媒体如何有效利用境外社交媒体平台》，载《对外传播》2015 年第 6 期，第 72 页。

的指导下继续保持快速发展。但这其中潜藏的隐忧也非常突出，即中拉对彼此认识的缺乏，或者缺乏人文交流的支撑，双方将很可能因为愈加频繁和深入的接触而发生碰撞或冲突。① 这种风险的存在是可以预见和想象的，一如彼此不了解对方道路规则的两个司机，接触越频繁，冲突的可能性就越大。这既有损于在拉美构建中国国家形象的努力，也不利于缔造平等合作、互利共赢且可持续发展的中拉关系。

三　中拉文化交流与文明互鉴的前景

通过上述分析可以发现，中国在拉美的国家形象仍然有相当大的提升空间，而对彼此认知缺乏更是有碍于中拉关系可持续发展的一大挑战。为了"让中拉合作在物质和精神层面同步发展"，② 实现中拉关系的长远和稳定发展，推动和扩大中拉文化交流与文明互鉴就成为一项刻不容缓的任务。这就意味着，对于总体上仍处于初级阶段的中拉人文交流来说，未来一个时期中拉文化交流和文明互鉴将有着广阔的发展前景。而且，从中国方面来看，这种发展前景是可以值得乐观的，这是基于一系列的政策的支撑和实践的保障。

首先，中拉文化交流和文明互鉴拥有良好的政策支撑。

进入 21 世纪以来，特别是十八大以来，中国领导人愈加重视文化交流和文明互鉴在中国对外战略中的作用并以此作为特色大国外交的软支撑。这主要表现在高度重视中国传统文化并从中汲取智慧，加强对外文化传播，讲好中国故事，同时大力推动中外文明互鉴和文化交流，以最大限度地促进民心相通。2014 年 3 月习近平主席在联合国教科文组织总部的演讲中强调指出，文明因交流而多彩，文明因互鉴而丰富。文明交流互鉴，是推动人类文明进步和世界和平发展的重要动力。③ 为践行这一理念，2014 年 7 月，习近平主席在巴西利亚同拉美国家领导人会晤时，

---

① "China Image May Face Rising Latin America Challenges", *OxResearch Daily Brief Service*, August 9, 2013, http://relooney.com/NS4540/Oxford-LA_41.pdf, 访问日期：2016 年 7 月 20 日。

② 习近平:《同舟共济、扬帆远航，共创中拉关系美好未来——在秘鲁国会的演讲》, 新华社, http://news.xinhuanet.com/politics/2016 - 11/22/c_1119962937.htm。[2016 - 11 - 22]。

③ 习近平:《在联合国教科文组织总部的演讲》, 2014 年 3 月 27 日, 人民网, http://politics.people.com.cn/n/2014/0328/c1024 - 24758504.html。[2016 - 12 - 10]。

提出了要构建五位一体的中拉关系新格局，正式将"人文上互学互鉴"作为发展中拉关系的五大政策目标之一。这一定位也写入了 2016 年 11 月发布的第二份《中国对拉美和加勒比政策文件》。

此外，根据第一届中拉论坛发布的《中国与拉美和加勒比国家合作规划（2015—2019）》，中方将在 2015 年至 2019 年向拉共体成员国提供 6000 个政府奖学金名额、6000 个赴华培训名额及 400 个在职硕士名额，5 年内邀请 1000 名拉共体成员国政党领导人访华，2015 年至 2024 年的 10 年间选拔 1000 名拉美青年领导人来华培训计划，以及继续执行每年 20 名的拉美青年干部研修班项目。2016 年习近平主席在秘鲁国会演讲时进一步提出，未来 3 年，中方在现有基础上将各类对拉美培训名额增加至 1 万人；同时在华设立中拉新闻交流中心，邀请拉美媒体记者赴华工作学习。同时，未来 5 年，中方还将为拉美和加勒比国家培训 500 名媒体从业人员。目前，中拉新闻交流中心已经在京成立，第一批来自 9 个拉美国家的 11 名记者已经结束在中国的交流和采访活动。

2018 年 1 月，在智利举行的第二届中拉论坛部长级会议上公布《中国与拉共体成员国优先领域合作共同行动计划（2019—2021）》，浓墨重彩地强调"人文交流"（第七条）的重要性，① 颇富新意地提出加强中拉青年学者交流、鼓励加强思想文化领域交流对话，共同推动汉学、中国研究和拉美和加勒比思想文化研究发展，深化和拓展人力资源和学术交流领域合作等重要设想。中方还承诺，将在 2019 年至 2021 年向拉共体成员国提供 6000 个政府奖学金名额，在学术、研究和发展领域促进中拉大学和智库的交流。

其次，中拉文化交流和文明互鉴有着良好的资源保障。

这一资源保障主要体现在中方新设或扩大的一系列促进中拉文化交流和文明互鉴的教育和研究机构及人文交流项目。近一个时期以来，伴随着中拉关系的愈加密切，中国的西班牙语和葡萄牙语教育出现"井喷"现象，新设西班牙语和葡萄牙语专业大幅扩招，以适应中拉关系加速发展的现实。与此相应的是中国"拉美热"现象不断持续，一大批拉美研

---

① 《中国与拉共体成员国优先领域合作共同行动计划（2019—2021）》，2018 年 2 月 2 日，中国外交部网站，http：//www.fmprc.gov.cn/web/zyxw/t1531472.shtml.［2018－02－02］。

究机构得以设立。据不完全统计，截至目前，中国各类拉美研究中心已由原有的六七家增至目前的近 60 家。

与此同时，拉美也出现了"中国热"，对中国研究感兴趣的拉美学者越来越多，拉美的中国研究中心建设也发展迅速。2016 年 5 月，习近平主席在哲学社会科学工作座谈会上的讲话中强调，"要鼓励哲学社会科学机构参与和设立国际性学术组织，支持和鼓励建立海外中国学术研究中心，支持国外学会、基金会研究中国问题，加强国内外智库交流，推动海外中国学研究。"① 这无疑为拉美地区中国研究热提供了新的动能。

再次，作为中拉文化交流和文明互鉴的前线阵地，孔子学院近年来在拉美也获得了迅猛发展。

根据孔子学院拉美中心的最新统计，截至目前，该院已在 20 个拉美国家开设 39 所孔子学院和 20 个孔子课堂，在拉美本土学习汉语的人数与日俱增。与此同时，近年来拉美国家的来华留学生也迅速增加，其中不乏自费留学生，但主要是接受中国官方奖学金和培训计划资助者。除面向全球的商务部和国家汉办奖学金项目外，面向拉美国家的专项奖学金和培训计划也是种类繁多、数量不小。

最后，却是最重要的，中拉文化交流有着亟待激发的巨大的民间活力。

从新中国成立以来中拉文化交流的历史来看，民间外交发挥着先导性的作用，而直到中后期民间外交才退居二线。当前和未来一个时期，中拉文化交流和文明互鉴大有作为、大有空间，但其成败取决于能否充分激发民间活力，因为人民才是中拉文化交流和文明互鉴的主角和不竭动力。从这个意义上来说，2016 年由中拉政府共同发起的中拉文化交流年只是中拉文化交流和文明互鉴的开始，而不是结束。当前中拉人民之间相互了解、相互认知的渴望比较强烈，有意愿到对方国家学习、旅游，乃至工作的人数在不断上升。因此，在统筹、调整对拉外交战略的过程中，应将加强和激发中拉民间人文交流的活力作为当前一项极其重要而紧迫性的任务，列入构建中拉命运共同体议事日程的优先选项。

---

① 习近平：《在哲学社会科学工作座谈会上的讲话》，2016 年 5 月 18 日，http：//news. xinhuanet. com/politics/2016－05/18/c_1118891128. htm. ［2017－05－21］。

第 八 章

中拉合作的制度性约束

新时期中拉关系面临巨大的发展机遇和强劲的发展动力，但也存在诸多困难和不确定性。在双方迈向"命运共同体"的道路上，中拉在各自发展中存在长期形成的"短板"制约。本章主要从拉美国家政治制度能力及缺陷、中国与拉美国家的制度性差异、拉美国家执政能力的滞后性，以及制度环境因素制约等视角，分析中拉合作所面临的制度性约束。

第一节　拉美国家政治制度能力及缺陷

自 19 世纪上半叶独立后始，拉美国家一直在进行政治制度的艰难探索，从最初"复制"欧洲经验和"移植"美国模式，到逐渐结合本国特殊国情，尝试各种其他制度模式。中间有经验也有教训，有成效也有坎坷，有进展也有反复，但最终都走上了所谓民主政治的制度模式。特别是 20 世纪 70 年代最后一轮专制独裁统治周期结束后，拉美地区建立了清一色的民主制度，一些国家偶发的反复和摇摆已难以改变整个地区民主制度日益巩固和深化的总趋势。然而，拉美国家政治制度中固有的严重缺陷和脆弱性，不仅损害制度的效率和执行力，也形成对中拉合作的制度性约束。

一　拉美国家政治体制的趋势及其缺陷

（一）政治制度模式及其趋势

权力分立和制衡机制趋于有效。三权分立作为国家政权结构的重要原则，是近代资产阶级革命的产物。法国启蒙思想家们把国家权力分为立法、行政和司法三部分，主张由三个不同机构分掌三种权力，希望通过三种权力的相互分立和制约，防止专制和暴政，确保公民安全和自由。19世纪上半叶拉美国家建国后，深受上述思想影响，特别是受到美国制度模式的吸引，在移植和模仿欧洲国家和美国政治制度的过程中，确立了三权分立的政权形式。然而，在拉美专制传统深厚、经济发展落后、社会两极分化、庇护主义根深蒂固的特殊环境下，三权分立制度很长时期内在拉美地区表现出"水土不服"，民主表象之下的考迪罗政治和寡头统治是这些国家长期以来的制度特点。一直到20世纪70年代，宪法被取缔、民选政府被推翻、公民权利被侵犯、人身自由遭践踏的现象仍是拉美政治舞台的"常态化现象"，因此许多拉美国家的民主被认为是"有名无实"甚至"徒有虚名"。一直到20世纪70年代以后，拉美的民主政治制度才获得总体性、持续性和稳固性发展，三权分立和权力制衡制度趋于完善和有效，立法和司法机构的作用和地位趋于加强。特别是许多国家90年代后的"国家改革"和政治改革，进一步加强了立法机构的作用，增强了司法机构的独立性。

政党和政党政治日趋成熟。拉美地区政党出现较早，许多国家独立后不久就建立了政党，但当时政党数量不多，缺乏群众基础，代表性不足，在国家政治生活中并不起主要作用。加之考迪罗政治盛行，中央政府不能有效行使权力，军人文人相互争斗，[①] 政党成为寡头集团政治斗争的工具。20世纪后现代化进程及其所引发的经济社会政治变革，促成大量新型政党出现，政党的社会和群众基础也更加深厚和广泛，代表性更加充分，政党在国家政治社会生活中的地位和作用更加重要，政党、政党政治与政治民主的联系更加密切。但由于拉美民主政治不完善，特别是在军人专制频繁发生的情况下，政党的作用受到很多限制，而拉美政党自身的某些缺陷也限制了其作用的有效发挥。[②]

20世纪80年代以后，随着民主化进程不断巩固及政治体制不断完

---

① E. 斯基德莫尔、彼得·史密斯等：《现代拉丁美洲》，当代中国出版社2014年版，第43页。

② Ronald H. McDonald and J. Mark Ruhl, *Party Politics and Election in Latin America*, Boulder: Westview Press, 1989, pp. 7 – 9.

善，拉美国家政党政治出现若干新变化。一是政党格局发生巨大变化，一些传统政党相继衰落，一大批新党异军突起，政党间的竞争程度加大，竞争局面出现新变化。二是政党在政治发展和政治制度中的作用更加重要，成为具有决定性作用的政治力量，各政党可以通过正当渠道与合法途径参与政治和进行政治动员，政党连接着政治体制中的各种因素并广泛深入地参与到社会政治生活的各个领域。三是政党政治趋于成熟，政党成为政治制度中不可缺少的因素，与选举制度、议会制度之间建立了密切联系，为政治体制正常运转提供了重要动力，成为政治社会稳定的重要手段。四是对政党的管理更加规范，宪法和法律对政党地位、作用、活动规则有了更加明确规定，将政党纳入国家政治体制之内。

选举制度趋于完善。拉美国家政治制度特别是选举制不断完善，与公民权利不断扩展有密切的关联性。相关研究显示，在 19 世纪的大部分时期，拉美地区男性政治参与度只有 2%—4%；[1] 多数国家的投票率在 5% 以下；对选举权在财产、性别、文化程度等方面有不少明确的限制。[2] 随着 19 世纪后半期早期现代化的推进，拉美国家的公民权利得到不断扩展，选举权有所扩大；20 世纪上半叶对选举权在性别、文化和财产方面的限制逐渐被取消。[3] 由于普选原则的最终确立，拉美国家投票率达到 40%—50%，与美国基本持平。[4]

随着公民权利不断扩大，拉美国家的选举制度趋于成熟。许多国家相继颁布《选举法》，选举被纳入宪法和法律程序。拉美地区主要有三种基本的选举制度，即简单多数票当选制度、两轮投票制度和比例代表制度。多数国家在传统上采用简单多数票或两轮投票制选举总统，用简单

---

① Howard J. Wiarda（ed.）, *The Continuing Struggle for Democracy in Latin America*, Boulder：Westview Press, 1980, pp. 46 – 47.

② Harry E. Vanden and Gary Prevost, *Politics of Latin America: the Power Game*, New York and Oxford：Oxford University Press, 2002, p. 204；E. 巴拉德福德·伯恩斯·朱莉·阿·查利普：《简明拉丁美洲史——拉丁美洲现代化进程的诠释》，世界图书出版公司 2009 年版，第 109 页。

③ 托马斯·E. 斯基德莫尔、彼得·史密斯：《现代拉丁美洲》，世界知识出版社 1996 年版，第 76 页；莱斯利·贝瑟尔主编：《剑桥拉丁美洲史》第 6 卷（下），当代世界出版社 2001 年版，第 99—100 页。

④ Howard J. Wiarda（ed.）, *The Continuing Struggle for Democracy in Latin America*, Boulder：Westview Press, 1980, p. 43.

多数票制和比例代表制进行议会选举。随着 20 世纪 70 年代末以来民主化进程的不断稳固和深入，越来越多的拉美国家在总统选举中放弃传统的以相对多数当选的规则，采用绝对多数或通过第二轮投票决定胜负，增加当选总统的合法性。截至 2015 年拉美 18 个国家中有 14 个采用绝对多数票当选的规则，其中 10 个国家规定首轮获得 50% + 1 张的选票才可以直接当选总统；4 个国家规定若首轮直接当选须获得 35% —45% 的有效选票，且当选者和得票居第二的候选人得票差距应达到一定比例。与此同时，越来越多的国家在议会选举中更广泛地采用比例代表制，以增加国会的代表性和包容性。有学者强调，近年来拉美国家政治改革的重要内容是更广泛地采用比例代表制，放弃传统上简单多数当选的原则。①

现代政府体制趋于完备。文官制度又称公务员制度，被公认为是现代政府体制的主要标志。拉美各国的文官制度在成熟度和完备性方面有明显差异，甚至差别很大，但从整体上讲，这一制度不断趋于成熟，在一些国家（如巴西、阿根廷）已相当成熟和发达。② 阿根廷、巴西等主要国家的文官制度较稳定，文官公务员获得了稳定就业的权利，建立专业性的公务员培训机构，公务员制度的组织、人员招录与培训、公务员工资规模的确定、有关人员奖惩都有专门机构负责实施和执行。早在 20 世纪 80 年代委内瑞拉、乌拉圭、巴拿马等国家的文官制度就已相当成熟和完备。③ 但也有一些拉美国家的文官制度还不够成熟，不够完善，以政治中立为特点的文官制度还未真正建立起来。即使许多已经建立了文官制度的国家，制度自身还有许多难以克服的缺陷，按照功绩奖赏的制度很难能够有效和切实执行，传统的"官职恩赐制"、裙带关系、任人唯亲的

①　Kevin Casas-Zamora, Marian Vidaurri, Betilde Muñoz-Pogossian, Raquel Chanto（Editores），*Reformas Políticas en América Latina：Tendencias y Casos*，Washington D. C.：Secretaría General de la Organización de los Estados Americanos，2016，pp. 39 –40.

②　按美洲开发银行的评估，拉美国家公务员制度的平均得分是 42 分（总分 100 分），而巴西得分高达 93 分，这表明巴西的文官制度已非常成熟。María Mercedes Llano Carbonell，*Burocracia Pública y Sistema Político en América Latina：Factores Asociados a la Politización de los Sistemas de Gestión de Empleo Públicoen la Región*，Tesis Doctoral，Universidad Complutense de Madrid，Instituto Universitario de Investigación Ortega y Gasset，Madrid，2016，p. 35.

③　袁东振、徐世澄：《拉丁美洲国家政治制度研究》，世界知识出版社 2004 年版，第 30—33 页。

现象依然在不同程度上存在，甚至在一些国家盛行，公务员制度的质量还不够高。① 尽管有这些缺陷，但拉美多数国家文官制度趋于成熟和完善是一个显而易见的事实。

（二）政治体制的缺陷和脆弱性

如前所述，一方面，拉美国家的民主政治体制趋于巩固，政党和政党制度趋于成熟，选举制度趋于完善，公民权利不断扩大，现代政府体制趋于有效；另一方面，其政治体制仍有明显的缺陷和脆弱性。

"低度民主"的特性。拉美学者十多年前进行的一项研究显示，1988年后拉美国家的公民自由一直没有太大改善；21 世纪初 21 个拉美国家中只有十多个国家"完全尊重公民的政治权利"（包括公决权、秘密投票权、免受外来压力等）；只有 6 个国家"完全尊重公民自由"（包括结社、言论、加入社会组织、免受滥用权力侵害等）。拉美国家的选举民主虽日益巩固，但民主的深化远未完成；公民虽获得投票权和选举权，但民主制度缺乏对其他公民权利的保护。② 哥斯达黎加前总统、诺贝尔和平奖获得者阿里亚斯认为，"拉美一些国家的政府虽由选举产生，但公民个人的自由并没有得到尊重；在有些国家个人的自由虽得到承认，但并没有得到保障"；"尽管选举是自由和公正的，但由于存在上述缺陷，拉美地区的民主还不能认为是完全的民主"。③ 2015 年英国知名的经济学人智库（EIU）的报告按照自由民主实现的状况，把世界各国分为 4 类，即完全民主国家、不完善民主国家、混合民主国家和专制政权。该机构在做如此划分时，不仅考虑了传统的选举权标准，还考虑了其他 5 个因素：选举进程和多元性、公民自由程度、政府运转状况、政治参与情况和政治文化。报告认为，尽管最近几十年拉美的民主化取得进展，但许多国家

① María Mercedes Llano Carbonell, *Burocracia Pública y Sistema Político en América Latina：Factores Asociados a la Politización de los Sistemas de Gestión de Empleo Públicoen la Región*, Tesis Doctoral, Madrid, 2016, pp. 35 – 39.

② FLACSO-Chile, *Amenazas a la Gobernabilidad en América Latina*, Informe Preparado para el Foro de la Sociedad Civil con Occasion de la XXXIII Asamblea General de la OEA, Santiago de Chile, 2003, pp. 18 – 19.

③ Óscar Arias, " La Realidad Política de América Latina", Actualizado el 21 de abril de 2015, http：//www. nacion. com/opinion/foros/Oscar-Arias-realidad-America-Latina _ 0 _ 1482851733. html. [2017 – 08 – 21].

的民主依然十分虚弱，政治参与度总体偏低，民主文化欠发达；大多数国家实现了"自由和公正选举"，尊重了公民自由，但民主化进程却陷入停滞状态，不能进一步深化。① 报告认为，除少数"完全民主国家"（Democracias Plenas）和少数专制政权（Regímenes Autoritarios）外，② 拉美多数国家属于不完善的民主（Democracias Imperfectas）和混杂的民主（Regímenes Híbridos）。所谓不完善的民主国家包括智利、巴西、巴拿马、阿根廷、墨西哥、哥伦比亚、秘鲁、萨尔瓦多和巴拉圭，这些国家虽然实现了自由和公正的选举，尊重基本的公民自由，但在治理方面存在缺陷和瑕疵，政治参与度较低，政治和文化欠发达；所谓混杂的民主国家包括厄瓜多尔、洪都拉斯、危地马拉、玻利维亚、尼加拉瓜和委内瑞拉，在这些国家，法治脆弱、司法未完全独立，选举中存在严重违反自由和公正的不正常现象，政府经常对反对党施加压力，存在比那些"不完善的民主国家"更为严重的缺陷。③ 有学者指出，尽管民主制度作为拉美国家的政治制度获得了巩固，但并不意味着政治生活中原有的模式已经消失，民众主义、革命及其习性将在拉美地区政治体制中以民主的面貌和形式长期存在。④ 有学者认为，一方面，民主与政治考迪罗传统并存，拉美从来没有摆脱"表面民主"的阴影。另一方面，拉美政治体制的缺陷增加了政治失灵的风险。由于"低度民主"的广泛存在和完全民主的缺失，几乎在所有拉美国家都存在对民主运行的失望。⑤

制度的代表性不充分。拉美国家政治体制代表性不充分有两个主要

---

① Constanza Hola Chamy, "¿Qué Países de América Latina Son Los Más y los Menos Democráticos?" http：//www. bbc. com/mundo/noticias/2015/01/150119，20 de enero de 2015. ［2017 – 08 – 21］.

② 报告认为，拉美只有乌拉圭和哥斯达黎加属于"完全民主国家"，这两个国家不仅尊重公民自由和基本政治自由，而且将这种尊重作为引导民主繁荣的政治和文化基础；报告同时认为，古巴和海地属于专制政权。

③ 然而，有些学者不认同 EIU 的这种划分。伦敦经济学院教授 Francisco Panizza 认为，并不存在完善的民主，智利、巴西、乌拉圭的民主质量总体很好，批评 EIU 对不完善民主国家和混合民主国家的划分不准确。

④ Manuel Montobbio, "Cultura Política, Populismo, Revolución y Democracia en América Latina"，http：//blogs. elpais. com/ideas-subyacentes/2013/05/. ［2017 – 08 – 24］.

⑤ Kevin Casas-Zamora, Marian Vidaurri, Betilde Muñoz-Pogossian, Raquel Chanto（Editores），*Reformas Políticas en América Latina：Tendencias y Casos*，Washington D. C. ：Secretaría General de la Organización de los Estados Americanos，2016，pp. 17 – 18.

表现形式，一是某些社会群体的代表性没得到充分体现，这些群体的人被提名或当选权力机构中职位的机会很少。例如，一直到 2002 年女性也只占拉美地区众议员总数的 15%，参议员总数的 12%，政府部长总数的 13%；土著人在民选职务中代表性低，例如秘鲁土著人口占全国总人口的 47%，但只拥有议会席位的 8%，厄瓜多尔分别为 43% 和 3.3%，危地马拉 66% 和 12.4%，玻利维亚 71% 和 25.2%。[①] 10 年后，上述状况虽有改善，但总体局面未有根本改观，政治机构中某些群体代表性依然严重不足。当前，拉美国家机构中女性比重一般在 30%（如阿根廷、巴西、秘鲁、洪都拉斯、巴拿马）和 40%（如哥斯达黎加、委内瑞拉、厄瓜多尔、尼加拉瓜、墨西哥、洪都拉斯）之间。[②] 二是某些阶层缺乏对决策的影响力。拉美各国都有大量边缘群体、贫困者、非正规部门的工人、农民，以及各种缺乏资源的人，这些人除投票权外，政治影响力有限。1978—2015 年拉美国家进行了多轮政治改革，试图把以前被排斥在政治和司法体系之外的群体纳入体制之内；[③] 许多国家通过改革把人们的基本权利"宪法化"，特别是为一些特殊群体（青年、印第安人、妇女等）提供新的权利保障。[④] 但上述改革并没有消除拉美地区的政治权贵现象，甚至造成新的"司法权贵"，有权势的人从政治体制中通常会获得更多利益。[⑤] 拉美民众普遍认为，富人对政治的影响大，而穷人对政治的影响小，公众因而对政治家普遍缺乏信任。[⑥]

政治体制缺乏化解危机的能力。拉美国家政治体制在一些方面还欠

[①]　IDB, *Economic and Social Progress in Latin America*, 2008 *Report*, Washington D. C., 2007, pp. 173 – 174.

[②]　Kevin Casas-Zamora, Marian Vidaurri, Betilde Muñoz-Pogossian, Raquel Chanto（Editores）, *Reformas Políticas en América Latina：Tendencias y Casos*, Washington D. C.：Secretaría General de la Organización de los Estados Americanos, 2016, p. 47.

[③]　Ibid., p. 13.

[④]　Farid Samir Benavides Vanegas Alberto M. Binder, Carolina Villadiego Burbano, Catalina Niño Guarnizo, *La Reforma a la Justicia en America Latina*, *las Lecciones Aprendidas*, Fescol, Programa de Cooperación en Seguridad Regional, Bogotá, junio de 2016, p. 15.

[⑤]　Ibid., p. 32.

[⑥]　"América Latina：la Región más Insatisfecha con su Sistema Político", Madrid, 17 defebrero de 2015, http://www.notimerica.com/politica/noticia-america-latina-region-mas-insatisfecha-sistema-politico-20150217075933.html.［2017 – 08 – 25］.

成熟，化解政治危机的能力差，致使一些国家政治危机频发，在一定程度上加剧了国家的治理难题。20 世纪 70 年代末以后，拉美开始了历史上持续最长的民主政治周期。鉴于历史上独裁专制统治产生的巨大伤害，拉美大众对民主化进程的深化、对民主体制的巩固、对民主体制下经济增长和社会进步充满憧憬和期待。然而，拉美的现实却令多数民众大失所望，许多国家不仅没有在民主体制下实现经济和社会的良性发展，也没有消除政治体制的缺陷。以选举为特点的程序民主虽有所完善，执政党在民主体制内定期更迭成为政治发展的常态，但"正常选举并不一定意味着民主质量的改善"。拉美国家政治体制因在关键时刻缺乏化解政治和社会危机的能力，致使体制性危机不断出现。拉美学者的研究显示，20 世纪 90 年代该地区就出现约 20 次体制危机。① 近年来，洪都拉斯（2009）、厄瓜多尔（2010）、巴拉圭（2012）、巴西（2015—2016）、委内瑞拉（2014 年后）等国家政治危机频发，凸显了这些国家政治体制的不成熟和缺乏化解危机的能力。

公众对政治体制的信度低。拉美民众对现存政治体制有普遍不满情绪，这种不满有各种表现，如对民主制度信任度下降，对政府及公共机构业绩与效率不满意，对国家的前途不自信，政治参与热情降低。"拉美晴雨表"的调查表明，1995—2013 年，哥斯达黎加、墨西哥、乌拉圭、巴拿马、洪都拉斯、尼加拉瓜和萨尔瓦多 7 个国家的民众对民主制度的支持率出现下降；2013 年对民主制度运行的不满意度高达 57%。② 民调机构皮尤（PEW）2015 年的调查显示，拉美是世界上仅次于中东地区、民众对政治制度运行方式不满意度最高的地区，平均有 59% 的人对政治体制不满意，其中哥伦比亚和巴西的不满意度分别高达 75% 和 71%，阿根廷（68%）、秘鲁（62%）和墨西哥（59%）的不满意度也较高。该机构认为，拉美民众之所以对政治体制不满意，既源于对执政者执政能

① FLACSO-Chile, *Amenazas a la Gobernabilidad en América Latina*, Informe Preparado para el Foro de la Sociedad Civil con Occasion de la XXXIII Asamblea General de la OEA, Santiago de Chile, 2003.

② Corporacion Latinobarometro, 2013 *Report*, November 1, 2013, pp. 17 – 21, 34, http://www.latinbarometro.org. ［2017 – 09 – 20］.

力的失望，也源于对政治体制公平性的不满，还源于对政治家的不信任。①

（三）体制改革未能消除体制的固有缺陷

为何克服和消除政治体制的脆弱性和缺陷，从 20 世纪 90 年代起拉美国家普遍进行所谓"国家改革"，重点完善政治制度和体制，加强制度机制的作用，推进依法治国，提高制度水平和效率。

加强权力监督机制，特别是加强立法和司法机构对行政机构的制约和监督。拉美学者认为，民主不仅仅是选举和执政，还包括加强和巩固议会职能、司法机构独立，在行政、立法和司法机构间建立起真正的"制衡与监督"。制衡与监督不仅是拉美政治制度的组成部分，而且决定着政治体系能否有效运行。民主还应包括政治权力的非集中化，政治权力与行政权力的分离，在地区和地方层面建立专业、独立和高效的管理机构，确立平等、问责和责任的原则。②事实上，拉美的"国家改革"或政治改革不同程度向这些方向迈进。在改革过程中，拉美国家不仅加强立法、行政和司法三大权力机构的相互制约和监督，还加强各权力部门内部的监督，将三大权力机构的内部监督、立法与行政机构间的监督、司法与行政机构间的监督作为长效的制度安排。通过改革，许多国家的议会拥有了较大自主性，已能在许多方面行使法定权力和职能，改变了传统上的"橡皮图章"形象。20 世纪 90 年代以来，巴西、委内瑞拉、秘鲁、洪都拉斯和巴拉圭等国家的立法机构根据宪法赋予的权力，实现对违宪总统的质询或解职，充分显示出立法机构的权威。

提高公务人员素质，提高体制的效率。拉美国家普遍重视完善公务人员的选拔、任用、考核和晋升的相关机制建设，基本消除了因执政党周期性和常态化更迭对政府日常工作的严重冲击。许多国家不断完善公务员制度，推进"功绩奖赏"制度，提高公务人员素质，消除传统"官职恩赐制"残余的影响。与此同时，拉美国家普遍把反腐体制机制建设、

① "América Latina：la Región más Insatisfecha con su Sistema Político"，Madrid，17 defebrero de 2015，http：//www. notimerica. com/politica/noticia-america-latina-region-mas-insatisfecha-sistema-politico - 20150217075933. html. ［2017 - 08 - 25］.

② Manuel Montobbio，"Cultura Política，Populismo，Revolución y Democracia en América Latina"，http：//blogs. elpais. com/ideas-subyacentes/2013/05. ［2017 - 08 - 25］.

提高政府及公共部门效率作为改革的重要措施，力图提高治理能力。所有拉美国家都制定了反腐制度或措施，委内瑞拉、乌拉圭等国家还制定专门的《反腐败法》，在确定公共官员行为准则、严格财产申报、严惩非法致富、公共财产犯罪和职务犯罪等规定的同时，强化对国家机构和公共部门的监督。阿根廷等国家不断改进公务人员财产申报的做法，规定财产申报制度不仅适用于行政机构官员，也适用于司法和立法机构工作人员；不仅要申报，而且要公布。①

进一步推进选举改革，完善政治竞争规则。鉴于选举改革对加强政权合法性的重要性，为消除政治体制的缺陷和脆弱性，增强公众对选举公平性的信心，拉美国家普遍把选举改革作为政治改革的核心，拉美因而成为选举改革最活跃的地区。20 世纪 70 年代末以来所有拉美国家都进行了选举改革。1978—2015 年拉美 18 个国家涉及选举的改革有 250 次。一些国家的改革超过 20 次（如厄瓜多尔 36 次，秘鲁 24 次，墨西哥 23 次），多数国家（阿根廷、玻利维亚、巴西、智利、哥伦比亚、哥斯达黎加、萨尔瓦多、危地马拉、洪都拉斯、尼加拉瓜、巴拿马、多米尼加、委内瑞拉）在 6—19 次，只有少数国家（乌拉圭、巴拉圭）在 5 次以下。拉美国家选举改革的重点是重新设计选举机构，增强选举机构的作用，增强竞争的公平性，增强政党的稳定性，实现选举技术的现代化，推进选举和公选机构的包容性，推进法治国家的建设，增强公众对选举程序的信任。最常见的措施有：确定男女候选人比例（18 个国家 35 次），重新划分选区（15 个国家 34 次），允许总统连选连任（15 个国家 27 次），改变议会的规模（12 个国家 25 次），确定政党内部候选人的初选机制（16 个国家 23 次）。②

选举改革虽是拉美国家的共同趋势，但各国改革的侧重点不尽一致。一些国家注重完善规则，扩大参与度。鉴于政治体制特别是选举制度的缺陷日益暴露，由选举争议引发的内耗和冲突频发，墨西哥、洪都拉斯

---

① 吴白乙主编：《拉美国家的能力建设与社会治理》，中国社会科学出版社 2015 年版，第 95 页。

② Kevin Casas-Zamora, Marian Vidaurri, Betilde Muñoz-Pogossian, Raquel Chanto（Editores），*Reformas Políticas en América Latina：Tendencias y Casos*，Washington D. C.：Secretaría General de la Organización de los Estados Americanos，2016，pp. 34－39.

等国家 2014 年后陆续提出政治和选举改革方案，进一步完善选举规则和程序，降低相关的政治风险，增强国家治理能力和水平。① 一些国家则把改革重点放在扩大参与度方面，如智利增加参众两院席位，取消有利于两大政党联盟而不利于各小党的双提名制度，采用更有助于增强代表性或包容性的制度；规定女性候选人最低比例，确保女性的政治参与权。② 墨西哥、玻利维亚、委内瑞拉、哥伦比亚、巴拿马等国家也都采用在国会选举中一个选区提出多名候选人的混合制度；已经有 9 个国家（玻利维亚、智利、哥伦比亚、厄瓜多尔、洪都拉斯、巴拉圭、多米尼加、委内瑞拉、墨西哥）允许独立候选人参加总统选举；越来越多的国家给予海外侨民选举权，目前已有 14 个拉美国家的海外侨民可在大选中投票。③

此外，拉美国家还注重强化社会各界对体制的监督作用。不少国家采取了诸如发布官方简报、建立咨询机构、保护检举人和举报人、召开听证会等做法和机制，提高公民监督政府的能力，特别是强化媒体的监督作用，进一步规范政府行为。④

尽管上述改革措施对完善体制、提高体制效率、消除体制固有缺陷和脆弱性有积极作用，但拉美国家的改革具有难以超越的局限性，改革的核心和重点局限于选举领域，缺乏全面和系统的制度改革规划；许多国家改革的效果并不明显，有些国家改革的效果尚难评估；有些国家对选举改革出现争议，甚至出现反复。总之，改革还没有能够从根本上解决拉美民主体制本身的缺陷，也没有消除其面临的诸多困境。

二 拉美国家政党和政党制度的缺陷

如前所述，虽然拉美国家的政党和政党政治总体上不断成熟和完善，但其固有的缺陷依然存在，并成为拉美国家政治体制的约束性因素。

① "Las Leyes secundarias de la Reforma Político Electoral 2014", http: //pac. ife. org. mx/.

② "Prueban Mayor Cambio Electoral en Chile desde la Dictadura", http: //www. elnuevoherald. com/2014/08/14. [2017 – 08 – 25].

③ Kevin Casas-Zamora, Marian Vidaurri, Betilde Muñoz-Pogossian, Raquel Chanto (Editores), *Reformas Políticas en América Latina*: *Tendencias y Casos*, Washington D. C. : Secretaría General de la Organización de los Estados Americanos, 2016, p. 48.

④ Silvia Gomez-Tagle, Willibald Sonnleitner (eds.), *Mutaciones de la Democracia*: *Tres Decadas de Cambio Politico en America Latina* (1980 – 2010), el Colegio de Mexico, 2012, p. 36.

（一）政党缺陷与政党制度的局限性

有学者把拉美地区政党与欧洲地区政党进行比较后认为，拉美政党有明显缺陷，党内普遍缺乏民主，党的事务由少数精英控制，党的领袖作用特别突出，不注重组织建设，党内成分复杂、分歧严重、经常发生分裂。① 事实上，拉美国家政党在理论、组织、自身建设、执政能力等方面都存在明显的缺陷，且长期得不到纠正，对拉美国家的政治体制和体制能力产生巨大消极影响和明显制约。

理论缺陷。拉美国家政党的传统政治立场、执政理念和意识形态虽不尽一致，甚至有明显差异，但都坚持民族主义立场，或将民族主义作为指导思想。然而，拉美国家政党在理论上存在明显缺陷。20 世纪 90 年代后，拉美国家的外部环境、社会结构均发生巨大变化，社会政治力量重新组合，形成新的利益集团，传统政党赖以生存的社会阶级基础不复存在。这些新的重要变化对传统政党提出新挑战，要求其在新形势和新环境下，对调整自己的传统理论和主张，改变过时的传统政治理念，通过理论、思想和实践创新，对政治社会的新变化做出合理应对。然而，拉美许多传统政党对国内外形势的急剧变化缺乏准备，应对措施失当，缺乏根据新情况新现实调整党的指导思想和理念的意识，缺乏适应国内外环境变化的能力。许多传统执政党不能在社会变革的关键时刻统一思想，不能加强党内团结，更不能与其他政党开展有效合作，不可避免地陷入衰落，失去对国家政治社会发展进程的主导权和引导力。近些年，拉美地区的政党名声扫地，成为民众信任程度最低的机构（不足 20%），一些政党出现严重代表性危机。拉美国家的经验表明，任何政党如果缺乏与时俱进的观念、意识和理念，不能根据形势变化提出符合时代特征和民众利益的主张，就会失去凝聚力和感召力。这是哥伦比亚、委内瑞拉、厄瓜多尔、秘鲁等国家传统执政党由盛转衰，且一蹶不振的根本原因所在。

自身建设缺失。拉美国家许多传统执政党长期忽视自身建设，党的各级组织不健全，自我监督和外部监督机制严重缺失；党的群众基础薄

---

① Ronald H. McDonald and J. Mark Ruhl, *Party Politics and Election in Latin America*, Boulder: Westview Press, 1989, pp. 7 - 9.

弱，党内事务完全由少数精英人物控制；领导层长期自我封闭，不注重党的组织建设和干部队伍培养，大搞裙带关系，日益脱离一般党员和普通群众；党内任人唯亲和庇护主义现象盛行，腐败现象严重，造成党的威信下降，引起基层党员和民众厌恶和反感。曾在墨西哥连续执政71年的革命制度党一度成为腐败的代名词，被称为"窃贼之党"。特别值得指出的是，该党于2012年重新执政后，仍不断曝出腐败丑闻。委内瑞拉民主行动党和基督教社会党20世纪中期以后曾轮流主政数十年，期间庇护主义盛行，既得利益集团根深蒂固，执政者任人唯亲，国家机构逐渐被腐蚀。21世纪后一些新兴政党打着反腐败和反体制的旗帜上台执政，但由于党的建设缺失，既没有有效地改造体制，也没能摆脱腐败难题困扰。长期执政的委内瑞拉统一社会主义党自身建设的缺陷日益严重，并在党内形成"玻利瓦尔资产阶级"；巴西劳工党多次曝出腐败丑闻，两位总统均牵扯其中。玻利维亚"争取社会主义运动"党、厄瓜多尔"主权祖国联盟"、秘鲁民族主义党等新兴执政党都未能完全摆脱"腐败周期"。拉美多国经验表明，政党自身建设的缺失势必造成严重的政治和社会后果。

　　组织建设的缺陷。拉美国家的政党在组织建设方面存在严重缺陷，最常见的现象是党内有党，党中有派，各派别政见不一，相互争斗，内耗严重。特别是在关键时刻和重大问题上，党内达不成一致立场，经常造成党的组织分裂。政党的组织建设缺陷长期难以克服，不仅对党的声誉和影响力产生严重消极影响，而且加剧拉美国家的制度性约束和治理难题。纵观拉美政党的发展历史，许多传统政党因派系斗争丧失执政地位，陷入衰落，有些因此而一蹶不振，甚至销声匿迹，最终退出历史舞台。以墨西哥革命制度党、秘鲁阿普拉党、智利社会党、巴拉圭红党等为代表的老牌政党均发生过严重组织分裂，党的力量受到不同程度的削弱。拉美许多政党内部派别林立，内部派系斗争激烈，党内矛盾和争斗伴随党的整个历史进程，频发的组织分裂最终导致党的衰落。21世纪以来执政的不少左翼政党也面临着党的组织建设严重缺失的困扰。巴西劳工党执政后内部分歧加重，部分党员不满该党上层淡化意识形态和温和执政路线而选择脱党，党的力量受到削弱。阿根廷正义党内部分歧加深，致使党的地位和作用下降，有由现代政党沦为政治组织的趋势。① 厄瓜多尔"主权祖国联盟"、玻利维亚"争取社会主义运动"不同程度存在党内关系混乱，党内派别林立，组织机构和基层组织不够健全，党的纲领体系不完善，党的干部不够成熟等拉美地区政党惯有的缺陷和弊端。②

执政能力缺陷。由于拉美国家的执政党普遍忽视理论、组织和自身建设，不少政党在长期执政环境下思想混乱、组织涣散和凝聚力缺乏等固有弊端不断加剧。许多政党内部缺乏有效的自我监督机制，党内精英阶层日益自我封闭，逐渐脱离一般党员和普通民众，滋生严重官僚主义作风和腐败习气，逐渐失去民众信任。许多传统政党因循守旧，缺乏根据环境变化推行制度和体制变革的能力和勇气，对大众的吸引力和感召力下降，不同程度遇到信任危机和执政的合法性困境。一些政党在长期执政过程中，没有能够有效化解国家面临的各种政治、经济和社会难题。进入 21 世纪后，一批新型政党在拉美国家异军突起，这些新型政党在政治理念、组织形式、政治动员方式、政策主张等与老牌政党有较大差异，但自身也存在严重的理论、组织缺陷，群众基础并不牢固，执政理念不甚清晰，缺乏执政经验。这些政党并没有提出符合本国国情和得到绝大多数民众支持的执政方针和政策，同样没有能力解决经济增长、政治稳定、社会发展的难题，执政业绩不佳，甚至加剧了固有各种矛盾和冲突，深陷治理泥潭。有些国家的新兴政党甚至在任期届满后便一蹶不振，有些甚至任期未满，便在民众抗议中黯然下台。

（二）政党及政党制度改革与局限性

为了消除因政党发展缺陷加大的制度性约束，规范政党发展，拉美许多国家在政治改革过程中积极推进与政党发展和政党制度完善相关的改革。

通过加强政党立法规范政党活动。在 20 世纪 70 年代末以后，拉美国家通过宪法改革或选举法改革的方式，规范政党活动，完善相关的规则，

---

① 2013 年 12 月 5 日，阿根廷拉普拉塔国立大学国际关系研究所所长诺贝托·孔萨尼博士在中国社会科学院拉丁美洲研究所"当前阿根廷形势与政党情况"的座谈。

② 康学同主编：《当代拉美政党简史》，当代世界出版社 2011 年版，第 215、161—163 页。

有 6 个国家颁布专门的《政党法》。① 政党立法的内容包括：建立政党的基本条件要求，政党的法人性质及其管理，国家有关权力机构干预政党活动的规则，政党的内部结构，党内的民主机制，包括政党使用媒体在内的政党资助制度，包括男女比例在内的政党非歧视原则，建立政党联盟或与其他政党联合的相关规定，政党的注销制度，等等。有些国家还出台了独立候选人的规定，以及党员脱党或加入其他政党的规定。②

　　规范政党内部的民主程序。拉美国家力图通过改革，在政党内部选举中注入竞争机制。有 14 个国家通过修宪或立法形式推进候选人挑选程序的民主化，迫使和推动各政党在党员和公众更广泛参与的条件下挑选候选人，推进内部挑选程序的民主化，推动政党发展的民主化。有些国家还建立了选举机构干预候选人选举程序的强制性规定（如洪都拉斯、阿根廷、多米尼加、乌拉圭）。③ 与此同时，拉美国家大力推动与政党内部组织相关的改革，通过完善政党竞选规则推进党内民主，如规定各政党候选人的男女比例（此类改革 35 次在 18 个国家推行）；规定政党候选人内部的初选机制（这项改革 23 次在 16 个国家推行）。④

　　拉美国家还通过加强选民投票的主动权来削弱政党对候选人的控制。鉴于公众舆论在候选人的最终确认方面对政党权力产生的压力，为克服政党的政治代表性危机，越来越多的拉美国家在传统"封闭式候选人名单"和"单一候选人"这两种传统和极端方式之外，采用不同的混合式改革，加强候选人的代表性。目前还有 7 个拉美国家（阿根廷、哥斯达

---

① 早在此轮民主化进程前，多数拉美国家的宪法对政党和政党制度就做出一系列明确规定。继乌拉圭（1934）后，多米尼加、巴西、厄瓜多尔、哥斯达黎加、危地马拉和巴拿马 6 个国家在 20 世纪 40 年代，萨尔瓦多和洪都拉斯 2 国在 50 年代，玻利维亚、巴拉圭和委内瑞拉 3 国在 60 年代，智利和墨西哥 2 国在 1978 年，都在宪法中对政党的活动做出了相关规定。此后秘鲁和尼加拉瓜（1979）、哥伦比亚（1991）、阿根廷（1994）也对此做出规定。Daniel Zovatto, "Regulación de los Partidos Políticos en América Latina", Dossier, pp. 18 – 19, http：//www. kas. de/wf/doc/kas_9929 – 544 – 1 – 30. pdf. ［2017 – 10 – 30］.

② Daniel Zovatto, "Regulación de los Partidos Políticos en América Latina", Dossier, pp. 22 – 23, http：//www. kas. de/wf/doc/kas_9929 – 544 – 1 – 30. pdf. ［2017 – 10 – 30］.

③ Kevin Casas-Zamora, Marian Vidaurri, Betilde Muñoz-Pogossian, Raquel Chanto（Editores）, *Reformas Políticas en América Latina：Tendencias y Casos*, Washington D. C. ：Secretaría General de la Organización de los Estados Americanos, 2016, p. 50.

④ Ibid. , pp. 37 – 38.

黎加、危地马拉、尼加拉瓜、巴拉圭、乌拉圭）采用传统的"封闭式候选人名单"制度，其他国家都采用了在国会选举中采用一个选区多名候选人的混合式，有 8 个国家采用"优先投票机制"或"非封闭式候选人名单"（巴拿马、秘鲁、哥伦比亚、厄瓜多尔、巴西、洪都拉斯、多米尼加和萨尔瓦多）。如前所述，在总统选举中，有 9 个国家允许独立候选人参选，这也是为缓和与回应公众舆论对政治制度合法性的压力。

毫无疑问，拉美国家推动的政党和政党制度改革对于规范政党活动，推进党内民主，强化公众对政党和体制的监督，完善民主体制具有积极推动作用。但也应看到，上述改革很难在短期内消除拉美国家政党所固有的理论、组织、自身建设和执政能力等方面的缺陷，难以消除因政党和政党制度缺陷所形成和加剧的体制性约束。

三 中拉制度差异的影响

进入 21 世纪以来，中国和拉美国家战略共识增多，共同战略利益扩大，双方合作需求增加，合作水平提升，合作领域和范围不断扩展，中拉合作连上新台阶。中国与拉美国家战略伙伴关系内涵不断充实，与巴西、墨西哥、阿根廷、委内瑞拉、秘鲁、智利等主要国家建立了全面战略伙伴关系。中拉之间的合作机制、对话机制和政治磋商机制日益完善。中拉整体合作和双边合作不断取得新突破，中拉合作展现出新的广阔前景。然而，也应该看到，中拉之间存在明显的制度差异，这些差异必然会对中拉合作形成一定制度性约束，其中最主要的是在政治制度认同、意识形态和价值观念差异、中拉合作模式等方面造成的约束和风险。

政治制度认同差异的约束。如前所述，拉美国家建国后，基本模仿美国和法国宪法文本制定新宪法，参照美国的制度模式建立三权分立的政治制度。经过 200 多年的艰难曲折探索，以多党制、自由民主、分权与制衡为根本原则的政治制度在拉美多数国家趋于稳定和成熟，并为多数阶层接受和认可。相当多的拉美人认为，欧洲特别是美国的政治制度是最理想、最完美的制度，许多国家都在有意或无意地模仿美国和欧洲国家的政治模式。鉴于中拉在政治传统和制度模式方面存在巨大差异，虽然拉美国家政府、主要政党、广大民众对中国特色社会主义建设及其所取得的成就，对中国经济增长的奇迹充满好奇和羡慕，但以共产党领导的中国特色社会主义道路和发展模式对多数拉美国家并不具有制度上的吸引力，"对拉美而言，中国的政治模式不具有吸引力"。① 随着中国改革开放特别是经济发展的巨大成功，中国在拉美地区的影响力和软实力将不断增强，拉美国家学习和借鉴、了解和认识中国道路和制度的意愿也会有所增加。从这个意义上说，未来拉美国家和民众对我国政治制度的认知和接受度会有一定程度的提高，但毫无疑问，制度差异仍将是深化中拉战略层面合作的重要制约因素。

意识形态和价值观差异的约束。从根本上说，拉美是西方世界的一部分，在语言、宗教信仰、风俗习惯、价值观念、人口构成、政治理念、意识形态等方面与欧美国家共通或比较接近。欧美国家的自由、民主、博爱、人权等价值观念在拉美具有主流思想的地位，欧美的各种政治、经济、社会和文化思潮历来在拉美都具有重要影响力，有大量的追随者和受众。不少拉美地区的学者认为，拉美分享着美国和西方的价值观，对中国价值观的认知度较低。② 中拉在意识形态和价值观上的差异，容易在政治、经济、社会等领域对对方造成误读和误解，在现实中就有少数拉美人从价值观角度对中国经济发展成就和竞争力强的原因做出错误解读，认为其是以劳动者缺乏社会保障和社会福利、劳动条件差和政治专制，以及缺乏对人权的保护为代价的。显然，这种解读是不符合实际的，但在拉美地区还是有一定市场，容易使一些不明事实真相的人对双方的合作产生误解。与此同时，中国在开展对拉合作过程中，也会遇到因双方意识形态和价值观差异引发的一些不便和问题。由此可见，意识形态或价值观念的差异无疑是中拉政治经济合作的潜在和现实的制约因素。

制度差异衍生的其他制约。由于中拉制度的差异，拉美人对中国发展道路的性质、对中拉经贸合作的模式容易产生误读，进而对中拉合作产生进一步的隐性约束和制约。拉美国家独立后在探索经济发展道路的

---

① Francisco E. González, "The New Challenge: China and the Western Hemisphere", Testimony before the House Committee on Foreign Affairs, Subcommittee on the Western Hemisphere, One Hundred Tenth Congress, June 11, 2008.

② Juan Gabriel Tokatlian, "Latin America, China, and the United States: a Hopeful Triangle", http://www.opendemocracy.net/democracy-protest/hopeful_triangle_4336.jsp. [2016 - 06 - 21].

过程中，曾实施初级产品出口的发展模式，欧洲和美国曾是其最主要的国际合作伙伴。拉美在与美欧交往中曾经历进口工业产品、出口原材料等初级的历史，并认为这种出口的"初级产品化"造成拉美的不发达，形成了拉美对欧美发达国家的"依附"，使拉美在国际经济分工中处于不利的"边缘"状态。在21世纪以来中拉经贸合作大幅提升进程中，拉美国家向中国的出口也以初级产品为主，从中国的进口多为工业制成品。鉴于与欧美交往的历史教训，出于同样原因，一些拉美人对中拉经贸合作模式也存在忧虑、抱怨甚至不满，担心中国从拉美进口原材料和初级产品，出口制成品这种贸易模式继续下去，拉美经济的依附性会进一步增强，会加剧该地区的"去工业化趋势"，拉美国家就无法摆脱贫困落后局面。由于过去一段时间中国对拉美的投资主要投向能源矿产和原材料领域，少数拉美人甚至对中国在拉美的投资动机仍有怀疑。此外，美国朝野极力挑拨中拉关系，甚至呼吁美拉加强合作共同抵制"中国威胁"，得到拉美少数不明真相媒体的呼应。有美国学者认为，中国企业对拉美地区政府和人民构成较大的威胁，声称拉美一般把中国作为西方主导的全球秩序的挑战者。[①] 毫无疑问，拉美一些人对中拉合作模式的忧虑和担心显然会对中拉合作产生负面效应。

中拉制度差异还会造成对双方核心利益的误读，进而制约中拉合作。如前所述，由于中国和拉美国家在政治制度、意识形态、价值观认同问题上存在差异，致使某些拉美人在民主、人权、宗教政策等方面对中国仍有某种程度误解，而这必然会对中国在拉美地区的重大和核心利益产生不利影响。例如，拉美在传统上是一个天主教的大陆，教徒众多，宗教在拉美政治和社会生活中具有无以比拟的重大影响力。拉美人对宗教比较虔诚，对宗教领袖充满敬仰和尊重，甚至会因宗教因素产生对重大政治问题的误读。例如，包括一些拉美国家政要在内的不少人通常把达赖视为宗教领袖，而非政治人物，对达赖集团分裂中国的政治企图和政治面目缺乏充分认识，甚至对中国的宗教政策产生不解。因此，一些拉美政治家置我严重关切于不顾，甚至在达赖窜访期间与其会晤也就不足

---

① R. Evan Elis, *Indian and Chinese Engagement in Latin America and the Caribbean: a Comparative Assessment*, Summary, xvii, The United States Army War College Press, March 2017.

为奇了。此外，拉美是台湾重要"外交空间"，一些拉美人在一个中国问题上认识模糊，在台湾问题上甚至有错误认识，仍有特殊和难以消除的"台湾情结"，这在很大程度上也是由中拉制度的差异所致。

消除中拉合作的制度性约束任重道远。要消除对中拉合作的制度性约束，需要中拉双方做出持续和艰苦努力。一方面，进一步加强双方利益深化和利益捆绑，推进中拉合作的全面深化。在满足我国战略需求和战略利益前提下，合理回应拉美国家的关切和诉求，不断夯实和扩大双方战略及政治合作的根基。另一方面，不断扩展我国在拉美的软实力，不断增强中国道路和中国模式的吸引力。在充分尊重对方政治制度和价值观的同时，有意识促进拉美国家对我国政治制度和价值观的认识和尊重。充分利用我国经济发展成就所产生的效应，不断增强对拉美国家的制度吸引力。鉴于一些拉美人对我国政治制度仍有一定误解，应进一步加大双方在人文和社会科学领域的交流，以拉美人易于接受的方式，向拉美各界宣传介绍中国道路、中国模式、中国经济发展、中国政治制度、西藏和台湾问题，逐渐改变拉美一些人对我国的不恰当认识，增强对中国政治制度的认知和接受程度，增强我国发展道路和发展模式在拉美地区的影响力和吸引力。显然，要实现上述目标，需要长期和艰苦的大量工作，不可能一蹴而就。

第二节　拉美国家执政能力的滞后性

一　拉美国家制度能力的滞后性

（一）权力制衡能力缺失

如前所述，拉美国家独立后，模仿和移植美国政治制度中立法、行政和司法三权分立的政权形式。但在拉美国家特殊的历史、文化传统和政治条件下，三权分立制度没有达到预期目标，远没有达到完善和有效的程度，立法和司法机构没有发挥应有的作用；具体表现为行政、立法和司法三权不对称，前者过于强大，而后两者过于虚弱，致使三权分立在不少国家有名无实；甚至有人认为，拉美国家的议会与其说是立法机构，还不如说是行政机构的咨询机关。① 20 世纪中叶以后，拉美国家行政机构特别是总统权力受到一定制约，立法和司法机构地位和作用不断巩固和加强。特别是 20 世纪 90 年代后拉美地区的"国家改革"进一步加强议会和司法机构的作用，一些国家的议会已具备较大自主性。但拉美国家情况不同，一些国家议会的地位和作用还不够稳定，立法、行政和司法机构的关系不够平衡，行政权力的地位仍处于优势，立法和司法机构作用仍相对较弱。不少国家的议会委员会制度还不够完善；议会通常缺少否决行政机构议案和提出动议的能力，一些国家的议会更多的是为政治反对派和特殊利益集团或为修宪提供一个场所。

（二）司法机构效率低

拉美地区司法机构的作用虽不断增强，但其效率不高的问题仍较突出，司法制度还不能为所有居民提供适当的司法服务，不能最大限度地满足居民在司法方面的需求；司法机构案件审结速度较慢，积压现象普遍，司法成本相对较高；立法和司法机构中官僚主义习气重。在一些拉美国家，行政机构甚至仍可对立法机构和司法机构进行控制，加大了立法和司法机构的低效程度。

拉美国家已建立起相当完备的司法制度框架和法律法规体系，但制度的效率低，法律法规体系的执行力差。拉美多数国家的法律体系属"大陆法系"，以一部宪法和数部法典为支撑，包括各种法律、法规、条例、规定、通告、行政决议等，且源源不断地进行补充和更新，法律体系健全，内容庞杂。"拉美国家的司法制度是西班牙和葡萄牙殖民主义的遗产"，在传统上重视"成文法"和"字面原则"，"司法审判主要以成文的程序为基础，不承认口头证据，完全依赖于制定法，排斥习惯和判例法"。② 与英美"不成文法"和重视判例的法律体系相比，拉美国家的法律体系和制度明显缺乏效率。在数百年西班牙政治传统影响下，拉美社会及大众的法治观念较强，权利概念鲜明，但法律义务的意识不够，致使法律体系的效率较差，执行力不足，有法不依、执法不严的现象屡

---

① Harry E. Vanden and Cary Prevost, *Politics of Latin America: the Power Game*, New York and Oxford: Oxford University Press, 2002, pp. 184 – 185.

② 杨建民：《拉美国家的司法制度研究》，载《拉丁美洲研究》2010 年第 6 期，第 40 页。

见不鲜。

为了消除这种法律传统的消极影响，提高立法和司法机构的效率，拉美国家普遍把改变传统司法观念、增强法律制度的执行力和效率作为提高治理能力的重要举措。近 30 年来拉美国家司法领域的改革各式各样，但基本内容有以下方面：

1. 改善司法服务

许多国家不断推进"政府"和"司法管理"机构改革，建立化解冲突的特殊法庭，提高司法机关的竞争能力；建立新机制，推进司法进程，有效解决各种冲突。许多国家努力简化司法程序，完善有关法律，提高案件审结速度，减少案件积压。与此同时，尽可能为所有居民提供适当的司法服务，满足居民在司法方面的基本需求，让更多人享受司法公正的利益。

2. 加强保护公民权利的宪法机制

几乎所有拉美国家都通过将公民权利列入宪法的方式将这些权利"宪法化"，保证这些权利受到保护，如建立了保护儿童、老年人等群体权利的宪法机制，扩大基本权利、建立公众参与机制、扩大少数族裔权利、承认印第安人的司法权。

3. 建立新的司法机构，加强司法保障

玻利维亚、厄瓜多尔和哥伦比亚建立了自治性的宪法法院或宪法法庭，建立了化解选举冲突的司法机构；玻利维亚、智利、哥伦比亚、厄瓜多尔、危地马拉、秘鲁、多米尼加既建立了宪法法院，也建立了选举法庭；哥斯达黎加、萨尔瓦多、洪都拉斯、尼加拉瓜、乌拉圭虽没建立宪法法院和法庭，但在国家结构框架下建立了自主性的选举法庭。拉美国家加强选举法庭的功能和技术自治，使其具有法人资格，扩大其权限。这项改革造成法理意义上最高司法权力的变化，因为最高法院不再是唯一的最后裁决机构。

4. 推动司法程序改革，创造新的程序模式

为确保所有人都能享受司法服务，保护公民基本权利，拉美国家注重设计公民权利的特殊保护机制，在司法权力中培育新的公民、劳工和家庭的程序模式；改善司法服务机构的功能和效率，实施与民主国家相匹配的程序模式。

5. 向行政部门让渡部分职能，提高司法机构效率

疏解司法权力，把一些由司法部门解决的事务和问题转让给行政部门，一是注册和公证体系，如婚姻、分家、遗产继承、民事变更等的手续，二是把一些司法功能交给行政部门履行，如涉及消费的事务；推进公众可以更广泛地享受司法保护和司法服务。

6. 在司法进程中建立解决冲突的新机制

多数国家建立了调解和仲裁制度，确定了通过调解、调停、仲裁等方式解决问题和矛盾的原则，建立各当事方自己可以化解矛盾、解决冲突的机制。多数国家已建立起通过仲裁解决商业纠纷，调解经营矛盾，化解民事、劳动、家庭等矛盾的机制。调解机制的建立使当事方可以寻求第三方调解和介入，通过第三方的帮助化解矛盾和冲突。

拉美国家的司法改革对于提高司法机构的效率具有积极推动作用，然而改革具有较大局限性。有学者认为，许多改革措施仅为律师、法官和直接关联人口等少数群体所知，并没有被大众所了解。况且各国改革目标的不同，改革内容广泛，还很难对近 30 年拉美司法改革的效果进行评估。因此，拉美国家的改革并没有明显提升司法机构的效率，未能消除司法体系的所有缺陷，公众对司法体系的信任度也并未得到明显提升。①

（三）司法机构独立性较差

拉美国家的司法机构有不少缺陷，这些缺陷的存在致使司法机构长期以来不能在国家政治社会生活中独立地发挥作用。② 拉美国家缺少司法真正独立的传统，司法机构一直处于服从的地位，各级法院的法官容易受到行政机构或其他权力机构政治压力的影响，司法机构在较大程度上直接或间接受制于以总统为核心的行政机构。拉美国家的法官主要是通

---

① 此部分关于拉美国家司法改革的资料，除特别说明外，均来自 Farid Samir Benavides, Vanegas Alberto M. Binder, Carolina Villadiego Burbano, Catalina Niño Guarnizo, *La Reforma a la Justicia en América Latina*, *las Lecciones Aprendidas*, Fescol, Programa de Cooperación en Seguridad Regional, Bogotá, junio de 2016, pp. 26 – 43。

② 关于拉美国家司法体系的缺陷，可参阅 Malcolm Rowat, Waleed H. Malik, and Maria Dakolias（eds.）, *Judicial Reform in Latin America and Caribbean*, World Bank Technical Paper Number 280, World Bank, Washington, D. C. , 1995。

过任命方式产生的（尽管议会可能参与候选法官的提名），只有少数国家由选举产生（例如，在哥斯达黎加，议会参与最高法院法官的选举）。一些国家最高法院的法官还不是终身的，有一定任职期限，任职期满后需要通过任命或选举方式进行更新。尽管拉美国家法律规定了法官和法院等独立工作的权力，但在日常运行中，司法机构的独立性在很大程度上受到来自在权力结构中占有优势地位的行政机构和各类经济实体的压力。

拉美国家试图通过司法改革提高司法机构的独立性。拉美国家注重改善司法管理机构的职能，如试图通过建立法官终身制保证和巩固法官独立和司法独立；建立由政府不同机构及公民社会组成的司法委员会（Consejos de la Judicatura/Magistratura），增加司法权力的代表性。值得指出的是，司法委员会在各国情况不同。在有些国家，司法委员会从属于司法部门，但它不是独立的；在一些国家，司法委员会从属于最高法院，有些国家的司法委员会则独立于最高法院。司法委员会的职能在各国也不一致。有的可以任命法官，有的还有规范法官纪律的功能，有的可对司法部门进行管理。[①] 尽管拉美国家把实现司法独立作为目标，但要实现这一目标还有很长的路要走。

二 拉美国家政府决策能力的缺陷

（一）政府决策缺乏科学化和民主化

长期以来，拉美主要政党和利益集团间有明显的理念差异和严重的政策分歧，在社会改革及传统利益机制改革方面缺少共识，特别是"左""右"双方严重对立、激烈纷争，在国家发展的一系列重大问题上的诉求和立场难以协调，致使政府决策有难以克服的严重缺陷，甚至造成政府政策的严重扭曲。首先，政策多变，缺乏连贯性。拉美许多国家的政策通常会随"左""右"政党和政府更迭而发生重大改变；受利益集团的压力，同一届政府执政期间的政策往往也会缺少连贯性；执政党上台前的政策许诺与上台后的政策实践有时也会完全不同。其次，决策不透明，

---

① Farid Samir Benavides, Vanegas Alberto M. Binder, Carolina Villadiego Burbano, Catalina Niño Guarnizo, *La Reforma a la Justicia en América Latina*, *las Lecciones Aprendidas*, Fescol, Programa de Cooperación en Seguridad Regional, Bogotá, junio de 2016, p. 26.

缺乏科学性。拉美国家各主要政党、政治派别和利益集团在涉及国家发展的诸多重大问题上缺少基本共识和协商，决策者通常将个人和集团的暂时利益置于国家的长远利益之上，忽视反对派的利益和诉求；有些执政者在决策时甚至会为了特定集团的利益而牺牲国家整体利益，为了短期目标而牺牲长远目标；政府决策较随意，既缺乏透明度，又缺乏科学性。最后，政策有明显偏向性，缺乏公平性。在庇护主义文化的影响下，执政党在制定政策时通常会过多考虑争取政治支持的需要，政府决策通常优先考虑正规部门工薪阶层和中间阶层利益，对非正规部门和农村劳动者利益重视不够，各阶层从政府政策中获利不同，一些阶层不能合理分享国家发展带来的利益，使政策失去公平性。

拉美国家政府决策之所以缺乏科学化和民主化，主要有下列原因：

1. 各社会阶层对政府决策的影响力不同

拉美国家的政府决策长期以来被精英阶层所控制和主导，占人口相当一部分的被排斥群体、贫困者、非正规部门的工人、农民，以及各种缺乏资源的人，对政府决策没多少影响力，这些群体除了通过选举投票表示自己的喜好和偏好之外，对政治和政策影响力有限。

2. 政治体制的缺陷

如前所述，拉美国家的政府机构和决策机构的代表性不广泛不充分，一些群体的代表性在这些机构中没有得到充分体现，这些群体的利益和诉求在决策过程中通常被忽视，致使决策缺乏公平性和科学性。

3. 利益和派别之争的影响

拉美国家实行多党政治，出于竞选政治、党派斗争和自身利益的考量和需要，执政党会极力打压反对派，而反对派通常会想尽办法与执政党唱对台戏，为政府相关决策设置障碍，这无疑会削弱政府决策的合理性。

4. 一些国家的执政党和政府执政能力弱，缺乏应对危机和突发事件的能力，凸显了这些国家政府决策的缺陷

进入21世纪后，拉美国家逐渐接受新发展思想和新发展观，各派政治力量开始形成新的政治共识。无论是执政党还是主要反对派，都有意推动政府决策向科学化、合理化方向发展。无论是左翼政府还是右翼政府执政，其决策时开始较多考虑国家的长远规划，更多顾及反对派的利

益和诉求，注重吸收反对派参与的决策进程，在涉及国家发展的重大和长远问题上尽可能地寻求最广泛的社会共识，强调政策的可持续和连续性。与此同时，许多拉美国家通过各种方式鼓励民众参与决策进程，注重非政府组织等社会团体在决策中发挥作用，强调公民对决策的参与，把民众参与作为决策进程及政策实施的重要环节，一些国家还尝试建立"参与式民主"，[①] 提出把决策权建立在人民权利基础上。但由于制度缺陷和社会各阶层利益的固化，拉美国家政府决策科学化、民主化、合理化的目标远未实现。

（二）政策不稳定造成的效率损耗

长期以来，拉美国家政策不稳定、政策多变或政策左右摇摆通常会造成严重的效率损耗。在 19 世纪上半叶独立后的数十年间，拉美并没有形成鲜明的左右阵营，一直到 19 世纪中叶以后，受不断涌入的欧洲各种政治和社会思潮影响，拉美才开始逐渐形成比较明显的左翼、右翼及中间集团。20 世纪后，左右相互竞争、交替发展、相互替代、交替执政，成为拉美政治发展进程中的重要现象和"常态"。

拉美地区的左翼和右翼有不同的社会基础，不同的基本理念，不同的政策主张，因而有不同特色的政策实践。从拉美历史和现实情况来看，左翼和右翼最主要的区别和差异如下：

1. 不同的社会基础和群众基础

相对而言，拉美国家左翼的社会基础主要是中下社会阶层，右翼的社会基础则主要是中上社会阶层。拉美左翼通常代表中下社会阶层的诉求，主张变革现存的社会秩序，进行社会权利与社会经济利益的重新分配；而右翼通常代表着中上社会阶层的利益，试图维护传统特权和既得集团的利益，反对进行剧烈的社会变革，主张推行温和的社会改良政策。

2. 不同的政治理念

拉美左翼主张扩大政治参与的范围和程度，推进大众参与，倾向于民众主义的理念；而右翼则强调政治和社会秩序，倾向于精英治国和精英主义政治路线。

---

① Susanne Gratius, "'La Tercera ola Populista' de América Latina", 45 Working Paper/Documento de Trabajo, FRIDE, http：//www. fride. org, Octubre de 2007. ［2017 – 01 – 10］.

3. 不同的意识形态取向

拉美左翼同情甚至赞同各种社会主义的口号、政策和主张；而右翼在意识形态方面相对保守，通常会抵触、敌视甚至公开反对社会主义的政策和主张。

4. 不同的经济政策选择

拉美左翼主张国家对经济进行一定程度的干预，而右翼则主张将对经济的干预降至最小，更倾向于自由放任的市场经济政策；在经济增长与社会发展的关系问题上，左翼倾向于公平优先于效率，右翼则主张效率优先于公平。

5. 不同的对外政策偏好

拉美右翼有明显的"美国化"偏好，通常会执行一定程度的亲美政策；左翼则主张"去美国化"，尤其反对美国对拉美地区事务的干预。

6. 不同的全球化态度

一般说来拉美右翼倾向于外向发展，主张和支持经济的全球化；左翼则倾向于内向性发展，反对和质疑西方发达国家主导的全球化。

7. 不同的地区一体化立场

拉美左翼和右翼的分歧在地区一体化问题上也有所体现，致使该地区出现了左翼政府主导的"玻利瓦尔美洲联盟"（ALBA）和右翼政府主导的"太平洋联盟"，进一步加剧了该地区一体化组织的碎片化状态。

左右更迭必然会造成政策的左右摇摆和政策多变，不可避免地造成效率损耗。拉美地区一直存在左翼和右翼的竞争和对立，两者之间存在着此消彼长的关联性，执政党和政府更迭通常会伴随着周期性的"左""右"更替而一并发生。从拉美国家历史看，"左""右"更迭通常与经济社会发展周期有密切关联性，多发生在经济和社会出现重大变化或危机的时期。此外，拉美一些国家出现的左右更替，通常会对周边国家产生联动或传染效应。而左右翼在社会重大变化或危机时期的更迭，通常会带来政策的剧烈调整和变化，这种变化和调整通常还会造成一定程度的执政损耗，甚至引起社会的不满和抗议。

（三）政府执政能力缺失

许多拉美国家执政党和政府在长期执政过程中未能从根本上提高治理能力和执政水平，不仅没能有效化解各国面临的政治、经济和社会发展难题，反而加剧了这些问题的顽固性，凸显了拉美国家执政党和政府执政能力的缺失。

破解经济增长难题的能力差。拉美国家执政党和政府一直没有解决好经济增长难题，致使经济增长缺乏稳定性，经济危机频繁发生。伴随经济危机后果持续发酵，拉美社会形势周期性恶化，进一步引发政治动荡。进入 21 世纪后，拉美国家应对经济增长克服经济危机的能力依然没有得到根本性提高。2003—2013 年是拉美经济增长"黄金十年"，其中2003—2008 年年均经济增长 4.8%，年人均增长 3.4%。2008 年美国次贷危机引发的世界金融危机对拉美实体经济造成严重冲击，2009 年拉美经济出现 1.9% 负增长。但拉美国家凭借国际市场大宗商品的价格高位，成功抵御了世界金融危机的冲击，迅速恢复了增长。2010 年、2011 年和2012 年，拉美分别实现 5.9%、4.3% 和 3.1% 的经济增长，人均分别增长 4.8%、3.1% 和 2.0%。然而，随着 2014 年后国际市场大宗商品价格持续下跌，拉美经济结构不合理的弊端不断加剧，经济步入下行通道，一些国家陷入衰退和危机。继 2014 年出现 1.1% 低增长和 2015 年 0.5%负增长后，2016 年下降 1.1%，人均下降 2.2%。经济衰退的政治和社会后果虽有滞后性，但已越来越明显地表现出来。由于经济形势恶化，进入 21 世纪以来拉美地区整体向好的社会形势逆转，各阶层不满情绪增加，引发地区政治生态发生新变化，许多国家执政环境恶化，执政压力增加，政治变局风险增大。

解决社会进步难题的能力差。拉美在传统上具有精英社会的特征，少数特权阶层和既得利益集团长期主导甚至是把持国家政治、经济和社会发展进程。许多国家长期缺乏社会结构变革，甚至从未进行过深刻社会改革，广大中下社会阶层长期不能合理分享经济增长和社会发展的成果，社会分化和社会不公平现象不仅一直很严重，而且出现收入分配不公"固化"的趋势，[①] 拉美甚至成为世界上收入分配和财富占有最不公平的地区。进入 21 世纪，随着新发展观念的形成，以及经济增长"黄金十年"周期的出现，拉美国家在减贫、改善收入分配、增加就业等方面不断取得进步。但拉美地区的各种社会难题根深蒂固，仍存在数量庞大的

---

① 曾昭耀：《拉丁美洲发展问题论纲》，当代世界出版社 2011 年版，第 186 页。

贫困人口和赤贫人口，社会排斥现象依然严重，分配结构中的"过度不平等"、弱势群体边缘化现象十分普遍，社会财富高度集中于少数人手中的现象愈演愈烈，失业率长期保持高位。即使在 2003—2013 年经济增长"黄金十年"期间各项社会指标出现好转的情况下，拉美国家的民众依然认为，社会不公平程度越来越高。相关调查显示，该地区 97% 的人认为，本国的收入分配是不公平或极度不公平的。随着"黄金十年"的结束，拉美多数国家失业率上升，就业质量下降，贫困反弹，一些脱贫人口重新返贫。2015 年拉美地区失业率为 6.5%，2016 年将继续上升到 7%；[①] 2013 年拉美贫困率为 27.9%，处于历史最低水平。随着经济下滑，贫困率从 2014 年的 28.2% 升至 2015 年的 29.2%，贫困和赤贫人口分别净增 700 万人和 500 万人。2016 年以后拉美贫困人口继续增加，未来两年2500 万—3000 万人有返贫风险。[②] 事实表明，无论是在经济增长期还是在衰退期，拉美国家执政党和政府都缺乏解决该地区社会发展和进步难题的能力。

应对社会安全难题的能力差。许多拉美国家的社会安全政策失灵，民众对安全的焦虑感增加。进入 21 世纪以来，拉美国家的许多公共安全政策致力于降低较高的暴力和不安全现象，但没有达到预期，在大多数情况下，拉美国家政府没有能够实施有效的、为所有公民提供保护的创新公共安全政策。[③] 拉美长期是世界上暴力问题最严重的地区，暴力、有组织犯罪、黑帮组织、犯罪团伙等非传统安全问题突出，因武器滥用导致的暴力死亡率和谋杀死亡率居世界前列。暴力活动频繁对拉美国家构成体制性威胁，成为体制失去合法性的主要原因，极大地增加了法治国家建设的难度，直接威胁国家的发展和进步。相关机构的调查研究显示，严重的社会暴力和普遍犯罪行为已成为拉美最严重的社会问题，即使在经济获得持续稳定增长的时期，许多拉美民众仍认为自己国家的环境越

---

① 《联合国拉美经委会预测 2016 年地区失业率上升》，中华人民共和国商务部网站，2016 年 6 月 13 日，http://www.mofcom.gov.cn/article/i/jyjl/l/201606/20160601336871.shtml.［2017 – 01 – 11］。

② 何珊：《报告显示拉美经济形势不容乐观》，新华网，2016 年 10 月 31 日，http://news.xinhuanet.com/.［2017 – 01 – 11］。

③ Stellio Rolland, "Las Políticas de Seguridad en América Latina", 1 de Febrero de 2008, http://www.institut-gouvernance.org/es/analyse/fiche-analyse – 281.html.［2016 – 10 – 12］。

来越不安全;① 据联合国发展署（UNDP）《2013—2014 年拉美地区人文发展报告》，50% 以上的拉美人认为本国的安全环境恶化：65% 的人夜间不敢外出，13% 的人因安全原因有向国外移民的打算。在公众对社会安全的焦虑感上升的同时，拉美国家促进社会安全的新举措成效并不显著。20 世纪 90 年代末以来，拉美国家试图通过实施"国家安全"政策和"公民安全"政策来降低过高的暴力水平，加强社会安全。所谓的"国家安全"政策把安全责任置于国家、军队和警察等的共同行动之中，而所谓的"公民安全"政策则把这些传统的机制与诸如教育运动、公民文化的培养这些可选择的政策机制结合起来，以达到安全与和平共处的目标。越来越多的拉美国家采用"公民安全"政策，这一政策的基本原则是，把安全作为多种社会力量的多元责任，而不仅仅是国家机构的责任。经验表明，拉美国家的"公民安全"政策并没有导致降低犯罪、违法和盗窃案件的数量。为了应对社会安全问题的威胁，越来越多的拉美人求助于私人安保公司，私人保安公司增长迅速，公民安全私营化的现象非常明显，目前拉美地区在私人保安公司工作的人数多于警察的人数。② 私人安保公司的扩张造成高昂社会、政治和经济成本，体现了公众对国家提供的公共安全服务的不满意，以及对国家社会安全政策的失望。

解决社会冲突难题的能力差。严重的社会冲突和社会矛盾是拉美地区的历史性难题。拉美国家的社会问题历来严重，社会矛盾、阶层矛盾、种族和民族矛盾相互交织，造成社会冲突频繁发生。近年来拉美地区的社会冲突呈继续增长之势，旧冲突未完全解决，新冲突不断出现，新老社会冲突相互交织，社会冲突呈现出大密度、高强度、高频率、范围广的特点。英国《经济学家》杂志认为，只有少数拉美国家的社会冲突处于"低风险"状态，巴西、海地、洪都拉斯、墨西哥、尼加拉瓜、巴拿马、秘鲁等多数国家处于社会冲突的"高风险"，玻利维亚和委内瑞拉等

---

① Marta Lagos, Lucía Dammert, "la Seguridad Ciudadana el Problema Principal de América Latina", Corporacion Latinobarómetro, 9 de mayo 2012, http：//www. latinobarometro. org. ［2017 – 03 – 15］.

② Stellio Rolland, "Las Políticas De Seguridad en América Latina", 1 de Febrero de 2008, http：//www. institut-gouvernance. org/es/analyse/fiche-analyse – 281. html. ［2016 – 10 – 12］.

少数国家则处于"极高风险"状态。[①] 有效化解社会矛盾和社会冲突仍是拉美国家执政党和政府需要应对的难题。

第三节　制度环境因素的制约

中拉合作除了受拉美国家制度、执政能力以及中拉制度差异等因素制约外，还受其制度环境的制约，其中包括民众主义和精英主义的对立、保护主义和庇护主义盛行，投资贸易的非便利性，以及外部既有国际制度规范的制约。

一　精英主义与民众主义的对立

长期以来，精英主义与民众主义在拉美地区相互竞争，两者在国家政治经济和社会改革问题上缺乏共识，造成决策缺乏公开性和科学性，加剧政府执政能力不足，在不少国家形成治理危机。精英主义和民众主义曾是拉美地区占主导地位的治国理念和政策主张。在整个 20 世纪，精英主义和民众主义"周期性"交替和左翼右翼"钟摆式"轮替的相互交织，是拉美政治、经济和社会发展进程的重要特点。虽然不能在精英主义与右翼、民众主义与左翼之间简单地画等号，但不可否认其相互之间有一定关联性。一般来说，左翼政府更容易倾向民众主义，右翼政府则更可能偏向精英主义。民众主义和精英主义、左翼和右翼相互竞争，轮番出现在拉美政治舞台，造成的后果之一是经济和社会政策的反复性摇摆与频繁性多变。

精英主义认为，每个社会和每个国家都存在人数较少的统治精英集团。[②] 精英主义在传统上是拉美地区占主导地位的政治、经济和社会思想。精英主义主张推进增长，极力避免社会结构和权力分配领域的任何重大改革；当改革不可避免或不可阻挡时，总是力图把改革减少到最低限度和最小范围。在精英主义理念的主导下，拉美许多国家一直缺乏深

---

① 吴白乙主编、刘维广副主编：《拉丁美洲和加勒比发展报告 2013—2014》，社会科学文献出版社 2014 年版，第 93 页。

② 张凡：《当代拉丁美洲政治研究》，当代世界出版社 2009 年版，第 83—84 页。

刻的社会结构变革，人口相当多的中下社会阶层不同程度被排斥在经济社会政治进程之外，其经济政治和社会参与权受到一定程度限制和压制。从根本上说，精英主义主张维护既得利益集团的特权和利益，具有较强的排他性和保守性特质，容易引发社会排斥，加大社会矛盾和社会冲突，甚至可以造成严重社会动荡，进而制约国家经济增长、政治稳定和社会进步。在精英主义体制下，政治权力基本由寡头集团控制，政治斗争和利益分配主要在精英群体间进行，政党成为权力斗争的工具，大部分民众特别是广大中下阶层处于被排斥和边缘化状态，造成许多普通民众对选举投票等政治活动缺乏热情，对政党、政府、政客缺乏基本信任。就如拉美学者所说，"精英政府没有造就政治和社会公民，也没有造就代议制和包容性民主"。[①] 持续的工业化、现代化和城市化进程严重冲击了拉美传统政治格局和社会结构，民主化进程在一定程度上提升了民众的政治参与热情，越来越多的普通拉美人认为需要建立一种直接参与的政治形式。作为精英主义的对立面，民众主义从本质上说是一种主张变革的思想，其扩大政治和社会参与的主张恰巧满足了中下社会阶层民众的参与诉求和变革愿望。从这个角度说，精英主义自身所固有的排他性、保守性等局限性，催生了拉美民众主义的崛起和成长。

与精英主义相对立的拉美的民众主义诞生于 20 世纪初，虽然比精英主义产生时间稍晚，但很快便成为该地区具有重要影响力的政治思潮和政策实践。自 20 世纪 30 年代开始，民众主义的政策主张相继在阿根廷、巴西、厄瓜多尔、秘鲁、墨西哥、智利、委内瑞拉等拉美主要国家付诸实施。尽管不同时期拉美民众主义的政策实践有不同特点，施政重点也因所在国家国情不同而有所差异，但一般来说其政策实践大致有以下内容：政治方面，通过政治和宪法改革，对现有体制进行一定程度改造；推动民众直接参与政治，强化意识形态特色，试图用大众参与的直接民主取代或完善代议制民主。经济方面，强化国家干预，通过所有制改革等方式，加强对战略部门生产、销售、出口、价格、投资等的控制，试图建立新发展模式。社会方面，把追求社会公平作为主要施政目标，实

---

① Susanne Gratius：" La 'Tercera ola Populista' de América Latina"，45 Working Paper/Documento de Trabajo，FRIDE，http：//www. fride. org，Octubre de 2007.［2017－01－10］.

施亲中下阶层的社会政策，强调消除贫困和改善民生。对外方面，实施民族主义特色的对外政策，表现出独立自主和一定程度反美倾向，把反对美国霸权政策、加强拉美国家团结作为重要策略。

民众主义在经济决策方面缺乏科学性，过度忽视市场作用，最终导致经济灾难，并危及政治社会稳定。拉美民众主义在社会政策方面提出社会公平、合理分配、减少贫困等许多合理诉求和主张，但在实践中往往具有非理性倾向，造成社会政策和经济政策失调、社会政策能力和经济能力脱节，最终陷入失败。美国学者爱德华兹通过对拉美民众主义实践的分析提出，拉美迄今还没有民众主义成功的先例，所有民众主义实践最终都导致经济崩溃和社会灾难。[①]

在吸取历史经验教训基础上，越来越多的拉美国家开始转变治理理念，既强调摆脱"民众主义陷阱"，又力图避免精英主义缺陷，而是在两者之间探寻新的发展道路，选择实用主义的治国理念和发展道路。多数拉美国家左翼政府执政期间明确摒弃民众主义政策，强调在坚持市场经济模式前提下关注民生。与此同时，拉美右翼政府也不再坚持传统精英主义路线，而是在主张市场经济路线的同时加大社会政策力度。智利政治家福克斯雷伊将拉美地区的这种现象称为"中间的政治路线"和"进步的社会政策"。[②] 这种变化显然有利于纠正传统精英主义和民众主义的政策偏差，有利于弥补其缺陷，也有利于减少拉美制度环境对中拉合作的约束。

二 庇护主义与保护主义盛行

庇护主义和保护主义是拉美的重要传统政治文化，"在权利和特权悬殊的拉丁美洲社会，无权无势者常常寻求有权有势者的保护，进而形成各种强势者与弱势者的关系或联盟"。[③] 许多学者认为，拉美的庇护主义或保护主义根源于殖民时期的历史，源于大地产关系，即大地产主与雇

---

① Sebastian Edwards, *Left Behind*: *Latin America and the False Promise of Populism*, Chicago: The University of Chicago Press, 2009, pp. 169 – 170.

② Alejandro Foxley, "Una Evaluación Optimista del Futuro de las Economías de la Región", http://www. cieplan. org/temas/22/06/2011. ［2017 – 05 – 10］.

③ 张凡：《当代拉丁美洲政治研究》，当代世界出版社 2009 年版，第 162 页。

工之间的依存和卑尊关系；庇护主义是主人与仆从间的关系，是保护人与被保护人的关系，它所表明的是一种特殊的个人效忠和责任义务纽带。西班牙和葡萄牙的伊比利亚传统培育了拉美国家庇护主义和保护主义的传统和习惯。伊比利亚传统政治理论对民众妥善治理社会的能力有疑问，认为社会应该由"自然精英"治理和领导；人们应该接受各自在社会生活中的地位和位置，因为这是上帝按照宇宙的自然法则安排的。[①] 因此，保护人和被保护人、保护和被保护的关系，乃至专制统治都被认为是自然的、合理的，保护人和精英统治被认为是上帝赋予的。一方面，保护人有责任照顾被保护人的利益和诉求，关心其待遇，并向其提供必要的经济援助；另一方面，被保护人有责任效忠保护人，为保护人提供忠诚、支持和服务。

在拉美地区，在保护人和被保护人这种个人关系纽带的基础上，被保护者通常会成为保护者政治上的坚定支持者，形成政治上的庇护主义和保护主义。庇护主义和保护主义现象是拉美政党、政治组织和政治运动的重要特征，给国家政治发展和政治体制建设带来严重消极后果。首先，造成拉美国家政党发展的个人主义化倾向。一些政党带有明显的个人化特色，实际上沦为领袖个人的政治工具；政党内部通常存在若干以个人为中心的帮派和集团；有些政党随着领袖个人的命运而兴衰，政党的前途过度依赖政治领袖个人的命运。其次，庇护主义和保护主义盛行，造成腐败和权力中的人际关系网，加剧政治斗争，不利于包容性政治制度的建立和稳固。最后，庇护主义和保护主义从根本上损害代议制民主，成为拉美民众主义不断成长的重要文化基因。[②]

三　特殊的政治文化传统

除民众主义和精英主义、庇护主义和保护主义外，天主教思想、民族主义、平等主义、崇拜领袖和偏爱政治幻想等，也是拉美政治文化的

---

① 袁东振、徐世澄：《拉丁美洲国家政治制度研究》，世界知识出版社 2014 年版，第 35—36 页。

② Dietmar Dirmoser, "Democracia sin demócratas", Nueva Sociedad, 197, Caracas, 2005, pp. 28 - 41.

重要内容，都对拉美制度环境的塑造产生重大影响。

天主教思想。按照传统天主教教义，政治权力直接源于上帝或宇宙的"自然法则"，权力和社会都按照等级制度自上而下地组成，在上帝、天使长（Archangels）、天使（Angels）、小天使（Cherubim，Seraphim）之后，才是人类。就人类而言，国王地位最高，国王直接从上帝那里获得权力；国王之下是贵族，贵族对土地的权力同样也是神授的；贵族之下是那些不太高贵的人，如士兵、艺人和手艺人，再往下是工人和农民。在美洲新大陆，印第安人和非洲裔奴隶处于等级制度的底层。按照传统天主教思想，虽然专制和精英统治被认为是自然的和神授的，但精英有义务关心地位不如自己的人。尽管没有土地的农民和印第安人有义务为地主提供劳动，但后者也有义务为这些人提供一定的福利，这样一来，主人—仆人的关系不仅体现在农场这个单一的层次上，而且体现在国家的政治制度层面。从很大程度上说，拉美的天主教文化与该地区以精英主义为代表的保守主义有着千丝万缕的联系，是政治保守主义和精英主义的重要文化渊源。直到现在，在天主教文化背景下形成的等级、专制、精英主义的传统在拉美国家政治生活和政治制度中仍有明显的体现。①

民族主义思想。民族主义一直是拉美地区最重要的思想。拉美国家不发达的属性和外围国家的地位，以及这些国家对现代化的极度渴望，造就了强烈的民族主义情绪，民族主义成为许多拉美国家发展进程中起主导甚至支配作用的思想。民族主义在拉美政治、社会、经济和文化等领域都有明显体现。拉美民族主义诉求很多，虽然在不同国家诉求的重点不同，但就整个地区而言，其最重要诉求有四个：一是对独立主权的渴望，主张建立社会正义、经济独立和政治主权的国家，"确保人民的幸福和国家的尊严"。② 二是加强拉美国家间团结合作，促进地区一体化进程。三是希望与美国拉开距离，甚至在一定时期表现出强烈反美主义倾向。四是在发展道路上选择"第三立场"或"第三条道路"，强调要克服

---

① 袁东振、徐世澄：《拉丁美洲国家政治制度研究》，世界知识出版社 2014 年版，第 35 页。

② 莱斯利·贝瑟尔主编：《剑桥拉丁美洲史》第 8 卷，当代世界出版社 1998 年版，第 87 页。

资本主义和社会主义的缺陷。拉美民族主义与民众主义不完全相同，但有密切联系，两者有许多类似或相同的主张；许多民众主义者本身就是典型的民族主义者；拉美地区的民众主义在很大程度上采用了民族主义的形式，民众主义成为民族主义一种典型或特殊表现方式；民族主义成为民众主义生存和成长的重要催化剂和推动力量。

　　崇拜魅力领袖的心理。偏爱魅力型政治领袖，是拉美国家重要的历史文化传统。一些夸夸其谈、能提出诱人口号、做出慷慨许诺、提出美好梦想的政治家，能够显示出克里斯马式魅力的政客或领导人，在拉美地区往往容易受到大众追捧和支持。具有考迪罗风格的强硬政治领袖通常被视为推动民族发展、建立民族国家、反对外来干涉的英雄，尽管这些人具有专制、独裁的缺陷；[①] 而不具备这样特点的领导人经常被认为软弱，甚至被怀疑没有魅力或能力不够。西班牙学者马拉穆德（Carlos Malamud）认为，崇尚弥赛亚主义是拉美国家民众主义产生的传统条件；弥赛亚主义和考迪罗主义是对拉美制度产生负面影响的两个常见现象；许多拉美人相信，只有克里斯马式的领导人才能推进变革进程，许多人仍在盼望救世主的出现，希望考迪罗式的解放者能"神奇般地"结束困扰这些国家的所有苦难；不少拉美人把实现社会公平的所有希望寄托在这些救世主（redentores）和"考迪罗"式的人物身上，坚信他们也只有他们才能带来和平与繁荣，并能解决困扰这些国家的冲突。马拉穆德认为，拉美人有一种错误观念，认为考迪罗式的人物（如革命的"最高领袖"）是不可替代的，而这种错误观念极易导致对民众主义的接受和推崇。[②]

　　偏爱政治幻想。偏爱政治幻想是拉美人的重要政治心态，民众容易被空洞的政治口号所迷惑，甚至经常抱有不切实际的政治幻想。马拉穆德等认为，拉美人宁可偏爱不切实际的政治幻想，[③] 也不信任国家机构，对民主体制或对民主自身存在较高程度的不信任。无论是 20 世纪 90 年代的藤森、科洛尔，或是 21 世纪的查韦斯、莫拉莱斯和科雷亚，都利用了

---

　　① 托马斯·斯基德莫尔等：《现代拉丁美洲》，当代中国出版社 2014 年版，第 268 页。

　　② Carlos Malamud, *Populismos latinoamericanos*, *los Topicos de ayer*, *de Hoy y de Siempre*, Oviedo：Edicion Nobel, 2010, p. 97.

　　③ Ibid., p. 111.

民众对政治体制和传统政党的不满，以反体制代表的"身份"登上政治舞台，而民众也乐于把解决国家政治经济和社会困局的希望寄托于这些魅力领袖。"拉美晴雨表"多次的调查显示，拉美民众对现行制度和体制不满，并将这种不满扩展到对公共机构的工作效率和公共政策的效果等方面，而这必然会使大量人群对民众主义、魅力领袖、诱人的政治口号和慷慨的社会允诺抱有诸多期许。

四 投资贸易的非便利性

拉美国家投资贸易的非便利性有很多，其中包括劳动制度过度刚性、教育制度落后以及外部因素的制约等。

（一）劳动制度的缺陷

拉美国家的劳动制度具有较强的刚性特征。拉美国家劳动制度的基础是在20世纪初奠定的，当时一些经济发展水平较高、工业化进程起步较早的国家开始进行劳动立法。到20世纪60年代中期，多数拉美国家已制定了劳工法，与劳工权利密切相连，以失业、养老、医疗、工伤保险等为主要内容的社会保障制度框架基本建立起来。拉美国家劳动制度的核心是维护劳动者就业和收入的相对稳定，主要内容包括：严格限制临时雇工和临时合同；限制无正当理由解雇工人；雇主向被解雇者支付赔偿金；通过集体谈判方式确定劳资双方都能接受的劳动条件。拉美国家传统的劳动制度有利于维护劳工权益，但漏洞和问题不少。在过于刚性的制度框架下，雇主认为制度对雇员照顾过多，解雇赔偿负担过重，因而不愿多雇工；雇员则试图利用制度漏洞为自己争得更多利益；最终制度所追求的目标受到损害。因此20世纪80年代后拉美国家开始进行劳动制度改革，试图打破传统制度和政策的过度刚性，实行劳动制度灵活化，推动劳动合同灵活化、多样化，降低解雇赔偿金，改革集体谈判制度。然而，拉美国家劳动制度改革阻力大，进展慢，争议多，制度的刚性远未消除。

（二）教育制度的缺陷

20世纪中叶以后拉美国家教育取得显著成就，教育支出增加，公共教育扩展，贫困阶层得到更多受教育的机会；初级教育基本普及，文盲人数大大下降；中等和高等教育获得较快发展，人文素质大大提高。但拉美国家的教育制度有重大缺陷，教育质量不高、教育公平程度差、教育与实践脱节等问题较普遍。当前拉美国家教育发展的问题主要体现在以下方面：首先，仍有大量适龄人口不能接受完整的教育。按照联合国拉美经委会（CEPAL）的资料，拉美有一半青年不能完成中等教育；在20%的最贫困人口中，只有1/3的人能完成中等教育。其次，教育质量差。尽管拉美国家教育支出不算低，但教育质量差。在经合组织（OECD）的"学生国际测评"（PISA）中，① 拉美国家排位落后。再次，教育改革阻力大。拉美国家教育改革屡屡受阻，社会各界缺乏对改革的共识，"变革的内容只有少数人明白"；教育工会等反对改革的势力强大，致使改革方案迟迟不能推进。最后，教育与实践脱节现象严重。教材内容空泛，缺乏与实际生活的联系，受教育者并没有获得现代劳动力所必需的知识和技能，教育远不能适应经济社会发展的要求，许多受过较高水平教育的人通常不能满足劳动力市场的需要，缺乏适应市场的能力。

拉美著名政治家阿里亚斯认为，"没有哪个部门在决定拉美的经济、政治和文化的未来方面，比教育质量的作用更加重要"。② 然而，拉美国家的教育现状难以满足现实的发展需要，对经济、政治和社会进步形成较大制约，不利于拉美国家开展对外经贸和技术合作。因此，阿里亚斯认为，除了改善教师的必要权利和待遇外，还应该完善教师和学生的评价标准，改革教育内容，培养社会需要的人才；加强教育供给与市场需求的关系；加强技能教育特别是语言和技术应用，改善教学方法和教学内容。

（三）生活观念的影响

社会观念、习俗、生活习惯等也是构成拉美制度环境的重要因素。如前所述，拉美是天主教思想占主导的大陆，拉美国家政治、经济、社会和文化发展均带有天主教思想影响的烙印，人们生活习惯和社会习俗的形成也深受天主教传统思想和观念影响。按照天主教教义，周末是人们去教堂做弥撒的时间，由此形成了拉美人周末不工作的习惯，除银行、

---

① PISA（The Programme for International Student Assessment）是一种在义务教育结束时用来考查学生对知识和技能掌握程度的测试。

② Oscar Arias, "la Realidad Política de AméricaLatina", Actualizado el 21 de abril de 2015, http://www.nacion.com/opinion/foros/Oscar-Arias-realidad-America-Latina_0_1482851733.html. ［2017 - 08 -21］.

邮政等部门不营业外，一些服务性企业（如餐馆等）也关门停业。在经历长时间的种族融合后，拉美人的种族歧视观念已不是很强烈，但是等级观念和等级思想一直比较严重，各阶层有较深的隔阂，社会等级思想根深蒂固，富人看不起穷人的现象比较普遍，富人甚至不愿意与穷人居住在同一区域，这种观念显然不利于和谐社会的建立。此外，受历史文化传统的影响，不少拉美人有严重的模仿性消费倾向，追求时尚消费，忽视积累和储蓄。拉美国家及其民众的上述观念、习俗、习惯与中华民族勤劳俭朴的传统形成明显反差，这种差异也不可避免地会对中拉合作产生影响。

（四）既有国际制度规范的制约

外部既有国际制度规范对中拉合作可能产生的制约也值得重视，我们仅以世界贸易组织为例对此做简要说明。拉美地区 33 个国家都是世界贸易组织（以下简称"世贸组织"）成员，熟知世贸组织规则及其运用。世贸组织有解决成员国之间贸易争端的司法系统和争端解决机制。1995年世贸组织协定生效后，不少成员不断将争端诉诸这一机制。按照世贸组织规则，如果成员间出现贸易争端，一成员认为另一成员的贸易措施违反该组织协定规定的义务进而侵犯到自己的权利，如果经双方协商未果，可向该组织的争端解决机构（DSB）提出申诉，由相关机构做出裁决。拉美国家都是世贸组织成员国，很多是该组织前身关税与贸易总协定（GATT）创始国，在国际贸易争端问题上有较丰富经验，在实践中也较多地利用这些规则，维护自己的切身经贸利益。①

拉美国家是向世贸组织提起贸易争端裁决最多的国家，是该组织贸易争端解决机制最主要的使用方。② 据统计，1995 年 1 月—2014 年 12月，在该组织成员国共 499 件贸易争端中，拉美国家共提出 117 项申诉和93 项应诉，分别占申诉和应诉总量的 24% 和 19%，远远高于该组织成员对该机制平均 5% 的使用率；其中巴西、墨西哥、阿根廷和智利 4 个国家

---

① La Organización Mundial del Comercio（OMC），"Miembrosy Observadores"，http：//www. wto. org. /spanish/thewho_s/whatis_s/tif_s/org6_s. htm.［2017－07－20］.

② Laurent Gillieron，"Latin American Countries are among the Main Complainants and Respondents at the WTO"，http：//www. cepal. org/en/noticias/paises-de-america-latina-estan-entre-los-principales-reclamantes-y-demandados-ante-la-omc.［2017－05－26］.

占拉美国家申诉总量的 63% 和应诉总量的 69% 。同期这 4 个国家还是该地区应诉贸易争端数量最多的国家，在应诉贸易争端案件居前 10 位的发展中国家中，分别居第 1 位、第 2 位、第 4 位和第 8 位。阿根廷是拉美地区在争端解决机制中应诉量最多的国家，有 22 次，其次是巴西和墨西哥，分别为 15 次和 14 次。①

拉美国家在世贸组织框架内贸易争端的对象中，既有其世界主要贸易伙伴，也有本地区国家。拉美国家之间贸易争端也较多，在拉美国家应诉的贸易争端案件中，有 52% 来自本地区成员国申诉。有些拉美国家虽共同属于某经济一体化组织，这类组织也有自己的争端解决机制，但拉美国家仍乐于向世贸组织提起申诉。② 在拉美国家提出的申诉中，针对美国的最多，占总数的 1/4（30 件），欧盟次之（24 件），智利居第 3 位（9 件）。中国作为拉美第二大贸易伙伴，被拉美国家提起 5 次申诉，其中墨西哥 4 件，危地马拉 1 件。毫无疑问，包括世贸组织在内的国际组织的制度规范不可避免地对中拉合作产生制度性制约。

通过本章的分析可以看出，中拉合作虽获得前所未有的有利时机，并在多领域获得全方位推进，但仍面临制度层面的诸多约束。中拉在制度方面有诸多差异性和非对称性，这可能会在一些领域造成中拉合作失调甚至造成合作的短板。拉美国家制度能力有诸多缺陷、执政能力具有一定滞后性。中拉在制度方面的差异，以及拉美国家政治制度、思想基础、治理能力等方面的这些特性，必然会在一定程度上、一定范围内使其在对华合作方面出现反应滞后、接续不畅的现象，甚至可能会加大未来全面合作过程中在某些领域出现变数的风险与隐患。上述这些约束、制约及其可能带来的风险和隐患，是中拉未来合作过程中必须面对，且需要妥善解决的重要问题。因此，为了把中拉合作的共识、规划和目标切实落到实处，进一步提升中拉合作水平，推动中拉全面合作伙伴关系

---

① Organización Mundial del Comercio, "The Participation of Latin America and the Caribbean in the WTO's Dispute Settlement Mechanism", http：//www. ictsd. org/downloads/2013/12/. ［2017 － 06 － 22］.

② Laurent Gillieron, "Latin American Countries are among the Main Complainants and Respondents at the WTO", http：//www. cepal. org/en/noticias/paises-de-america-latina-estan-entre-los-principales-reclamantes-y-demandados-ante-la-omc. ［2017 － 08 － 21］.

迈上新台阶，需要中拉双方在平等互利、共同发展、包容共赢的基础上，不断做出共同努力，采取有效措施化解和克服上述制度和体制约束，突破因这些约束所产生的政策方面的障碍和实践中的阻力。

第 九 章

中拉关系与全球治理

　　以上各章重点讨论了中国与拉美地区及相关国家在政治、经济、技术、文化领域发展双边和多边，进而推进"1 + 33"式整体合作架构所具备的动力、运行原理，以及面临的相关挑战和应对之道。本章的议题和分析视角略有不同，将内容集中于中拉合作的外部动力且是双方利益高度交集的领域之一——全球治理。

　　随着经济全球化、世界政治多极化、国际关系民主化历史进程的不断加深，同属发展中世界的中国和拉美国家参与全球治理的姿态、能力、机遇和权利均发生变化。双方之间不仅有日益增多的身份认同和利益交集，而且迫切需要通过相互合作、借重来缓解来自外部体系的冲击、压力，获得稳定、宽松的经济、社会发展环境。因此，21 世纪以来，特别是 2008 年全球金融危机爆发之后，中拉之间针对全球治理的相关议程，在双边、多边、跨地区、全球层面的互动更加频繁、深入。随着两份《中国对拉美和加勒比政策文件》出台及 2015 年中拉论坛启动，中国与拉美地区面向全球治理的共同探索与合作开始进入成熟期，对于双方既定的双边、次区域和整体合作也起到一定的促进、加固、提质作用。实现这一转变，对于中拉双方而言，并非一蹴而就，只能不断转变观念，累积共识，并率先实践，才能增加自身的话语权、规制权和引领力。

第一节　全球治理与中国对外战略转型

　　对于全球治理问题，中国的认知和行为都经历过一个明显而较长时间的转变过程。起初，全球治理作为一个外部输入的概念，并未得到中国政府和知识界的及时回应。作为全球最大的发展中经济体，中国对于完成工业化并进入后现代社会的西方国家提出这一议程充满不解和疑虑，担心自身的发展权利和后发机遇被限制、终止，因而"参与全球治理的愿望并不是很积极"。① 随着近期的经济崛起，以及中国参与世界经贸体系分工的深度、获益感日益增加，中国对于全球治理议题的损益性和迫切性有了更高站位上的认知，并开始意识到自身在全球治理体系中的作用及责任。

2004 年 8 月，时任国家主席胡锦涛在第 10 次驻外使节会议上强调，国际多边舞台是中国外交需要开拓创新、奋发有为的着力点之一，并首次明确提出针对金融安全、能源安全、气候变化等全球性功能问题开展"领域外交"，积极参与多边合作和全球治理。全球金融危机为中国等新兴经济体和发展中国家推进全球治理机制改革提供了重要机遇。中国、巴西、墨西哥、阿根廷等国家正式作为 20 国集团（G20）峰会成员，在全球治理问题上主动作为，采取积极的货币政策，推出各自逆周期财政刺激计划，为稳定全球金融形势和经贸体系运转做出关键性贡献，进而在改革国际货币和金融体系、加强国际金融监管等一系列重大议题上获得更多的倡议权、影响力。近年来，随着中共十八大提出国内发展和治理的五大新理念，中国在全球治理问题上更具主动创新意识、自我革命精神，并通过积极参与多边协商，贡献中国方案和智慧，发挥进取和引领作用。

一　全球化与全球治理

中国在全球治理问题上的战略转变是中国参与全球化程度不断加深、实力地位提升后的责任担当以及对全球治理问题认知不断深化的结果。

自 20 世纪 70 年代以来，全球性问题受到国际社会的关注，罗马俱乐部组织专家学者就资源、环境、气候变化等全球性问题展开研究。20 世纪 90 年代，随着冷战的结束，全球化进程不断加速。贸易、投资、人员流动、技术交流不断扩大，各国间的一体化程度和相互依存度提高，与

---

① Hongying Wang and James N. Rosena, "China and Global Governance", *Asian Perspective*, Vol. 33, No. 3, 2009, p. 15.

之伴随的是国内问题与国外问题界线的消失及其溢出效应的产生，"全球化对人类活动的影响范围也扩大，从经济扩大到社会、文化、技术、环境和政治的所有领域"。① 与此同时，非国家行为体对世界政治经济影响不断扩大，"新的行为体、棘手的问题、溢出效应和跨边境巨大流动与协调行动的困难"② 使全球治理作为一种理论以及全球政策协调行动应运而生。1990 年国际发展委员会主席勃兰特第一次提出"全球治理"一词。1992 年联合国成立全球治理委员会。1995 年联合国成立 50 周年之际，该委员会发表报告，全面阐述全球治理的概念和价值，以及全球治理同全球安保、经济全球化、联合国改革和加强全球法治的关系。

　　1971 年中国加入联合国后，开始逐步融入国际体系。1978 年改革开放之后，中国与世界的关系日益密切。20 世纪 80 年代中期，中国相继加入国际货币基金组织（IMF）和世界银行（WB），并谈判加入关贸总协定（GATT）。2001 年中国加入世界贸易组织（WTO）后，中国融入全球化的步伐不断加快，程度不断加深，参与全球化指数快速提升。

表 9—1　　　　　　中国在 KOF 全球化指数中的得分变化

1970 年	1978 年	1985 年	1990 年	1995 年	2000 年	2005 年	2010 年	2015 年
24. 67	24. 67	29. 98	37. 54	45. 05	45. 84	55. 72	51. 19	60. 15

　　注：KOF 全球化指数（The KOF Globalization Index）由瑞士著名经济智库 KOF 经济研究所（KOF Swiss Economic Institute）在 20 世纪 70 年代编制。指数变量包括：1. 经济全球指数（占 36%）：实际流动性（贸易、FDI 存量、证券及外国人收入占 GDP 的比重）、限制（隐蔽的进口壁垒、平均关税税率、国际贸易税占经济收入的比重、资本账户限制）。2. 社会全球化指数（占 38%）：个人联系数据（电话通信占 GDP 的比重、国际旅游、外国人口占总人口的比重、人均国际信件）、信息流动数据（每千人互联网用户数量、每千人电视机数量、报纸售卖量占 GDP 比重）、文化相近性的数据（人均麦当劳餐厅的数量、人均宜家的数量、图书贸易占 GDP 的比重）。3. 政治全球化指数（占 26%）：大使馆的数量、参加国际组织的数量和签署国际条约的数量。

　　资料来源："KOF Index of Globalization（2016）"，http：//globalization. kof. ethz. ch/. ［2016 – 03 – 04］。

① Margaret P. Karns and Karen A. Mingst, *International Organizations：The Politics and Processes of Global Governance*, 2004 by Lynne Rienner Publishers, Second Edition, p. 22.

② Ibid. , p. 15.

随着参与全球化进程的不断深化，中国开始认真审视自身发展与外部环境的关系以及中国在全球治理中的角色。20 世纪 90 年代中期，全球治理问题开始得到中国学者的关注，此时"全球治理"这个词还未出现在政府文件和中国领导人的讲话之中。直到 2008 年全球金融危机之后，中国官方才真正从全球治理的视角来审视全球治理失序对中国的影响以及中国参与全球治理的机遇和责任问题。2009 年 7 月 9 日，中国参加八国集团（G8）① 与发展中五国（中国、巴西、印度、墨西哥和南非）的会议时，首次提出中方关于全球治理的细则。② 2012 年党的十八大以后，中国开始从构建人类命运共同体的战略高度看待全球治理问题，认识到中国的发展离不开世界，世界的发展也越来越离不开中国。"世界好，中国才能好；中国好，世界才更好。"③

进一步说，中国对于全球治理认识的加深也是在外部因素的推动和压力下促成的。随着国力的增长，中国逐渐成为具有全球影响力的大国。2010 年中国超越日本成为全球第二大经济体；自 2013 年中国超越美国，连续数年稳居世界第一大货物贸易国；2006 年中国外汇储备超过 1 万亿美元，连续多年成为全球外汇储备最多的国家，并在 2014 年 6 月达 3.993 万亿美元的历史最高值；随着科技的发展，中国成为全球专利申请大国，2012 年和 2016 年等年份，一度跃升为全球第一大专利申请国。自 1989 年参加联合国纳米比亚维和行动开始，"中国逐渐成为联合国维和行动的中坚力量……目前，中国派兵人数是安理会五个常任理事国中最多，维和摊款份额高达 10.2%，位居第 2"。④ 与此同时，由于经济活动的增加、重化工业的发展及能源效率不高等原因，世界资源研究所等机构就

---

① 八国集团：由 1976 年成立的由美国、英国、德国、法国、日本、意大利、加拿大七大工业国组成的七国集团演变而来。1997 年，俄罗斯被接纳为成员国，七国集团演变成为八国集团。但 2014 年 3 月 25 日，俄罗斯被中止成员国资格。

② 方晓：《中国昨日首次公开提出中方关于全球治理细则》，载《东方早报》，http://finance.jrj.com.cn/2009/07/1003555468405.shtml.［2016-07-10］。

③ 习近平：《共同构建人类命运共同体——在联合国日内瓦总部的演讲》，载《人民日报》2017 年 1 月 20 日第 2 版，http://politics.people.com.cn/n1/2017/0119/c1001-29033860.html。［2017-05-15］。

④ 孟文婷：《中国参与联合国维和行动的研究述评》，载《国际政治研究》2017 年第 4 期，第 89 页。

指出，中国自 2005 年始已成为世界第一碳排放量大国。面对中国国力的增长及国际影响力的扩大，国际社会开始讨论中国应在全球治理中承担什么样的责任。2005 年美国时任副国务卿佐利克（Robert B. Zoellick）表示，"要鼓励中国成为一个在国际体系中负责任的利益相关者"。2008 年全球金融危机爆发后，要求中国在全球治理中承担更大责任的呼声日益加大。近年来，由于经济复苏缓慢、面临的移民及恐袭威胁日益加大，欧美一些国家反全球化的呼声日益高涨，国际社会期待中国在全球化及全球治理中发挥更大作用。2017 年 1 月 13 日，世界经济论坛创始人兼执行主席克劳斯·施瓦布接受媒体采访时说，在世界面临诸多不确定性以及出现"逆全球化"风潮和保护主义趋势的背景下，中国作为"应势而为、勇于担当"的全球领导者的代表尤为重要。[①]

二　国际格局变化与全球治理机制改革

全球治理的制度框架是在 1945 年第二次世界大战后建立起来的。以联合国成立为标志的战后集体安全机制曾经为世界的和平与稳定做出过重要贡献。然而，在冷战结束之后，除了少数例外，联合国安理会对于不断发生的国内冲突几乎是"束手无策"。在经济领域，世界贸易组织主导的全球多边贸易谈判在 2003 年陷入停滞；在金融治理方面，随着资本跨国流动速度加快，而国际社会缺乏对资本跨国流动的监管，金融危机出现的频率增加，继 1994 年墨西哥金融危机、1997 年亚洲金融危机、2001—2002 年阿根廷金融危机之后，2008 年和 2012 年美国和欧洲也相继爆发金融危机。由于"国际规则体系不能有效管理全球事务，不能应对全球性挑战，致使全球问题不断产生和积累，出现世界秩序失调的状态"，从而导致"全球治理失灵"（Global Governance Failure）。[②]

面对"全球治理失灵"，美国及西方国家开始吸纳非西方国家参与。1997 年，俄罗斯被接纳为成员国，七国集团（G7）扩容为八国集团

---

① 凌馨、徐金泉：《期待中国成为"应势而为、勇于担当"的全球领导者——访世界经济论坛创始人兼执行主席克劳斯·施瓦布》，http://news.xinhuanet.com/world/2017 – 01/14/c_1120311351.htm. ［2017 – 03 – 27］。

② 秦亚青：《全球治理失灵与秩序理念的重建》，载《世界经济与政治》2013 年第 4 期，第 5 页。

（G8）。2005 年八国集团开启与中国、印度、巴西、南非、墨西哥 5 个发展中国家（G5）的对话模式，寻求发展中五国在援助非洲和改善环境等方面的支持。然而，西方国家只是希望发展中国家在全球治理中承担更大的责任，并无意改革全球治理机制中的权利不平等现象。

本质上，全球治理建立在权力关系之上，而冷战结束后实际发生的全球权力转移（与现存的全球治理体系结构和运行规则已经出现扭曲、错位，引起国际社会大多数成员的严重质疑。[①] 一方面，中国等新兴经济体及发展中国家集体性崛起。"新兴市场国家和发展中国家对全球经济增长的贡献率已经达到 80%，而全球治理体系和权力分配机制未能及时作出调整，反映变动中的世界经济新格局，其代表性、包容性、正当性已严重不足。"[②] 另一方面，西方发达国家实力衰落，对全球治理的引领意愿和能力明显下降，并出现单边主义、保护主义和逆全球化的消极动向。英国退欧、"美国优先"等政策异动，以及中东难民危机、伊核协议命运多舛等消极事态，致使中国等新兴经济体和发展中国家面临的环境不确定性增大，也促使它们逆境奋起，加快自身改革和相互协调、合作，通过推动全球治理机制改革获得发展和安全的转机。

三 全球治理在中国全球战略中的新定位

中国的崛起是 21 世纪最引人注目的事。随着中国经济的崛起，中国逐步走到世界经济与政治舞台的中心，中国外交战略也开启了转型之路，从韬光养晦向积极有所作为转变。中共十八大以后，习近平主席提出构建"中国特色的大国外交"，"在外交上不断采取新举措，推出新理念，展示新气象，使新时期中国外交更有全球视野，更有进取意识，更有开创精神"。[③] 全球治理是中国构建具有中国特色大国外交战略的重要组成部分。因此，中国开始从全球战略高度认识全球治理问题。2015 年 10 月

---

① See Matthew D. Stephen, "Rising Powers, Global Capitalism and Liberal Global Governance: A Historical Materialist Account of the BRICs Challenge", *European Journal of International Relations*, Vol. 20, No. 4, 2014, pp. 912 – 938.

② 习近平：《共担时代责任 共促全球发展——在世界经济论坛 2017 年年会开幕式上的主旨演讲》，载《人民日报》2017 年 1 月 18 日第 3 版。

③ 王毅：《探索中国特色大国外交之路》，载《国际问题研究》2013 年第 4 期，第 2 页。

12 日，习近平主席在中共中央政治局第 27 次集体政治学习时指出，"随着全球性挑战增多，加强全球治理、推进全球治理体制变革已是大势所趋。这不仅事关应对各种全球性挑战，而且事关给国际秩序和国际体系定规则、定方向；不仅事关对发展制高点的争夺，而且事关各国在国际秩序和国际体系长远制度性安排中的地位和作用"。①

"全球治理体制变革正处在历史转折点上"，② 中国希望抓住改革的机遇。推动全球治理，除了要继续为中国政治经济发展创造有利的外部环境、延长中国发展的战略机遇期外，还要以崛起大国的姿态，思考对世界承担更大的责任，提供更多公共物品，发挥更大作用。在对待国际体系和国际制度改革等全球治理问题上，中国开始从"接受者""应对者"的角色向"建设者""塑造者"的角色转变，③ 希望提出"中国方案"、贡献"中国智慧"。中国相继实施了"一带一路"计划，倡议设立了亚洲基础设施投资银行、金砖国家开发银行、丝路基金等一系列国际公共产品，提出了构建合作共赢的人类命运共同体、"共商共建共享"等全球治理新理念，积极推进 IMF 和世界银行等方面的国际金融治理与改革。

第二节　拉美在全球治理中的作用及中拉互动与合作的政治基础

中国要在全球治理中发挥引领作用必须构建全球治理伙伴关系。拉美是全球治理的一支重要力量；中国与巴西和墨西哥等拉美新兴大国都致力于推动全球治理机构改革；中国与拉美国家同属发展中国家，有共同的身份认同，在全球治理问题上，中国与拉美国家有许多共同的理念和利益诉求，这为双方加强互动与合作奠定了政治基础。

---

① 习近平：《推动全球治理体制更加公正更加合理　为我国发展和世界和平创造有利条件》，载《人民日报》2015 年 10 月 14 日第 1 版，http：//politics. people. com. cn/n/2015/1014/c1024 - 27694359. html。[2017 - 07 - 12]。

② 习近平：《推动全球治理体制更加公正更加合理》，新华网，http：//news. xinhua-net. com/politics/2015 - 10/13/c_1116812159. htm。[2015 - 10 - 15]。

③ 赵可金：《中国外交 3. 0 版：十八大后的中国外交新走向》，载《社会科学》2013 年第 7 期，第 8 页。

一　拉美是推动全球治理的一支重要力量

拉美国家不仅是国际多边治理论坛的重要组成部分，而且在全球治理的议程设置、确定议题的优先选项、集体谈判能力等方面发挥着重要作用。

（一）拉美是全球治理多边论坛的重要组成部分

以联合国为例，1945 年联合国成立时，拉美占联合国成员国总数的39%。尽管随着联合国成员国的扩大，目前拉美有 33 个国家，仍占联合国 193 个成员的 17%。拉美在联合国安理会拥有 2 个非常任理事国席位，在联合国经社理事会占有 10 个席位，在联合国人权理事会有 8 个席位。巴西、墨西哥和阿根廷在 G20 这个新兴的全球多边治理论坛中占据 3 席。在"一国一票"的国际多边组织中，拉美国家是一支重要的力量。

（二）拉美地区在全球治理论坛中有较高的集体谈判能力

"追求所谓的天然统一是拉美地区政治话语的永久组成部分。"[1] 在现实政治中，拉美是"组织化"和"区域集团化"程度最高的地区之一。除全球性多边组织外，许多拉美国家参与了不结盟运动、77 国集团、各种商品协定组织（如石油输出国组织、咖啡生产国组织）等发展中国家组织。此外，拉美还有很多地区性组织，如南方共同市场、太平洋联盟、加勒比共同体、中美洲一体化体系、美洲玻利瓦尔联盟（ALBA）、南美国家联盟等。其中，2011 年 12 月成立拉共体是一个包括所有拉美国家的最广泛的地区组织。这使拉美国家在全球治理多边论坛中常常发出集体的声音，采取协调一致的行动。拉美国家通过建立"适当的防御性联盟"，找到应对各种国际压力和要求的国际可能性，[2] 增强了集体谈判能力。

（三）拉美国家是全球治理论坛中很多重大议题的倡导者和推动者

拉美国家在国际体系上具有双重身份。虽然作为发展中国家，但拉

---

[1]　Andrés Malamud and Pablo Castro, "Are Regional Blocs Leading from Nation States to Global Governance? A Skeptical View from Latin America", *Iberoamericana-Nordic Journal of Latin American and Caribbean Studies*, Vol. 37, No. 1, 2007, p. 111.

[2]　Helio Jaguaribe, "Autonomía Periférica y Hegemonía Céntrica", *Revista de Estudios Internacionales*, Vol. 12, No. 46, 1979, p. 97.

美国家先于很多发展中国家融入全球化进程。他们对于全球化的理解和认识比其他发展中国家和地区更清晰。在政治文化上，拉美国家具有西方属性，这使他们更了解由美国和西方国家主导的全球治理体系的规则。因此，拉美国家一直是全球治理论坛中许多重大议题的推动者和发展中国家利益的代言人。如 1967 年 2 月 14 日，拉美国家签署特拉特洛尔科条约（The Treaty of Tlatelolco），不仅推动了拉美无核区的建立，也带动了世界无核区的发展。目前，世界已有 4 个无核区，涉及 114 个国家；拉美国家对《世界人权宣言》起草做出了巨大贡献，"拉美国家的政府、社会运动和区域组织对国际人权理念和实践做出的贡献比此前被人们认可的要大得多"；① 在发展议题上，2004 年巴西和智利与法国一道发起了反饥饿和极端贫困国际行动（International Action Plan Against Hunger and Extreme Poverty）；在联合国的气候变化谈判中，巴西提出了"共同但有区别的责任"谈判原则；② 在南极治理中，阿根廷和智利是 1959 年 12 月 1 日南极条约 15 个缔约国成员之一；等等。

（四）拉美国家对全球治理议题及议程的设置能力

拉美国家是最早参加地区及全球性国际组织的发展中国家群体。从 19 世纪末开始的泛美体系，到 20 世纪初的国联和 1945 年成立的联合国等国际组织，拉美国家通过参与这些地区性和全球多边国际论坛积累了丰富的经验。在推动全球治理中，拉美国家希望通过主办全球性会议、在国际组织中担任公职等方式影响全球治理议题的设置和论坛的议程。

国际组织是全球治理的重要多边机制，是国际规则的主要制定者、决策者和协定的执行者。许多拉美人在国际组织中担任要职，由此对全球治理发挥影响力。目前在重要的国际组织中任职的拉美人有：在世界贸易组织（WTO）中任总干事的巴西人阿泽维多（Roberto Azevêdo，2013 年 9 月 1 日—2021 年 8 月 31 日）、任联合国粮农总干事（FAO）的巴西人何塞·格拉齐亚诺·达席尔瓦（José Graziano da Silva，任期为

①　Kathryn Sikkink，"Latin America's Protagonist Role in Human Rights"，http：//sur. conectas. org/en/latin-americas-protagonist-role-human-rights. ［2017 - 03 - 20］.

②　Proposal of Brazil Submitted to United Nations Framework Convention on Climate Change ad Hoc Group on The Berlin Mandate，http：//unfccc. int/cop5/resource/docs/1997/agbm/misc01a3. htm，May 30，1997. ［2015 - 08 - 30］.

2012 年 1 月 1 日至 2019 年 7 月 31 日）、任国际刑事法院院长的阿根廷人西尔维亚·费尔南德斯·德·古尔门迪（Silvia Fernández de Gurmendi，2015 年 3 月 15 日就职），等等。值得关注的是，《联合国气候变化框架公约》执行秘书长自 2010 年 7 月起一直由拉美人担任。2016 年 7 月，哥斯达黎加人克里斯蒂娜·菲格雷斯（Christiana Figueres）卸任后，由墨西哥前外长埃斯皮诺萨（Patricia Espinosa Cantellano，2006—2012 年任墨外长）接任。

此外，拉美国家还积极承办各种治理论坛。2012 年 6 月 20—22 日，继 1992 年联合国环境与发展会议 20 年之后，巴西再次主办了"里约 + 20"峰会，成为促进全球可持续发展的领军者。2010 年和 2014 年，墨西哥和秘鲁分别主办《联合国气候变化框架公约》第 16 次和第 20 次缔约方会议。2008 年 11 月和 2012 年 6 月，巴西和墨西哥先后主办 G20 财长和央行行长会议及 G20 峰会，阿根廷将于 2018 年 11 月主办 G20 峰会。由于主办国有优先得到信息以及设置谈判议程的权力，[①] 其影响全球治理问题谈判的地位和能力不容小觑。比如，2012 年墨西哥主持 G20 峰会时，除了重点讨论的金融监管、国际金融机构改革等议题外，还将其最为关注的"绿色发展"列入会议主要议题。

二　中国和拉美国家都是全球治理机制改革的推动力量

加强全球治理的重中之重是推动全球治理机构改革，只有这样才能建立更加公平高效的全球治理结构，打破西方发达国家对全球治理规则和治理议题的垄断地位、提高发展中国家的话语权和代表性。拉美一直是推动全球治理机制改革的重要力量。20 世纪 60—80 年代，拉美国家就曾为改变依附性的外围地位，推动建立国际政治经济新秩序做出过巨大努力。近年，在推动全球治理机制改革方面，拉美国家也是一支积极的力量。

巴西拥有大国潜力和大国梦想。2003 年卢拉就任总统后，巴西在经济持续高速增长推动下，其大国梦想再度复兴，而推动全球治理机制改

---

① Daniel Antón Aguilar García, "La Presidencia Mexicana del G20 en una Nuez", *Revista Mexicana de Política Exterior*, Núm. 105, Septiembre-Diciembre de 2015, p. 65.

革顺理成章地变为巴西寻求大国地位的战略内涵和途径之一。"对于巴西来说，参与国际机构代表着拥有更大政治空间的机会，能够领导一些国际规则的制定、拒绝接受那些可能对其产生不利影响的规则，并推动达成那些有利的规则或规定。"① 在 WTO 贸易谈判中，巴西与印度和中国组建发展中的 G20，反对西方国家的贸易保护主义，特别是美欧等发达国家对农业部门提供巨额补贴损害贸易公平的做法；在国际金融改革中，巴西扩大了在 IMF 的份额；在联合国气候变化谈判中，巴西也发挥积极引领作用；2008 年全球金融危机爆发后，在联合国安理会改革缺乏进展的情况下，巴西希望打破西方发达国家在全球治理中的主导地位，时任外长阿莫林（Celso Amorim）指出，"G8 已死，我一点都不怀疑，它什么都代表不了"，② 他"强烈主张 G8 由更广泛的集团替代，无论是 G20 或 G8 +（G8 plus）的形式"。除了力主扩大 G20 在多边合作中的作用③外，巴西还与利益相关国组建多个"意愿联盟"（Coalitions of the Willing），致力于推动全球治理机构改革。巴西与印度、中国、俄罗斯和南非组建金砖国家合作机制，与日本、德国和印度组建四国集团，致力推动联合国安理会改革。2003 年，巴西与印度、南非组建名为有共同身份的规范性权力集团（A Shared Identity with Normative Power），成立 IBSA 对话论坛（IBSA Dialogue Forum，IBSA）。在联合国气候变化谈判中，巴西与中国、印度和南非组建了基础四国（BASIC）。除了推动拉美地区一体化外，巴西还分别在 2005 年和 2006 年推动建立南美—阿拉伯首脑峰会、南美—非洲峰会等跨地区对话与合作机制。

墨西哥是拉美第二大国。随着外交战略转型，墨西哥以中等强国的身份在国际政治舞台上日益活跃。加入北美自由贸易协定后，墨西哥经济取得快速增长。2001 年，墨西哥 GDP 在世界的排名中一度超过巴西，

---

① 格拉迪斯·莱奇尼、克拉丽莎·贾卡格里亚：《卢拉时代巴西的崛起：地区领袖还是全球参与者？》，赵丽红、方旭飞、王文仙、李婕译，载《拉丁美洲研究》2011 年第 4 期，第 69 页。

② Ana Dani, "G8 Morreu, Não Tenho Dúvida, Diz Amorim", *Folha de São Paulo*, 13 de Junho de 2009.

③ Jonathan Luckhurst, "Latin America in the G20: Insiders or Outsiders?" *Latin American Policy*, Vol. 6, No. 1, 2015, p. 31.

成为拉美第一大经济强国，世界第 9 大强国。在经济实力推动下，墨西哥开始奉行积极的外交政策。时任总统福克斯认为，"不管我们是否愿意，是否适合我们的利益，我们走向世界并参与那里正在发生的事情的时机已足够成熟"。① 在此背景下，积极参与国际多边事务及全球治理成为墨西哥几届政府的外交支柱之一。② 现任总统培尼亚·涅托认为，以其体量、影响力和相对权力，墨西哥能够成为"一个负责任的全球行为者"，即积极"参与寻求建立一个更公正、更有效率的全球治理的国际行为者"。③ 为了加强集体谈判能力，2013 年 9 月 25 日，在第 68 届联大会议期间，墨西哥与印度尼西亚、韩国、土耳其和澳大利亚一些中等强国组成了中等强国合作体（MIKTA），致力于与价值和立场相近的中等强国加强合作，"在多边机制中就共同关心的问题提高集体的声音"。④

阿根廷曾是拉美地区强国。由于国力持续下降以及 2001 年金融危机后拖欠国际债务，被视为"非正常国家"，其 G20 成员国的资格一直受到质疑。尽管如此，阿根廷仍是拉美第三大经济体。特别值得关注的是，阿根廷外交战略在 2015 年 12 月马克里政府上台后发生改变。2016 年 2 月 29 日阿根廷与国际债权人达成债务协议，阿根廷重新成为一个"正常国家"，重返国家金融市场。马克里政府奉行一个"开放的和参与的外交政策"（open and engaged foreign policy），⑤ 希望阿根廷在国际社会上发挥影响力。2017 年，阿根廷组织 WTO 部长级会议和世界经济论坛拉美地区会议，2018 年 11 月还主办了 G20 峰会。

除了上述三国外，拉美地区中小国家也积极参与全球治理机制的改

---

① Tim Weiner, "Fox Trying to Give Mexico Bigger Role on World Stage", *New York Times*, August 25, 2001.

② Rafael Fernández de Castro, "Tres Nños de Política Exterior", *Revista Mexicana de Política Exterior*, No. 70, 2003, p. 76.

③ Carlos de Icaza y Érika Ruiz Sandoval, "México, Actor con Responsabilidad Global: Jugador en Nuevos Tableros", *Revista Mexicana de Política Exterior*, Núm. 100, Enero-Abril de 2014, p. 30.

④ "MIKTA to Raise 'Middle Power Voice'", http://www.koreaherald.com/view.php? ud = 20140420000368. [2015 - 03 - 02].

⑤ Sybil Rhodes, "The Promise and Problems of an Open Foreign Policy", March 30, 2016, http://www.buenosairesherald.com/article/211638/the-promise-and-problems—of-an-open-foreign-policy. [2017 - 02 - 20].

革。根据 2010 年的统计，拉美 33 个国家中，1000 万人口及以下的小国有 23 个。① 虽然小国被看作是国际体系的被动"接受者"和"服从者"，②"但在全球语境已然大幅变迁的背景下，小国亦能在全球治理、观念供给、国际规范、多边互动等方面利用自身优势，凸显自身特长，发挥大国难以替代的辅助性、独特性作用。③ 拉美小国在这方面的作用尤为突出。在由新加坡创建的、希望通过加强内部磋商和立场协调、对 G20 及联合国施加影响力④的全球治理集团（Global Governance Group，3G）中，拉美国家是重要的组成部分。到 2016 年 9 月 22 日第 9 届外长会议召开时，3G 共有成员 30 个，其中有巴哈马、巴巴多斯、智利、哥斯达黎加、危地马拉、牙买加、巴拿马、秘鲁、乌拉圭 9 个拉美国家。2012 年，哥斯达黎加与约旦、列支敦士登、新加坡和瑞士组成"小国五国集团"（Small Five Group，5S），致力于推动联合国安理会改革运作方式，如增加安理会的透明度及要求"五常"每次行使否决权时应该给予"解释"和"说明"，等等。⑤ 在 1990 年 10 月联合国第二次气候变化大会上，加勒比岛国特立尼达和多巴哥则创建小岛国联盟（AOSIS）。⑥ 在小岛国联盟（AOSIS）39 名成员国中，加勒比地区有 16 位成员，占成员国总数的 41%。

三　中拉互动与合作的政治基础

中国与拉美同属发展中国家。除墨西哥外，拉美其他国家都是 77 国集团成员。虽然中国的整体实力不断提升，其发展中国家属性没有改变；尽管全球化发展的不均衡使发展中国家出现分化，在全球治理一些议题上的立场出现分歧，但共同的身份认同，使中拉在全球治理一些关键的问题上有共同的利益和理念，由此奠定了双方互动与合作的政治基础。

---

① 韦民：《小国与国际关系》，北京大学出版社 2014 年版，第 59—64 页。

② 同上书，第 33 页。

③ 同上书，第 241 页。

④ "Press Statement by The Global Governance Group（3G）on Its Ninth Ministerial Meeting in New York"，https：//www.mfa.gov.sg/content/mfa/overseasmission/newyork/nyemb_statements/global_governance_group/2016/201609/press_20160922.html.［2017 – 01 – 10］.

⑤ 韦民：《小国与国际关系》，北京大学出版社 2014 年版，第 244 页。

⑥ 同上书，第 253 页。

（一）加强联合国在全球治理中的主体地位

在一个由主权国家构成的全球体系中，加强全球治理面临的一个困境是如何实现全球治理机构的合法性及效率之间的平衡。联合国无疑是最具代表性、权威性及合法性的多边治理平台，但其效率及作为主要决策机构的安理会代表性问题一直受到诟病。20 世纪 90 年代，联合国改革被提上议事日程。由于各方的利益难以协调，改革进展不多。为了应对日益扩大的全球性挑战以及国际权力的加速转移，国际社会出现了一些集团化的非正式治理对话机制，如 G8、G20 等，联合国面临被边缘化的危险。虽然这些机制有一定的运行规程，却没有正式的组织形态和常设机构。它们"在世界政治上获得越来越大的影响力"①　的同时，也造成全球治理机制日益碎片化及复杂化，"G7、BRICS 和 MIKTA 在 G20 中比肩而立……其中，G7 和 BRICS 分别代表着守成和新兴崛起两股力量，而 MIKTA 则成为'中间地带'"。② 对于 G20，许多小国提出质疑，认为它"没有国际合法性"或"没有授权即行使其功能"。③ 由拉美左派国家组成的玻利瓦尔美洲国家联盟（ALBA）也表示，没有穷国的代表参加，G20 缺少代表性。④

中国坚持联合国在全球治理中的主渠道作用。2017 年 1 月 18 日，习近平主席在联合国日内瓦总部发表演说时指出，"中国将坚定维护以联合国为核心的国际体系，坚定维护以联合国宪章宗旨和原则为基石的国际关系基本准则，坚定维护联合国权威和地位，坚定维护联合国在国际事务中的核心作用"。⑤ 尽管在如何进行联合国改革，特别是安理会改革问

① Bernhard Rinke and Ulrich Schneckener, "Informalisation of World Politics? Global Governance by Clubs", http://www. sef-bonn. org/fileadmin/Die _SEF/Publikationen/Globale _Trends/gt _2013 _world-orders-peace_en. pdf. ［2017 － 03 － 01］.

② 丁工:《MIKTA 会是中国 G20 外交的新伙伴吗?》，载《世界知识》2015 年第 24 期，第 66 页。

③ Andrew F. Cooper, "The G20 and Contested Global Governance: BRICS, Middle Powers and Small States", *Caribbean Journal of International Relations & Diplomacy*, Vol. 2, No. 3, September 2014, p. 90.

④ Jodie Neary, "Venezuela's ALBA in the Face of the Global Economic Crisis", http://upside-downworld. org/archives/venezuela/venezuelas-alba-in-the-face-of-the-global-economic-crisis. ［2008 － 12 － 29］.

⑤ 习近平:《共担时代责任　共促全球发展——在世界经济论坛 2017 年年会开幕式上的主旨演讲》，载《人民日报》2017 年 1 月 18 日第 3 版。

题上存在分歧，但拉美国家对加强联合国在全球治理中的主体地位存在普遍共识。2012 年 3 月 12 日，由智利驻联合国代表加尔韦斯（Eduardo Galvez）大使起草，包括 15 个拉美国家在内的 45 个国家代表联署一份名为"加强联合国系统：联合国系统在全球治理中的核心作用"草案（Draft Resolution A/66/L. 38），提交给第 66 届联大，"重申需要有包容、透明和有效的多边方法来应对全球挑战"。① 安提瓜和巴布达资深外交家桑德斯（Ronald Sanders）指出，拉美国家，"特别是像加勒比地区的小国、弱国，更需要一个强大的联合国。没有联合国，像加勒比地区的小国就没有向全球社会表达他们诉求的论坛……也无法使他们享受（联合国）保护其不受更大、更强国家冒险主义的欺凌"。② 2003 年拉美国家普遍反对美国对伊拉克单方面采取战争行动。其中，与美国保持了密切经济关系的墨西哥和智利时任联合国安理会非常任理事国，在联合国安理会审议对伊拉克动武议案时勇敢地使用了否决票。

（二）中拉是全球治理规则的倡导者和维护者

在由主权国家组成的国际体系中，全球治理应基于原则、规则、规范及国际法，而非霸权。"全球治理的目标在于形成国家间、国家层面上的规范（其中特别是国际法和国际法治）、组织和运作规程"③而组成的国际机制（international regimes）。作为全球治理规则的遵从者，发展中国家希望加强和完善国际法及国际规则，反对发达国家的制度霸权。

中国主张"世界上的事情越来越需要各国共同商量着办，建立国际机制、遵守国际规则、追求国际正义"。④ 拉美国家最早介入国际法的改

---

① 联合国：《加强联合国系统：联合国系统在全球治理中的核心作用》，A/66/L. 38，March 2，2012，http：//undocs. org/zh/A/66/L. 38。［2017 - 03 - 06］。

② Ronald Sanders，"Small States Need a Stronger UN"，http：//www. caribbeannetnews. com/2005/09/27/sanders. shtml，September 27，2005.

③ Jeffrey L. Dunoff and Joel P. Trachtman，*Ruling the World？ Constitutionalism*，*International Law*，*and Global Governance*，Cambridge University Press，2009.

④ 习近平：《推动全球治理体制更加公正更加合理　为我国发展和世界和平创造有利条件》，载《人民日报》2015 年 10 月 14 日第 1 版，http：//politics. people. com. cn/n/2015/1014/c1024 - 27694359. html。［2017 - 06 - 20］。

革和实践，"是国际规则的革新者，而不是一个简单的代价的接受者"。①
面对强国，拉美国家希望通过国际法来规范霸权国的行为，在某种程度
上拉美国家已将国际关系等同于国际法。早在第二次泛美会议（Pan-A-
merican Conferences）（1901—1902 年）上，拉美国家第一次提出制定国
际法。在第三次泛美会议（1906 年）上，拉美国家倡导建立国际司法委
员会（International Commission of Jurists），起草国际法，并推动"和平解
决争端"、不干涉原则等写入国际法和国际组织章程，不仅对国际法和全
球治理规则的完善作出历史性贡献，而且以此有效地维护自身的主权。
20 世纪 60—80 年代，拉美国家进行捍卫 200 海里海洋权益的斗争，为
1982 年《联合国海洋法》的出台也作出突出贡献。② 拉美国家还提出过
很多被视为软法（Soft Law）的国际规范（International Norms），如"依
法占有"（Uti Possidetis Juris）原则。③ 拉美国家提出的另一项附属规范是
地区安全安排。④

　　在当今的全球治理体系中，拉美国家积极捍卫全球治理规则。它们
在国际刑事法庭（International Criminal Court）上的立场和做法体现出对
于维护国际规范，反对霸权的决心及原则性。2002 年，国际刑事法庭正
式建立。截至 2015 年 10 月 6 日，拉美 33 个国家中有 28 个国家批准了
《罗马规约》（Rome Statute）。2002 年 5 月，由于担心此法对美国公民实
施司法管辖，不仅拒绝批准前总统克林顿签署的《罗马规约》，而且专门
颁布《美国服役人员保护法案》（American Service Members' Protection
Act，ASPA），并对那些已批准《罗马规约》但拒绝与美国签署双边豁免

---

① Jorge Dominguez, "International Cooperation in Latin America: The Design of Regional Institu-
tions by Slow Accretion", in Amitav Acharya and Alastair I. Johnston, eds., *Crafting Cooperation*: *Re-
gional International Institutions in Comparative Perspective*, Cambridge University Press, 2007. 转引自
Kathryn Sikkink, "Latin American Countries as Norm Protagonists of the Idea of International Human
Rights", *Global Governance*, No. 20, 2014, p. 391。

② Joel G. Verner, "Changes in the Law of the Sea: Latin American Contributions and Rationa-
les", *Social and Economic Studies*, Vol. 30, No. 2, 1981.

③ "依法占有原则"（uti possidetis juris）在国际法院的司法实践中有其特定的含义，一般
是指新独立国家根据殖民时期的法律继承前殖民省份或地区的领土和边界。

④ Amitav Acharya, "Norm Subsidiarity and Regional Orders: Sovereignty, Regionalism, and
Rule-Making in the Third World", *International Studies Quarterly*, No. 55, 2011, p. 113.

协定（BIA，又称 98 款）的国家削减军事援助，14 个拉美国家成为受美国霸权政策影响最严重的"替罪羊"。① 面对美国的制裁，哥斯达黎加外长托瓦尔（Roberto Tovar）表示，美国的行为是一个冒犯，"一个国家可以穷，但要有尊严"。②

（三）中拉都是主权与不干涉原则的捍卫者

拉美国家是主权和不干涉原则的坚定捍卫者。1832 年，委内瑞拉政治家安德烈斯·贝略（Andres Bello）在《人权原理》一书中提出主权国家法律地位平等的思想。③ 其后，拉美各国出于抵抗来自外部霸权的现实需要，相继提出卡尔沃主义（Calvo Doctrine）④、德拉戈主义（Drago Doctrine）⑤、埃斯特拉达主义（Doctrina Estrada）⑥ 等诸多国家间公法和民事方面的不干涉原则，这些原则不仅在帮助拉美国家维护主权，反对大国干涉上起到积极作用，而且对今天世界的和平与发展来说仍具有重大的现实意义。

"冷战"结束后，由于跨国政治、经济和安全问题的发展，拉美国家在不干涉原则上的立场有所改变，承认民主、人权及其他跨国问题遭到威胁时，主权在一定程度上要让位于集体行动，但是坚决反对大国滥用借口，推行"新干涉主义"，行使制度霸权。针对西方国家提出的"保护的责任"（responsibility to protect），古巴、尼加拉瓜、委内瑞拉等拉美国家予以坚决反对。⑦ 2011 年 11 月，巴西常驻联合国代表瓦尔蒂（Maria

① Conor Riffle and Chris Strunk，"Arrogance of Power Lashes Out Again"，http：//www. coha. org，July 4，2003.

② "US and Mexico at Odds over Tribunal"，*Seattle Times*，October 29，2005.

③ 王翠文：《拉美国家参与全球治理的历史与现实》，载《南开学报》（哲学社会科学版）2012 年第 6 期，第 55 页。

④ 1868 年，阿根廷学者卡尔沃（Carlos Calvo）提出，反对欧洲国家以保护侨民为名，对别国采取干涉行动。该倡议被写入 1933 年《美洲国家权利和义务的公约》。

⑤ 1902 年，时任阿根廷外长路易斯·马里亚·德拉戈（Luis Maria Drago）提出，反对大国以索债为由，对拉美国家进行干涉或占领。在 1907 年第二次海牙国际和平会议上，各参会方在这一原则基础上通过《德拉戈—波特公约》，规定一国政府不得以武力向另一国索取债务。在债务国拒绝接受国际仲裁或否认经国际仲裁做出的决定时，债权国可以使用武力。

⑥ 埃斯特拉达主义，此为时任墨西哥外长埃斯特拉达 1930 年提出的国际原则，各国对一国新政府的承认是自动的，不必专门发表声明，这意味着一国的自决权不容干涉，国际社会对此无权加以区分或歧视性对待。

⑦ 参见罗艳华《"保护的责任"的发展历程与中国的立场》，载《国际政治研究》2014 年第 3 期，第 19 页。

Luiza Ribeiro Viotti）提出"保护中的责任"（Responsibility While Protecting，RWP）概念，对完善全球治理的规则，制止某些大国在实施"保护的责任"过程中滥用武力行为，避免出现新的人道主义危机起到制约作用。

第三节　全球治理框架下的主要合作议题

全球治理范围极为广泛。其中，中国和拉美国家在贸易和金融等经济议题、网络治理等非传统安全问题以及气候变化等可持续发展问题上有许多共同关心的议题。

一　全球气候治理

当前，全球气温升高、极端天气现象增多等一系列负面后果已经严重威胁到全球生态系统和人类社会的可持续发展，应对气候变化成为全球治理最重要的议题之一，也是中拉在全球治理框架下的主要合作领域。

（一）中拉视角下的全球气候治理

中国是受气候变化影响显著的国家之一。党的十八大以来，以习近平同志为核心的党中央把生态文明建设摆上更加重要的战略位置，切实把绿色发展理念融入经济社会发展和政绩考核指标体系当中。通过深度参与全球气候治理，中国可以从全球视野加快推进国内的生态文明建设，把绿色发展打造为新的综合国力和国际竞争新优势，最终实现华丽转身。参与全球气候治理既是推进国内生态文明建设、加快绿色经济发展的有效路径与自然延伸，也有利于中国提升在国际社会中的影响力和话语权，打造新的国家形象。鉴于中国经济的快速发展和碳排放量的增大，国际社会普遍期望中国能够在解决气候变化问题和温室气体减排方面更加积极和负责，承担更多的治理责任。中国也开始重新审视并调整自身在全球气候变化与生态治理中扮演的角色，更加主动地分担起发展中大国的历史使命。

拉美国家在领土面积、自然条件、经济实力等方面存在较大的差异性，这种差异性在其全球气候治理议题的立场和主张上也有所反映。其中，巴西自然条件得天独厚，碳排放结构独具优势，因此，巴西设定了较高的减排目标，促进可再生能源产业的发展。巴西在全球气候治理中表现突出，不仅掌握更多的发言权，还通过在发达国家和发展中国家之间积极协调，试图将成为重大相关谈判进程的引领者。同为地区大国的墨西哥也希望通过积极参与气候变化进程，树立鲜明的国际合作形象，扩大其国际影响力，同时也在国内为应对气候变化的行动筹集资金，以降低气候变化对国家安全的威胁。[①] 加勒比地区多为小岛国和海岸线低洼国家构成，陆地面积狭小，经济基础有限，极易受到气候变化的影响。[②] 特殊的环境脆弱性使其在气候变化问题上的立场较为激进，寻求国际援助，推动气候治理进程向有利于自身的方向发展，提升本地区应对气候变化的能力是加勒比国家参与全球气候治理的基本出发点。

（二）全球气候治理的中拉合作基础

中拉双方在全球气候变化治理议题上有共同利益与合作基础。

首先，双方均认同并坚持"共同但有区别的责任"原则，重视气候变化谈判的公平性，强调发达经济体应对其历史累计排放和当前高人均排放负责，率先做出强有力的量化减排承诺，同时向发展中国家提供资金和技术援助，帮助发展中国家提高适应气候变化的能力，发展中国家可在持续发展框架下采取适当行动应对气候变化。[③] 中拉一致主张全球气候治理机制，包括减排机制、资金机制、履约核查机制等均应在"共同但有区别的责任"原则指导下展开，认为一旦离开该原则，气候谈判的公平性就无从谈起。

其次，共同维护发展中国家的发展权益。发展中国家面临共同的发展使命，发展是各国实现经济社会现代化、公平化的根本途径。中国和拉美地区人口总量近20亿，占全球人口近1/3，在努力发展经济的同时，尚需解决消除贫困、改善民生、提高教育和医疗等公共服务均等化、国

---

① 参见谌园庭《全球气候治理中的墨西哥：角色转型与政策选择》，载《拉丁美洲研究》2016 年第 2 期，第 67—71 页。

② 赵重阳：《全球应对气候变化进程中的加勒比国家及与中国的合作》，载《拉丁美洲研究》2016 年第 2 期，第 97 页。

③ 田慧芳：《国际气候谈判进程：回顾与展望》，《全球政治与安全报告（2016）》，2015 年 12 月，第 72 页。

家治理体系和治理能力转型升级乃至（如中国）减缓人口老龄化挑战等诸多难题。① 因此，双方在全球气候治理问题上必然从发展中国家的立场出发，承担与自身发展阶段和实际能力相适应的减排义务，坚决维护发展中国家所应享有的平等发展权。

最后，率先走可持续发展之路，推动全球应对机制的调整和健全。可持续发展是涵盖经济、社会和环境的系统性工程。在积极应对气候变化威胁的过程中，可持续发展理念逐渐为国际社会所认可并采纳。多年来，拉美国家致力于深化发展转型，改变增长模式，努力消除社会不平等，扩大内需和加强环境保护。新常态下，中国面临的资源环境约束进一步加剧，转变发展方式、调整经济结构、走绿色低碳的可持续发展道路迫在眉睫。在可持续发展的共同理念下，中拉积极应对气候变化。双方将气候变化行动目标纳入国家经济和社会发展规划，从政治、经济、社会、科技和环境等各领域入手做出全面调整，形成系统应对气候变化的局面。"由己达人"，中国和拉美诸多国家通过携手共进，走出自己的健康、和谐与可持续的"资源与环境友好型"发展道路，必将对广大发展中国家起到良好的带动作用，也对全球气候变化治理机制的完善和进步作出独到的贡献。

（三）中拉合作的成就和问题

基于中拉在应对气候变化问题上的共识，双方不仅积极参与在联合国框架内的多边制度安排，还在联合国框架外进行多边、双边的合作，进一步协调立场，共同推动全球气候治理进程。

联合国框架下的全球多边气候治理机制，包括联合国主导的国际谈判制度及其成果是中拉相关合作的核心地带。一直以来，中拉双方积极参与联合国可持续发展委员会的历次会议、可持续发展世界首脑会议及其系列筹备会，尊重并维护联合国在全球气候治理中的主体地位和作用，认同历次谈判产生的《公约》和《议定书》等重要文件的法律效应，积极配合落实各项会议成果，及时提交国家自主贡献报告，促进会议目标的实施。

---

① 新华社：《强化应对气候变化行动——中国国家自主贡献》，2015 年 6 月 30 日，ht-tp：//news. xinhuanet. com/2015 - 06/30/c_1115774759. htm。[2017 - 01 - 18]。

随着全球气候治理议程的深入开展，中拉还在联合国框架之外建立相关的多边与双边合作渠道。20 世纪 90 年代初，联合国气候谈判启动初期，中拉就在"中国与 77 国集团"的合作机制下团结一致、相互支持，维护发展中国家利益。双方在此后十余年的气候变化谈判进程中保持了较强的凝聚力，推动国际气候变化谈判达成了诸多有利于发展中国家的协议。① 尽管自 2007 年巴厘岛会议以来，中国与 77 国集团合作机制有所弱化，但后者仍是中拉之间保持政策沟通的重要平台。双方通过该机制发声，要求发达国家正视其历史责任，做出进一步减排承诺并向发展中国家提供应对气候变化的资金和技术支持。与此同时，中国与部分拉美国家还在亚太经合组织（APEC）和 G20 机制下协调应对气候变化问题的共同立场，对"后京都时代"气候变化谈判产生积极的影响。

同为新兴发展中国家和温室气体排放大国，中国和巴西之间的合作是中拉共同应对气候变化行动中的最大亮点。在多边层面上，中巴在"基础四国""金砖国家"机制下开展应对气候变化问题的广泛合作。通过气候变化部长级会议和专家研讨会等合作形式，"基础四国"就气候变化相关重点议题、发展中国家的重大关切深入沟通，协调立场，在历次气候变化谈判国际协调会和缔约方大会期间团结一致，共同发声，对谈判进程产生了重大影响。② 2011 年，金砖国家《三亚宣言》明确坚持共同但有区别的责任原则和可持续发展理念。2014 年，首届金砖国家科技和创新部长级会议发表《开普敦宣言》，将气候变化和减轻自然灾害，新能源、可再生能源和提高能源效率作为启动金砖国家科技创新的专题工作领域。2015 年，五国召开了首届金砖国家环境部长正式会议，加强相互间沟通与协调，推进务实合作。③ 在双边领域，一方面，中巴两国就气候问题相继发表共同声明、联合公报和合作谅解备忘录，达成能源合作协议。2015 年 5 月 19 日，中巴两国政府签署《关于气候变化的联合声

①　孙雪峰、李银株：《中国与 77 国集团气候变化合作机制研究》，载《国际政治研究》2013 年第 1 期，第 88—89 页。

②　张晓华、胡晓、祁悦：《气候变化国际谈判中"基础四国"机制的作用和影响》，载《当代世界》2014 年第 9 期，第 36 页。

③　丁金光、管勇鑫：《"基础四国"机制与国际气候谈判》，载《国际论坛》2016 年第 6 期，第 21 页。

明》，进一步深化双方在气候变化问题上的合作。另一方面，中国企业加大了在巴西能源领域的投资，包括承包工程、收购股权、引进和输出技术等项目。在中巴两国政府的支持下，清华大学和巴西里约热内卢联邦大学合作建立中巴气候变化与能源技术创新研究中心，促进了两国气候变化和能源技术创新领域相关研究工作的开展。[1]

此外，中拉应对气候变化合作扩展到发展援助领域。当前，在中国—加勒比经贸合作论坛框架下，由中国向该地区国家提供相关专业化援助，包括捐赠应对气候灾害的物资，提供地震或海啸预警监测方面的培训等。[2]

（四）未来合作方向与动力

中拉都是发展中国家，双方在应对气候变化的同时面临可持续发展问题。未来合作重点应围绕能源、科技、基础设施、开发援助等重点领域展开，充分利用现有的平台与机制，拓展合作深度与广度。

优化能源结构是应对气候变化行动的重点，中拉在可再生能源领域的合作潜力巨大。2015年11月发布的《强化应对气候变化行动——中国国家自主贡献》报告中提出的强化应对气候变化行动目标之一，就是到2030年非化石能源占一次能源消费比重达到20%左右，并将低碳目标纳入具体政策和措施中。对于拉美国家而言，吸引投资、发展可再生能源也是其减缓排放战略和实现低碳发展路径的重要组成部分。在生物燃料的研发和应用上，巴西处于世界领先地位，其先进技术和相关发展经验值得中国借鉴。中国作为世界节能和利用新能源、可再生能源第一大国，在水电、太阳能、风能的开发和应用上具备一定优势，同时具有较为雄厚的资金与先进的技术，双方可以在该领域加强合作。

科学技术是第一生产力，也为中拉应对气候变化能力提供有力支撑。2007年以来，中国相继实施了《中国应对气候变化科技专项行动》和《"十二五"国家应对气候变化科技发展专项规划》，明确提出要将气候变

---

① 何露杨：《巴西气候变化政策及其谈判立场的解读与评价》，载《拉丁美洲研究》2016年第2期，第95页。

② 赵重阳：《全球应对气候变化进程中的加勒比国家及与中国的合作》，载《拉丁美洲研究》2016年第2期，第106页。

化相关科技合作纳入双边、多边政府间科技合作协议，提升气候变化国际科技合作的层次和水平。中拉可以共建应对气候变化联合研究中心，发起应对气候变化科技合作计划，共同提高应对气候变化基础科学研究水平，开展气候变化监测预测、节能减排技术研发，加强应对气候变化专业人才的交流培养，以科技创新推动中拉各自的产业转型升级，实现应对气候变化科技创新能力的互学互鉴、互帮互助、互利共赢。

　　近年来，基础设施建设合作已成为中国与拉美合作最具发展潜力的领域之一，也是未来双方开展气候变化合作的重心。基础设施落后是长期以来拉美国家发展的一大"瓶颈"问题，也影响了该地区国家应对气候变化的能力。受资金、技术和施工能力不足影响，不少拉美国家自身无力满足基建需求，这为中拉加强合作提供了广阔的空间。为推动中拉双方在基础设施建设领域的合作，中国设立相关专项资金，包括中拉基础设施专项贷款、中拉产能合作专项基金等。未来，中拉可以在水利、交通、能源等基础设施建设方面开展合作，合理开发和优化配置水资源，有效保障城市运行的生命线系统安全，加强抵御气候灾害的能力。

　　开发援助也是未来中拉应对气候变化合作的重要组成部分，特别是那些经济基础有限、极易受到气候变化影响的加勒比国家。作为负责任的发展中大国，中国将从全人类的共同利益出发，积极承担与我国基本国情、发展阶段和实际能力相符的国际义务，向发展中国家提供资金、技术和能力建设支持的公约义务，为包括小岛屿国家、最不发达国家在内的发展中国家应对气候变化提供力所能及的帮助和支持。[①]

二　网络安全治理

　　随着网络技术的迅速发展，互联网已全面融入各国经济和社会生活，网络安全逐渐成为一项重要安全议题，而网络空间的公共属性决定其治理离不开国际社会的共同努力。中国和拉美国家在网络安全治理领域面临共同的挑战，拥有广泛的合作空间，双方通过创新制度、提升管理水平，协力探索一条"南南合作"的新路。

---

　　① 新华社：《强化应对气候变化行动——中国国家自主贡献》，2015 年 6 月 30 日，http://news. xinhuanet. com/2015－06/30/c_1115774759. htm。［2017－01－18］。

（一）　全球网络安全与治理困境

现阶段国际关系中围绕网络安全的竞争与冲突，主要表现为如何在网络时代确保本国的领土安全及保护关键基础设施免遭网络攻击，[①] 具体威胁包括黑客攻击、网络犯罪、网络恐怖主义、网络战等。《互联网安全威胁报告（2016）》[②] 显示，2015 年，互联网新增超过 4.3 亿个恶意攻击软件，较 2014 年上涨 36%；零日漏洞[③]（Zero-Day Vulnerability）数量增加 125%；超过 5 亿条个人记录遭到泄露；政府机构和企业频繁遭到网络攻击与诈骗；加密式勒索增加 35%，其目标由个人电脑扩散至智能手机。近年来，欧洲多个城市接连遭受由极端组织"伊斯兰国"策划的恐怖主义袭击，网络通信便捷性和隐蔽空间成为其利用的条件。

鉴于网络空间的独特属性，网络安全问题具备跨国性、隐蔽性、范围广、低成本的特点，成为国际社会面临的共同挑战，也决定了网络治理需要全球性的努力。当前，网络安全治理仍处在初级阶段，主要体现在国家和多边机制两个层面。各国纷纷从国家决策、制度机构、技术创新等方面入手，采取相关立法、加强网络监管等措施，构建网络安全攻防、保障体系。在多边层面上，既有基于地区组织的合作，主要表现为建立研究机构、倡导网络公约和举办定期磋商三种形式，又有联合国、经合组织等主导的跨国网络安全论坛和相关国际倡议。[④] 作为网络安全治理的主要推手，联合国通过成立专家组探讨网络安全问题，还就塑造网络安全文化和保护关键基础设施作出诸多努力，举办的信息社会世界峰会、互联网治理论坛等已成为探讨网络安全与发展问题的全球性重要平台。[⑤]

[①]　郎平：《网络安全：新较量与新挑战》，载李慎明、张宇燕主编《全球政治与安全报告（2014）》，2014 年 1 月，第 268 页。

[②]　"Symantec, Internet Security Threat Report 2016", https://www.symantec.com/content/dam/symantec/docs/reports/istr － 21 － 2016 － en. pdf? aid = elq _ 9562&om _ sem _ kw = elq _ 17728009&om_ext_cid = biz_email_elq_, pp. 5 － 7.［2016 － 03 － 27］.

[③]　指被发现后立即被恶意利用的安全漏洞。

[④]　颜琳：《国际网络空间治理》，载卢静等《全球治理：困境与改革》，社会科学文献出版社 2016 年版，第 158—159 页。

[⑤]　刘建伟：《恐惧、权力与全球网络安全议题的兴起》，载《世界经济与政治》2013 年第 12 期，第 54 页。

尽管取得了一定成果，全球网络安全治理仍面临较为严峻的治理困境。首先是治理机制的缺失，背后既有技术性因素，如许多关键定义、标准尚未统一，也有因国家发展程度不同而导致的治理目标、关注焦点差异，造成各国难以就网络主导原则和规范达成共识。其次是网络空间治理的军事化与前瞻性是全球网络安全治理推进过程中的一大阻力，影响国际技术合作与共享。最后是主体的不确定性、多元行为体的统筹难度和道德失范等因素也降低了国际社会实现全球网络安全有效治理的可能性。

（二）中拉网络安全形势与治理现状

截至 2016 年 12 月，中国网民规模达 7.31 亿，相当于欧洲人口总量，互联网普及率达 53.2%，超过全球平均水平 3.1 个百分点。[①] 网络的日益普及使网络安全在国家总体安全中愈显重要，近年来通过完善网络安全保障措施，中国网络安全防护水平有所提升，但基础设备、域名系统、工业互联网等关键基础设施依然面临着较大安全风险，网络安全事件多有发生。[②]

面对日益严峻的网络安全形势，十八大以来，以习近平总书记为核心的党中央高度重视网络安全问题，通过出台国家网络安全战略、加强网络空间立法，网络安全治理取得新的进展。2016 年年底出台的《中华人民共和国网络安全法》和《国家网络空间安全战略》是中国网络安全建设的重要成果。与此同时，中国积极开展网络安全领域的国际合作，推动全球网络安全治理向共享共治方向发展。2013 年 4 月，金砖国家向联合国提出了《加强国际合作，打击网络犯罪》的决议草案，要求进一步加强联合国对网络犯罪问题的研究和应对。同年，决定成立金砖国家网络安全问题工作组。自 2015 年建立以来，中美打击网络犯罪及相关事项高级别联合对话机制已举行三次对话，推动了中美网络安全合作的发展。连续三年在乌镇举行的世界互联网大会也为各国在网络安全领域的

---

① 中国网信网：《第 39 次中国互联网络发展状况统计报告》，第 1 页，http://www.cac.gov.cn/2017-01/22/c_1120352022.htm。［2017-03-30］。

② 国家互联网应急中心：《2015 年中国互联网网络安全报告》，人民邮电出版社 2016 年版，第 15 页。

合作提供了沟通与交流的平台，为全球网络安全治理贡献了中国力量。

在 2013 年曝光的棱镜门事件中，巴西、阿根廷、委内瑞拉、墨西哥等拉美国家长期遭美国监控，内容涉及军事、政治、反恐和能源领域，[①] 引起拉美相关国家的愤怒和担忧，网络安全问题得到更多的关注。然而，形势并未很快得到改观。2015 年，拉美国家互联网渗透率达到 54.4%，较 2006 年升高 162%，[②] 而该地区的全球网络安全指数[③]为 0.22，低于 0.28 的世界平均水平，仅高于非洲的 0.16。拉美网络安全面临的主要威胁包括个人数据泄露、针对个人和组织的直接网络攻击，以及银行资金盗取。此外，勒索软件、社交媒体诈骗、移动设备漏洞与风险、恶意软件、垃圾邮件、鱼叉式网络钓鱼等带来的安全威胁也有所上升。[④] 与此同时，网络安全威胁与该地区非传统安全问题相互渗透，有组织犯罪集团利用网络黑客技术盗取资金，使本就严峻的地区安全形势进一步复杂化。

面对不断升级的网络安全威胁，拉美各国通过成立网络安防机构、制定网络犯罪相关立法和加强国际合作等形式积极应对。首先，巴西、阿根廷、智利等多个国家均设立了计算机安全事件响应小组，颁布了国家网络安全计划或网络防护战略，[⑤] 以应对网络攻击、保护关键网络基础设施为行动重点。2010 年，巴西军方成立网络防御中心，该机构为"里约 + 20"峰会、世界杯和奥运会等大型活动提供网络安全保障，发挥了重要作用。其次，网络犯罪的相关立法在拉美各国逐步建立与完善。截至 2014 年，已有 21 个拉美和加勒比地区国家针对网络犯罪立法，占比为 64%，高于世界平均水平 60%，49% 的拉美国家

---

① 新华网：《美国长期监视拉美"敌友"各国寻求合理解释》，http://news. xinhua-net. com/world/2013 - 07/11/c_124994653. htm。[2017 - 04 - 01]。

② ECLAC, *The New Digital Revolution—from the Consumer Internet to the Industrial Internet*, Santiago, August 2016, p. 41.

③ 全球网络安全指数（GCI）是一套由 ABI Research 与国际电信联盟（ITU）共同建立的衡量指标，用于量化国家在网络安全领域的发展水平，主要考察各国在五个领域的参与程度：立法措施、技术措施、组织措施、能力建设和国际合作。

④ ECLAC, *The New Digital Revolution—from the Consumer Internet to the Industrial Internet*, Santiago, August 2016, p. 88.

⑤ Rachel Glickhouse, "Explainer: Fighting Cybercrime in Latin America", America Society-Council of the Americas, November 14, 2013, http://www. as-coa. org/articles/explainer-fighting-cy-bercrime-latin-america. [2017 - 04 - 03]。

出台保护个人信息的立法。① 以巴西为例，2008 年，政府颁布法律批准国家防务战略，将网络纳入国家防务最重要的三大战略部门。2012 年，经立法规定信息犯罪的刑事立案和量刑标准。② 最后，拉美国家积极开展网络安全领域的国际合作，通过区域协调与合作，推动地区及全球的网络安全治理。2012 年 2 月，阿根廷、智利、哥伦比亚、西班牙的执法部门共同开展"揭面行动"，合力破获一个跨国黑客组织，共逮捕 25 名犯罪嫌疑人。③ 2015 年，第五届拉美地区信息社会部长级会议通过最新的行动计划（eLAC2018），明确信息社会治理的目标包括：促进互联网使用的安全和信任，保障隐私，保护个人信息；为预防和打击网络犯罪，制定网络安全战略和政策；更新或及时立法，加强能力建设，促进计算机安全事件响应小组之间的地区协调。④ 作为美国最为关注、监视最多的对象国之一，巴西在"棱镜门"事件之后积极发起全球范围的对美国滥用技术能力实施网络监听的批评，并协同德国在联合国大会共同动议，推动签署全球反监听条约。⑤

（三）中拉网络安全合作方向

随着互联网应用日益普及和网络安全风险的提升，加强网络安全治理合作将成为未来中拉合作关系的增量。双方从制度、规范和技术三个维度推进实质性、互补性合作，具体聚焦网络安全治理的制度化与规范化、技术领域的合作创新计划、促进网络空间的非军事化、加强网络反恐和打击网络犯罪等重点，共同推进网络空间的先进、安全、开放、有序。

---

① 何露杨：《互联网治理：巴西的角色与中巴合作》，载《拉丁美洲研究》2015 年第 6 期，第 69 页。

② 陈家瑛：《巴西网络安全战略及其主要特点》，载《军事文摘》2016 年第 21 期，第 7 页。

③ Rachel Glickhouse, "Explainer: Fighting Cybercrime in Latin America", America Society-Council of the Americas, November 14, 2013, http://www.as-coa.org/articles/explainer-fighting-cybercrime-latin-america. [2017 - 04 - 03].

④ ECLAC, Digital Agenda for Latin America and the Caribbean (eLAC2018), August 7, 2015, p. 5, http://repositorio.cepal.org/bitstream/handle/11362/38887/S1500757 _ en. pdf? sequence = 1&isAllowed = y. [2017 - 04 - 04].

⑤ 沈逸：《安全与发展：全球网络空间新秩序与金砖国家合作》，载《中国社会科学院国际研究学部集刊》2015 年，第 229 页。

首先，网络安全是全球治理中的一项新议题，虽然其重要性与日俱增，但相关的治理机制仍处于初始阶段。在这个过程中，国家若错失参与顶层制度设计的机会，容易因歧视性的制度安排而遭受损失。① 目前，《网络犯罪公约》是唯一的针对网络犯罪行为的国际公约，但其主要涉及网络犯罪问题上国家间法律与合作的协调，不足以应对现实网络空间内诸多威胁和挑战。② 不仅如此，公约内容在很多方面片面性地体现西方的价值观，未考虑到绝大多数发展中国家的诉求，因而存在明显的局限性。③ 为此，中拉双方应加强在建立全球网络安全治理机制方面的沟通与协调，在以西方发达国家占据优势的治理现实面前，坚定捍卫发展中国家的利益，努力构建包容性更广泛的全球网络治理机制。

其次，现有网络安全治理规范存在相当大的模糊性，谁掌握相关解释的主导性话语，谁就能获得巨大的先行者优势。④ 在这一新兴的全球公域产业发展中，少数掌握核心技术的国家利用不对称的依赖关系，操控、左右其他国家，导致后者在互联网中缺乏独立自主，毫无秘密可保，甚至面对⑤"阿拉伯之春"和"棱镜门"等社会安全事件也猝不及防，束手无策。中拉双方应充分吸取相关经验教训，增强维护国家网络主权安全的意志，遵从主权至上、平衡兼容、和平利用、公平发展等基本原则，积极参与未来全球网络安全规范的构建过程，为打造安全、和平、健康、多元权力并存的国际网络生态环境作出不懈努力。

最后，掌握先进的网络安全技术是保护国家利益的必由之路。面对以美国为代表的西方国家的技术优势，中国和拉美国家还需要在关键技术标准、应用、基础设施、核心硬件研发、生产及商业化能力等方面走过较长的路，才能最终摆脱当下的被动地位。⑥ "落后就要挨打"，中拉双

---

① 任琳：《多维度权力与网络安全治理》，载《世界经济与政治》2013 年第 10 期，第 51 页。

② 郎平：《网络空间安全与全球治理》，载《全球政治与安全报告（2013）》2012 年 12 月，第 179 页。

③ 王孔祥：《网络安全的治理路径探析》，载《教学与研究》2014 年第 8 期，第 61 页。

④ 任琳：《多维度权力与网络安全治理》，载《世界经济与政治》2013 年第 10 期，第 54 页。

⑤ 周琦、陈楷鑫：《网络安全国际合作机制探究》，载《当代世界与社会主义》2013 年第 5 期，第 119 页。

⑥ 沈逸：《安全与发展：全球网络空间新秩序与金砖国家合作》，载《中国社会科学院国际研究学部集刊》2015 年，第 222 页。

方只能奋发图强，从技术进步入手，加强对网络核心部件、重要设备、安全检测等技术的共同研发，合力打造各自完整的、独立的信息系统，实现网络和信息技术的自主掌控和安全。

三　国际金融治理

国际金融治理（Global Financial Governance）是指主权国家及其延伸力量（如政府间金融监管机构和国际金融组织）通过双边或多边、正式或非正式的协调、合作、达成共识等方式参与全球金融事务的管理，以建立或维持理想国际金融秩序为目标而采取的联合行动或措施。具体包括国际货币体系、国际金融机构、国际金融监管等。

（一）现行国际金融治理机制

当前国际金融治理机制脱胎于"二战"后形成的布雷顿森林体系。虽然该体系在 20 世纪 70 年代瓦解，但随后建立的牙买加体系却强化了美元霸权，国际金融秩序得以延续。随着全球金融危机的爆发，G20 取代 G7 正式成为国际金融事务中最核心的治理机制，新兴经济体的参与度提高，国际金融治理机制发生重大变化。

1. 国际货币体系

当前国际货币体系的特征是美元为主导、多元国际储备货币供给和多样化的汇率制度安排。首先，牙买加体系实现国际储备货币供给的多元化，美元独霸局面被打破，欧元、日元等多种货币对国际储备货币形成补充，但美元在全球外汇储备中所占比例仍超过 60%。[①] 其次，原先在世界范围内实行的单一盯住汇率制度安排不复存在，各国进行自主化汇率制度选择，灵活性逐渐增强，呈现出多种汇率制度并存、交替转换的局面。

2. 国际金融监管

为维护全球金融稳定，国际社会从两个方面建立国际金融监管框架：一是各机构独立开展的监督活动；二是各机构监管规则的制定和完善。

20 世纪 70 年代，联邦德国赫斯塔银行倒闭，全球金融监管体制不足

---

① 贺力平、赵雪燕、王佳：《美元在全球外汇储备中的地位》，载《美国研究》2016 年第 3 期，第 69 页。

暴露无遗。鉴于此，1975 年、1983 年和 1994 年，巴塞尔委员会、国际证监会组织和国际保险监督官协会先后成立，构建了金融监管国际合作体系。1999 年 4 月，金融稳定论坛（FSF）建立，推动国际货币基金组织、世界银行和国际清算银行承担全球金融监管责任。虽然金融监管的国际合作在各个领域展开，但由于相互之间缺乏协调合作，全球金融监管能力不足。2009 年 4 月，G20 授权成立金融稳定委员会（FSB），成员包括 G20 各个成员国以及国际清算银行（BIS）、国际货币基金组织（IMF）、世界银行、巴塞尔银行委员会和经合组织等 12 个重要的国际金融组织，其使命是识别和预警金融体系中的问题，促进各国加强金融体系监管及监管协调，构建全球金融体系监管原则。[1]

3. 国际金融机构

国际货币基金组织是治理国际货币体系和进行全球金融监管的最主要的国际金融机构。国际货币基金组织致力于推动全球货币合作、维护全球金融稳定、便利国际贸易、促进充分就业与可持续经济增长、减少贫困，是国际货币体系治理最主要的平台。在其协调下，各国在货币和汇率问题上进行磋商与协作，避免竞争性货币贬值。同时，IMF 加强国际金融体系建设，推动成员国实施统一的国际标准和准则。

作为世界上成立最早的国际金融组织，国际清算银行促进世界各国中央银行之间的合作，为国际金融活动提供便利，是"各国中央银行的中央银行"。其主要任务是为各国中央银行和国际金融监管机构提供促进交流和便利决策的论坛，作为经济和货币研究中心以及中央银行金融交易的主要交易对手方，在国际金融交易中发挥代理人和受托人作用，促进国际货币与金融合作。

（二）不合理的治理体系

当前的国际金融秩序主体架构仍然建立在第二次世界大战之后形成的基础上，IMF 是国际金融秩序的实体支柱之一。但是，其制度安排是维护以美国为首的西方发达资本主义国家的利益。近年来，随着新兴经济体的"群体性崛起"及其在世界经济金融领域发挥的作用越来越突出，

---

[1]　"Process in the Implement of the G20 Recommendations for Strengthening Financial Stability"，Report of the Financial Stability Board to G20 Finance Ministers and Central Bank Governors，April 2011.

提出了改革国际货币体系以及国际金融机构的一系列诉求。

1. 美元霸权与国际货币体系

1944 年 7 月，联合国货币金融会议确立了以美国为中心的全球金融秩序以及以美元为核心的国际货币体系。然而，单一储备货币具有其内在缺陷。只要是以主权货币作为核心的国际储备货币，就难以避免"特里芬难题"。虽然此后的牙买加体系打破了汇率制度安排，但美元作为全球最重要国际储备货币的地位未曾改变。美元是很多国家的外汇储备货币和国际大宗商品贸易的结算货币，因此难以克服这一难题。[①]

美元霸权与国际货币体系不合理之处还体现在特别提款权（SDR）上。虽然超主权货币被创造出来，各国外汇储备能以此实现多样化，但是由于 SDR 的内在缺陷使其调节国际收支失衡的能力有限，国际社会对其认可度一直不高。此外，SDR 货币篮子中各个货币的比重取决于货币发行国的经济实力和该国货币在国际储备货币中的比例，随着世界各国经济实力的变化，SDR 货币"篮子"未及时做出调整。1970—1972 年和1979—1981 年，IMF 分别进行了两次特别提款权比例和份额的分配。此后一直到 2009 年，IMF 未进行 SDR 分配。实现了群体性崛起的新兴经济体并未得到相应的话语权，使决策中的不平等性愈加突出。2015 年 12 月1 日，IMF 正式宣布，人民币从 2016 年 10 月 1 日起加入 SDR，这是中国经济融入全球金融体系的重要里程碑，标志着以中国为代表的新兴经济体变革全球金融治理的努力得以体现。人民币加入 SDR，有助于提高货币篮子的代表性，推动国际货币体系的多元化发展。

2. 国际金融机构改革

国际金融机构是全球经济治理机制化的产物，也是治理的践行者。作为全球金融资源最重要的支配协调方，国际金融机构需改变其逻辑，在经济标准之上更加注重社会和环境标准，促进包容性发展的实现。[②]

IMF、世界银行以及全球范围内各个区域性多边开发金融机构在帮助

---

① 贝多广、罗煜等：《国际金融新秩序：中国的角色》，中国金融出版社 2016 年版，第28—33 页。

② ECLAC, *Financing for Development in Latin America and the Caribbean: A Strategic Analysis from a Middle-income Country Perspective*, Santiago, Chile, March 2015, p. 5.

新兴经济体发展经济、提供政策建议、改善基础设施等方面起到历史性作用，承担了维持国际金融秩序的责任。但是，由于绝大多数国际金融机构被少数发达国家掌控，其后续演变逐渐背离设立之初的宗旨。新兴经济体的地位提高之后，一直坚持不懈地追求国际金融体系的改革，增强其发言权和代表权。国际金融机构改革的主要内容是改革国际金融机构决策层的产生机制，提高新兴经济体的代表性、发言权，尽快建立覆盖全球的危机早期预警系统，改善国际金融机构内部治理结构。同时，改革还需要建立及时、高效且平等的危机救助机制，提高国际金融机构切实履行职责的能力。

2008 年，IMF 曾进行过一次改革，试图通过增加基本投票权的比例，维护"弱势国家"的利益，但在美国等发达经济体的强势干预下几乎无效果。2010 年，IMF 再次进行份额与投票权改革，以金砖国家为代表的新兴经济体获得了更高的份额和投票权（见表9—2），标志着国际货币体系开始重构，美元霸权的制度基础被削弱。然而，由于 GDP 权重仅占 IMF 份额公式的一半，新兴经济体获得的份额远远低于其经济总量。

表 9—2　　改革前后 G7 和金砖国家在 IMF 的份额和投票权比例　（单位：%）

国家	份额			投票权		
	2008 年		2010 年	2008 年		2010 年
	改革前	改革后	改革后	改革前	改革后	改革后
美国	17.071	17.670	17.398	16.732	16.727	16.470
日本	6.118	6.556	6.461	6.000	6.225	6.135
德国	5.978	6.110	5.583	5.863	5.803	5.305
法国	4.935	4.505	4.225	4.842	4.286	4.022
英国	4.935	4.505	4.225	4.842	4.286	4.022
意大利	3.242	3.306	3.159	3.185	3.154	3.015
加拿大	2.927	2.672	2.311	2.876	2.554	2.213
中国	3.718	3.966	6.390	3.651	3.806	6.068
俄罗斯	2.732	2.494	2.705	2.686	2.386	2.585
印度	1.911	2.442	2.749	1.882	2.337	2.627
巴西	1.395	1.783	2.315	1.377	1.717	2.217
南非	0.859	0.784	0.640	0.852	0.770	0.643

资料来源：IMF Finance Department，July 2011。

2015 年 4 月，世界银行通过了其股权份额改革的方案，中国所持份额从 2.77% 提高到 4.42%，从第 6 位上升至第 3 位，美国仍然保持了 15.85% 的份额，是世界银行股权份额最多的国家。2016 年 1 月，国际货币基金组织于 2010 年作出的股权份额改革方案正式生效，中国、巴西、印度和俄罗斯进入股东前 10 名，金砖国家总份额达到 14.7%，但尚未达到 15% 的具有否决权的股权份额。这两项改革本应在 2011 年完成，由于美国国会 2015 年 12 月 18 日才通过了该方案，被拖延了 5 年之久。这 5 年中，世界经济发生了巨大的变化，新兴经济体在全球经济中占比持续升高，而国际金融机构股权份额仍未反映相关国家经济力量对比的现实，新兴大国所占股权份额仍低于其经济总量所应占的比重。

（三）中拉金融合作与国际金融治理

国际货币体系及金融机构改革的出路是通过全球治理，扩大全球性及区域性公共产品的供给。在此背景下，中国与拉美国家基于共同利益进行金融合作，通过推动人民币国际化、建立新型金融机构以及直接提供金融资源，在巩固双边金融合作的基础上，积极探索区域公共产品的非区域内国家供给渠道，为改善全球金融治理积累宝贵的实践经验。

1. 人民币国际化与拉美金融稳定

历史上，拉美国家曾饱受货币和金融危机的影响，原因之一即地区金融稳定公共产品的缺失。由于受美国经济及美元影响较为显著，大多数拉美国家的汇率随美元周期而剧烈波动。2008 年全球金融危机后，拉美国家通过建立强健且规范的金融监管体系以及更加富有弹性的浮动汇率制，保持抵御外部冲击的能力。但是，2016 年美国大选前后，众多拉美国家货币再度剧烈波动，显示其金融体系仍然不强。

国际汇率是一种准公共产品，对其治理就是要通过一系列制度上的安排对货币汇率的大幅波动进行干预，保障汇率相对稳定，从而防止一国因汇率问题导致经济过热或衰退，进而引发区域甚至世界经济的连锁反应。随着中国与拉美国家经贸及金融合作的日益深化，如何有效规避和预先化解中国企业海外投资和贸易结算风险，已经构成影响中拉多领域务实合作健康发展的重大而紧迫的挑战。在现有合作框架下，发挥短期货币互换的应急功能以及长期推行人民币在拉美的国际化，既有利于拉美地区保持金融稳定，也有助于解决中国所关心的资产安全、收益安全等问题。

目前，中国与巴西、阿根廷和智利签署了货币双边互换协议，并且在智利建立了南美洲地区首家人民币清算行，尝试推动拉美地区的离岸人民币市场建设（见表9—3）。2015年，马克里总统就职后，阿根廷政府取消资本管制、允许汇率自由浮动，中—阿货币互换协议为保持阿根廷币值稳定和经济企稳回升发挥了关键作用。

表9—3　　　　　　　　中国与拉美国家的货币互换

国家	时间	金额（亿美元）	期限（年）	使用与续签
巴西	2013年3月	300	3	未使用，未续签
阿根廷	2009年3月	102	3	未使用，续签
	2014年10月	110	3	使用，维持汇率稳定，未到期
智利	2015年5月	35	3	未使用，未到期

资料来源：笔者根据中国人民银行、商务部等公开资料整理。

未来，中国和拉美国家应该在货币互换的基础上探索实现"货币互持"，不仅有利于实现双方储备货币多元化，减少对美元的依赖，也将有力地促进国际货币体系多元化和合理化，为世界经济提供多元"锚定"货币保障，让全球发展迈入更加平稳的轨道。

2. 国际金融机构代表性

中国与拉美国家一道，致力于推动国际货币基金组织和世界银行等国际金融机构的合法性和有效性改革，提高自身的代表性和发言权，强化国际金融体系在危机应对、金融监管以及服务实体经济等方面的能力建设。但是，中国和拉美地区国家要想在国际金融治理中发挥真正作用，必须要有实现目标的载体。在现有多边国际金融机构存在不足、全球基础设施建设融资存在较大缺口的背景下，新兴经济体所倡导的多边金融机构不仅能为其提供融资支持，也可为金融危机后低迷的全球经济带来增长动力。

亚洲基础设施投资银行原本是一个向亚洲国家和地区政府提供资金，以支持基础设施建设的区域多边开发性金融机构，促进地区互联互通，推动区域经济发展。与世界银行等现有的多边开发银行强调减贫任务所不同，亚投行业务重点是基础设施建设，通过各个成员国在知识共享、能力建设、人员交流等方面的合作，为地区基础设施融资，促进经济和社会发展。该行一经问世，立即引起拉美地区各发展中国家的高度关注，后续参与也颇为踊跃。至 2017 年 6 月，继巴西成为亚投行创始国之后，委内瑞拉、秘鲁、玻利维亚、智利和阿根廷相继加入亚投行，拉美地区参与该金融机构的国家增加到 6 个。

3. 中国为拉美提供金融资源

截至 2015 年年底，中国向拉美地区提供至少 1380 亿美元的金融支持。第一，中国通过双边联合融资机制向巴西和委内瑞拉提供 650 亿美元的金融资源，其中包括中国—巴西产能合作基金（200 亿美元，中方出资 150 亿美元）和中国—委内瑞拉联合融资基金（500 亿美元）。第二，中国开发性金融机构国家开发银行、中国进出口银行等通过中拉合作基金和中拉产能合作投资基金向拉美地区国家提供了 450 亿美元的信贷支持。第三，中国单方面对拉美地区的贷款承诺，约为 330 亿美元，其中包括中国对拉美地区基础设施专项贷款 200 亿美元，对拉美地区优惠贷款 100 亿美元，对加勒比地区优惠贷款 30 亿美元。①

四　国际贸易治理

国际贸易治理（Global Trade Governance）是指主权国家及其延伸力量（如政府间贸易谈判和国际贸易组织）通过正式或非正式的、多边或双边的、区域或全球的国际协调与国际机制解决全球性贸易问题，维持正常稳定的国际贸易秩序和保障国际贸易发展而采取的措施或联合行动。

（一）现行国际贸易治理机制

国际贸易治理机制的确立源自于第二次世界大战结束，曾经的关税和贸易总协定（GATT）以及冷战结束后取而代之的世界贸易组织（WTO）是国际贸易治理的主要平台，各种区域性贸易制度安排则成为国际贸易治理机制的补充。WTO 实行"一人一票"原则，议事方式为"协

---

① 谢文泽：《中国经济中高速增长与中拉经贸合作》，载《拉丁美洲研究》2016 年第 4 期，第 52 页。

商一致"，表决机制更加民主。但是，这在理论上是极为困难的表决方式，其低效率会导致谈判的时间表不断被延迟，甚至会使许多努力无疾而终，多哈回合就是如此。

当前国际贸易治理的形式有多边和双边、地区性与代表性大国两种分类标准。WTO 及其前身 GATT 是多边贸易治理的代表机构，曾显著促进了世界经济的增长。但是，伴随成员数量的增多以及议题的扩大，实现贸易自由化、均等化的难度越来越大，多哈回合谈判陷入僵局。尤其是全球金融危机后，各国国内反对力量增强，各种形式的贸易保护主义层出不穷，多边贸易治理陷入低谷。在此形势下，以双边贸易协定为基础的区域自由贸易一体化安排呈现出一定的活力，在促进区域贸易自由化和深化双边经济全方位合作中发挥着重要作用。区域一体化虽然在一定程度上能弥补多边贸易体系的不足，但同时存在一定的负面效应，具有潜在的歧视性和排他性。

无论是多边组织还是区域一体化集团，美国一直是国际贸易规则的主要制定者。然而，随着新兴经济体积极参与全球化，在国际贸易中的地位显著上升。除美国和欧盟外，其余 WTO 成员国均倾向于抱团博弈，增强谈判能力。尤其是许多发展中国家就某一议题结成联盟，争取最大利益，如非洲集团、小岛国发展中国家等。

（二）全球贸易新常态及治理变革

全球金融危机使国际贸易增速受阻，贸易壁垒增加，保护主义盛行。生产的国际化以及全球价值链向纵深发展，使世界各国的经济相互依赖和竞争性同步提升。国际贸易治理无论对世界经济整体还是对各个微观经济主体的影响均显著异于以往。

1. 全球贸易新常态

全球金融危机对全球贸易形成严重的负面影响。发达国家推进"再工业化战略"，新兴经济体劳动力成本上升，大宗商品价格长期低迷以及贸易保护主义使全球贸易进入低速发展的"新常态"。一是贸易增长失速。1980—2011 年，全球贸易年均增速为 7.3%，是全球经济总量年均增速的 2.5 倍。30 年间，只有 7 年贸易增速低于经济增速。2012 年世界经济"二次探底"之后，全球贸易增速在 3% 的水平上徘徊，已连续 4 年低于全球 GDP 增速，2015 年负增长 13.6% 更是创 2009 年危机以来的最低值，同时也是 1980 年以来全球贸易增速降幅最大的一年。二是贸易结构变化。"美国核心"转变为中国、美国、德国三足鼎立。2012 年以前，美国一直是全球最大的货物贸易国，同时也是全球最多国家或地区的最大贸易伙伴。2013 年，中国取代美国成为全球第一大贸易国，在全球贸易中的占比为 11.9%，美国（11.5%）和德国（7.2%）位列第 2、第 3 位。①

2. 贸易治理变革

理论上，基于多边规则和多边协商制度的、以自由贸易为主体价值观和状态的国际贸易秩序是符合国际生产社会化和商品交换最大化原理的，也是各国通过参与国际分工和交换实现自身经济获益的路径依赖。然而，以世界贸易组织为中心的多边贸易体系为各国实现上述目标发挥了稳定的制度框架作用，也是解决贸易纠纷，推动国际贸易谈判的主要功能性平台。然而，这一体系在发展中也疲态日增。2001 年启动的多哈回合谈判至今已历时 16 年，虽经多方艰苦努力，解决了贸易便利法案和信息化产品减免关税法案，但其整体谈判至今仍未完成。全球金融危机以及 2012 年世界经济"二次探底"后，国际贸易环境日趋复杂，贸易保护主义升温和贸易争端增多。作为全球最大经济体和贸易强国，美国贸易政策更多地转向消极面，从 2008 年到 2016 年对其他国家采取 600 多项贸易保护措施，仅 2015 年就采取了 90 项，位居各国之首，是德国、英国等国家的 2 倍多。新兴经济体，尤其是大宗商品出口国成为全球贸易保护主义的最大受害群体。

当前，虽然国际贸易多边合作陷入困境，区域、双边和诸边贸易合作却蓬勃发展。最突出的是，美国发起的跨太平洋伙伴关系协定（TPP）和跨大西洋贸易与投资伙伴关系协定（TTIP）谈判大有架空世贸组织之势。作为各项谈判中最为强势的主导者，美国始终根据自身利益掌控其扩容的规模和速度，将此作为灵活应对国内外政治经济形势变化的一项战略性政策工具。② 然而，2017 年 1 月 23 日，新上任的美国总统特朗普宣布退出 TPP，标志着美国贸易政策进入新时期。特朗普此举意在恢复传

---

① 鞠建东、余心玎：《"一体两翼、三足鼎立"：贸易新常态、治理新框架、开放新战略》，载《清华金融评论》2016 年第 11 期，第 50 页。

② 黄河等：《国际经济规则的政治经济学》，上海人民出版社 2015 年版，第 8 页。

统贸易定义，希望所有商品都是美国制造，充满了商人式的保护主义思维。这种形势发展逆转的压力又在客观上给其他各方加速区域内和跨区域一体化谈判进程提供了契机。

（三）中拉在国际贸易治理中的合作

新兴经济体的群体性崛起改变了全球贸易格局，是全球贸易自由化的受益者和推动者，也成为影响全球贸易平衡的主要力量。中国和拉美国家作为世界范围内新崛起的经济力量，承载着推动全球发展与治理的新要求，是发展与治理的新引擎。双方必须加强"集体合作"，才能有效表达自身变革要求，产生变革力量。

1. 倡导多边贸易体制，反对贸易保护主义

当前，虽然贸易保护主义有回归迹象，但是以世界贸易组织为代表的现代多边管理体制的基础并未发生根本性动摇。中国和除巴哈马外的32个拉美国家均是世界贸易组织成员方。在WTO的成员中，拉美国家是较为活跃的新兴经济体和发展中国家代表。根据WTO的统计数据，截至2016年11月底，33个新兴经济体和发展中国家提起了222件诉讼，其中128件诉讼是由18个拉美国家提起的。新兴经济体和发展中国家分别针对美国和欧盟提起的诉讼为65件和52件，其中拉美国家提起了32件和31件。[①]

作为深受贸易歧视性措施损害的出口大国，中国的基本立场一直是反对贸易保护主义以及反对贸易问题政治化，这与拉美国家立场相同。特朗普上台后，退出《跨太平洋伙伴关系协定》，计划与墨西哥、加拿大就《北美自由贸易协定》重新谈判，"特朗普现象"使众多与美国经济紧密融合的拉美国家忧心忡忡。转折关头，中国坚定维护全球开放贸易和多边治理体制，主张继续保持开放、共享的经济全球化势头，得到包括拉美地区在内的新兴经济体和发展中国家的高度认可，中国与拉美地区在全球经济治理议题上的共识和利益更加深化、密切。

2. 升级双边贸易协定，以点带面促发展

近年来，中国与拉美国家经贸合作不断加深，双边贸易增长迅速，

---

① World Trade Organization，"Map of Disputes between WTO Members"，https：//www.wto.org/english/tratop_e/dispu_e/dispu_maps_e.htm？country_selected＝ARG&sense＝e.［2016－12－30］.

拉美已经成为中国出口增长最快的新兴市场之一。① 截至 2018 年 4 月，中国与 24 个国家和地区签署并实施 16 个自由贸易协定，其中包括拉美的智利、秘鲁和哥斯达黎加三个国家（见表 9—4）。2010 年 3 月正式实施的《中—秘自由贸易协定》被视为当时中国所有自由贸易协定中最全面的一个，除涉及传统领域外，还包括知识产权保护、贸易救济、原产地规则、海关程序、技术性贸易壁垒、动植物卫生检测等。② 2017 年 11 月 11 日，中国—智利自贸区升级谈判成果文件——《中华人民共和国政府与智利共和国政府关于修订〈自由贸易协定〉及〈自由贸易协定关于服务贸易的补充协定〉的议定书》正式签署。这是我国继中国—东盟自贸区升级后达成的第二个自贸区升级协定，也是我国与拉美国家的第一个自贸区升级协定，将使中智自贸协定成为迄今我国货物贸易开放水平最高的自贸协定。③

表 9—4　　　　　　　　　**中国与拉美国家的自由贸易协定**

双边 FTA	签署日期 （年、月、日）	实施日期 （年、月、日）
中—智自由贸易协定（货物贸易）	2005. 11. 18	2006. 10. 1
中—智自由贸易协定关于服务贸易的补充协定	2008. 4. 13	2010. 8. 1
中—智自由贸易协定关于投资的补充协定	2012. 9. 10	2014. 4. 4
中—智自由贸易协定升级协定	2017. 11. 11	尚未实施
中—秘自由贸易协定	2009. 4. 28	2010. 3. 1
中—哥自由贸易协定	2010. 4. 8	2011. 8. 1

资料来源：笔者整理。

中国与智利、秘鲁和哥斯达黎加之间的自由贸易协定为拉美地区经济规模较小的经济体进一步开放经济开启了新的窗口。通过双边自由贸

---

① ECLAC，*People's Republic of China and Latin America and the Caribbean*：*Ushering in a New Era in the Economic and Trade Relationship*，CEPAL Report，Santiago，2011.

② 相较于中国和智利的自由贸易协定，中秘自贸协定在"敏感部门"取消的限制数目是前者的 4 倍之多。

③ 《中国与智利结束自贸区升级谈判并签署升级〈议定书〉》，中国自由贸易区服务网，ht-tp：//fta. mofcom. gov. cn/article/chiletwo/chiletwonews/201711/36118_1. html。[2018 - 05 - 25]。

易协定，三国可以在国际贸易标准上与中国保持一致，并通过中国与双方共同的其他贸易对象保持更加稳定的伙伴关系。中智协定实施10年来，两国共同取得显著的合作成果，双边贸易的快速发展，明显受益于协定提供的制度保障和便利化待遇。随着加速国内经济改革，秘鲁增速在全球金融危机之后走在拉美国家前列。从2011年开始，中国成为秘鲁最大的贸易伙伴，双方合作空间不断拓宽。哥斯达黎加是中美洲经济社会发展程度较高的国家，国际竞争力位居拉美前列。虽然同中国建交时间不长，但是与中国之间的自贸协定在中美洲地区起到积极的"示范效应"。

中拉在金融和贸易治理上的合作也面临一些挑战：一是各自结构性改革问题突出。中国和拉美国家的金融和贸易合作需要建立在自身良好发展的基础上。一方面中国正在通过供给侧改革提高潜在增长率，另一方面拉美国家正在实施结构性改革以促进包容性增长，经济结构的再平衡已经成为影响中拉经贸合作深化的主要因素。二是国际经济环境不确定性增多，金融风险敞口大。中拉金融和贸易交往大多以美元计价，一次交易面临两次换汇风险。2016年以后，以墨西哥比索为代表的拉美国家货币波动剧烈，给中拉双边经贸互动带来不少麻烦。三是中国调整增长支柱性产业导致的需求下降以及全球大宗商品价格长期低位等因素叠加，造成中拉贸易额大幅缩水。尽管中拉贸易量并未断崖式下降，只是商品价格降幅巨大造成这一幻觉，但双方实现未来10年贸易额突破5000亿美元目标的难度无疑已经增大。

五　全球发展治理

发展治理是全球治理的重中之重。通过联合国推动的"可持续发展议程"（1992年）、"千年发展目标"（MDGs，2000）和"2030年可持续发展议程"（SDG，以下简称"2030年发展议程"），国际社会持续不断地致力于全球发展治理。加强发展治理合作是中拉构建全球治理伙伴关系不可或缺的一部分。

（一）全球发展治理进程与2030年发展议程

2016年1月1日生效的《2030年可持续发展议程》明确指出："本议程是为人类、地球与繁荣制订的行动计划。它还旨在加强世界和平与自由。"

全球发展治理进程有高度的延续性。1992 年 6 月 3—14 日在巴西里约热内卢举行的联合国环境与发展大会制定了《21 世纪议程》，成为"世界范围内可持续发展的行动计划"。2000 年 9 月联合国千年首脑峰会通过了《联合国千年宣言》，并在此基础上制定了包括 8 大目标和 21 项具体指标的千年发展目标。千年发展目标虽然也提出了"环境的可持续能力"，但重心主要放在社会领域。其中，减贫是重点，目标是在 2015 年之前将全球贫困水平在 1990 年基础上降低一半。"千年发展目标背后的全球动员引发了有史以来最为成功的反贫困运动"。随着千年发展目标的实施，2010 年 9 月联合国千年发展目标高级别会议决定启动 2015 年后发展议程的制定工作。

2030 年发展议程的制定主要有两个平行的进程：一是在 2012 年 7 月由时任联合国秘书长潘基文任命的，由 27 人组成的"2015 年后发展议程高级别名人小组"（High Level Panel of Eminent Persons on the Post – 2015 Development Agenda，HLP），其中有来自巴西、哥伦比亚、古巴和墨西哥的代表。2013 年 5 月，名人小组发布了《新型全球合作关系：通过可持续发展消除贫困并推动经济转型》的报告，并将此报告作为制定联合国 2015 年后发展议程的基础。二是 2012 年在巴西里约热内卢召开的联合国可持续发展峰会决定将可持续发展目标纳入到 2030 年发展议程中，并决定成立开放工作组（Open Working Group），负责制定可持续发展的目标体系。2014 年 7 月 19 日开放工作组发表成果文件，向联大提出 17 项与"2015 年后议程"相关的可持续发展目标以及一系列具体目标与指标。该《成果文件》在强调"可持续发展目标"的同时，吸收"在世界各地消除一切形式的贫穷"等"千年发展目标"的大部分内容。2015 年 9 月 25 日，联合国可持续发展峰会通过 2015 年后发展议程：《变革我们的世界：2030 年可持续发展议程》。

《2030 年可持续发展议程》呈现出四个特点：一是社会发展目标与环境的可持续发展目标两个分支实现并轨。新议程在里约可持续发展峰会和千年发展目标基础上构建起来，共设定 17 个可持续发展目标和 169 个具体目标，兼顾社会和环境的平衡。二是目标的变化。2030 年发展议程的框架远远超越千年发展目标，提出"让世界走上可持续且具有恢复力的道路……绝不让任何一个人掉队"的壮志雄心，但并未像千年发展目标那样设定具体的指标体系。三是强调国际社会的整体性，强调目标"适用于所有国家……无论它是发达国家还是发展中国家"。四是注重和鼓励世界各地民间社会和其他利益攸关方的参与。

（二）2030 年发展议程与拉美的参与

拉美国家是全球发展治理的积极推动者，在议程的组织和议题的设置等方面发挥了建设性作用。

联合国成立的 2015 年后发展议程高级别小组主要是在拉美三国哥伦比亚、危地马拉、秘鲁与阿联酋的动议下成立的，有来自巴西、哥伦比亚、古巴和墨西哥的代表参加。联合国大会下设的开放工作组，由来自世界主要地区的 30 名代表组成，其中有 6 位拉美国家的代表，拉美 14 个国家的代表轮流参与了这项工作，"他们对开放工作组的审议提供了有价值的建议"。①

从国家层次来说，巴西、墨西哥等拉美国家动员国内各部门的力量，参与 2015 年后发展议程的谈判。2014 年 3 月，巴西成立包括外交部、环境部、财政部、社会发展和消除饥饿部、总统府秘书处等多个部门组成的"2015 后发展议程"部际工作组，参与联合国"2015 后发展议程"的政府间谈判。

拉美国家积极参与 2030 年发展议程的讨论，有几个原因：一是在千年发展目标确立的过程中，拉美国家没有发挥主要作用，他们希望在新的全球发展议程制定过程中能够体现出更高的参与度、主动性。二是拉美国家认为 2030 年发展议程将重塑全球可持续发展治理体系，涉及其切身利益。三是巴西、墨西哥等拉美新兴大国希望通过参与新议程的制定，提升它们在全球治理中的作用。

2030 年发展议程体系庞大，涉及面广泛，加之各国之间利益的分化，拉美国家在谈判中并未形成统一的立场。但在一些关键问题上，拉美国家还是

---

① David Steven and Alejandra Kubitschek Bujones, "Center on International Cooperation a Laboratory for Sustainable Development? Latin America, the Caribbean, and the Post – 2015 Development Agenda", http：//cic. nyu. edu/sites/default/files/sustainable _ development _ post 2015. pdf. ［2018 – 01 – 24].

形成了某些共识，并在一些议题的设置上起到了引领作用。部分国家和地区组织在 2030 年议程的组织进程、落实及后续行动方面发挥了一定作用。

巴西对 2030 年发展议程的贡献有两个方面：一是"巴西成功推动 2012 年联合国可持续发展大会将'减贫'列为全球可持续发展首要挑战"。二是巴西对可持续发展目标，特别对"里约 + 20"峰会的后续行动做出了贡献，提出了可持续发展议程采用"共同但有区别"的原则，并推动了可持续发展技术转让议程。"里约 + 20"峰会对 2030 年发展议程的意义，正如巴西时任总统罗塞夫所说，"17 个可持续发展目标重申了里约 + 20 的基本宗旨：增长是可能的。他们确立真正的包容性目标，强调各国人民之间合作的必要性，并指出了一条人类共同的道路"。①

拉美国家是可持续发展目标与经济社会发展目标并轨的积极推动者。将可持续发展纳入 2015 年后发展议程中，哥伦比亚是第一个提出有影响力提案的国家。早在 2011 年 9 月联合国大会期间，哥伦比亚政府提出一项议案，建议将可持续发展目标作为"里约 + 20"的一部分。危地马拉政府赞同这一建议，并于 2011 年 11 月 4 日与哥伦比亚政府举行非正式磋商，双方认同可持续发展目标所强调的人类和生态系统的健康，两国随后正式向联合国共同提交了议案。

大多数拉美国家主张并积极推动将可持续发展目标纳入 2015 年后发展议程中，同时也主张继续推进联合国千年发展目标。因为贫困和不平等一直是困扰拉美国家可持续发展的社会问题。在实施千年发展目标方面，拉美国家取得长足进展，然而，仍有很多目标未能实现。1990—2015 年，该地区每天收入低于 1.25 美元的极端贫困人口下降 66%，低于中国（94%）、东亚（84%）和南亚（73%）等发展中国家和地区。尽管在谈判中支持可持续发展目标，但"巴西对减贫、可持续发展和社会发展三方面的指标体系事实上给予了同等重视，而并非片面强调可持续发展目标"。②

---

① Susan Nicolai, Tanvi Bhatkal, Chris Hoy and Thomas Aedy, "The SDGs in Latin America and the Caribbean", https：//www. odi. org/sites/odi. org. uk/files/resource-documents/10645. pdf. ［2018 - 01 - 26］.

② CEPAL, *Horizontes 2030：La Igualdad en el Centro del Desarrollo Sostenible*, Santiago de Chile, p. 19, http：//repositorio. cepal. org/bitstream/handle/11362/40159/4/S1600653_es. pdf. ［2016 - 05 - 26］.

在推动落实 2030 年发展议程上，拉美一些国家取得切实成效，为发展中国家起到较好的示范作用。这一方面得益于经济增长，另一方面也得益于拉美国家的社会政策，主要包括：一是劳动力市场建设，包括减少童工，增强最低工资立法与减少失业等；二是增强教育，包括技术教育与职业培训；三是加强社会福利，聚焦于赤贫家庭、增强儿童福利以及非缴费型养老金制度建设。这些政策取得良好的社会效果，为 2030 年发展议程打下较为巩固的基础。2018 年 1 月，哥伦比亚桑托斯在参加达沃斯论坛时表示，"在哥伦比亚，我们非常重视可持续发展目标，我们是第一个将它们纳入我们法律体系的国家。但这还不够，我们必须引进私营部门"。在自愿提交国家进展报告并由 2016 年 7 月举行的可持续发展高层政治论坛（High-Level Political Forum on Sustainable Development）进行审查的 22 个国家中，包括哥伦比亚、墨西哥和委内瑞拉 3 个拉美国家。

在推动拉美国家制定和落实 2030 年发展议程及其后续行动方面，联合国拉美经委会起着独到的作用。一是发起和推进政策对话。通过与拉美国家的政府、国际组织以及 NGO 等相关网络进行政策对话，促进拉美国家政策协调，推动拉美国家参与 2030 年发展议程的讨论、目标的制定和落实。2013 年 3 月，拉美经委会在波哥大组织召开"拉美和加勒比可持续发展会议"以及"加勒比论坛"，审议 2015 年后发展议程。2016 年 5 月，拉美经委会推动建立了"拉美可持续发展论坛"，并使之成为跟踪和监督 2030 年发展议程实施进展的地区性机制。2017 年 4 月 26—28 日，第一届拉美和加勒比国家可持续发展论坛在墨西哥举行，参与各方重新确认对 2030 年发展议程做出的集体承诺。二是政策建议与咨询。拉美经委会通过分析拉美的结构性挑战，提出落实 2030 年发展日程的 4 个优先事项，即加强区域机构架构；就实施办法提供技术援助；支持将可持续发展目标纳入国家发展计划；推广使用定量方法以追踪目标的实施。三是评估和监督作用。通过发布《拉美和加勒比 2030 年可持续发展地区进展和挑战的年度报告》，该委员会及时评估拉美各国落实 2030 年发展议程的情况和进展。

（三）国家治理是全球发展治理的主要路径

联合国《2030 年可持续发展议程》于 2016 年 1 月 1 日正式生效。它不仅提出未来 15 年全球可持续发展的目标及行动计划，而且还明确了执行该议程的手段、后续落实和评估。在强化和构建全球发展伙伴关系的同时，它强调"各国对本国经济和社会发展负有首要责任"，点明国家治理与全球发展治理之间的关系。

国家治理与全球发展治理密不可分，全球治理建立在国家治理基础之上，国家治理是构建全球秩序的重要组成部分。英国学者赫德利·布尔（Hedley Bull）认为，世界秩序不仅包括国家间的秩序，而且还包括国家内部秩序以及涵盖国家体系在内的世界政治体系的秩序。① 冷战结束后，随着全球化的发展，各国间相互依存扩大，有效的国家治理与全球治理的逻辑关系进一步递进，成为"世界秩序的核心要义和基本要件。没有了国家治理所营造的国内秩序，世界秩序就没有了基本的依托"。②

国家治理与全球发展治理之间存在正负相关性，或者说正负两个效应。从正面效应来说，国家治理是实现全球发展治理的有效条件。原因有以下几点：第一，全球治理不能解决一个国家的经济和社会发展问题，而必须依赖国家治理的有效性。以海地为例，从1957—2015年的近60年里，"海地至少接受了重建和发展援助380亿美元，但它仍是世界上最脆弱的国家之一。解释援助海地失败的原因有很多，但最重要的原因是海地国家机制的失效"。③ 第二，全球治理规则、规范以及具体合作项目的"落地"必须主要依靠治理完善的民族国家来完成。2005年联合国首脑会议做出决定，所有发达国家和发展中国家在2006年之前制定出各自实现千年发展目标（MDGs）的国家战略，使之正式从全球层面延伸至国家层面。2030年发展议程再次"确认各国对本国经济和社会发展负有首要责任"这一原则，并进一步强调"国家政策和发展战略的作用无论怎样强调都不过分"。第三，国家治理的有效性与其在全球治理中的作用成正比。一个国家只有完善国家治理，拥有较强的综合实力，才能成为全球治理的重要参与者和规则制定者，而不至沦为被治理对象和规则接受者。

---

① 赫德利·布尔：《无政府社会——世界政治秩序研究》，张小明译，世界知识出版社2003年版，第17页。

② 陈志敏：《国家治理、全球治理与世界秩序建构》，载《中国社会科学》2016年第6期，第15—16页。

③ Terry F. Buss, "Foreign Aid and the Failure of State Building in Haiti from 1957 to 2015", *Latin American Policy*, Volume 6, Issue 2, December 2015, p. 319.

以中国为例，由于实现有效的国家治理，中国是世界上完成联合国千年发展目标成效最大的国家，极端贫困人口的比例从 1990 年的 61% 下降到 2014 年的 4.2%，中国对全球减贫的贡献率超过 70%。随着经济的增长，中国排放温室气体量增加，成为世界第一排放大国。但与此同时，中国推出负责任的减排计划和具体落实措施，不仅在近年内实现预定的减排目标，也为巴黎气候峰会达成全球协议起到稳定器的作用。再以巴西为例，新兴经济体在自身发展的同时也加大对发展中国家的援助力度，逐步成为新兴援助国。"巴西国内发展成就为其开展国际合作提供了新的资源，为其从国际发展援助的接受方转变为供给方创造了有利条件……巴西用于国际发展合作的经费，在 2005 年至 2009 年增长了 129%，金额从 1.58 亿美元增加到 3.62 亿美元。"[①]

国家治理与全球发展治理关系也存在负面相关性：第一，国家治理缺失所导致的贫穷、政局动荡、社会不稳定的问题，使一些国家根本无力参与全球治理。全球治理进程中各国的参与谱系仍然是强者丛林，弱者难以从中找到自己的座位。第二，治理失灵的国家将成为全球治理的负资产。在一个相互依存的世界中，一个国家治理不好，或治理失灵甚至失败，会产生负面传导效应，对其他国家的利益乃至地区及世界和平与发展构成挑战和威胁。20 世纪 90 年代至今，加勒比国家的海地，政治经济动荡不止，接连遭到飓风和地震等自然灾害打击，陷入大范围社会冲突，多次出现人道主义灾难。2014 年，美国《外交政策》杂志将其列为全球排名第 9 的失败国家。

（四）构建中拉全球发展伙伴关系，推动全球发展治理

国际合作是落实 2030 年发展议程的另一条必不可少的路径。"与千年发展目标相比，建立新型全球发展伙伴关系是 2030 年发展议程最重要的升级之一。"

中拉构建全球发展伙伴关系，存在广泛的政治基础。第一，"建立更加平等均衡的全球发展伙伴关系"是中国作为负责任大国，落实 2030 年发展议程的任务目标之一。作为世界上最重要的发展中地区，拉美是中

---

① 牛海彬、黄放放：《巴西与 2015 年后国际发展议程》，载《国际展望》2014 年第 5 期，第 135 页。

国构建全球发展伙伴关系的一部分。2016 年，第二份《中国对拉美和加勒比政策文件》提出，"推动中拉在减少贫困、消除饥饿、缩小贫富差距等领域开展对话和交流，分享贫困识别等方面的信息，共享精准扶贫经验……"还提到"进一步推进中拉在社会福利、社会救助等社会发展领域的交流与合作，加强政策分享，推动和实现双方在为老年人、残疾人、儿童等特殊群体和城乡困难群体提供服务和救助等领域的务实合作"等设想。第二，随着中国国力的提升，国家治理水平的不断提高，中国参与全球发展治理的意愿与能力不断提升。从千年发展目标到 2030 年发展议程，中国的角色发生重要变化，从受援方和被动参与者向积极参与者和推动者转变。中国一方面加紧落实 2030 年发展议程的国别任务，另一方面积极推动 2030 年发展议程的国际合作，利用 2016 年 9 月 G20 杭州峰会主办国的便利，将落实联合国 2030 年发展议程列为峰会的核心议程。第三，中拉对于 2030 年发展议程优先目标存在共识。《2030 年可持续发展目标》明确提出"消除一切形式和表现的贫困，包括消除极端贫困，是世界最大的挑战，也是实现可持续发展必不可少的要求"。中国虽然是落实千年发展目标取得成效最大的国家之一，但在许多发展目标上要达到发达国家的水平仍有很长的路要走。2015 年 10 月，习近平主席在"2015 减贫与发展高层论坛"上提出，中国在未来 5 年将使现有标准下7000 多万贫困人口全部脱贫。拉美在实施千年发展目标特别是减贫方面也取得巨大成就，但仍面临减贫、消除饥饿和不平等等影响其可持续发展的诸多重大挑战。近年来，由于经济增长停滞和衰退，拉美国家脱贫人口面临返贫威胁，贫困人口呈增长趋势。2017 年，联合国拉美经委会发布报告称，2014 年拉美有 28.5% 的贫困人口（1.68 亿），2015 年上升到29.8%（1.78 亿），2016 年上升到 30.7%（1.86 亿）。极端贫困人口的比例从 2014 年的 8.2%（4800 万）上升到 2016 年的 10%（6100 万）。第四，中拉同属发展中国家，"平等互利、注重实效、长期合作、共同发展"的南南合作理念为中拉开展新时代的国家治理和全球治理合作创造了条件。

中拉在国家治理和全球发展治理上的合作路径主要有三个：第一，加强发展互鉴。有效的国家治理是全球发展治理的基础，提升国家治理能力和国家治理现代化是推动全球治理的重要路径。因此，中拉应加强在国家治理方面的经验交流，促进发展互鉴。第二，加强中拉务实合作，促进共同发展。2030 年发展议程是一个庞大的目标体系，而发展是实现这一目标体系的重要手段。加强中拉在双边、多边以及整体方面的务实合作，促进中拉共同发展无疑将有助于双方落实 2030 年发展议程。其中，中国推动的"一带一路"倡议，涉及基础设施、经贸、投资和金融等各个领域，"与联合国在 2015 年通过的《2030 年可持续发展议程》不谋而合……达到了完美的和谐"。① 随着中拉双方政策契合度的不断提升，"一带一路"倡议将成为中拉共同落实 2030 年发展议程的重要合作平台。此外，在发展融资方面，中国推动建立的亚洲基础设施投资银行、金砖国家新开发银行以及中拉之间各种融资合作机制，将为中拉开展以基础设施、绿色发展以及产能等方面的合作提供资金。第三，加强中拉在南南框架下的合作。尽管中国仍是发展中国家，但为了推动全球发展治理，助力 2030 年发展议程的落实，中国加大了对外发展援助的规模。在 2015 年 9 月出席联合国成立 70 周年系列峰会时，习近平主席提出中国"从资金、技术、能力建设等多个方面为发展中国家提供自愿支持，为全球发展事业提供更多有益的公共产品"，如设立中国—联合国和平与发展基金、南南合作援助基金，成立国际发展知识中心、"南南合作"与发展学院，免除最不发达国家、内陆发展中国家、小岛屿发展中国家截至 2015 年年底到期未还的政府间无息贷款债务等一系列重大举措。其中，首期 20 亿美元"南南合作援助基金"主要用于支持广大发展中国家落实 2030 年议程目标，拉美国家也将从中受益。

第四节　互动机制与战略选择

在拉美地区 33 国中，能够广泛、深入参与全球治理的主要是三个地区大国，即巴西、墨西哥和阿根廷。在三大国中，巴西与中国同为发展中大国和新兴经济体，共同利益最多，双边、多边互动最密集，合作卓有成效。阿根廷次之，虽不如巴西与中国的合作那么密切，但也与中国

---

① 《联合国官员："一带一路"倡议和"2030 年可持续发展议程"完美和谐》，http：//world. people. com. cn/n1/2017/0522/c1002 - 29292372. html。［2018 - 01 - 22］。

有着广泛的共同关切，在全球治理领域开展了有效合作。墨西哥在很大程度上已经脱离了发展中国家定位，且与中国在贸易上存在同构竞争关系，因此与中方在全球治理议题上的战略合作最少。拉美中小国家"抱团取暖"，联合地区内外的伙伴国家，在它们感兴趣的领域里表现活跃，与中国也有较多互动。

一 中国与拉美国家间的双边互动机制与合作

从 20 世纪 60 年代起，中国与多数拉美国家陆续建立外交关系。截至 2018 年 5 月月末，中国已同巴西、墨西哥、阿根廷、古巴、智利、巴拿马、多米尼加共和国等 23 个拉美国家建立外交关系。双方领导人互访、外交机构、政府各部门的专业性对话机制以及在国际多边场合的磋商活动组成双边协商全球治理问题的多重架构。①

（一）中国与巴西

中国与巴西在 1993 年建立战略伙伴关系。2012 年，两国关系提升为全面战略伙伴关系。两国外交部及驻对方使馆、主管全球治理议题的其他部委等是两国日常交流的主要渠道。两国间还建有高层合作与协调委员会，下设各专门委员会。巴西也是目前唯一同中国建立外长级全面战略对话机制的拉美国家，2014 年两国举行首次外长级全面战略对话，其中涉及全球治理问题。

两国高层交往频繁，双方领导人经常就重大全球治理议题进行对话。习近平主席和李克强总理在 2014 年和 2015 年相继访问巴西。罗塞夫总统在任期间曾多次访华。特梅尔总统在就职当天便来华出席 G20 领导人杭州峰会。两国最高领导人还不时就相关问题约通电话，顺畅沟通。此外，两国议会领导人互访和内阁要员互访也保持较高的频率。在这些高层互动中，全球治理议题得到高度关注，有时双方还通过联合声明等形式确认其共同立场。

应对气候变化是两国之间最重要的合作议题。在重大国际会议之前，双方通常都会就重要议题协调立场，确认其重要性和解决问题的主要指

① 目前，中国同圣基茨和尼维斯、圣卢西亚等 10 国尚未建立正式外交关系（同有些国家建交后又断交），但与其中一些国家互设了商务代表处或其他准官方机构。

导原则。2015 年巴黎气候变化大会召开前夕，中巴两国高层达成一系列重要共识，确定发展中国家对发达国家的基本要求，提出通过气候变化治理促进可持续发展的共同愿景和行动规划。

全球金融治理也是双边协商的重要内容。通过高层访问和工作层沟通，双方在这个领域达成重要共识：应切实推进世界银行和国际货币基金组织改革，推动国际金融机构加大对发展问题的投入。双方还把落实 2010 年国际货币基金组织份额改革方案作为合作重点并取得实效。两国间还建立本币互换机制。2013 年 3 月，中巴两国央行签署 1900 亿元/600 亿巴西雷亚尔双边本币互换协议，这是向打破发达国家的货币垄断、保障金融安全迈出的重要一步。

（二）中国与阿根廷

中阿两国长期保持密切的双边沟通。1990 年，两国外交部建立政治磋商制度，至今已举行十余次政治磋商。2013 年，两国建立政府间常设委员会机制，并于 2015 年 2 月举行首次会议。双方迄今已举行两次经济合作与协调战略对话、20 次经贸混委会会议。2014 年，中国与阿根廷建立全面战略伙伴关系。2015 年 2 月，克里斯蒂娜总统应邀对中国进行国事访问。2016 年 4 月和 9 月，习近平主席和马克里总统分别在华盛顿核安全峰会和 G20 领导人杭州峰会期间会面。在这些双边互动中，全球治理合作是重要的协商内容。

2014 年 7 月，双方在建立全面战略伙伴关系的声明中再次明确表示，中阿作为新兴市场国家的代表，在国际舞台上发挥着重要作用，在许多重大国际和地区问题上拥有广泛共同利益，持相似立场。双方应加强在联合国、G20、世界贸易组织等国际组织和多边机制框架内的沟通，就联合国改革、全球经济治理、多哈回合谈判、气候变化等议题保持密切协调。①

中阿两国也建立了本币互换机制。2009 年 4 月，中国人民银行同阿根廷中央银行签署 700 亿元/380 亿阿根廷比索的本币互换协议。2014 年 7 月，习近平主席访阿期间，中国人民银行同阿根廷中央银行签署 700 亿

---

① 参见《中华人民共和国和阿根廷共和国关于建立全面战略伙伴关系的联合声明》，外交部网站，http://fmprc.gov.cn.［2017－03－18］。

元/900 亿阿根廷比索的本币互换协议。2017 年 7 月，中阿续签双边货币互换协议。与前两次不同的是，此次协议并未使用美元，而是分别以人民币和比索计价，从一个侧面反映出中拉金融合作方面的重要变化，人民币国际化在拉美地区取得重要进展。

（三）中国与墨西哥

与巴西、阿根廷相比，墨西哥与中国在全球治理领域的合作较少。2003 年，两国建立战略伙伴关系。2013 年 6 月习近平主席访墨期间，两国元首共同宣布将双边关系提升为全面战略伙伴关系。2004 年 8 月，两国成立政府间常设委员会，迄今已召开 6 次会议。2008 年 7 月，卡尔德龙总统对中国进行国事访问期间，两国元首共同宣布建立中墨战略对话机制，迄今已举行 4 次对话。

由于基本定位和立场的差异，中国与墨西哥在气候变化、全球金融治理、全球贸易治理、可持续发展等议题上的共同语言不多，因而难以开展深入有效的合作。唯一的例外是联合国改革问题上，墨西哥加入"团结谋共识"集团，反对包括日本在内的"四国集团"入常方案，其立场与中方主张多有交集，双方互动一度增多。

二　中国与拉美国家间的多边互动机制与合作

在双边机制之外，中国与拉共体、联合国拉美经委会等地区组织就全球治理问题开展战略性、学术性协商与研讨，与太平洋联盟等次区域组织也有间接的合作对话。在亚太经合组织（拉美成员国包括墨西哥、秘鲁、智利）、东亚—拉美合作论坛（包括 20 个拉美国家）、金砖国家（包括巴西）、联合国、G20（包括巴西、墨西哥、阿根廷）、世界银行、国际货币基金组织、世界贸易组织等跨地区组织和全球多边组织中，中拉在全球治理议题上的互动与合作也日趋密集。

中国与巴西在多边场合就全球治理议题开展了密集沟通与合作，其中包括金砖国家、联合国、G20、世界银行、国际货币基金组织、世界贸易组织等多边机构。其中，金砖国家是中巴两国合作的主要平台。两国与其他"金砖国家"一道，就国际金融治理结构改革、发达国家货币政策及其外溢效应、设立金融安全网、多哈回合谈判、联合国改革等一系列议题达成广泛共识并付诸行动。在 G20、世界银行、国际货币基金组织、世界贸易组织重要会议之前，包括中国、巴西在内的"金砖国家"都会举行外长、财长、贸易部长会议，提前就相关议题协调立场。① 2013年，在巴西人阿泽维多竞选世界贸易组织总干事的过程中，中国与巴西进行了密切的配合，最终击败了美国和欧盟支持的墨西哥候选人，使阿泽维多成功当选。2014年7月，在巴西福塔莱萨举行的"金砖国家"领导人第六次会晤中，中国与巴西共同努力，推动签署了成立"金砖国家"开发银行及初始资金规模为1000亿美元的应急储备安排的协议。成立金砖国家开发银行是对全球发展领域的多边和区域性金融机构的有力补充，应急储备安排有利于成员国应对短期流动性危机。同时，它们的成立也为中巴两国在金融治理领域的合作提供了新的框架机制。

中国与阿根廷主要在G20框架下开展互动。尤其是在两国分别担任G20轮值主席国期间，双方就议程设定和具体议题内容都进行了密集互动和协商。中阿在联合国框架内的互动也较多。在联合国改革问题上，阿根廷支持中国立场，与巴西形成鲜明对比。中阿都认为联合国应在推动建立更加公正、合理和平等的国际秩序过程中发挥主导作用，安理会改革也非常必要。改革应使安理会工作更加民主和透明，增强其应对全球性威胁和挑战的能力。应寻求共识，反对推动未达成最广泛共识的解决方案。②

在气候变化问题上，中国与拉美中小国家的交流合作值得关注。在秘鲁主办2012年利马气候会议过程中，中国通过双边诸渠道与秘鲁保持密切沟通，对秘鲁等国的合理关切予以支持，得到秘鲁等多个拉美国家的积极回应。在与安提瓜和巴布达等加勒比小岛屿国家的双边交流中，中国表示理解这些国家的诉求和面临的实际困难，愿提供力所能及的帮助，共同提高适应和应对气候变化的能力，维护发展中国家的利益。2013年，中国与安提瓜和巴布达、巴巴多斯、多米尼克等国签署了《关于应对气候变化物资赠送的谅解备忘录》，向这些国家赠送了节能灯、节

---

① 参见《"金砖国家"领导人第五次会晤德班宣言》，外交部网站，http：//fmprc. gov. cn.［2017－03－18］。

② 参见《中华人民共和国政府和阿根廷共和国政府联合声明》，外交部网站，http：//fmprc. gov. cn。［2017－03－20］。

能空调、太阳能发电系统和路灯等物资。① 中国国家发展与改革委员会、商务部等还举办针对不发达国家的应对气候变化培训班，为其提供知识和信息帮助，受到后者广泛好评。

三　对中拉全球治理合作机制建设的战略思考

无论是气候变化，还是全球经济治理、安全治理议题，其核心都是发展问题，是在一个不平等、不均衡发展的世界格局里改进治理体系，加强合作并创新公共产品，让参与各方普遍获益的大局问题。当前，全球治理处于十分困顿的时期，一方面发达国家的引领角色大为失色，而全面替代其作用的新兴力量仍然脆弱；另一方面，民族主义、保护主义、单边主义思想在各大国，特别是西方大国中渐居上风，全球公共产品供给出现前所未有的不足。身处这一重要的历史节点中国和拉美各国别无选择，只有通过更加密切的沟通，加强战略规划和实际互助，提升双方全球治理合作的质量和效能，在改变自己、发展自己的同时为改进全球治理做出应有的贡献。

中国实行改革开放 40 年，已经深度融入国际体系，与外部世界的相互依存度达到极高的程度。时至今日，中国已经成为"世界工厂"和全球价值链上的重要一环。中共十八届五中全会提出"创新、协调、绿色、开放、共享"的五大发展理念，不仅标志着中国自身发展战略转向更加全面、平衡、可持续的目标，也意味着其大国责任意识、发展意识、合作意识迈上更高的层次。观念、意识的转变必将促进中国与包括拉美国家在内的多元伙伴开展更为富有建设性的全球治理合作。

如前所述，在众多发展中国家里，拉美国家不仅广泛参与全球治理进程，而且在其中占有特殊而重要的地位，中拉为此展开合作十分必要且需进一步加强。在合作机制建设方面，在拉共体内部作出有效协调和形成共同立场的基础上，中拉双方可在中拉论坛框架内专门设立全球治理合作机制，不仅可为双方节省各类不必要的"交易成本"，提高合作效率，也可以有效避免拉共体各成员之间获益不均，产生嫌隙。应该看到，

① 参见谌园庭《全球气候治理中的中拉合作——基于南南合作的视角》，载《拉丁美洲研究》2015 年第 6 期，第 56—61 页。

开展中拉整体合作基础仍然相对薄弱，与地区整体合作机制建设不尽成熟、尚无定制等有关，也与拉美国家之间的发展水平、文化特性、资源投入、具体落实能力千差万别有关。此外，拉美地区一体化历史不短，却呈现"碎片化"现象，与缺少域内大国合力而成的"发动机"有关。在目前条件下，中拉在"小多边"与双边领域的合作更具现实性和可操作性。中国可根据不同的议题灵活选择谈判对象，视情将立场相近的次区域集团和国家加以组合，同步加强次区域、双边合作的力度以取得更好的成效。最后，应该强调整体合作框架的长远功效不容忽视。全球治理进程本身要求广泛而平等的参与，长远而言，中国应发挥其重要的外部杠杆作用，推动建立中拉论坛内的全球治理对话，既促进拉共体发挥在地区事务及对外合作中主体性作用，也进一步提升中国在全球化与全球治理议题上的影响力，对遂行中国特色大国外交具有重大意义。

（二）充分利用"特朗普冲击"，推动中拉整体合作机制向前发展

2015 年年初，中拉论坛首届部长级会议在北京举行，为中拉整体合作建章立制奠定了制度基础。但自成立以来，中拉论坛尚未取得实质性进展。究其根源，在于拉美国家内部的差异，尤其是巴西、墨西哥、阿根廷等地区三大国的分裂。巴西的综合国力领先于其他两个国家，人口和国土面积都超过墨西哥和阿根廷的总和。但巴西的弱点也很明显：经济增长依赖初级产品出口，对外依附性强，创新能力弱，缺乏自主增长能力和持续增长能力；财富和收入分配严重不均，社会和政治凝聚力不足；武装力量发展滞后，军事投送能力差，缺乏对世界热点地区的干预能力，硬实力不足。与之相比，墨西哥和阿根廷的综合国力稍逊一等，但也都是资源丰富、幅员辽阔的地区大国。其中，墨西哥加入了北美自由贸易区，与美国经贸关系紧密，"向北看"的倾向明显。而阿根廷在 20 世纪初一度是拉美的"发达国家"，大国意识较强。因此，巴西尚未成为拉美地区的增长极和力量中心，不具备成为地区"领头羊"的实力，三者之间没有一个占据优势的领导者，而是彼此竞争、互争雄长。在全球治理的大多数领域，巴西、阿根廷坚守发展中国家立场，但墨西哥表现出较强的两面性，既欲充当发展中国家代表，又积极向发达国家立场靠拢。在联合国安理会改革议题上，阿根廷又与墨西哥联手阻碍巴西的入

常野心。① 因此，拉美地区三大国在全球治理等诸多问题上不能达成共识，也妨碍了与中国在这个领域的整体合作。

但"特朗普新政"的冲击可能会改变这种局面。特朗普履职后，几乎全盘逆转了奥巴马时期的全球治理政策倾向。对于气候变化问题，特朗普称为"一个骗局"。他任职不久便采取了一系列行动来废除奥巴马在气候变化问题上的政治遗产。白宫网站迅速删除了有关气候变化的内容。2017 年 1 月 24 日，特朗普签署行政命令，重启基石 XL 输油管道项目及达科他管道项目，这些项目曾因环保争议遭到暂停。3 月 16 日，特朗普提议将美国环境保护署的预算削减 31%。3 月 28 日，特朗普签署名为《能源独立》的行政命令，要求"暂缓、修改或废除"奥巴马政府 2015 年推出的《清洁电力计划》。该计划要求美国发电厂到 2030 年在 2005 年基础上将碳排放削减 32%，有利于维持美国在节能减排和新能源开发领域的领袖地位。6 月 2 日，特朗普总统正式宣布，美国退出《巴黎气候协定》。中国、拉美、欧盟等都对此表示反对。

在全球贸易治理方面，特朗普则高举贸易保护主义大旗。他多次声称要退出世界贸易组织。2017 年 1 月 23 日，特朗普签署行政命令，正式宣布退出跨太平洋伙伴关系协定（TPP）。3 月 17 日，G20 财长会议在德国召开，特朗普政府代表拒绝支持会议声明中"抵制贸易保护主义"的内容。3 月 31 日，特朗普签署行政命令，重审美国签署的自由贸易协定，中国、墨西哥、德国等都是其重点关注的对象。福特等汽车生产商被迫减少或撤出在墨西哥的投资，增加在美国的生产。

美国的贸易政策已经激起其他国家的反弹。参加 TPP 的其他 11 个国家已经开始就实施协议进行谈判。澳大利亚也宣布打算与墨西哥、秘鲁、哥伦比亚和智利等所有 TPP 原始成员国达成一项单独的自由贸易协定。与此同时，加拿大正在与中国、日本和印度进行贸易磋商，部分原因在于防止美国退出北美自由贸易协定。② 而太平洋联盟轮值主席国智利则邀

---

① 吴白乙：《中巴战略伙伴关系的国际政治意义》，载《中国社会科学报》2009 年 5 月 26 日第 9 版。

② 奥斯顿律师事务所：《特朗普百日执政的贸易政策》，http：//business. sohu. com/20170324/n484610211. shtml.［2017 - 04 - 02］。

请中国参加了当年 3 月中旬举行的亚太区域经济一体化高级别对话会。①

在全球金融治理方面，特朗普似乎已经忘记了 2008 年金融危机的教训，对多德—弗兰克法案（Dodd-Frank Act）提出批评，提出要放松金融监管、精减监管成本，包括明确金融业监管核心原则、审查并撤销不必要的监管等。这种倾向有可能会加剧国际金融市场的动荡，进一步提高全球金融治理的难度。

特朗普在全球治理领域的全面倒退会对拉美国家形成冲击，墨西哥首当其冲。放弃跨太平洋伙伴关系协定、重新谈判北美自由贸易协定等举措将对墨西哥的经济前景产生不利影响，使墨西哥失去贸易依托的风险骤增。美国在气候变化问题上的大逆转也将使墨西哥丧失"桥梁"作用，为避免在气候变化中承担更大损失，墨西哥恐怕不得不向中国的立场靠拢，站到美国的对立面。总的来看，特朗普新政使墨西哥失去了战略依托，不得不寻求对外战略的转型。从美国国内政治的走向看，特朗普所代表的政治力量已经觉醒并显示了强大的实力，这意味着特朗普主义将长期化。无论谁担任美国总统，都不会再试图彻底逆转特朗普的政策倾向。因此，墨西哥对外战略的转型也将是长期和必然的。这个转型势必在很大程度上扭转墨西哥在全球治理诸议题的立场，使之不得不向中国立场全面靠拢，从而为中拉在全球治理上的合作提供新的空间。适逢拉美经济整体下滑，墨西哥经济增长率连续走低，这也会促使它向中国靠近。墨西哥是中等强国中的"风向标"，其转变将产生示范效应，为中国的全球治理战略提供更大助力。巴西、阿根廷的立场本已接近中国，在新形势下对华倚重会进一步加深，对提高中国在全球治理领域的话语权更为有利。

在具体操作层面，中国一方面可以加强与墨西哥等拉美大国的双边战略协商，另一方面可以考虑以中拉整体合作的方式推动全球治理。由于特朗普因素的影响，拉美三大国在全球治理议题上的立场将空前接近，从而为中拉整体机制框架下的合作扫除了最大障碍。

---

① 向骏：《特朗普上台对中拉关系影响初探》，中拉智讯，[2017－04－10]。

第 十 章

中拉发展战略对接

　　前面各章既讨论了中国与拉美地区长期合作，进而迈入"构建式"互动关系新时代的现实基础、内外动力来源以及未来合作内涵、方式的多重转变可能，也专门就拉美国家政治制度、执政能力与制度环境的发展滞后状况及其成因，以及中拉双方参与地区和全球治理的必要性、可能性作出归纳和分析。一段时间以来，学术界对于拉美的认知和中拉合作的看法并不一致，悲观一方的主要依据是拉美国家之间的发展差异较大，诉求多元，对外合作效率不高，区域整合困难重重。这些事实确实长期饱受外界诟议。然而，来自外部的评判终究基于一种并非事实主体的比较视角，难免带有自身制度优越感和价值取向，容易导致对跨文化合作内在张力、韧性的低估，对创新合作机制的前景心存悲观。本章力图从当代全球化演进与中拉发展共性之间的现实逻辑出发，讨论中拉合作制度性约束的解决之道，即在中方提出"一带一路"国际合作倡议并得到拉美国家强烈回应的背景下，通过推进发展战略对接，中拉共同应对经济全球化新旧动能转换及中拉合作结构、能力不对称所带来的挑战，在更高水平上为扩大双方务实合作提供机制化保障，从而进一步释放合作效能，实现彼此经济社会发展目标与政策的联通、兼容、共济，形成更加紧密的"命运共同体"。

第一节　全球化与中拉发展战略对接的现实逻辑

　　"正像达尔文发现有机界的发展规律一样，马克思发现了人类历史的发展规律，即历来为繁芜丛杂的意识形态所掩盖着的一个简单事实：人们首先必须吃、喝、住、穿，然后才能从事政治、科学、艺术、宗教等等；所以，直接的物质的生活资料的生产，从而一个民族或一个时代的一定的经济发展阶段，便构成基础，人们的国家设施、法的观点、艺术以至宗教观念，就是从这个基础上发展起来的，因而，也必须由这个基础来解释……"①观察中国和拉美与经济全球化之间的必然关系，应该客观地审视其历史的必然，也正是这一必然中所产生的失衡注定中拉参与全球化进程的被动与脆弱地位。

一 "离不开"的发展共性

200多年前，地处美洲大陆西、葡殖民地相继爆发武装起义，脱离宗主国长达3个世纪的殖民统治，建立新兴的民族国家。与同时代的封建中国所不同，拉丁美洲在独立之初就身不由己地卷入世界商品市场的构建进程。在第一次经济全球化浪潮的冲击下，拉美地区沦为先进工业国家的附属品，在种族、政治、经济、文化上全面欧洲化，其影响较之亚洲、非洲显著而深远。②此后及至当代，尽管"西方式的代议制民主制度与经济政策关系决定了欧美乃至拉美国家呈现经济政策及全球化政策时左时右的周期变化"，但拉美在整体上始终未能摆脱其国际生产专业化的滞后地位，外向型经济结构、远未完成的工业化及其对资本输入的严重依赖使诸多国家掉入持续贫弱的泥沼，甚至被贴上"拉美病"的标签。③即使按照"依附论"著名学者阿明的最新划分，东亚资本主义国家和地区及中国属于世界经济体系的"活跃外围"，而南亚、非洲和中东及拉美则仍是"贫困化外围"。④

---

① 恩格斯：《在马克思墓前的讲话》，《马克思恩格斯文集》第3卷，人民出版社2009年版，第601页。

② ［美］斯塔夫里阿诺斯：《全球通史——1500年以后的世界》，吴象婴、梁赤民译，上海社会科学院出版社1992年版，第518—554页。

③ 蔡昉：《全球化的政治经济学及中国策略》，载《世界经济与政治》2016年第11期，第20页；苏振兴主编：《拉美国家社会转型期的困惑》，中国社会科学出版社2010年版，第88—98页。

④ 阿明不仅注意到东亚国家的工业生产竞争力，更看重其政治"主导力量以及背后的整个社会（不论其社会矛盾如何）都有计划目标和实现的战略"。参见［埃及］萨米尔·阿明《中文版序 资本主义的新阶段——新的挑战》，载萨米尔·阿明著、高铦译《不平等的发展——论外围资本主义的社会形态》，社会科学文献出版社2017年版，第Ⅶ—Ⅷ页。

中国经历数千年的农耕文明，形成了自身特色的政治与宗法、经济与社会、技术和学术制度，其"自给自足"和"轻商抑农"等价值观念和治理思想，曾创造过令世人仰慕的物质和精神成就。面对欧洲工业革命和资本主义全球化的兴起，中国统治者和士大夫阶层却罔顾挑战，守旧不变，或回避或抵抗，但终归失败。1840 年鸦片战争、1894 年甲午战争和 1900 年八国联军对华战争，不仅一步步打开天朝大门，将其纳入到完全陌生的资本主义世界体系之中，沦为政治和经济的半殖民地，也迫使中国知识分子和有识之士"睁开双眼"，转向外部强国，探寻救国图强之道。① 后来的历史表明，"作为现代化'后发外生型'国家，中国是在列强的挤压下被迫走上现代化道路的，促成变迁的因素虽然已经胎动于社会母体中，但更多的却是对外国冲击回应的结果，思想文化条件、经济社会条件和政治制度条件的积累都不成熟。因而，一方面现代化启动的非常态势促使其发展具有赶超的冲动和必然；另一方面因其起点与目标的巨大反差而必然面临着几千年习惯势力和国际殖民势力的强大挑战，巨大的曲折与反复在所难免……新与旧的冲突，传统与现代的嬗变，中国与世界关系的调整，都在激烈的无序变动中艰难地开拓着中国现代化的路径"，② 中国民主革命时期如此，社会主义革命和改革开放时期也是如此。

站在历史大时段、大格局的角度比较中国和拉美，我们不难发现，双方处于不同源头和国情背景之下的现代化过程与特质存在不小的差异，然而却有一个鲜明的共同之处，即二者均在内生动力和客观能力不充分、不成熟的情况下走上现代化之路，其发展轨迹和历次战略转型均带有显著的"外源性"特征，在根本上决定其世界经济地位的发展中属性。时常为外力所牵动甚至"倒逼"的政策选择，往往由于时空条件的严重局限，令中国和拉美决策者脆弱而敏感，不得不在独立自主与拥抱全球化之间艰难地徘徊。"当年，中国对经济全球化也有过疑虑，对加入世界贸易组织也有过忐忑"，但最终认识到"世界经济的大海，你要还是不要，

---

① 王建朗：《从世界秩序的变迁中观察中国》，载《新华文摘》2017 年第 19 期，第 61—62 页。

② 王海光：《从革命到改革》，法律出版社 2000 年版，第 4—5 页。

都在那儿，是回避不了的。想人为切断各国经济的资金流，产品流，产业流，人员流，让世界经济的大海退回到一个一个孤立的小湖泊、小河流，是不可能的，也是不符合历史潮流的"。① 对于中国来说，要在 2020 年前后使 7000 万人口脱离贫困，全面建成小康社会，到 2050 年前后建成社会主义现代化国家，脱离世界经济大循环，离开对国内国际"两个市场，两种资源"的有效利用，那是不可想象的。

拉美地区所面临的经济社会矛盾同样突出，发展任务艰巨且远未完成，作为后起者仍然无法离开全球化这一跨国资源配置和利用的必经之路，解决其发展的资金、技术、市场等瓶颈问题。据世界银行的最新统计，2016 年拉美各国制造业占国内生产总值的比重为 15%，低于 1990 年，而城市化率却高达 80.8%，居全球前列。大量农村剩余劳动人口无序进入大都市而未能为制造业部门所吸纳，"正规和非正规部门无产阶级，生活在社会的最底层，被现代社会所遗忘"，造成贫困人口在整个地区总人口中占比达 40%，进一步加大贫富分化的刚性特征以及政治秩序失稳、利益冲突频发和社会关系紧张等一系列治理难题。② 显而易见，拉美国家只能通过深度规划有序而明智的发展战略，加大内部改革和对外开放力度，主动地适应、利用乃至推动全球化，③ 规避其负面影响和风险，才能不断做大经济和社会的"蛋糕"，逐步缓和、解决上述失衡与冲突。

二　全球治理挑战之下的理性选择

如果历史可以简单地呈线性发展，曾经来势汹涌的经济全球化大潮仍足以托起中国和拉美发展航船的话，那么下面关于"中拉发展战略对接"的讨论就全无必要了。问题在于世界总是在矛盾累积之后发生巨变，

---

① 习近平：《共担时代责任　共促全球发展——在世界经济论坛 2017 年年会开幕式上的主旨演讲》，新华网，2017 年 1 月 18 日，http://news. xinhuanet. com/2017 - 01/18/c_1120331545. htm。[2017 - 07 - 29]。

② 世界银行数据库，https://data. worldbank. org. cn/；苏振兴主编：《拉美国家社会转型期的困惑》，第 5、249 页。

③ 图里奥·霍尔珀林·唐伊：《两个世纪以来南美对拉美和美国之间发展差距的反思》，载弗朗西斯·福山编著《落后之源——诠释拉美和美国的发展鸿沟》，中信出版社 2015 年版，第 30—37 页。

旧的全球合作秩序因失衡和危机已被（至少是部分地）打破，而新的秩序需要通过新的力量、新的模式和新的再度构建，全球发展与治理成为当下国际关系中的最大公约数。作为全球最大的发展中国家和发展中地区之一，中国与拉美必须正视百年未见的历史变局，直面未来全球化的挑战与机遇，并借此强化合作，才能完成各自的发展使命。

首先，外部发展环境发生深刻调整和变化，全球化的列车不再由发达国家来单独牵引，"南南合作"将成为新的动力源，中国和拉美须积极顺应这一全新趋势。2008 年爆发于美、欧的次债危机、债务危机，揭示战后 70 年来全球资本和技术的持续扩张已造成严重的体系性失衡和治理危机。一方面，主要发达国家经济与社会的结构性矛盾积重难返，内部改革举步维艰，保护主义、孤立主义思潮兴起，对外开放和引领全球化的信心衰减;[①] 另一方面，发达国家的逆动也为新兴经济体和发展中国家腾让出合作的机遇和空间，近年来一种"更多地由东方而非西方领导"，"通过南南合作而非南北合作"的新型全球化呈加速之势。2011 年，南方国家之间的商品贸易在全球占比已从 1980 年的 8% 上升到 26%，直接投资已超过全球总量的 1/3。[②]

目前，新型全球化进程所呈现的特征已经显著，一是新兴市场带动全球实体经济和新型贸易、投资的基本流向，为发达国家、发展中国家的资金、技术、人力要素流动提供主要的价值空间，这是经济规律使然，也是生产力发展的客观要求所决定的。以亚洲基础设施投资银行为例，自 2015 年 12 月成立至今，已有全球 5 大洲 77 个国家成为其正式成员国，其中包括联合国安理会常任理事国 4 个、7 国集团成员国 5 个以及 20 国集团成员国 15 个。二是"南北合作""南南合作"交错并重，后者则因"舒适度"更高而为新兴经济体和发展中国家所偏好。随着新自由主义的全面破产，后发国家要全面完成现代化使命，必须开辟符合国情的非西方发展道路，同时也要创新相互间包容性合作模式，通过"南南合作"

---

① 张蕴岭:《反思全球化》，载《新华文摘》2017 年第 12 期，第 1—5 页;周方银:《当前西方国家思潮的演变趋势与深层动因》，载《学术前沿》2017 年第 2 期，第 45—51、69 页。

② 阿米塔·阿查亚:《"美国世界秩序的终结"与"复合世界"的来临》，载《世界经济与政治》2017 年第 6 期，第 20 页。

渠道获取外生动力和发展资源，从而有效地巩固多边贸易体制，给复苏乏力的世界经济注入新的活力。以"金砖国家"合作机制为例，经过10年来的团结与协作，5个成员国成功地抵御了外部系统性风险冲击和增速下行压力，取得远高于世界经济平均增速和吸引外国直接投资远高于7国集团的不俗成就。2017年9月"金砖国家"领导人厦门峰会期间，首度举行的新兴经济体与发展中国家对话会议弘扬"开放、包容、合作、共赢"精神，充分回应广大发展中国家的关切和需求，彰显了引领世界经济增长，特别是带动广大发展中国家"沿着全球发展阶梯向上攀登"的"领头羊"效应。① 三是全球治理的权力再分配不可避免。新兴市场和发展中国家占全球人口、陆地面积70%以上，经济占全球经济总量的比重已超过发达经济体，对世界经济增长的贡献率达80%，② 却一直难以获得有效参与全球性规则制定的合理权益，不仅造成全球治理体系失衡的延宕，也构成对所有国际社会成员发展安全的根本制约。事实表明，联合国、世界银行、国际货币基金组织等传统治理架构，乃至《2030年可持续发展议程》《联合国气候变化框架公约》等新的全球治理方案，离开广大发展中国家有效参与和建设是根本无法实现的，而发展中国家只能通过强化彼此之间的团结协作才能争取应有的治理权益。

其次，发展"外源性"造成经济脆弱性，而应对之道是推进经济模式转换和产业结构调整，中拉在破解难题中必然走得更近。金融危机重创了全球需求和国际贸易，特别是对于大多"以出口为导向"的发展中经济体造成极大的冲击，迫使各经济体纷纷转向结构性改革，使全球治理进入最深刻也最关键的"改革竞争期"。有学者指出，经济"新常态"意味着"一种'创造性破坏'"，未来中国经济增长将更多地依赖产业结构的优化，逐步放弃和退出低端产业链，由传统制造业为主转向以创新为引领的高端制造业和高端服务业为主，而增长的动力将"更多依赖内需而非外需，更多依赖全要素生产率的提升而非要素规模的单纯扩张"

---

① 季思：《金砖合作价值何在?》，载《当代世界》2017年第9期，第1页。
② 乐玉成：《为全球治理体系改革和建设不断贡献中国智慧和力量》，载《党的十九大报告辅导读本》，人民出版社2017年版，第413页。

将是中国经济进一步发展的必然选择。① 拉美各国经济体量、资源禀赋、产业结构和发展速率等与中国差别较大，却面临同样因外部需求萎缩而产生的改革压力，为此不少国家已开始规划和出台经济结构调整的方案。② 这一趋势在客观上形成中拉发展战略对接的重要机遇。一方面，中国即将退出的产业、剩余产能及其相关技术可以为部分拉美国家所利用，有助于后者由资源产品密集型经济转入劳动密集型制造业经济形态，从而改变其在全球价值链中的传统定位。正如李克强总理所指出，"中拉加强基础设施与产能互动合作，是当前形势下国际间加强合作共同应对经济下行压力的有效途径，有助于减少贸易保护主义，促进世界经济转型与和平发展……长远看，拉美不能止步于初级产品的'全球供应商'，中国也不能总是充当廉价产品的'世界工厂'，以一般工业消费品交换能矿产品为主的贸易结构不可持续，双方都要推动工业化升级和调整转型。拉美发展资源加工业有助于改变单一经济结构，中国壮大装备制造业并参与国际市场平等竞争是产业优化升级的方向"。③ 另一方面，转向内需驱动后的中国经济将释放巨大的市场容量，为未来拉美各类产品提供广阔的竞争和发展空间。尽管目前缺乏系统性的研究和预测，但可以推定的是，随着中国城镇化、工业化和人口老龄化三大趋势加速，以及人均收入水平提升和消费结构的变化，中国进口需求必将呈现大幅度增长，对拉美产品的进口将不再局限于能矿和大宗农副产品等少数几类，大量"拉美制造"的有竞争力产品有望在庞大的中国市场占据相应份额。据全球支线飞机制造业巨擘巴西航空工业公司分析，2014 年至 2033 年，中国民用航空市场年均增速为 6.8%，仅次于中东地区，为全球第 2 位，2033 年对 70—130 座支线飞机的交货需求将从 2013 年的 90 架增至 1020 架，

---

① 李扬、张晓晶：《论新常态》，人民出版社 2015 年版，第 113、116 页。

② 例如，巴西官方先后推出"工业强国计划""基础设施项目特许经营计划"等系列产业政策，力图扭转长期以来过度依赖资源类产品专业化生产和出口的增长模式。参见张勇《巴西经济增长及其转型的结构视角》，载《当代世界》2015 年第 10 期，第 56—58 页。

③ 李克强：《推动中巴合作升级　引领中拉共同发展——在中巴工商界峰会闭幕式上的致辞》，新华网，2015 年 5 月 21 日，http：//news.xinhuanet.com/politics/2015 - 05/21/c_11153 53757.htm。［2017 - 08 - 29］。

超过欧洲同期需求。①

最后，近20年来跨越式激增的务实合作，让中国和拉美深受其益，增强了各自的发展实力。然而，随着时间的推移，中拉合作的结构、模式和参与群体渐显落后，难以适应双方发展的新变化、新动力、新要求，也造成中拉合作关系新的不平衡、不充分局面。中国和拉美要全面提升合作水平，实现跨越太平洋的经贸、金融、产能、资源、基础设施、科技、航天及海洋等领域的互联互通，共同发展，已不能再局限于对单一合作领域进行政策和市场的"再平衡"，而必须共持新的合作理念，共商新的开放型战略构想，共建深入融合的改革与发展战略，形成制度性融合与深层互动，对市场、企业等经济主体做出及时回应，以促进各类生产要素的充分流动。从更大意义上说，中拉能否与时俱进地调整合作取向和范围，提升合作质量，也是对双方改革与开放意志和国家治理能力的考验，更是对创建新型"南南合作"典范以及改进全球治理的直接回应。因此，中方提出的"一带一路"倡议，或是"中拉产能合作3×3"新模式，都强调基础设施建设与工业制造能力对全球经济复苏和一体化进程的重要意义，"这实际上是对中国改革开放经验的一种拓展"，目的是"通过国内治理方式在（国际）体系层次的社会化"而促进地区乃至全球治理体系的合理化。② 从拉美和其他发展中国家、地区的反应上看，中国方案不附加政治条件，与本国现阶段发展目标和规划形成衔接和互补，不仅更具可行性，而且提供了可以借鉴的经验。③

总之，"发展是硬道理"。无论是从各自内情和发展利益出发，还是双方对参与世界经济循环的路径依赖而言，中国和拉美各国的现实选择都必

---

① EMBRAER, *China Market Outlook* 2014 – 2033, http://www.embraer.com.cn/FocusOnChina/Outlook/Market_Outlook_English.pdf.

② 付宇珩、李一平：《资本主义世界体系结构性危机中的"一带一路"倡议》，载《当代亚太》2017年第4期，第34页。

③ 经济合作与发展组织、联合国拉丁美洲和加勒比经济委员会、拉丁美洲开发银行在其《拉美经济展望（2016）——发展与中国的新型合作伙伴关系》研究报告中指出：中国实施的广泛发展战略，将为当前拉美在基础设施融资、创新性生产发展、教育和科技创新、金融与区域贸易协议和平台构建等一系列发展战略上提供经验，倒逼拉美国家采取具体的改革措施，进而增强双方的互利性。See OECD, ECLAC, CAF, *Latin American Economic Outlook* 2016：*Towards a New Partnership with China*, December 2015, pp. 17 – 18.

然高度重合。当下世界政治经济不确定性凸显以及内外关系转型压力的叠加，中拉合作迎来提质升级的新阶段。在新一轮经济全球化悄然启动的历史时刻，双方不仅是"南南合作"的核心推动者以及全球治理体系改革的基础力量，同时也成为影响彼此发展的重要外部资源的提供者。上述因素和趋势在促进中拉迈向更高层次合作的同时，也将创新合作制度与机制问题提上了日程，实行双方发展战略对接已成为不可回避的现实议题。

第二节　中拉发展战略对接的可能

2017 年 10 月，中共十九大通过政治报告，将"坚持推动构建人类命运共同体"作为习近平新时代中国特色社会主义思想和基本方略的重要组成部分，以引领全党全国人民"实现推进现代化建设、完成祖国统一、维护世界和平与促进共同发展三大历史任务"。[①]

就分析层次而论，构建中外命运共同体是习近平对外关系思想的核心理念，体现的是新兴大国的价值取向和战略纲领，是顶层意义上的国家意识形态；"一带一路"、中拉整体合作等国际合作举措和模式是与此相应的"四梁八柱"，发挥着"先后有序，重点推进"的支撑作用，属中观层面的政策安排；而推动中外发展战略对接则是战术导向和行动路径，意在推进双方深化共识，创新合作制度，促进经济要素有序自由流动、资源高效配置和市场全面融合。显然，正确的战略和适时的政策须赖有效行动才能得以贯彻和实现。由此推定，中国新一轮高水平对外开放，特别是国际经济合作的提质升级必将聚焦与各国发展战略对接之上。

一　"发展战略对接"的定义与初步成效

"发展战略对接"之说最早见诸 2013 年 9 月"丝绸之路经济带"战略构想出台之时，带有创新中外经济合作模式的鲜明指向。它居于"五通"（政策沟通、设施联通、贸易畅通、资金融通、民心相通）之首，即"各国可以就经济发展战略和对策进行充分交流，本着求同存异原则，协商制定

---

① 习近平：《决胜全面建成小康社会　夺取新时代中国特色社会主义伟大胜利——在中国共产党第十九次全国代表大会上的报告》，人民出版社 2017 年版，第 57—60、71 页。

推进区域合作的规划和措施，在政策和法律上为区域经济融合'开绿灯'"。① 经过一段时间的检验和修订，它正式成为中国政府对外提出的主要合作建议，甚至为联合国等国际组织所接受，表明中国为解决全球发展和治理难题所进行的思想和实践创新得到国际社会的普遍认同和重视。②

自"一带一路"倡议出台以来，中国已先后同越南、新西兰、哈萨克斯坦、俄罗斯、白俄罗斯、巴基斯坦、土耳其、英国、波兰、捷克、匈牙利以及欧盟部分国家、东盟、阿盟等 40 多个国家和国际组织签署合作协议，确认双方实行相关发展计划的战略对接，共同参与"一带一路"建设，已同 30 多个国家开展机制化产能合作。2017 年 5 月，习近平主席在"一带一路"国际合作高峰论坛圆桌峰会开幕致辞中进一步提出，"要把'一带一路'建设国际合作同落实联合国 2030 年可持续发展议程、二十国集团领导人杭州峰会成果结合起来，同亚太经合组织、东盟、非盟、欧亚经济联盟、欧盟、拉共体区域发展规划对接起来，同有关国家提出的发展规划协调起来，产生'一加一大于二'的效果"。③ 随后，他在会见阿根廷总统马克里时，代表中国政府对拉美各国参与共建"一带一路"的强烈意愿做出正式回应，明确表示拉美地区是"21 世纪海上丝绸之路"计划的自然延伸。6 月，由中国、巴西双方共同出资、共同管理、共同决策、共同受益的中巴产能合作基金正式启动，8 月两国共同参与和达成《金砖国家投资便利化合作纲要》这一全球首份专门文件，均显示出东西半球两大新兴经济体加快发展战略对接的步伐。④

---

① 习近平：《共同建设"丝绸之路经济带"》，载《习近平谈治国理政》，外文出版社 2014 年版，第 289 页。

② 2017 年 3 月 17 日，联合国一致通过关于阿富汗问题第 2344 号决议，呼吁国际社会凝聚援助阿富汗共识，通过"一带一路"建设等加强区域经济合作，敦促各方为"一带一路"建设提供安全保障环境、加强发展政策战略对接、推进互联互通务实合作等。

③ 习近平：《开辟合作新起点 谋求发展新动力》，载《学习（活页文选）》2016 年第 21 期，第 35 页。

④ 李伟红：《习近平同阿根廷总统马克里会谈》，人民网，2017 年 5 月 17 日，http：//cpc. people. com. cn/n1/2017/0518/c64094 – 29282852. html。［2017 – 09 – 02］；颜欢：《中国—巴西扩大产能合作基金正式启动》，人民网，2017 年 6 月 1 日，http：//world. people. com. cn/n1/2017/0601/c1002 – 29310173. html。［2017 – 09 – 02］；于佳欣：《挖掘金砖投资潜力 助力全球投资规则——商务部有关负责人解读金砖国家投资便利化合作纲要》，新华网，2017 年 8 月 22 日，http：//news. xinhuanet. com/fortune/2017 – 08/22/c_1121525536. htm。［2017 – 09 – 02］。

按照马克思主义认识论，人们对于客观规律的了解来自社会实践，因而理论分析的滞后似是一种常态。毛泽东指出，"思想落后于实际的事是常有的，这是因为人的认识受了许多社会条件的限制的缘故"。① 除对外部实际反应存在不对称、不准确的信息把握之外，研究者还可能宥于既有国际合作理论解释力相对不足等原因而难以对中国未来对外经济合作的行动策略进行充分而深入的辨析，因而对"什么是'发展战略对接'"，"为何要进行'对接'"以及"如何做好'对接'"等问题尚缺少系统的回答。

二　中拉发展对接的基础、条件与能力

对于中拉发展战略对接的可能性，应至少从以下三个方面加以分析。一是双方务实合作的深厚基础；二是双方深化务实合作应具备的市场条件；三是双方合作能力的变动情况。

（一）对接的动力

贸易：中拉双边贸易额以年均 20% 以上的惊人速度持续增长。2016 年，中拉贸易总额相当于 2000 年的近 16 倍。目前，拉美已是中国第七大贸易伙伴，中国已成为拉美地区主要出口产品的重要市场和诸多拉美国家的第一大贸易伙伴。

国际贸易理论认为，贸易是一国商品、技术、服务的生产和交换国际化的表现，直接受国际分工的影响，而各国之间的劳动分工则是由生产力、生产关系、自然条件等因素，按相应的比较竞争力作出的市场安排。中国是全球第一制造业大国，也是最大的发展中国家，城乡一体化、信息化、社会服务均等化等诸多发展目标远未完成，对资源性产品的进口需求将是长期而强劲的，从而构成拉美能矿、农业、畜牧等优势产品的巨大外部市场。以农产品为例，中国虽是农业大国，但由于耕地面积有限、人均消费水平的上升和国内主要粮食品种价格高于国际市场等综合因素，大量进口之势不可逆转。而粮食、棉花、油料、糖等农产品是经过耕地资源直接或间接生产出来的，因此含有相应的耕地资源，学术界将此称为"虚拟耕地资源"进口。2016 年，中国大宗农产品虚拟耕地

---

① 毛泽东：《实践论》，《毛泽东选集》第 1 卷，人民出版社 1991 年版，第 295 页。

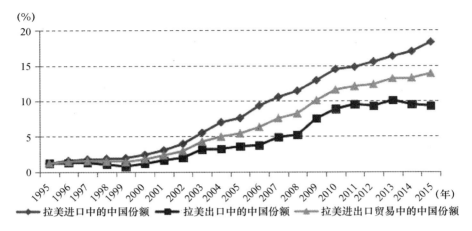

图 10—1 1995—2015 年拉美地区进、出口贸易中的中国份额

资料来源：笔者根据联合国贸易和发展会议（United Nations Conference on Trade and Development，UNCTAD）计算绘制。

资源对外依存度已达 30.5%，其中对巴西的依存度高达 11.3%。在中国大宗农产品虚拟耕地净进口 10 大来源国中，巴西、阿根廷、乌拉圭分列第 1、3、9 位。① 从国际贸易商品标准分类（SITC）来看，中国在轻工、日用品、电子、机械设备等 30 种产品上具有明显的国际比较优势，而拉美市场对上述产品的输入份额则分居全球前 3 位。②

基础设施：如同亚洲、非洲和世界其他发展中国家集中的地区一样，拉美的经济社会发展和国家治理能力均处于欠发达水平，交通、能源产业的各类基础设施建设缺口较大。拉美开发银行（CAF）、经合组织（OECD）、联合国拉美经委会等多边机构以及区内国家均将此列为制约拉美国家的主要发展瓶颈之一，强调基础设施建设对提升生产效率、改善营商环境、培育综合竞争力及增强社会包容性方面的重要作用。③ 近期世

① 刘爱民等：《我国大宗农产品贸易格局及对外依存度研究——基于虚拟耕地资源的分析和评价》，载《自然资源学报》2017 年第 6 期，第 915—926 页。

② 吴白乙等：《转型中的机遇：中拉合作前景的多视角分析》，经济管理出版社 2013 年版，第 19 页。

③ 有报道指出：根据经合组织测算，拉美的物流成本为产品价值的 18%—35%，而经合组织成员国的平均成本仅为 8%。参见赵晖《中国道路对拉美的启示》，环球网，2016 年 9 月 2 日，http：//world. huanqiu. com/hot/2016 - 09/9394011. html。［2017 - 09 - 09］。

界经济论坛公布的"全球竞争力指数"中基础设施表现得分指标①显示，巴西、墨西哥等国与（其他）金砖国家和东亚地区新兴市场经济体相比，基础设施建设发展明显落后。

补上基础设施建设短板，关键在于解决自身投资不足之困。拉美开发银行发布的《能源：拉美和加勒比地区面临的挑战和机遇展望》研究报告指出，未来20年拉美地区基建投资规模约2万亿美元，其中48%将用于改善地区交通基础设施，25%将用于投资能源领域基建，20%将用于改造电信行业设施，7%将用于建设水利设施。目前，拉美国家对基础设施的投资率仅占国内生产总值的2.7%，不足目标值的一半。②

"一带一路"合作倡议提出后，其影响已深达拉美腹地。智利、秘鲁、厄瓜多尔、阿根廷、哥斯达黎加、巴拿马等国领导人公开表达对"一带一路"倡议的坚定支持和加入意愿，巴西、秘鲁、委内瑞拉、玻利维亚和智利等国先后加入亚洲基础设施开发银行。各国政府还通过双边关系渠道积极探讨各类对华融资计划，希望借助中国推动和引领新一轮国际经济合作的有利机遇，改善基础设施建设，实现自身经济发展多元化，加快工业化。中国则可利用自身在资金、技术、设备、施工能力等方面的优势，通过投资和工程承包等方式参与拉美地区的基础设施建设，帮助拉美低成本、高起点地推进工业化进程，为其经济建设增加后劲。然而，大规模基础设施建设是一项多个产业参与的系统工程，投资回报期较长，涉及诸多部门间政策衔接与动态平衡，需要各级政府、私人投资机构，甚至社会组织的合力支持。因此，中拉基础设施建设合作的供需关系势必持续存在，有望形成促进双方利益互补、发展共享的新增长点。同时，要实现这一目标，无疑更需要双方超越既往的合作对话模式，

---

① 世界经济论坛将基础设施对全球竞争力的影响分为9项：基础设施总体质量、道路质量、铁路基础设施的质量、港口基础设施的质量、空运基础设施的质量、每千米航线里程可用的航空座位、电力供应的质量、移动电话与固定电话线路，其等分越高，排名越靠前，即表明该国或地区基础设施发展状况越优质；反之亦然。

② 崔守军、张政：《经济外交视角下的中国对拉美基础设施建设》，载《拉丁美洲研究》2017年第3期，第11页；王海林、姜波：《拉美基础建设缺口2万亿美元》，人民网，2013年11月11日，http：//world. people. com. cn/n/2013/1111/c57507 – 23500440. html；《中国投资有助弥补拉美基础设施建设资金缺口》，人民网，2015年6月11日，http：//world. people. com. cn/n/2015/0611/c1002 – 27141124. html。［2017 – 09 – 15］。

打造新的制度层面和产业政策协调以及综合保障机制，达成各方参与者发展战略和长期收益的有机衔接。

（二）双方加速推进市场联动的基本条件

随着世界经济增速和增长极发生历史性的调整和变化，新兴经济体与发展中国家深化互利合作将构成全球发展的前沿和亮点，[①] 中国和拉美地区加速构建"政策沟通、设施联通、贸易畅通、资金融通、民心相通"的发展命运共同体乃大势所趋。具体而言：

一是中拉全面战略伙伴关系日渐成熟，中国已前所未有地增强与拉美各国及区域合作机制的合作力度，而拉美方面对华合作的倾向也空前积极。至 2015 年年初中拉论坛首届部长级会议召开，中拉之间已初步形成双边、多边和整体"三维一体"的合作新局面。强劲的双边合作是中拉整体合作机制的重要基础，新生的拉共体将扮演协调对华全面合作基本方向与一致立场的关键角色。而此前中国与里约集团（1990 年）、南方共同市场（1997 年）、安第斯共同体（1999 年）、太平洋联盟（2013 年）等区域一体化机构建立正式对话机制或成为观察员国，成为加勒比开发银行成员国（1997 年），与加勒比共同体建立经贸合作论坛（2005 年），均在中拉由点及面、从局部到整体的合作过程中起到重要的助推和贯通作用，今后也必将更好地发挥衔接与扩散双边与整体合作效应的"枢纽"功能。进入 21 世纪以来，特别是随着美欧发达经济体的合作政策趋于保守消极，诸多拉美国家实施"转向太平洋"对外战略，强化与亚太地区的经贸合作，尤其希望搭乘中国发展的快车，促进本国的贸易振兴和发展转型。此外，拉美国家选择拉紧与中国和其他新兴大国的纽带，还基于增强其外交自主性，更好地维护自身发展和安全利益，在新的全球治理格局中占据有利位置等战略考量。[②]

二是双方市场潜力的相互吸引。经济的根本动力来自市场，而决定市场走向的基本面来自需求。中国和拉美地区共有近 20 亿人口不断增长

---

① 钟飞腾：《"一带一路"、新型全球化与大国关系》，载《外交评论》2017 年第 3 期，第 11 页。

② 周志伟：《"特朗普冲击波"下的拉美政策应对》，载《当代世界》2017 年第 4 期，第 24—27 页。

的消费需求，互为大市场的前提条件是刚性的。2016 年 11 月，国家主席习近平在秘鲁国会发表演讲时表示，"未来 5 年，中国进口总额将达到 8 万亿美元，利用外资总额将达到 6000 亿美元，对外投资总额将达到 7500 亿美元，出境旅游将达到 7 亿人次。这将为包括拉美国家在内世界各国提供更广阔的市场，更充足的资本，更丰富的产品，更宝贵的合作契机"。① 有数据显示，2017 年，拉美智能手机保有量将达到 40% 以上，直接带动区内电子商务市场的崛起。以巴西为例，其人口手机普及率为 136%，网购群体达到 0.51 亿人，电子商务年增长率为 17.6%。2011 年，阿里巴巴集团进入巴西市场，现已拥有超过 200 万巴西用户，是巴西第二大购物平台。②

三是双方既有合作制度探索创设了重要的前提条件。近年来，中国先后与智利（2005 年）、秘鲁（2009 年）、哥斯达黎加（2010 年）签署自由贸易区协议，与哥伦比亚（2012 年）签署启动双边自贸区协议官方联合可行性研究谅解备忘录。乌拉圭也显示对华开展自贸区合作的积极意愿。2017 年 8 月，中国与巴西签署服务贸易合作谅解备忘录。根据这项为期 2 年的行动计划，双方将基于平等互利原则，致力于加强、推动和发展两国在建筑、工程咨询、工程建设、信息技术、电子商务和银行自动化、旅游、文化、中医药等领域的服务贸易合作。双方还将轮流召开服务贸易促进工作组会议，就相关合作内容加强沟通和互动。③ 2017 年 11 月，中国与智利经过一年的谈判后签署了中智自贸区升级协议。

（三）合作能力的改进

经过 40 年的改革和开放，中国综合国力有了长足的提升，对外经济合作能力发生显著变化，其标志是从以商品贸易、劳务输出等简单服务贸易为基础，转向商品、技术、服务贸易与对外投资并举，从以吸引利

---

① 习近平：《同舟共济、扬帆远航，共创中拉关系美好未来》，载《学习（活页文选）》2016 年第 12 期，第 60 页。

② 李明玉：《巴西跨境电子商务与中国机遇》，载《决策参考》2016 年第 6 期，第 67、69 页。

③ 颜欢：《中国巴西产能合作基金正式启动》，人民网，2017 年 5 月 31 日，http://world.people.com.cn/n1/2017/0601/c1002-29310173.html；缪璐：《中国与巴西签署服务贸易两年合作计划》，中国新闻网，2017 年 8 月 1 日，http://finance.ifeng.com/a/20170801/15562759_0.shtml。

用外资为主转为资本输出量持续攀高。2014 年，中国首次成为资本净出口国。[1] 2015 年，中国对外投资创下 1456.7 亿美元的历史最高值，同比增长 18.3%，占全球流量的份额为 9.9%，对外直接投资量首次位列全球第 2，存量超过 1 万亿美元。[2]

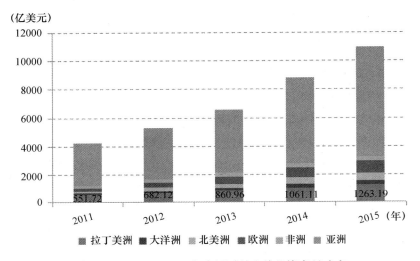

图 10—2　2011—2015 年中国对外直接投资存量分布

资料来源：《2015 年度中国对外直接投资统计公报》。

从图 10—2 来看，中国对外直接投资存量从 2011 年的 4247.81 亿美元增至 2015 年的 10978.65 亿美元，年均增幅 26.79%。其中除在亚洲投资存量占绝大比重外，对拉直接投资存量明显高于其他地区，其增幅约为 23%，拉美无疑已成为中国对外投资的一片热土。

2016 年中国对拉美非金融类直接投资达 298 亿美元，较前一年增长 39%。而据国家统计局数据，截至 2009 年，中国对拉美直接投资存量为 306 亿美元。换言之，2016 年中国在拉美非金融直接投资已接近 2009 年

①　李予阳：《2014 年我国实际对外投资已超过利用外资规模》，中国经济网，2015 年 1 月 26 日，http://www.ce.cn/xwzx/gnsz/gdxw/201501/26/t20150126_4426936.shtml。[2017 – 09 – 29]。

②　中华人民共和国商务部、国家统计局、国家外汇管理局：《2015 年度中国对外直接投资统计公报》，中国统计出版社 2016 年版，第 4、6、15 页。

之前中国对拉美直接投资存量的总和。① 以贸易带动投资，以投资促进贸易结构的优化已经成为中拉双方政府和企业界的共识。未来 10 年，中国对拉投资规模有望实现"翻番"，流向将更加宽泛，从能矿、农业向电力、交通、信息化等基础设施、制造业、金融业，以及现代物流、海洋经济等新兴领域转移、扩散。

应该承认的是，中国对外合作能力的基础是超大型经济体的强劲实力，而这一实力正在被有意识地转化为主动合作的意识、引导合作进程的能力（包括创制、倡议、协调、实施、资源供给以及内部统筹和动员等）。过去 5 年中，这一意识和能力迅速提升，全面展现，最具代表性的正是开启对拉整体合作的新格局，进而实现中国与发展中国家伙伴关系及合作机制的全方位覆盖。

本节对拉美国家对华合作能力未能进行对应性评述，一是由于相关证明的匮乏，如拉美国家在华投资与技术合作不仅量少，而且难有可跟踪的长期统计数据；二是拉美各国对华合作更多基于双边立场，由于综合实力和制度权力的局限，难以保持合作规划的持续和能力生成；三是拉美地区各类多边合作机制仍处于内部建设的深化时期，即便是太平洋联盟等快速发展的次区域合作组织也尚未形成专门的对华合作政策，而像拉共体这样最具有整个地区代表性的组织，迄今仍难以有效落实 2015 年年初中拉论坛首届部长级会议所确认的机制化合作文件。

上述能力反差表明，中拉之间确有实力、制度和文化的深层差异，这既使推进中拉发展战略对接存在现实困难，也标示出下一步中拉合作提质升级所应着力之处。正视拉美国家的能力问题，需要深入分析和理解其成因。首先，现代拉美国家大多实行分权制民主政体，权力更替频繁，导致对外合作政策缺乏连贯性和系统规划性。为了防止个人专权和家族式统治，有些国家采用十分严苛的政治选举制度。巴拿马宪法规定，总统不得连任，但可隔届竞选。墨西哥、哥伦比亚等国宪法均明文限定，

---

① 高春雨：《财经观察：中国对拉美投资提质升级》，人民网，2017 年 2 月 22 日，ht-tp：//news. xinhuanet. com/fortune/2017 – 02/22/c_1120512433. htm。[2017 – 09 – 29]。

已任总统者"终身不得再次参选"。① 严格的制度在减少权力滥用和政治腐败的同时，也存在制造"庸人政治"或催化"权力寻租"的负面，更使真正具有责任意识、担当精神和治理才华的政治家难以充分施展身手，推行重大国策。其次，拉美国家在大多数历史时期都奉行自由市场资本主义政策，较少采用国家主导型经济发展战略。从深层次看，拉美民族对个人主义价值观的普遍崇尚构成上述现象的强大基础，而复杂的社会利益结构与民粹主义的思想温床则加剧国家治理体系的松散化、碎片化，造成内部政治统合与组织能力弱化，难以形成对国家战略规划必要性的统一认识和呼应。② 最后，丰饶的自然资源禀赋和相对安全的地理区位，养成拉美人民的文化意识中多"自足"而少"忧患"，顾"近前"而阁"长远"，重"保护"而缺"竞争"，对战略谋划缺乏持续的关注与兴趣。③

然而，历史并不会就此终结，拉美不会一成不变。近年来，拉美地区治国理政思想也相应发生变化，越来越多的领导人重视加强发展规划性，统筹各方发展需求，主动地开拓、借重外部合作资源。2010 年以来，秘鲁、阿根廷、乌拉圭、委内瑞拉、圭亚那、苏里南、古巴、哥斯达黎加等 10 多个拉美国家先后与中方机构合作，共同对这些国家经济社会发展做出综合规划，表明拉美合作伙伴已经从观念到行动上开始转变，并为下一步与中方进行发展战略对接提供了前提条件。近年来，巴西政府注重改革，其"在改革中求发展"的理念与中方趋于一致。2016 年 5 月，巴西颁布旨在有效吸引外国资本投资其基础设施的"投资伙伴计划"（Programa de Parcerias de Investimentos，PPI），该计划对指导原则、组织机构、投资方式、具体项目等做出明确规划。此后，巴西官方又连续提出财政开支、养老金、劳工等改革法案，对国家政治体制和经济发展模

---

① 外交部：《墨西哥国家概况》，最近更新时间：2017 年 8 月，http：//www.fmprc.gov.cn/web/gjhdq_676201/gj_676203/bmz_679954/1206_680604/1206x0_680606/；Tihomir Gligorevic：《Colombian Congress Eliminates Presidential Re-Election》，https：//inserbia.info/today/2015/06/colombian-congress-eliminates-presidential-re-election/。［2015－06－05］。

② 袁东振：《理解拉美主要国家政治制度的变迁》，载《世界经济与政治》2017 年第 10 期，第 25、32—35、41 页；袁东振：《拉美民众主义的基本特性及思想文化根源》，载《拉丁美洲研究》2017 年第 4 期，第 14 页。

③ 韩琦主编：《拉丁美洲文化与现代化》，社会科学文献出版社 2013 年版，第 30—31、45、105、108 页。

式的弊端"动刀子"，"对于官僚系统运行低效，经济发展疲软，社会领域改革乏善可陈的巴西而言，（这些举措）意义重大"。①

随着上述变化，中拉合作关系正在迈入以"深耕细作"为标志的历史新阶段，它不再单纯追求数量的增长，而是更加注重品质的改良和提高，而衡量的标准就是制度性合作的力度和精度，这也意味着双方要根据充分释放生产要素的总体要求，对所涉生产关系各个方面和环节做出适应性调节和变革。这无疑是一项复杂的系统工程，必须加强顶层设计，综合施策，合力而为。这是一项开创性事业，不能走西方殖民者强加于人的老路，而要不断汲取、融会双方有益经验与真知灼见，悉心接好本土"地气"，以确保其行稳致远。这也是对合作双方政治智慧与耐心的"大考"，既要在各种压力和干扰之下保持合作定力，也要及时调适行动策略，先易后难，循序推进。无论工程还是事业，其最终成效须见之于民，让中拉民众获得直接、更显著的发展机遇感、个体收益感。因此，未来的中拉发展战略对接还应特别重视将合作政策的重心下沉，通过设立互惠性金融、信贷和创投基金等制度安排，吸引双方更多的中小企业、民营机构参与到这一事业中来。

推进中拉发展战略对接，中国是倡议者、主动方，势必应准备承担更多的责任和义务，提供相应的合作便利，以展现新兴大国的"义利观"与对发展中国家的合作诚意。另外，拉美地区并非"铁板一块"，区内各国经济体量、发展水平与合作能力参差不齐，因而不能盲目寻求齐头并进地实行战略对接。在现阶段，可考虑按以下排序选择行动：

1. 以巴西等地区大国为突破口，通过产能合作基金和服务贸易合作协议的有力落实，促进对接，以点带面，形成对周边经济体的辐射和影响；

2. 以"两洋铁路"项目为支点，加快与巴西、秘鲁两方共同规划沿路发展战略及三方合作行动计划，带动新一轮南美地区基础设施、物流、产业、安全网络建设；

3. 以智利、秘鲁、哥斯达黎加等自贸区合作伙伴为重点对象，通过

①　谌华侨：《特梅尔政府"投资伙伴计划"及中国的应对》，中国拉丁美洲学会2017年度学术大会论文。

打造自贸区协定升级版，生成产能合作园区、技术标准兼容、健康服务产业对接及设立中小企业合作基金等一批新的合作增长点和亮点；

4. 与区内经济一体化组织加强对话和沟通，视情推动与其发展战略对接。通过构建"N+1"模式，既促进中方与其制度、规范、标准的同步发展，也将合作效应扩散到相关成员国家。

对欠发展的少数小国、岛国，以"援助性开发为主，市场对接跟进"为原则做好必要的拓展和准备工作。

第三节　愿景与刍议

21 世纪之初，有中国学者对于经济全球化及发展中国家的地位曾做出这样的评判："历经种种磨难后，发展中国家似乎已经认识到，它们难以突破不平等的国际经济秩序。如果违背这个秩序，一段时间内可以发展，长期却难以保存自我；如果顺应这个秩序，才有可能进入国际社会，但却需要在政治上向发达国家特别是美国效忠；不过，美国的利益总是以自我为中心的，其国际战略关系与对外经济发展策略时时调整，拉丁美洲国家、东亚国家和地区常常有被愚弄、被出卖的切肤之痛，发展中国家对发达国家和由后者主导的国际经济秩序，可以说是既恨又无奈，而且离不开。"[1]

世事沧桑，物转星移。今天我们再度回味，可以确信其言对错参半。马克思主义政治经济学承认，随着社会化大生产的不断升级和扩大，包括资本在内的各生产要素终究要超越既有的市场边界，在全球范围内寻求其最佳的配置条件，以实现更高的利润回报。这一生产力发展的基本要求和规律，不因制度体制、意识形态、经济体量和文化个性的差异而改变。相反，却对后者所构成的生产关系"上层建筑"发生程度不一，毁益不同的后果——"顺之者昌，逆之者亡"。世界经济的演进历程表明，任何国家或地区，必须参与国际经济交换与分工，在更深层次上利用外部资源并有效应对国际竞争的压力，才能实现自身经济发展，确保自身获得持久的发展和安全。当然，在这一过程中，制度改进能力和国

---

① 黄卫平、朱文晖：《走向全球化》，法律出版社 2000 年版，第 8 页。

内治理水平是一国能否对经济全球化作出趋利避害正确反应的关键所在。

如今，经济全球化正在达到新的临界点，即世界范围内生产力和生产关系再度进行调整和平衡，且力度超过以往历次。美国等发达经济体的引领作用明显下降，其发展政策客观上利他的一面更多地被利己的一面所遮蔽和代替，而发展中国家经济增长依赖外部需求和流动性的输入，其增长的脆弱性未能得到根本性改观。全球治理格局面临着新旧动能的艰难转换，以中国为代表的新兴经济体通过积极倡导新型合作理念，推进"一带一路""金砖＋"等合作倡议，有力应对保护主义、孤立主义思潮的逆袭，带动大批发展中经济体专注内部改革和区域合作，新兴市场在未来全球发展中的锚定、支撑和引领作用将持续增大，而"南南合作"的兴盛之势与其互为因果。

中拉都处于向改革要生产力、要发展的关键时期，内在潜力有待进一步释放，仍需借助经济全球化之便迈向发展的彼岸。毋庸讳言，"入世"以来中国与拉美经贸合作在取得骄人成就的同时，也日益面临结构性失衡的难题。从根本上说，中拉关系所出现的最新挑战只是中国与外部世界合作发生由小到大，由浅入深，由单薄到厚重之后的具体镜像。它同样构成全球治理日程的一部分，因为"像中国这种建立在具有多元族群和文化的超大经济社会基础之上的超大国家，都自成一个世界体系"，其实力的跃升"不可避免地会触及西方国家的既得利益，同时与其他新兴大国形成竞争关系，并且引起中小国家的疑虑……中国要成功改革当前不可持续的国内政治经济结构，从而摆脱根深蒂固的国家脆弱性的束缚，最终必须依托于一个新的世界体系。'一带一路'倡议正是具有世界体系构建意义的中国现代国家构建战略……旨在将中国的内部变革与亚洲乃至世界的可持续发展要求整合起来，构建'命运共同体'"。①

推进中拉发展战略对接的理性来自这一历史和现实逻辑。在新一轮经济全球化悄然启动之时，任何阻滞生产力发展的制度"瓶颈"都将被内外竞争压力所突破。要及时抓住第四次工业革命兴起的战略机遇，国家、政府就必须率先改革，有效地提升内部治理水平，为市场主体提供

---

① 付宇珩、李一平：《资本主义世界体系结构性危机中的"一带一路"倡议》，第32、34页。

更为便利的贸易和投资环境，最终也为对外合作关系的健康、持续发展和全球治理进程做出贡献。借助发展战略对接的压力传导，中拉双方可进一步清理各自内部不合理、不适时的制度，构建新型、多方参与的政策沟通平台，在更高水平上为扩大双方务实合作提供机制化保障，从而进一步释放合作效能，实现彼此经济社会发展目标、政策和资源配置的联通、兼容、共济。尽管双方合作能力的差异较大，实现发展战略对接存在一定的现实困难，但中拉唯有不懈努力，互谅互让，顺势而为，创制建约，求真务实，逐步化解体制、观念和文化上不对称性的"阿喀琉斯之踵"，才能最终确保双方同尽发展之势，共享发展之惠，并肩完成既定的发展使命。

结　　论

　　本项研究表明，"中拉关系及中国对拉战略"研究已经愈益接近国内国际问题研究领域的"显学"地位，并几乎与当前中国对外关系中所有重大理论和现实问题一样，如本书前言所指，不仅前所未有地享有持续上扬的"学术和智库交流的频率和热度"，而且"还直接受益于党和国家各部门、地方政府、企业界、社会公众的重视、支持和关注"。当我们在"重要时间节点和宏大背景之下"，推进并最终为这一呈现"动态化、主体化和多样化的特点"的工作画上句号时，却发现对这部集体成果结论性意见实难下笔。时不待我，只好将同类研究的另一样本作为比较的基础和对象，渐次总结本书章节的主要论点，依此提出对于新时代中国对拉战略研究的标志意义、问题意识和学术诉求等初步认识。

　　作为本项研究的前导和先声，拉丁美洲研究所于 2013 年推出中国社会科学院创新工程项目的阶段性成果，即本书前言提到的一部关于中国与拉美关系的研究专著。① 在中国与拉美合作关系经历十数年间迅猛发展的大背景下，该项研究以贸易、投资为主线，将货币、能源、人力资源等领域列为合作重点，并以政治、安全和外交等方面的多层次制度架构作为基本保障，提出未来中拉关系必将立体化发展的一个"金字塔"构造图景。回顾过去 5 年以来的世界发展大势和中拉关系发展历程，仍能感到在"中拉关系"这一研究领域身居前沿的同人们，在重大历史转折的前期如何因应和满足课题所要求的前瞻性、战略性和重大理论意义的特色与目标，形成并清晰表述了能够具有广泛共识且基本符合实际发展进程的若干观察和思考：

---

　　①　吴白乙等：《转型中的机遇：中拉合作前景的多视角分析》，经济管理出版社 2013 年版。

第一，世界战略格局演变的基本趋向仍将围绕维护和平、经济发展而展开，而发展中世界不仅继续在维护世界和平事业的进程中担当中坚力量，而且在发展经济、改善民生、提高综合国力的进程中继续保持最富有活力、进步最为突出的角色。中国与拉美的关系因此将愈益脱离国际力量旧格局下的从属性，其发展将向更加广泛的全球治理领域延伸，并将具有更大的全球性意义。

第二，与中国迅速发展以及与这种发展密切相关的全球战略格局剧烈变动，特别是中国在这一变动格局中开展大国外交和发展周边国家关系过程中所面临的复杂矛盾和利益纠结形成对照，中国与拉美的关系并不存在结构性的冲突或政治、安全方面常常会出现的困境，无论是由于地理遥远还是出于历史传统，双方寻求和平条件下的友好合作一直是中拉关系的主旋律。这一关系向深度合作和广泛领域的拓展将伴随着全球结构和体制变动中双方利益、观念和身份的持续调整，如何预见和把握其中蕴含的机遇并规避可能产生的矛盾和风险，进而构筑中拉互惠共赢合作模式，成为包括学界在内的各方人士所需应对的崭新议题和挑战。

第三，中拉关系的发展和进一步深化将是全球经济结构和政治格局变迁的一个组成部分，中国对外关系的布局、方式和合作议程也将随之进行新的设计、调整和转移，其中包括外交政策各个层次间的合理筹划和均衡发力，兼顾全球多边、区域次区域以及国家和非国家等重要治理职能。由此观之，21世纪初中拉关系的历史性发展表明中国对世界的全方位开放格局基本形成。与此同时，拉美地区本身的特性也将继续为中国提供战略性支撑，这不仅涵盖一般意义上的地域空间、自然禀赋和文化开放性，而且由于其发展多样性将成为中国推进全球大国外交的最佳试验场。中拉关系进一步向拉美大陆腹地扩散，中国将拓展与拉美区域机制和各种专门领域政策对话平台的接触，同时也将随着综合影响力的增强逐步适应与美国、欧洲在这一地区的互动包括地缘政治方面的角力，进而成为拉美地区日益无法忽视的另一支"域外"力量。在这种多方多重接触、合作或博弈中，中拉双方将会在全球治理诸多领域中展开更加密切的合作，在涉及新兴经济体和发展中国家切身利益等重大国际问题上的共同诉求也将进一步增强，既加大了拉美国家对中国在维护发展中世界普遍权益方面发挥更大作用的期许，也增进了中国外交在拉美地区日益平衡、广泛的地缘政治资源。

　　显而易见，上述种种分析和判断为本项研究打下了一个坚实的基础，并在分析框架和逻辑思路上提供了可资参照和依据的研究设计和模板，而正是在此基础和分析框架上，本项研究所需深耕细作的则是近五年时间段里中拉关系发展的主要变化，进而对此前的研究有所推进和深化。

　　本项研究开宗明义将中拉关系的发展界定为进入"构建发展"的新阶段。这是在中国进入中国特色社会主义新时代，日益"走近"世界舞台中心，拉美国家经济社会发展又一次来到新的历史节点并出现政治生态明显变化，欧洲北美以近年来"黑天鹅"事件对全球格局产生冲击等深层次变化，世界经济和政治趋势不确定性进一步增加等大背景下，中国的拉美研究界必然要思考并作出的一种判断，它并不排斥其他可能用词不同但内涵基本相近的分析。本项研究将冷战时期和冷战终结后的中拉关系分别定义为其"自发"阶段和"自主"阶段，而将 21 世纪第二个 10 年视作中拉关系进入"构建"发展阶段的时间节点，并就这一阶段的内涵、成效和挑战作一初步分析，指出进入"构建"发展阶段后中拉关系的特征和内在要求促生其模式更替，已经从"反应式"向"主动筹划型"转变，体现为打造中拉命运共同体的战略目标，依据以经贸合作为主要驱动力的合作框架和模式所形成的发展路径，以及协商共赢及不针对第三方的合作原则等。在开展本项目研究过程中，参与人员不断面对中拉两个主体之间及外部环境的快速调整、变动，也不断感受和认识到"构建"所带来的新挑战、新矛盾更加深刻而复杂，对中拉双方均提出更高的互动条件和能力要求。正所谓"开弓没有回头箭"，进入这一崭新阶段的中国与拉美在政治、经济、社会文化和对外关系及全球治理等各领域的相互依存度将进一步上升，同期而至的也将是双方在迈向"命运共同体"之路上无法回避的困难，需要双方对此同步完成回应、调适、契合、对位等一系列战术动作，更需要双方均具有同等的远见、智慧和耐心，这些问题的解决还具备长时间的观念及行为文化互鉴、互通等基础条件。显然，要做到这些并非易事。

　　因此，中拉双方首先要考虑并解决好新阶段彼此关系的战略定位问题。就中国而言，这意味着在外交战略调整和经济转型中如何处置拉美这一战略方向，前者涉及将拉美从原有对外关系格局里相对边缘的选项转化为显性"增量",后者则直接指涉这一"增量"最直接的现实意义:就经济发展所需资源和能源供应者、产品出口与直接投资的重要海外市场等重要性而言,拉美地区对于中国实现"两个百年"奋斗目标的保障作用日益显著。当前,拉美国家亟待改变其"外向型"经济的脆弱性,抓住全球产业链调整的历史机遇,内促产业发展和社会包容,外推开放与全球治理,以解决本地区长期难以实现的结构改革和对外经济平衡问题,摆脱贫困和不平等状况并促进经济可持续增长和社会进步。基于21世纪以来世界经济增长重心的变化以及"南南合作"的迅猛发展,拉美地区各国还普遍面临如何调整与欧美国家的传统联系,利用发展中国家群体性崛起所带来的机遇等战略选择问题。毫无疑问,中国正以其强大的经济实力和快速改进的综合影响力全面走进拉美地区,推升相关合作对象的期许与关注,成为其发展战略中重要考量的外部合作选项之一,甚至有可能被域内国家视为平衡西半球地缘政治格局和抵御北方大国霸权的一个重要砝码。

在本项研究立项和各项研究全面展开之际,中拉关系具有提质升级意义的大事——中拉整体合作机制问世。它是中拉更加密切经济合作利益驱动、拉共体形成对接基础、全球治理结构及动力变化以及中国对发展中国家外交战略布局等因素共同作用的产物,其现实逻辑是发挥资源禀赋、产业竞争力和资金实力等方面比较优势,实现合作共赢,通过制度建设降低交易成本,为地区和全球治理提供公共产品。中拉整体合作从一开始就与国别层次的双边合作处于一种相辅相成的辩证关系中,而整体合作也有赖于中拉双边合作业已取得的前所未有的成就,包括中国已经与大多数拉美国家尤其是主要国家建立外交关系、中拉经贸关系实现跨越式大发展以及中国积极呼应拉美地区经济社会发展需求,中拉关系因而将呈现整体合作和双边合作齐头并进的发展局面。对此,本项研究在第三章中专门阐述了整体合作的特殊地位,强调中拉关系的未来发展应当打造以经贸合作为主线的全方位整体合作,充分利用现有舞台、机制和措施,打造与新时代中国特色大国外交的重要战略构想"一带一路"国际合作相互支撑的中拉合作新格局,全面推进中方提出的"1+3+6"务实合作框架和"3×3"产能合作模式。该章还特别关注如何让中拉整体合作与其他合作方(如西班牙、葡萄牙)实现良性互动,平行参与的可能性，对于任何第三方，建设性参与和合作不仅不应受到排斥，而且应尽可能地获得公平和包容性对待。

中拉整体合作以拉美区域合作和一体化现有机制为对接方，同时也可能对拉美区域合作和一体化进程产生影响。本研究将对拉美区域合作和一体化的分析置于拉美地区主义思想与实践的历史背景之下，认为拉美地区主义的发展与中拉关系的演变两条线索在 21 世纪初期形成交集，进而形成整体合作机制和双方合作的立体网络格局，这一局面具有利益驱动和战略考虑的支撑，也是地区主义历史发展的逻辑后果，但拉美区域组织和国别差异、地区地缘政治环境、中国经济发展"新常态"的挑战以及中拉双方不同的地区主义逻辑也将制约中拉整体合作未来路径。因此，对拉美区域一体化的认知首先需要明了其"经济一体化"所面临的挑战与中拉合作的关系，本研究通过经济模型对拉美南方共同市场进行实证研究，根据该组织成员国一体化指数发展趋势及其各种变量的统计描述和回归结果分析，说明区域组织内贸易增长效应与区外贸易增长效应的差距，以及区内经济规模不同国家间所获增长效应的差异，指出一体化发展进程进入瓶颈期以后地区国家所面临的挑战。与此同时，通过对拉美基础设施这一专门领域内拉美各国的一体化努力及其局限的分析，指出中拉整体合作所面临的基本对接条件，特别是拉美区域、次区域层次的协调与整合，已然具备一定程度的良好铺垫，这种情况为整体合作的展开提供了初步的立足点和空间，但也呈现长期系统性缺失，预示着在各具体领域合作仍有赖于双方相向而行去创造利益契合点。

作为中拉关系发展的压舱石，经贸关系的可持续发展和结构性转型是新阶段双方关系面临的一项基本任务和主要挑战，而中拉产能合作应该成为中拉经济合作的新领域和新方向。本研究在全球价值链合作理论和中拉产能合作理论分析的基础上，剖析了中拉产能合作的国别与领域重点，强调产能合作旨在将中国拥有比较优势的产业整体输出到有需要的拉美国家，帮助这些国家建立更加完整的工业体系，提高加工和制造能力。根据中拉"1 + 3 + 6"务实合作框架，产能合作的 6 大领域包括能源资源、基础设施、农业、制造业、科技创新、信息技术等重点领域，同时根据"以市场为导向"的产能合作指导思想，确立了中国市场、拉美本土市场和第三方市场 3 个主要方向。面对历史性机遇和现实性挑战，中拉产能合作宜适应全球价值链重整的发展趋势，以拉美价值链发展诉求为着眼点。具体而言，中拉产能合作应以提升拉美区域内贸易为目标，有助于增加拉美固定资产投资，以升级产业结构为导向，注重发挥产业政策的作用，可以基础设施的合作为抓手。与此同时，产能合作还需要双边或多边政策协调与对接，加强外部机制性建设，包括投资保护、避免双重征税、自由贸易乃至承认市场经济地位等保障措施，推动多重创新，坚持多方合作共赢，以及突破法律文化"瓶颈"。

科技合作是中拉关系的重要存量，也将构成未来双方合作的重要增量部分。中国与拉美主要国家已在卫星技术、生物技术、信息技术、新能源技术和纳米技术等领域开展若干富有成效的合作。随着中拉整体合作机制的出台，中拉科技合作也将进入一个崭新的阶段。本研究专辟章节对此加以论述，并探讨作为中拉合作基础和条件的拉美国家科技创新及其一体化问题。"二战"以来，随着高科技的迅猛发展，拉美一体化内容加入了科技创新的维度。科技创新一体化有双重功能：一是科学技术创新领域本身的区域合作和一体化进程；二是科技创新作为手段对整个区域一体化的催化功能。拉美科技创新一体化还有三重内涵——政府间自上而下的进程、公共领域的合作与交流、私人领域的一体化。双重功能和三重内涵以及由此派生的多种模式交织在一起，使拉美科技创新一体化进程十分复杂，充满变数。拉美国家在科技创新一体化中已经做出了可贵的历史探索，构建了拉美科技创新一体化的"宣言体系"和基本构架，形成了全面协调合作的机制，制定了衡量拉美独特创新过程的"拉美标准"，同时也为中国和拉美之间在新时代从双边到多边再到整体的科技创新交往做了良好的铺垫。

随着文化交流和文明互鉴成为中国外交战略的一项重要内容，人文交流已成为构建"五位一体"中拉关系的关键一环。本研究专辟章节着重分析中国与拉美文明文化的特征、中拉文化交流与文明互鉴的现状、华人华侨在中拉文化交流中的作用、西葡语教育和人才培养、中拉文学作品交互传播等方面的内容，意在探讨中拉文化交流与文明互鉴的潜力与前景。笔者特别关注到，中国快速崛起的外化过程迫切需要对国家形象进行再次构建，以完成与新兴大国成长相匹配的国际影响力这一无法回避的历史使命。然而，在深受西方文化影响的拉美地区，要完好地解答这一历史命题，中国和拉美两方均面临着严峻的时空条件局限和挑战，双方缺乏充分和准确的相互认知则不仅可能对其他合作领域产生消极的"外溢"，同时也可能阻滞甚至抵消未来的合作冲动。作为新兴大国和合作的主动方，中国须更好地审视拉美地区现有的历史传统、文化差异、西方影响，改进自身的理解力和传播能力，推动中拉文化交流和文明互鉴走向双方合作舞台的中央。

新时期中拉关系发展面临前所未有的施展空间和机遇，但除了文化差异和挑战外，仍存在许多制度性的约束，至少应该注意到的问题包括拉美国家政治制度特性及其能力缺陷、中拉之间制度的非对称性与机制失衡、拉美国家对中拉合作回应滞后及其制度环境和政治文化因素制约等。20世纪末，拉美国家普遍建立或恢复了民主体制，其运作形式和程序确保国家政权在一定程度上实现平稳让渡，避免历史上通过法外手段更换政府甚至直接取缔宪法等颠覆性错误的再度重演，整个地区的总体趋势是民主制度日益巩固和深化。但是，拉美国家的民主制度存在严重的缺陷和脆弱性，诸如"低度民主"特别是公民权利无法得到切实保障；涉及阶级、种族、性别等方面的制度代表性不够充分；政治体制严重缺乏化解危机能力；公众对政治体制信任度持续走低等。虽然一些国家仍坚持对政治体制进行调整和改革，但未能从根本上解决资产阶级宪政体制固有缺陷，许多国家政局仍困境重重。中拉双方在政治制度认同以及意识形态和价值观上具有明显差异，制度差异还可能造成对彼此核心利益以及对中拉合作模式等的误读误解。拉美政党制度的缺陷、国家执政能力的滞后以及诸如民众主义、庇护主义等带有特殊政治文化传统特色的制度环境因素，给中拉关系进一步发展带来一系列制度性约束或不确定性，必须通过双方合作，持续不断地加以认识和化解。

中国与拉美加强在全球治理上的互动与合作，对于新时期中拉关系的发展具有重要的战略意义。拉美国家是全球治理多边论坛的重要组成部分，在全球治理的议程设置、确定议程的优先选项以及集体谈判能力等方面具有重要作用。本研究阐述了中拉在全球治理中互动与合作的政治基础，着重强调双方具有发展中国家的共同身份和利益诉求，在一些关键问题上形成共同理念和原则，同时在双边和多边层次上建立了各种互动机制。研究表明，新时代中拉全球治理合作战略宜采取整体合作、次区域合作与双边相结合等多种方式，通过加强自身新型"南南合作"的带动效应形成中拉在全球治理领域的政策合力，进而有效应对变动中的世界体系内各个领域或各个方向出现的新情况和新冲击。

本研究以"中拉发展战略对接"一章压轴，指明当代全球化演进与中拉发展共性之间的现实逻辑，即虽然中拉双方不同源头和国情背景之下的现代化进程与特质存在差异，但其发展轨迹和战略转型均带有"外源性"特征，决定了双方在世界经济体系中的发展中国家属性和地位。面对世界发展环境的深刻变化，特别是发达世界与发展中世界间要素流向、合作模式尤其是全球治理权力的再分配，中国与拉美在推进模式转型和结构调整以破解经济脆弱性难题过程中愈益走近就成为必然，双方关系发展也到了重新调适合作模式与结构、充分调动并平衡各种参与群体的临界点。发展战略对接居于政策、设施、贸易、资金、民心"五通"之首，在中国外交实践中已初见成效，中拉双方对接也具备相应的基础、条件和能力，虽然就能力而言双方还存在相当大的反差，但正确选择和合理安排战略对接的突破口、支点、重点对象和层次，借助战略对接的压力传导，双方有望构建新型、多方参与的政策沟通平台，使合作的效能进一步释放，实现彼此经济社会发展目标、政策和资源配置的联通、兼容、共济。

综上，本研究可视为居于"中拉关系及中国对拉战略"这一大课题前沿的部分研究者们，在中拉关系发展的一个关键时期，对于涉及双方各自发展及战略调整等相关动态的阶段性观察和跟进性分析，其立体化的研究框架和分析逻辑正在不断逼近课题设计的初衷：实际发展动态的忠实记录，即时观察分析的理性呈现，以及学理爬梳的理论高度和方法自觉。具体而言，至少可归纳出中拉关系及对拉战略研究的标志意义、问题导向和学术诉求三点结论性意见：

第一，中拉关系及中国对拉战略的发展演变，除其本身所具有的重要价值外，其标志性的意义愈益彰显。2015年年初，中拉整体合作出台之际，人们最常论及的话题是中国对外战略布局的全覆盖。但这一动态究竟意味着什么，我们今天正在逐步认识其背后的历史和全球意义。质言之，这是中国改革开放和发展进程进入崭新历史阶段才可能出现的现象。新中国成立后，中国外交的视野很快就已延伸至亚、非、拉广大第三世界地区。但是，只有在进入 21 世纪之后，中国的政治、经济、社会和外交才与拉美这样遥远的大陆真正息息相关。这既表现在中国经济发展的能源资源和市场需求上，也表现在中国在国际舞台上进行多种博弈时的对手和伙伴的关系格局中，更表现在中国国内政治、经济生活中拉美元素的呈现以及中国存在在拉美对当地政治、经济生活的影响甚至塑造等。同理，当这些表现对于双方任何一方不具备重大意义甚至可有可无时，那就只能说明中国改革开放和发展进程还不够充分、平衡，其深度和高度还有待进一步发掘和提升。这一发展动态同时也意味着中国政府近年来倡导和提出的一系列理念、战略和措施，特别是"人类命运共同体"和"一带一路"等触及国际关系史和人类历史进程和方向的"中国方案"，正在构成中国特色大国外交的总体框架和新一轮改革开放的基本方略。这一具有进步和跨越意义的世界观、价值观和方法论，一旦置于全方位的合作制度设计、公共产品提供和众多有力措施的基础之上，就远远超出了空泛原则申明与表达意义，必将形成具体而多维的物质和精神力量。中拉关系和中国对拉战略的重大转变，自然地标示出中国发展进程和世界格局变化的重要里程碑。

　　第二，如果说中拉关系和中国对拉战略的变化标志着中国改革开放和发展进程所达到的深度和高度，那么拉美内部生态和外部环境的演变则决定这一关系和战略的动态性成效，也决定了本研究各章节必须以问题导向为基本原则。中拉关系发展的最新动态，诸如整体合作机制的出台、人文交流和治国理政等内容的注入、中国政府对拉美第二份政策文件的发布特别是其中关于中拉关系"五位一体"全面合作新阶段的表述，以及拉美作为"一带一路"合作倡议海上丝路自然延伸的最新概括等，无一不具有拉美国家经济周期与结构调整、政治生态及钟摆效应的现实针对性，也与拉美国家区域合作和一体化进程以及在西半球乃至全球格局中的现实处境密切关联。在大宗商品出口增长周期告一段落、结构改革压力加大的新常态下，拉美国家对以经济务实合作为主要内容的中拉合作既有期待又有疑惧；在左右政治势力攻守互换、体制性与反建制力量拉锯胶着的状态下，拉美国家正在寻求民主治理的新路径，中国在制度建设和发展模式方面的经验，既对其产生充满吸引力，也存在意识形态和制度差异造成的隔阂感；人文交流的大门一步步开启，既展示了文明对话、民心相通的无穷可能性，也提示着文化差异、沟通障碍可能产生的相斥感；拉美区域合作和一体化的进展既为中拉整体合作提供了对接条件，其波折和困境也制约着双方合作的顺利展开；而北美欧洲的变局既是撬动拉美国家多元化或多样性外交的推手，但其传统联系和现实利益铸成的纽带仍是中拉合作短期内还无法改变的现实。凡此种种，相关研究不能不呈现出阶段性的论题转换以及时跟进发展动态，这是问题导向研究的基本特色之一。

第三，基于上述两点，有关"中拉关系及中国对拉战略研究"的学术性诉求，就必须兼顾"具体问题"的分析和相关专业领域的"知识成长"，运用经济学、政治学、社会文化分析等基本理论和方法，尝试性地提出一些符合各学科基本规范的命题。与此同时，鉴于所处理问题的庞杂和课题组人员的专业背景，本研究不仅坚持全书基本结论的开放性，也不强求各章节在理论方法和各自观点上的绝对一致，整个研究以开阔视野、提升学术品质为要旨，力图勾画中拉关系发展和中国对拉战略演变的总体图景，在凸显问题导向的基础上展现立体、多样的描述和分析。负责各章节的子课题成员既有频繁的讨论、交流，又保持相对独立、自律的研究边界和氛围，最终成果代表各子课题组的观点和水准，事实上也是关注演进中事态发展的阶段性意见。唯其如此，本研究所处理的诸问题均带有明显的规范性和实证性，前者主要体现在对中拉关系及中国对拉战略的应然状态和总体蓝图的周详阐述之中，包括中拉关系新阶段及其战略定位、整体合作、产能合作、科技合作、人文交流等领域的美好愿景，后者则通过分析拉美国家的特殊国情提示中拉关系发展可能遇到的现实挑战，特别是文化差异和制度性约束，进而也展示了仍有待解决的一系列理论和现实问题，诸如本研究各章节的研究结论均呈现阶段性认识的限度，有些结论甚至仅给出复杂的思辨而难有定言，意味着相关研究仍面临进一步深化和精准等挑战。如何将有关中拉关系及对拉战略的应然状态和总体蓝图转化为相对具体可行的路径和机制，在本研究告一段落之际也只能呈上初步方案或一家之言，或更准确地表述为作出肤浅的观察和思考。如同近年来中拉关系的发展实践已远远走在了"理论"前面一样，新阶段双边关系的演变与双方各自发展和全球格局变迁昭示着相关学术研究或将进入一个新的阶段，与现实世界的不确定性和开放性相应，本研究领域即将面临前所未有的机遇，也可能遭遇难以料想的难题。唯一可以肯定的是，未来丰富而多变的现实将不断促使我们作出心理和知识的调整与扩展，以减少学术准备远未到位的窘迫和压力。

后　记

本书定稿的时候，国际经济格局仍在动荡之中艰难演进。世界第一大经济体美国不仅向第二大经济体中国竖起进口商品关税和技术出口壁垒，也对欧盟、加拿大、墨西哥等主要盟友及贸易伙伴发起规模性贸易战。尽管中国等主要经济体为此同美国进行积极磋商，竭力避免双边经济关系和全球多边自由贸易体系发生严重倒退，但美方奉行"美国利益优先"的单边主义政策思维已经给国际经济合作总体环境带来重重阴霾。20多年来美国所主导的经济全球化进程及其一度催生的乐观主义情绪正在快速消退，与当年"华盛顿共识"倡导的自由、开放精神形成巨大的反转。一个美国引领的相对宽松和包容的发展时代似乎走向尾声，国际秩序继续发生深刻而复杂的调整，大国之间的竞争与合作围绕制度、规则和技术标准等为核心指标而全面展开，其结果难以预料。另外，人们顾盼已久的世界多极化博弈棋局有力地显现，即将到来的新时代恐怕只能用"高度不确定"来作为标签。

对于中国而言，按中共十九大所划定的时间表，要全面建成小康社会、实现第一个百年奋斗目标，又要开启全面建设社会主义现代化国家新征程，向第二个百年奋斗目标进军，未来几年至为关键。为此，中国不仅需要完善促进消费的体制机制，增强消费对经济发展的基础性作用，在中高端消费、创新引领、绿色低碳、共享经济、现代供应链、人力资本服务等领域培育新的增长点，形成新动能，而且继续坚持对外开放方针，实行高水平的贸易和投资自由化便利化政策，加快培育国际经济合作和竞争新优势。

正如2018年6月3日中国就中美经贸磋商发表的声明所言，"中方的态度是始终一贯的。为了满足人民群众日益增长的美好生活需要，满足经济高质量发展的需要，中国愿意从包括美国在内的世界各国增加进口，这对两国人民和全世界都有益处。改革开放和扩大内需是中国的国家战略，我们的既定节奏不会变"。① 可以预见，中国的开放战略及其巨大的内需能量将为新的经济全球化进程发挥重要的锚定作用。无论是美国的农场主，还是拉美能矿业出口商，其生意前景无疑将与中国市场和人民消费更加息息相关。换言之，在未来5年中国即将进口的价值8万亿美元产品中，任何出口方都不是唯一来源地，只有通过对等、互惠、互补的往来，而非单方的施压、控制才能维系其正常的贸易地位。

恰因如此，拉美国家必将从未来中国的发展和开放，特别是坚定维护全球经贸秩序的立场中获得更多的助力，而一个更加独立自主和摆脱旧有依附性经济模式的拉美也必将对中国构建面向全球的贸易、投融资、生产、服务网络产生重要的支撑作用。回到本书的题目，"构建与融合的新型中拉关系"自然成为中国对外战略规划中的重要选项之一。如果我们更多地站在全球变局的高度来看待拉美乃至其他新兴经济体，对于中国与其互动的未来进程抱有更富战略耐心的态度，力排干扰，锲而不舍，予取有道，相得益彰，则必将获得更大的对外部环境塑造力并进一步从中受益。

本书定稿的时候，我已离开工作9年有余的中国社会科学院拉丁美洲研究所。9年中，我见证了中拉合作关系飞速发展，亲身感受到中拉双方心灵接近的激越律动，结识了一大批拉美国家的各界友人，因而对拉美这片发展热土产生难以割舍的情感，也从拉美研究的局外人变成局中人。尽管在每一次心智的投入和辛苦后，我和同事们都未必对实际产出感到满意，但正是这些努力付出的过程让我们享受到精神的洗礼、思考的升华和劳动的光荣。本书是我和同事们合力呈献给读者的最新研究成果，固然不尽成熟和完满，但答卷总是要交出。希望"阅卷者"所看到的不仅是纸面的文字，还有作者们的赤诚之心。

最后，我要借此机会对政策研究部门和学界的新老同事、朋友们表达最真诚的谢意。在多年的合作中，他们一直给予我宽厚的支持和理解，

---

① 于佳欣：《中方就中美经贸磋商发表声明》，新华网，2018年6月3日，http://www.xinhuanet.com/2018－06/03/c_1122929976.htm。

以其热情、智慧和耐心帮助我在工作中汲取能量，提升本领，体现价值，获得信心。我还要向国家社科基金规划办、中国社会科学院科研局、中国社会科学院拉丁美洲研究所、中国社会科学出版社的相关领导和工作人员，向参与书稿审评、编校的所有专家和编辑同志们致以崇高的敬意。正是得益于来自各方的大力资助、鼓励和指导，本书方得以面世，以飨读者。

吴白乙

2018 年 6 月 5 日

《拉美研究丛书》已出书目